Karl Westhoff

Marie-Luise Kluck

Psychologische Gutachten

schreiben und beurteilen

Karl Westhoff
Marie-Luise Kluck

Psychologische Gutachten

schreiben und beurteilen

5., vollständig überarbeitete und erweiterte Auflage

Prof. Dr. Karl Westhoff
Technische Universität Dresden
Institut für Psychologie II
01069 Dresden
E-Mail: Karl.Westhoff@tu-dresden.de

Prof. Dr. Marie-Luise Kluck
Praxis für Gerichtliche Psychologie
Dickswall 6, 45468 Mülheim an der Ruhr
E-Mail: ml.kluck@ t-online.de

ISBN 978-3-540- 46837-0 Springer Medizin Verlag Heidelberg

Bibliografische Information der Deutschen Nationalbibliothek
Die Deutsche Nationalbibliothek verzeichnet diese Publikation in der Deutschen Nationalbibliografie;
detaillierte bibliografische Daten sind im Internet über http://dnb.d-nb.de abrufbar.

Dieses Werk ist urheberrechtlich geschützt. Die dadurch begründeten Rechte, insbesondere die der Übersetzung, des Nachdrucks, des Vortrags, der Entnahme von Abbildungen und Tabellen, der Funksendung, der Mikroverfilmung oder der Vervielfältigung auf anderen Wegen und der Speicherung in Datenverarbeitungsanlagen, bleiben, auch bei nur auszugsweiser Verwertung, vorbehalten. Eine Vervielfältigung dieses Werkes oder von Teilen dieses Werkes ist auch im Einzelfall nur in den Grenzen der gesetzlichen Bestimmungen des Urheberrechtsgesetzes der Bundesrepublik Deutschland vom 9. September 1965 in der jeweils geltenden Fassung zulässig. Sie ist grundsätzlich vergütungspflichtig. Zuwiderhandlungen unterliegen den Strafbestimmungen des Urheberrechtsgesetzes.

Springer Medizin Verlag
springer.de
© Springer Medizin Verlag Heidelberg 1991, 1994, 1998, 2003, 2008
Printed in Germany

Die Wiedergabe von Gebrauchsnamen, Warenbezeichnungen usw. in diesem Werk berechtigt auch ohne besondere Kennzeichnung nicht zu der Annahme, dass solche Namen im Sinne der Warenzeichen- und Markenschutzgesetzgebung als frei zu betrachten wären und daher von jedermann benutzt werden dürften.

Produkthaftung: Für Angaben über Dosierungsanweisungen und Applikationsformen kann vom Verlag keine Gewähr übernommen werden. Derartige Angaben müssen vom jeweiligen Anwender im Einzelfall anhand anderer Literaturstellen auf ihre Richtigkeit überprüft werden.

Planung: Dr. Svenja Wahl
Projektmanagement: Michael Barton
Lektorat: Dr. Marion Sonnenmoser, Landau
Layout und Einbandgestaltung: deblik Berlin
Satz: Typostudio Schaedla, Heidelberg

SPIN: 11680703

Gedruckt auf säurefreiem Papier   2126 – 5 4 3 2 1 0

Inhaltsverzeichnis

1	**Warum und für wen dieses Buch?** 1		5.3	Formulieren Psychologischer Fragen 37
1.1	Ziele.. 2		5.4	Anzahl Psychologischer Fragen............38
1.2	Überblick..................................... 2			
1.3	Benutzungshinweise......................... 4		**6**	**Bearbeiten von Beispielfragestellungen** **41**
2	**Grundposition** **7**		6.1	Fragestellung...............................42
2.1	Entscheidungsorientiertes psychologisch-diagnostisches Handeln..................... 8		6.2	Vor Beginn der Untersuchung vorliegende Informationen................42
2.2	Auffassung von Psychologie................10		6.3	Anforderungsprofil.........................43
2.3	Ziele entscheidungsorientierten Diagnostizierens............................11		6.4	Psychologische Fragen.....................44
			6.4.1	Gliederung der Psychologischen Fragen nach der Verhaltensgleichung.............44
2.4	Bedingungen für psychologisches Diagnostizieren.............................11		6.4.2	Psychologische Fragen zu motivationalen Bedingungen...............................44
2.5	Übergeordnete Kriterien zur Beurteilung psychologischer Gutachten 13		6.4.3	Psychologische Fragen zu intellektuellen Bedingungen...............................45
3	**Fragestellung** **15**		6.4.4	Psychologische Fragen zur emotionalen und körperlichen Belastbarkeit............45
3.1	Entscheidung für oder gegen eine Fragestellung...............................16		6.4.5	Psychologische Fragen zu sozialen Bedingungen...............................45
3.2	Notwendige Annahmen....................17		6.4.6	Alternative Gliederungen der Psychologischen Fragen....................46
3.3	Anforderungsprofil.........................18			
3.4	Notwendiges Wissen für die diagnostische Arbeit 20		6.4.7	Entscheidungsorientierte Hypothesen-bildung bei gerichtlichen Fragen zur elterlichen Sorge...........................46
3.5	Vorhersage individuellen Verhaltens.......20			
3.6	Darstellung der Fragestellung im Gutachten 21		**7**	**Untersuchungsplan** **53**
			7.1	Einordnung des Untersuchungsplans 54
4	**Auswahl von Variablen** **23**		7.2	Grobplanung der Untersuchung...........54
4.1	Verhaltensgleichung........................24		7.3	Feinplanung der Untersuchung 55
4.2	Umgebungsvariablen.......................25		7.4	Verhältnis von Kosten und Nutzen als Kriterium bei der Planung einer psychologischen Untersuchung...........55
4.3	Organismusvariablen.......................26			
4.4	Kognitive Variablen.........................27			
4.5	Emotionale Variablen.......................29			
4.6	Motivationale Variablen....................30		**8**	**Die Analyse der A-priori-Strategie**..... **57**
4.7	Soziale Variablen............................31		8.1	Die Analyse der A-priori-Strategie bei Einzelfallfragestellungen..................58
4.8	Drei Klassen von Informationen für die Erklärung und Vorhersage individuellen Verhaltens..................................32		8.2	Die qualitative Analyse der A-priori-Strategie....................................58
4.9	Kriterien für die Auswahl von Variablen....33		8.3	Optimierung der diagnostischen Strategie....................................59
5	**Psychologische Fragen (= Hypothesen)** **35**		8.4	Die quantitative Analyse der A-priori-Strategie bei institutionellen Fragestellungen 59
5.1	Funktion Psychologischer Fragen..........36			
5.2	Erarbeiten Psychologischer Fragen 36			

8.5	Die Analyse der A-priori-Strategie bei eignungsdiagnostischen institutionellen Fragestellungen 60	12.3	Leitfaden für das entscheidungsorientierte Gespräch 87	
		12.4	Funktionen von Leitfäden 88	
		12.5	Merkmale von Leitfäden 89
9	**Merkmale diagnostischer Informationsquellen 61**	12.6	Grobaufbau eines Leitfadens 90
		12.7	Feinaufbau eines Leitfadens...............92
9.1	Funktionen der Merkmale diagnostischer Informationsquellen 62	12.8	Merkmale günstiger Fragen 92
		12.9	Ungünstige Fragen 94
9.2	Art des Beobachters 62	12.10	Grad der Offenheit einer Frage 95
9.3	Inhalte der Beobachtung..................63	12.11	Grad der Direktheit einer Frage............96
9.4	Zeitpunkt und Zeitraum der Beobachtung..65	12.12	Vorbedingungen für die Durchführung entscheidungsorientierter Gespräche 96
9.5	Art der Beobachtung......................65	12.13	Bedingungen für ein erfolgreiches diagnostisches Gespräch..................97
10	**Standardisierte diagnostische Verfahren............................ 67**		
10.1	Kriterien für die Wahl standardisierter diagnostischer Verfahren..................68	**13**	**Teil II des Untersuchungsplans zur eignungsdiagnostischen Beispielfragestellung.................. 99**
10.2	Eine Definition von Theorie für psychologisches Arbeiten 68	13.1	Leitfaden zum entscheidungs- orientierten Gespräch....................100
10.3	Funktionen von Theorien zu diagnostischen Verfahren 69	13.2	Auswahl der teil- und nicht- standardisierten Verfahren 103
10.4	Objektivität standardisierter Verfahren 70	13.3	Darstellung der teil- und nichtstandar- disierten Verfahren im Gutachten 104
10.4.1	Objektivität der Durchführung 70		
10.4.2	Maßnahmen zur Erhöhung der Durchführungsobjektivität 71	**14**	**Personwahrnehmung und diagnostisches Urteil................. 105**
10.4.3	Objektivität der Auswertung 71	14.1	Personwahrnehmung im Alltag und diagnostisches Urteil....................106
10.4.4	Objektivität der Interpretation.............73		
10.5	Reliabilität standardisierter Verfahren......74	14.2	Bedeutung sozialpsychologischer Forschungen zur Person- wahrnehmung..........................107
10.5.1	Entscheidung für eine Reliabilitätsart 75		
10.5.2	Beurteilung der Reliabilität 75		
10.6	Validität standardisierter Verfahren 76	14.3	Individuelle Unterschiede beim diagnostischen Urteilen..................108
10.7	Einige Anmerkungen zur Höhe von Validitätskoeffizienten.....................77		
		15	**Fehler und Verzerrungen im Prozess der diagnostischen Urteilsbildung 109**
11	**Teil I des Untersuchungsplans zur eignungsdiagnostischen Fragestellung 79**		
		15.1	Zur Darstellung der Fehler und Verzerrungen im Prozess..................110
11.1	Standardisierte Verfahren 80		
11.2	Entscheidungen bei der Auswahl der standardisierten Verfahren 81	15.2	Fehler und Verzerrungen bei Psychologischen Fragen..................110
11.3	Auswahl standardisierter Verfahren........82	15.3	Fehler und Verzerrungen der Urteils- bildung bei der Planung diagnostischer Untersuchungen........................113
11.4	Darstellung der standardisierten Verfahren im Gutachten...................83		
12	**Entscheidungsorientierte Gesprächsführung 85**	15.4	Fehler und Verzerrungen der Urteils- bildung bei der Darstellung der Unter- suchungsergebnisse 114
12.1	Definition................................86		
12.2	Ziele verschiedener Gesprächsformen 86		

15.5	Fehler und Verzerrungen der Urteilsbildung im Befund................114	20	Befund zum Beispielfall 145	
15.5.1	Fehler und Verzerrungen der Urteilsbildung im Befund, die allgemein zu beobachten sind......................114	21	Beispielgutachten aus der Rechtspsychologie 155	
15.5.2	Fehler und Verzerrungen der Urteilsbildung im Befund, die durch die Persönlichkeit des Diagnostikers bedingt sind............................116	21.1	Psychologische Begutachtung zu Fragen des Sorgerechts und der Umgangsregelung im familienrechtlichen Verfahren 156	
		21.1.1	Einführung 156	
		21.1.2	Gutachten.............................160	
16	**Möglichkeiten zur Minimierung von Fehlern und Verzerrungen in der diagnostischen Urteilsbildung ...119**	21.2	Psychologische Begutachtung der Glaubhaftigkeit einer Zeugenaussage 199	
		21.2.1	Einführung 199	
16.1	Erweiterung des Wissens.................120	21.2.2	Gutachten..............................201	
16.2	Ausgangsbedingungen 121			
16.3	Verknüpfen von Aussagen 122	22	**Grundzüge einer Theorie entscheidungsorientierten psychologisch-diagnostischen Handelns............227**	
16.4	Entscheidungskriterien...................122			
16.5	Beeigenschaften von Menschen?.........123			
16.5.1	Vier Arten der Verhaltensbeschreibung............................123	22.1	Annahmen der Theorie...................228	
		22.2	Überzeugungen als handlungsleitende Kognitionen 229	
16.5.2	Merkmale von Persönlichkeitseigenschaften 123	22.3	Erwartungen als handlungsleitende Kognitionen 230	
16.6	Entwickeln dokumentierter Untersuchungspläne.....................124	22.4	Zur Prüfbarkeit der Theorie...............232	
		22.5	Erste Ergebnisse von empirischen Prüfungen der Theorie entscheidungsorientierten psychologisch-diagnostischen Handelns 232	
17	**Auswerten von Verhaltensbeobachtungen 125**			
17.1	Arten von Verhaltensbeobachtungen.....126			
17.2	Auswerten von Tests 127	22.5.1	Familienrechtliche Begutachtung: Wie sie ist und wie sie sein kann..........232	
17.3	Darstellen von Testergebnissen...........128			
17.4	Entscheidungsorientierte Gespräche: Auswerten...............................129	22.5.2	Zur Entwicklung diagnostischer Strategien 233	
17.5	Gesprächsergebnisse: Darstellen 130	22.5.3	Entscheidungsorientierte Gesprächsführung in der psychologischen Diagnostik.............234	
17.6	Die Aussageweise bei der Darstellung von Gesprächsergebnissen...............131			
		22.5.4	Ausbildung in psychologischer Begutachtung 234	
18	**Ergebnisdarstellung zum eignungsdiagnostischen Beispielfall..........................133**	22.5.5	Guidelines for the Assessment Process (GAP)...........................235	
		22.6	Entscheidungsorientierte Diagnostik – eine nützliche Technologie...............235	
19	**Befund 139**			
19.1	Ziele des Diagnostikers im Befund........140	22.6.1	Eine Technologie – eine Notwendigkeit in der psychologischen Diagnostik 235	
19.2	Vorgehen des Diagnostikers im Befund 140			
		22.6.2	Nützlichkeit als oberstes Kriterium einer Technologie........................235	
19.3	Empfehlungen und Vorschläge im Gutachten 142	22.6.3	Optimierung von diagnostischen Strategien 236	
19.4	Formulierungen im Befund...............142			

23 Hilfen zur Beurteilung psychologischer Gutachten durch Fachfremde ... 239

- 23.1 Gliederung eines Gutachtens ... 240
- 23.2 Transparenz des Gutachtens ... 241
- 23.3 Formulierung des Gutachtens ... 241
- 23.4 Fragestellung ... 242
- 23.5 Formulierung Psychologischer Fragen ... 242
- 21.6 Darstellung des Untersuchungsplans im Gutachten ... 243
- 23.7 Auswertung und Darstellung von Tests und Fragebögen im Ergebnisteil des Gutachtens ... 243
- 23.8 Auswertung und Darstellung von Gesprächen und nicht-standardisierten schriftlichen Informationen im Ergebnisteil des Gutachtens ... 244
- 23.9 Befund eines Gutachtens ... 245
- 23.10 Empfehlungen und Vorschläge im Gutachten ... 247

24 Checklisten für die Erstellung psychologischer Gutachten ... 249

- 24.1 Checkliste Fragestellung ... 251
- 24.2 Checkliste Anforderungsprofil ... 251
- 24.3 Checkliste Wissen ... 251
- 24.4 Checkliste Auswahl von Variablengruppen ... 251
- 24.5 Checkliste Auswahl von Umgebungsvariablen ... 251
- 24.6 Checkliste Auswahl von Organismusvariablen ... 252
- 24.7 Checkliste Auswahl von kognitiven Variablen ... 252
- 24.8 Checkliste Auswahl von emotionalen Variablen ... 252
- 24.9 Checkliste Auswahl von motivationalen Variablen ... 252
- 24.10 Checkliste Auswahl von sozialen Variablen ... 253
- 24.11 Checkliste Kriterien zur Auswahl von Variablen ... 253
- 24.12 Checkliste Formulierung Psychologischer Fragen (= Hypothesen) ... 253
- 24.13 Checkliste Auswahl von Informationsquellen ... 253
- 24.14 Checkliste Feinplanung der Untersuchung ... 253
- 24.15 Checkliste Kosten und Nutzen jeder Informationsquelle ... 254
- 24.16 Checkliste Beurteilung eines Beobachters ... 254
- 24.17 Checkliste Inhalte von Beobachtungen ... 254
- 24.18 Checkliste Merkmale wissenschaftlicher Verhaltensbeobachtungen ... 254
- 24.19 Checkliste Kriterien zur Wahl standardisierter Verfahren ... 254
- 24.20 Checkliste Durchführungsobjektivität psychologisch-diagnostischer Verfahren ... 254
- 24.21 Checkliste Kriterien für die Auswertung psychologisch-diagnostischer Verfahren ... 255
- 24.22 Checkliste Bedingungen für möglichst objektive Interpretation standardisierter psychologisch-diagnostischer Verfahren ... 255
- 24.23 Checkliste Reliabilität standardisierter psychologisch-diagnostischer Verfahren ... 255
- 24.24 Checkliste Validität standardisierter psychologisch-diagnostischer Verfahren ... 255
- 24.25 Checkliste Planung eines entscheidungsorientierten Gesprächs (EOG) ... 256
- 24.26 Checkliste Grobaufbau eines Leitfadens ... 256
- 24.27 Checkliste Feinaufbau eines Leitfadens ... 256
- 24.28 Checkliste Formulierung günstiger Fragen ... 256
- 24.29 Checkliste Suggestivfragen ... 257
- 24.30 Checkliste Voraussetzungen für entscheidungsorientierte Gespräche ... 257
- 24.31 Checkliste Darstellung des Untersuchungsplans im Gutachten ... 257
- 24.32 Checkliste Auswertung und Darstellung von Tests und Fragebögen im Gutachten ... 258
- 24.33 Checkliste Auswertung und Darstellung von Gesprächen und nicht-standardisierten schriftlichen Informationen im Ergebnisteil des Gutachtens ... 258
- 24.34 Checkliste Befund eines Gutachtens ... 259
- 24.35 Checkliste Empfehlungen und Vorschläge im Gutachten ... 259
- 24.36 Checkliste Formulierungen im Befund ... 259
- 24.37 Checkliste Gliederung eines Gutachtens ... 260

25	**Checklisten für die Beurteilung psychologischer Gutachten durch Fachfremde** 261	
25.1	Gliederung eines Gutachtens.............	262
25.2	Transparenz des Gutachtens	262
25.3	Formulierung des Gutachtens	262
25.4	Fragestellung	262
25.5	Formulierung Psychologischer Fragen	262
25.6	Darstellung des Untersuchungsplans im Gutachten	262
25.7	Auswertung und Darstellung von Tests und Fragebögen im Ergebnisteil des Gutachtens	263
25.8	Auswertung und Darstellung von Gesprächen und nichtstandardisierten schriftlichen Informationen im Ergebnisteil des Gutachtens..............	263
25.9	Befund eines Gutachtens.................	263
25.10	Empfehlungen und Vorschläge im Gutachten	263

Literatur 265

Sachverzeichnis 273

Namensverzeichnis 278

Warum und für wen dieses Buch?

1.1 Ziele – 2

1.2 Überblick – 2

1.3 Benutzungshinweise – 4

1.1 Ziele

Menschen stehen häufig in ihrem Leben vor einer wichtigen Entscheidung, die für sie schwierig ist, da mit allen sich bietenden Alternativen schwerwiegende Folgen verbunden sind. In solchen Fällen kann man psychologische Auskünfte als Entscheidungshilfe einholen. Richter, Ärzte, Lehrer, Eltern oder Paare tun dies und erwarten Aussagen, die ihre Entscheidung erleichtern. Die ausführlichste Auskunft ist ein psychologisches Gutachten. Leser müssen dabei ohne Hilfestellung entscheiden, ob ein psychologisches Gutachten das leistet, was es leisten könnte. Für Nichtpsychologen, wie auch für die meisten Psychologen, ist dies ein schwieriges Unterfangen. In diesem Buch wollen wir Merkmale guter psychologischer Gutachten beschreiben. Jeder kann nach der Beschäftigung mit unseren Vorschlägen begründet entscheiden, wo ihm das psychologische Gutachten hilft, und wo es mehr leisten könnte.

Häufig fragen sich die Leser psychologischer Gutachten: Was muss darin stehen? Was darf nicht darin stehen? Wie kann ich erkennen, ob das Gutachten fachgerecht erstellt wurde? Diese und weitere Fragen, die Nichtpsychologen an psychologische Gutachten haben, werden wir beantworten.

Für Psychologen, die ein Gutachten erstellen sollen, stellen sich zunächst die gleichen Fragen wie für die Leser des Gutachtens. Zusätzlich haben sie jedoch noch weitere Fragen: Wie übertrage ich die Fragestellung des Auftraggebers in »Psychologische Fragen«? Wie plane ich eine psychologische Untersuchung? Welche Informationsquellen kann ich berücksichtigen? Welche Merkmale von Tests, Fragebogen, Zeugnissen, Akten, Gesprächen und Verhaltensbeobachtungen muss ich wie berücksichtigen? Wie kann ich ein psychologisches Gutachten planen und vorbereiten? Auf was muss ich bei der Durchführung meiner Untersuchungen achten? Welche Fehlerquellen gibt es? Wie wirken sie sich auf die Begutachtung aus? Wie kann ich Fehler vermeiden? Wie stelle ich die Informationen angemessen und verständlich dar? Wie kombiniere ich Informationen zu brauchbaren und nützlichen Aussagen? Wie formuliere ich Vorschläge zum weiteren Vorgehen? Wie gestalte ich ein Gutachten sprachlich richtig? Wie weiß ich, ob ich alles Notwendige bedacht und getan habe?

Dies ist nur eine kleine Auswahl von Fragen und damit auch Entscheidungen, vor die sich Psychologen gestellt sehen, wenn sie ein Gutachten erstellen wollen. Dazu wollen wir ihnen in diesem Buch Hilfestellungen geben.

1.2 Überblick

Nach dieser Einleitung stellen wir unsere Grundposition dar, erläutern u. a., was wir unter entscheidungsorientiertem psychologisch-diagnostischem Handeln verstehen, und stellen übergeordnete Kriterien zur Beurteilung psychologischer Gutachten vor.

Die Fragestellung des Auftraggebers bestimmt, was wir als Psychologen untersuchen. Hier stellen wir z. B. dar, wie wir uns für oder gegen eine Fragestellung entscheiden, welche notwendigen Annahmen wir machen, welche Bedeutung Wissen und Anforderungsprofile haben.

Welche der Variablen, die individuelles menschliches Verhalten bestimmen, können bei der Beantwortung einer Fragestellung helfen? Wie finden wir solche Variablen und wie entscheiden wir, welche davon im weiteren Verlauf der psychologischen Begutachtung zu beachten sind? Hierzu werden wir ein einfaches, aber wirkungsvolles Suchverfahren vorstellen.

Nach der Auswahl von Variablen stellen wir im Gutachten dar, welche davon und warum wir diese in Form von Psychologischen Fragen berücksichtigen. Warum sprechen wir von Psychologischen Fragen statt von Hypothesen? Wie formulieren wir diese Psychologischen Fragen? Wie viele Psychologische Fragen stellen wir zur Strukturierung der gesamten psychologischen Untersuchung?

Das bis hierhin erarbeitete Wissen verdeutlichen wir an drei Beispielfragestellungen aus verschiedenen diagnostischen Arbeitsfeldern:
1. Eignungsdiagnostik,
2. Sachverständigengutachten für das Familiengericht zu Fragen des Sorge- und Umgangsrechts,
3. psychologische Begutachtung der Glaubhaftigkeit einer Zeugenaussage.

Der Untersuchungsplan sagt uns nicht nur in der Untersuchung, was wir als nächstes tun wollen, sondern erläutert auch im Gutachten den Lesern unser Vorgehen. Dabei sind Kosten und Nutzen, die mit einem diagnostischen Vorgehen verbunden sind, immer ein grundlegendes Kriterium dafür, ob eine Informationsquelle benutzt wird oder nicht.

Eine A-priori-Strategie ist die diagnostische Vorgehensweise, die bis zu dem Zeitpunkt, an dem der Gutachtenauftrag an den Diagnostiker vergeben wurde, zur Beantwortung der Fragestellung verwendet worden war. Die Analyse der A-priori-Strategie kann nützliche Informationen zur optimierten Bearbeitung der Fragestellung erbringen.

Um sich leichter über den Wert von Informationsquellen klar werden zu können, kann man sie anhand der von uns vorgeschlagenen Merkmale charakterisieren. Zugleich sind diese Merkmale eine Hilfe bei der Planung der diagnostischen Arbeit.

Tests und Fragebögen sind die »klassischen« Werkzeuge, die als standardisierte Verfahren bei der Begutachtung benutzt werden können. Wir werden uns mit ihren zentralen Merkmalen Objektivität, Reliabilität und Validität beschäftigen, und zwar nur im Hinblick auf ihre Bedeutung für die psychologische Untersuchung, die wir zu planen haben.

Die bereits eingeführte erste Beispielfragestellung greifen wir nun wieder auf und stellen den ersten Teil des Untersuchungsplans zu dieser Beispielfragestellung dar. Dabei stellen wir fest, dass die meisten Fragen, wie sehr häufig, nicht von standardisierten psychologischen Verfahren beantwortet werden, sondern von den teilstandardisierten Verfahren, vor allem den diagnostischen Gesprächen.

Wir beschäftigen uns dann mit den Grundzügen der entscheidungsorientierten Gesprächsführung und stellen dabei nicht nur dar, wie man psychologische Gespräche planen und vorbereiten kann, sondern auch, was man bei ihrer Durchführung berücksichtigen sollte, wenn man zu brauchbaren Gesprächsergebnissen kommen will. Der Plan für ein Gespräch wird im Leitfaden zusammengefasst; dieser ist das entscheidende Hilfsmittel für das Gespräch.

Danach stellen wir einen Leitfaden für die eignungsdiagnostische Beispielfragestellung vor und verdeutlichen daran die wichtigen Merkmale von Leitfäden für psychologische Gespräche.

Das diagnostische Urteil hängt u. a. von der Wahrnehmung des Untersuchten durch den Untersucher ab. Hier stellen sich die Fragen: Wie weit ist Personenbeurteilung lernbar? Welche Bedeutung haben Unterschiede zwischen Untersuchern?

In der Psychologie sind eine Fülle von Urteilsfehlern und Urteilstendenzen bekannt. Wir beschreiben diese kurz und geben an, wo sie bei einer psychologischen Untersuchung wirken. Wir werden jedoch nicht nur aufweisen, welche Urteilsfehler und Urteilstendenzen wichtig sind, sondern auch praktisch bewährte Vorschläge zur Vermeidung von Urteilsfehlern und Verminderung von Urteilstendenzen machen.

Liegen die Ergebnisse aus Tests, Fragebögen, Gesprächen sowie Verhaltensbeobachtungen oder sonstigen Unterlagen vor, so muss entschieden werden, was davon zur Beantwortung der psychologischen Fragen und damit der Fragestellung des Gutachtens dient. Wir schlagen Kriterien zur Auswertung von Gesprächen und Verhaltensbeobachtungen vor und gehen auch auf die psychometrische Einzelfallauswertung von Tests und Fragebögen ein.

Im Befund eines Gutachtens werden alle Ergebnisse zusammengetragen, die zuvor nach Verfahren getrennt aufgeführt wurden, um die eingangs formulierten Psychologischen Fragen und zugleich die vom Auftraggeber übernommene Fragestellung zu beantworten. Wir stellen dazu die Ziele des Diagnostikers dar, die er im Befund erreichen will, erläutern ein praktikables Vorgehen zur Befunderstellung und gehen auf Formulierungen im Befund ein.

Bei vielen Fragestellungen für psychologische Gutachten wünscht der Auftraggeber ausdrücklich Vorschläge bzw. Empfehlungen zum weiteren Vorgehen, daher beschreiben wir, wie wir solche entscheidungsorientiert formulieren.

Damit kommen wir zum letzten Teil eines psychologischen Gutachtens, dem Anhang, der außer dem Literaturverzeichnis i.d.R. noch eine Reihe weiterer Angaben enthält, die nicht zum direkten Verständnis erforderlich sind, wohl aber die Nachprüfbarkeit eines Gutachtens gewährleisten.

Kollegen, Studierende, Anwälte und Richter haben immer wieder angeregt, zusammenhängend dargestellte Gutachten in ein eigenes Kapitel aufzunehmen. Diesem Wunsch kommen wir hier nach. Dabei zeigt das erste Gutachten in Kapitel 21, dass die entscheidungsorientierte Diagnostik auch auf die Diagnostik von Beziehungen nutzbringend angewendet werden kann, denn es geht um »psychologische Begutachtung zu Fragen des Sorgerechts und der Umgangsregelung im familienrechtlichen Verfahren«. Im zweiten Gutachten von Kapitel 21 geht es um die »psychologische Begutachtung der Glaubhaftigkeit einer Zeugenaussage«. Dabei handelt es sich, wie der Titel schon sagt, weder um die Begutachtung einer Person wie in dem eignungsdiagnostischen Gutachten noch um die Begutachtung einer Beziehung zwischen Personen wie in dem familienrechtlichen Gutachten, sondern hier liegt der Schwerpunkt auf der Entstehungsgeschichte einer Aussage und den Aussagemerkmalen, die zur Beurteilung der Glaubhaftigkeit einer Aussage geeignet sind.

In Kapitel 22 stellen wir die Grundzüge einer Theorie entscheidungsorientierten psychologisch-diagnostischen Handelns dar. Dort beschreiben wir zunächst die notwendigen Annahmen und gehen danach auf die Bedeutung von Überzeugungen und Erwartungen als handlungsleitende Kognitionen bei der Planung psychologisch-diagnostischen Handelns ein. Abschließend zeigen wir auf, wie sich unsere Theorie empirisch prüfen lässt. Danach berichten wir erste publizierte Ergebnisse von empirischen Prüfungen der Theorie entscheidungsorientierten psychologisch-diagnostischen Handelns. Abschließend zeigen wir auf, dass die entscheidungsorientierte Diagnostik eine nützliche Technologie für die alltägliche psychologische Diagnostik in allen Anwendungsfeldern der Psychologie darstellt.

Mit Kapitel 23 »Hilfen zur Beurteilung psychologischer Gutachten durch Fachfremde« werden Nichtpsychologen in die Lage versetzt, ein Gutachten auf Verständlichkeit und Nachvollziehbarkeit zu beurteilen. Damit Fachfremde die Darstellungsweise in einem Gutachten beurteilen können, beschreiben wir systematisch alle an der Darstellung eines Gutachtens zu beurteilenden Aspekte. Für Psychologen sind damit die auf die entsprechenden Kapitel verteilten Ausführungen zur Darstellung von Informationen im Gutachten zusammengefasst.

Das vorletzte Kapitel enthält Checklisten für Psychologen zur Erstellung entscheidungsorientierter Gutachten.

Auf vielfachen Wunsch von Nichtpsychologen, die viel mit psychologischen Gutachten arbeiten, stellen wir im letzten Kapitel Checklisten zur Beurteilung psychologischer Gutachten zur Verfügung. Mit deren Hilfe können auch Fachfremde zentrale Darstellungsmerkmale eines Gutachtens prüfen.

Gutachten, die nach unseren Vorschlägen erstellt sind, entsprechen den »Richtlinien für die Erstellung psychologischer Gutachten« der Föderation Deutscher Psychologenvereinigungen (1994) sowie den durch eine Task Force der European Association of Psychological Assessment (EAPA) erarbeiteten »Guidelines for the Assessment Process« (Fernandez-Ballesteros et al. 2001), die in deutscher Sprache als »Richtlinien für den diagnostischen Prozess« erschienen sind (Westhoff et al. 2003).

1.3 Benutzungshinweise

Mit Hilfe dieses Buches kann man Qualitätsmerkmale eines psychologischen Gutachtens feststellen. Nichtpsychologen können die Verständlichkeit und Nachvollziehbarkeit eines psychologischen Gutachtens beurteilen und dazu die Erklärungen in Kapitel 23 sowie die dazu gehörenden Checklisten in Kapitel 25 benutzen. Psychologen können mit Hilfe des Buches darüber hinaus auch theoretische, methodische und inhaltliche Aspekte von psychologischen Gutachten beurteilen, was Fachfremden i.d.R. nicht systematisch und umfassend möglich ist.

Bei Psychologen, die ein Gutachten erstellen wollen, setzen wir das Vordiplomwissen und eine Grundausbildung in psychologisch-diagnostischen Methoden voraus. Wir geben gezielte Literaturhinweise und belegen nicht jede Aussage mit möglichst vielen Literaturangaben, da dies erfahrungsgemäß das Verständnis nicht vertieft, sondern den Leser eher entmutigt.

Zu Beginn jeden Unterkapitels nennen wir stichwortartig in Übersichten und Definitionen die zu behandelnden Punkte. Im nachfolgenden Text gehen wir dann auf jedes Stichwort näher ein. Auf diese Weise haben Sie zu Beginn eine Übersicht über das, was behandelt wird, und zugleich eine Zusammenfassung der wesentlichen Punkte in einer übersichtlichen Form.

Wenn wir im Weiteren von Verhalten sprechen, so meinen wir damit immer Verhalten und Erleben. Mit Verhalten meinen wir also neben den von außen beobachtbaren Verhaltensweisen auch diejenigen, die nur der handelnde Mensch selbst beschreiben kann.

Um den Text möglichst einfach zu gestalten, verwenden wir Begriffe wie »der Psychologe«, »der Gutachter« oder »der Proband« als Gattungsbegriffe.

Grundposition

2.1 Entscheidungsorientiertes psychologisch-diagnostisches Handeln – 8

2.2 Auffassung von Psychologie – 10

2.3 Ziele entscheidungsorientierten Diagnostizierens – 11

2.4 Bedingungen für psychologisches Diagnostizieren – 11

2.5 Übergeordnete Kriterien zur Beurteilung psychologischer Gutachten – 13

2.1 Entscheidungsorientiertes psychologisch-diagnostisches Handeln

> **Diagnostischer Entscheidungsprozess**
> 1. Fragestellung,
> 2. Annahmen,
> 3. Anforderungsprofil,
> 4. Psychologische Fragen (= Hypothesen),
> 5. Untersuchungsplan,
> 6. Durchführen der diagnostischen Untersuchung,
> 7. Darstellen der Ergebnisse,
> 8. Befund: Beantworten der Psychologischen Fragen und damit der Fragestellung,
> 9. Vorschläge bzw. Empfehlungen zum weiteren Vorgehen.

Wir richten uns beim Diagnostizieren an der Fragestellung des Auftraggebers aus, dem wir Hilfestellungen bei einer für ihn schwierigen Entscheidung geben sollen. Ein psychologisches Gutachten dient also immer der Vorbereitung und Unterstützung von wichtigen Entscheidungen, so z. B., ob jemand eine Arbeitsunfähigkeitsrente bekommt, wie jemand therapiert wird, welche Schulform die passendste ist oder welche Sorgerechtsregelung für ein Kind die am wenigsten schädliche ist. Insofern ist unser diagnostisches Handeln entscheidungsorientiert.

Die Erstellung eines psychologischen Gutachtens besteht aus einer Serie von Entscheidungen, die der Psychologe zu treffen hat. Jede Etappe auf dem Weg zum Gutachten verlangt vom Diagnostiker wieder eine Reihe von Entscheidungen. Sehen wir uns die oben zusammengestellten Schritte erst einmal im Überblick an. Weiter unten gehen wir dann auf jede Phase des Prozesses detailliert ein.

Fragestellung. Am Beginn einer möglichen Begutachtung wendet sich jemand an den Psychologen und äußert eine Fragestellung, z. B. ob er oder sie mit Aussicht auf Erfolg eine bestimmte Ausbildung beginnen kann. Schon wenn der Psychologe mit einer solchen Fragestellung konfrontiert wird, muss er eine Reihe von Entscheidungen treffen, z. B. ob hier überhaupt Psychologen die zuständigen Fachleute sind oder vielleicht eher Vertreter anderer Wissenschaften oder ob die Fragestellung grundsätzlich beantwortbar ist. Weiter unten werden wir uns mit diesen einzelnen Entscheidungen genauer beschäftigen. Die Fragestellung ist auf jeden Fall immer im Gutachten in der Form darzustellen, die der Auftraggeber vorgegeben hat bzw. auf die der Gutachter sich mit dem Auftraggeber geeinigt hat.

Annahmen. Bevor der Psychologe anfangen kann, diagnostisch zu arbeiten, muss er einige grundlegende Annahmen über menschliches Verhalten machen. Grundlegend für jedes alltägliche Handeln und das psychologisch-wissenschaftliche Arbeiten ist die Annahme, dass menschliches Verhalten überhaupt in »irgendeiner« Weise regelhaft ist. Eine Erklärung und damit Vorhersage oder Beeinflussung des Verhaltens wäre sonst nicht möglich. Einige solcher Grundannahmen müssen beim psychologischen Diagnostizieren immer gemacht werden; daher werden wir uns mit diesen weiter unten genauer beschäftigen. Diese Annahmen werden in einem Gutachten nicht ausdrücklich aufgeführt, doch ist es wichtig, dass man sie nennen, erklären und begründen kann.

Anforderungsprofil. Wenn Entscheidungen zu treffen sind, so braucht man Kriterien, mit deren Hilfe man die sich bietenden Alternativen vergleichen kann. Dies gilt z. B. in gleicher Weise für die Frage, ob sich jemand für einen bestimmten Beruf eignet, wie auch für die Frage, welche Form der psychologischen Therapie die erfolgversprechendste bei umschriebenen Verhaltensstörungen ist. Man muss also etwas über die »Anforderungen« wissen, die unter den verschiedenen, sich bietenden Möglichkeiten an den Menschen gerichtet werden. Die Summe dieser Anforderungen nennt man bei arbeitspsychologischen Fragestellungen »Anforderungsprofil«. Da Entscheidungskriterien aber auch bei allen anderen psychologisch-diagnostischen Fragestellungen erforderlich sind, übernehmen wir diesen Begriff auch für pädagogisch-psychologische, klinische oder forensische Fragestellungen. Bei der klinischen Fragestellung, ob ein Proband Störungen (Symptome) eines bestimmten

2.1 · Entscheidungsorientiertes psychologisch-diagnostisches Handeln

Syndroms hat, entspricht dieses Syndrom dem Anforderungsprofil. Das Anforderungsprofil wird nicht als eigener Teil im Gutachten aufgeführt, doch braucht man es, um überhaupt begründet arbeiten zu können.

Psychologische Fragen. Die Fragestellung wird vom Auftraggeber meist in einer so globalen Form geäußert, dass sie in mehrere »Psychologische Fragen« übersetzt und aufgefächert werden muss. Mit Hilfe dieser Psychologischen Fragen strukturieren wir unsere diagnostische Arbeit und geben zugleich dem Leser des Gutachtens eine überschaubare und verständliche Grundstruktur der zu verarbeitenden Informationen, die er auch gut behalten kann. Diese Psychologischen Fragen erscheinen daher nach der Fragestellung als nächster Teil in einem psychologischen Gutachten.

Untersuchungsplan. Das Erstellen eines Gutachtens verlangt wie jeder komplexe Vorgang einen sorgfältig ausgearbeiteten Plan, an den man sich während des ganzen Vorgangs halten kann. Für die Leser eines Gutachtens stellen wir unter dem Punkt »Untersuchungsplan« in verständlicher und für die Untersuchten in wiedererkennbarer Form die verwendeten Verfahren und sonstigen Informationsquellen dar. Alle weiteren Planungsarbeiten auch noch im schriftlichen Gutachten für den Auftraggeber darzustellen, würde den Rahmen eines Gutachtens übersteigen. Wir werden jedoch zeigen, wie man mit diesen Teilen eines Untersuchungsplans effizient arbeitet.

Durchführen der diagnostischen Untersuchung. Die diagnostische Untersuchungssituation verlangt von dem Diagnostiker viele Entscheidungen aus dem Augenblick heraus. Es ist daher hilfreich, wenn man gut vorbereitet in Untersuchungen hineingeht. Wir werden zeigen, wie man durch gründliche Planung und sorgfältige Vorbereitung wirkungsvoll und für alle Beteiligten entspannt miteinander arbeiten kann.

Darstellen der Ergebnisse. Alle für die Beantwortung der Fragestellung wichtigen Informationen werden im Gutachten unter dem Punkt »Ergebnisse« dargestellt, und zwar nach Informationsquellen geordnet. Hier erscheinen also in allgemeinverständlicher Form die Ergebnisse aus Tests, Fragebogen, Gesprächen, Verhaltensbeobachtungen oder sonstigen Informationsquellen wie Zeugnissen, Akten oder vorgelegten Arztberichten.

Befund. Im »Befund« kombiniert der Gutachter alle Informationen zur Beantwortung der Psychologischen Fragen und damit der Fragestellung des Auftraggebers. Wir werden weiter unten zeigen, dass es hier für eine möglichst weitgehende Vermeidung von Urteilsfehlern nützlich ist, wenn der Gutachter sich bewusst ist, nach welchen Regeln er die erarbeiteten Informationen kombiniert und seine Entscheidungen für die Antwort auf die diagnostische Fragestellung trifft.

Vorschläge und Empfehlungen. Bei vielen Fragestellungen wird ausdrücklich nach Vorschlägen zum weiteren Vorgehen gefragt. Auch dafür ist es wieder sehr hilfreich, wenn man entscheidungsorientiert arbeitet. Es gilt hier, die sich bietenden Möglichkeiten aufzuzeigen und ihre möglichen Folgen zu beschreiben. Wieder helfen wir so dem Auftraggeber und sonstigen Betroffenen, sich möglichst zufriedenstellend zu entscheiden.

Dieser bis hierher dargestellte diagnostische Entscheidungsprozess läuft häufig linear ab, so wie er hier dargestellt ist. Es kann jedoch notwendig sein, irgendwann im Laufe der Begutachtung mit dem Auftraggeber eine geänderte Fragestellung zu vereinbaren oder weitere Psychologische Fragen zu formulieren, die bei der ersten Planung vergessen wurden oder sich erst später als notwendig herausgestellt haben. Entsprechend den neuen Psychologischen Fragen ist dann auch der weitere Ablauf neu zu planen und in der Planung entsprechend weiter zu verfahren. Der diagnostische Prozess ist also prinzipiell rekursiv, wie dies Kaminski (1970) beschrieben hat.

Gliederung des Psychologischen Gutachtens
Titelseite
Inhaltsverzeichnis
Angaben zu den beteiligten Personen
1. Fragestellung(en) des Auftraggebers
2. *Evtl. hier*: Aktenanalyse unter psychologischen Gesichtspunkten

3. Psychologische Fragen (Hypothesen)
4. Untersuchungsmethoden: Beschreibung der Verfahren und Begründung für ihre Anwendung im vorliegenden Einzelfall
5. Ergebnisse (Darstellung, *evtl. erst hier*: Aktenanalyse unter psychologischen Gesichtspunkten
6. Psychologischer Befund:
Kombination und Gewichtung der Einzelergebnisse. Beantworten der Psychologischen Fragen und damit der Fragestellung des Auftraggebers *(Diagnostische Urteilsbildung)*
7. *Wenn gefordert*: Problemlösungsvorschläge bzw. Empfehlungen für das weitere Vorgehen; evtl. Ergebnisse von (ansatzweisen) Versuchen der Problemlösung *(Intervention)*
8. Datum, Unterschrift(en)
9. Anhang: Literaturverzeichnis
   evtl.: Tabellen mit zusammengefassten Testergebnissen;
   evtl.: Zusatzgutachten,
   evtl.: andere Dokumente
   Eidesstattliche Versicherung (nur, falls gefordert)

2.2 Auffassung von Psychologie

> **Definition**
>
> **Psychologie ist eine theoriegeleitete, empirische Wissenschaft. Ihre Ziele sind:**
> 1. Beschreibung,
> 2. Erklärung,
> 3. Vorhersage,
> 4. Beeinflussung individuellen Verhaltens (Intervention).

Unter Psychologen besteht weltweit weitgehend Einigkeit darüber, dass Psychologie eine theoriegeleitete, empirische Wissenschaft ist. Für viele Bereiche individuellen menschlichen Verhaltens gibt es mittlerweile für praktische Zwecke sehr hilfreiche Theorien, die erfolgreich empirisch geprüft wurden. Wir werden uns im Folgenden ausschließlich auf solche Ansätze beziehen. Rein spekulative und empirisch nicht belegte oder nicht belegbare Ansichten über menschliches Verhalten werden hier nicht diskutiert.

Die Ziele der Psychologie sind (1) *die Beschreibung*, (2) *die Erklärung*, (3) *die Vorhersage* und (4) *die Beeinflussung individuellen Verhaltens*. Die ersten drei Ziele werden auch bei einer psychologischen Begutachtung verfolgt. Sie dient indirekt darüber hinaus der Beeinflussung individuellen menschlichen Verhaltens. Direkten Einfluss nehmen Psychologen dann auf das Verhalten anderer, wenn sie z. B. unterrichten oder therapieren.

Beschreibung. Voraussetzung dafür, dass diese Ziele erreicht werden können, ist eine möglichst objektive, zuverlässige und zutreffende Beobachtung konkreter Verhaltensweisen. Werden solche Beobachtungen durch nicht eindeutige Äußerungen über den Probanden ersetzt, so sind unbrauchbare Gutachten die Folge. Wir werden weiter unten Bedingungen darstellen, die brauchbare Beobachtungen ermöglichen. Ferner werden wir zeigen, wie man das Beobachtete möglichst verzerrungsarm und ohne Fehler beschreiben kann.

Erklärung. Bei der wissenschaftlichen Erklärung individuellen Verhaltens sind die Bedingungen zu beschreiben, unter denen es auftritt. Es geht also nicht darum, irgendeine plausible »Erklärung« zu geben, sondern eine nachprüfbare, die auch kritischen Einwänden standhält.

Vorhersage. Die Psychologie als theoriegeleitete, empirische Wissenschaft zeichnet sich dadurch aus, dass sie individuelles Verhalten erfolgreich vorhersagen kann. Allerdings muss man dazu i.d.R. das empirisch gesicherte Wissen mehrerer theoretischer Ansätze miteinander kombinieren.

Beeinflussung. Zur Beeinflussung menschlichen Verhaltens (Intervention) bietet die Psychologie eine Fülle praktikabler und nützlicher Ansätze. Neue Verhaltensweisen zu lernen oder gewohnte zu ändern, dazu helfen beispielsweise die pädagogische oder die klinische Psychologie. Mit Hilfe der Arbeitspsychologie können z. B. die Bedingungen, unter denen Menschen arbeiten, menschengerechter gestaltet werden, sodass die Arbeit nicht nur sicherer und effizienter wird, sondern auch mehr Freude machen kann.

2.3 Ziele entscheidungsorientierten Diagnostizierens

> **Merke**
>
> Ziele entscheidungsorientierten Diagnostizierens sind die Beschreibung, Erklärung und Vorhersage individuellen Verhaltens in einem definierten Verhaltensbereich (kein Persönlichkeitsbild).
> Das heißt, es werden die entscheidenden Bedingungen für vergangenes, gegenwärtiges und zukünftiges Verhalten in einem bestimmten Verhaltensbereich eines Individuums aufgezeigt.

Wie wir bereits gesehen haben, geht es in der Psychologie u. a. darum, individuelles Verhalten zu beschreiben, zu erklären und vorherzusagen. Für die psychologische Begutachtung wollen wir dies noch enger verstanden wissen: Es geht immer nur um einen Ausschnitt aus dem Verhalten eines Menschen. Wir wollen also nie beschreiben, »was für ein Mensch jemand ist«, sondern die Bedingungen beschreiben, die erlauben, das in der Fragestellung angesprochene Verhalten zu erklären oder vorherzusagen.

In manchen Fragestellungen geht es nicht primär um eine einzelne Person, sondern um die Beziehung zwischen Personen, z. B. in der Partnerschaftsberatung oder bei familienrechtlichen Fragestellungen. Da wir von einer Beziehung dann sprechen, wenn ein Individuum sich in seinem Verhalten in mehreren Klassen von Situationen an einem anderen Individuum ausrichtet, gelten die oben gemachten Aussagen auch für die Diagnostik von Beziehungen zwischen Personen.

Sehr häufig werden an Psychologen Fragestellungen gerichtet, die sich auf das Verhalten verschiedener Personen in derselben Situation beziehen. Es geht dann darum, herauszufinden, welche Bedingungen zu einem bestimmten Verhalten führen, z. B. zu einer Falschfahrt auf der Autobahn. Zunächst wird hier oft vermutet, dass es an den Personen und ihren Merkmalen liegen müsse. In unserer Beispielsituation spricht man deshalb bezeichnenderweise von Geisterfahrern. Es kann sich aber bei einer Untersuchung der Situation herausstellen, dass situative Bedingungen allein oder in Kombination mit bestimmten Merkmalen einer Person zu einem bestimmten Verhalten führen. Zum Beispiel sind die Autobahnauffahrten nach entsprechenden Untersuchungsergebnissen so geändert worden, dass die zuvor gegebenen spezifischen Bedingungen, die zu einer Falschfahrt führen konnten, nicht mehr vorhanden waren.

»Wie kommt es zu ausländerfeindlichem Verhalten? Wie kommt es zu sog. Disco-Unfällen?« sind andere Beispiele von möglichen Fragestellungen, in denen es um die Diagnostik von Situationen geht. Dabei sind neben situativen Bedingungen in aller Regel auch Merkmale von Personen von Bedeutung. »Wie kommt es, dass unser 5-jähriger Hans wieder einnässt?« Auch hierbei handelt es sich zunächst um eine situationsdiagnostische Fragestellung, bei deren Untersuchung aber nicht nur situative Bedingungen eine Rolle spielen, sondern auch Merkmale der Person oder der Beziehung das Verhalten mit erklären können.

Wir versuchen nie, das komplexe Verhalten eines Menschen möglichst vollständig zu beschreiben; wir erstellen also kein »Persönlichkeitsbild«. Die damit verbundenen Anforderungen wären ohnehin unerfüllbar. Wir beschränken uns vielmehr von Anfang an auf die Bedingungen, die es gestatten, das in der Fragestellung angesprochene Verhalten zu erklären oder vorherzusagen. Damit vertreten wir die Ansicht, dass es Verhaltensausschnitte gibt, die für die Erklärung und Vorhersage anderer Verhaltensausschnitte unwichtig sind.

2.4 Bedingungen für psychologisches Diagnostizieren

> **Bedingungen für psychologisches Diagnostizieren**
>
> 1. Verhaltensorientiertes Vorgehen bei der
>   - Planung der notwendigen Untersuchungen,
>   - Erhebung der erforderlichen Informationen,

- Auswertung von Informationsangeboten,
- Kombination von Informationen zur Beantwortung der Psychologischen Fragen und damit der Fragestellung.
2. Vermeiden von Urteilsfehlern und verringern von Urteilstendenzen
3. Explizite Entscheidungen unter Berücksichtigung von Kosten und Nutzen

Die wesentliche Grundlage für psychologisches Diagnostizieren ist das verhaltensorientierte Vorgehen. Darunter verstehen wir, dass immer das konkrete Verhalten, d. h. das Fühlen, Denken und Handeln von Menschen in bestimmten Situationen betrachtet wird. Dies bedeutet, dass bei der Verhaltensbeschreibung zunächst keine Eigenschaftswörter verwendet werden. Mit Hilfe von Eigenschaftsbegriffen kann man wohl später im Begutachtungsprozess zusammengehörende Beobachtungen zusammenfassen und abstrahieren, wenn dies erforderlich sein sollte. Solange es eine wissenschaftliche Psychologie gibt, hat sie immer möglichst konkrete Beschreibungen individuellen Verhaltens verwendet. Dies ist nicht nur von der Lernpsychologie eingebracht worden. Wenn wir also ein verhaltensorientiertes Diagnostizieren vorschlagen, so beziehen wir damit selbstverständlich die lernpsychologischen Forschungsergebnisse mit ein, doch auch die Ergebnisse aller anderen theoretisch fundierten, empirischen Richtungen der Psychologie.

Da die psychologische Begutachtung ein sehr komplexer Vorgang ist, empfiehlt es sich, sich und den anderen daran Beteiligten die Arbeit durch eine möglichst wirkungsvolle Planung zu erleichtern. Eine solch sinnvolle Planung ist eine, die verhaltensorientiert ist. Bei der Planung versuchen wir, uns vor jedem Schritt des diagnostischen Vorgehens darüber klar zu werden, welche Alternativen es dazu gibt und welche Folgen mit jeder Alternative verbunden sein können.

Bei der Erhebung der erforderlichen Informationen ist ein verhaltensorientiertes Vorgehen notwendig, wenn man den Urteilsfehlern nicht Tür und Tor öffnen will. Besonders im Gespräch mit den Probanden ist es i.d.R. für alle hilfreich, wenn der Gutachter sich das Verhalten in den interessierenden Ausschnitten so schildern lässt, dass er es förmlich »*wie in einem Film vor sich sieht*«.

Psychologische Verhaltensbeobachtungen sind Beschreibungen konkreten Verhaltens. Dies ist in schon vorliegenden Unterlagen häufig nicht der Fall: Sie kennzeichnen die zu beurteilenden Personen oft durch Zusammenfassungen, Abstraktionen und Bewertungen ihres Verhaltens, z. B. mit Eigenschaftswörtern. Durch eine verhaltensorientierte Auswertung kann man solche Urteilsfehler und -tendenzen leichter erkennen und Informationen sicherer finden, die konkretes Verhalten beschreiben und für die Beantwortung der Fragestellung wichtig sind.

Im Befund werden alle Informationen zur Beantwortung der Psychologischen Fragen und damit der Fragestellung miteinander kombiniert. Dabei ist es sowohl für das Erstellen wie auch für das Beurteilen psychologischer Gutachten eine große Erleichterung, wenn konkrete Verhaltensweisen beschrieben und nur da zusammengefasst werden, wo dies für die Beantwortung der Fragestellung ohne Verzerrung der relevanten Informationen möglich ist.

Die psychologische Begutachtung birgt eine Fülle von Möglichkeiten, diagnostische Urteilsfehler zu machen oder den Neigungen zu bestimmten Urteilsverzerrungen zu erliegen. Die wichtigste Gegenmaßnahme haben wir schon kurz angesprochen: Das verhaltensorientierte Vorgehen. Wir werden die Urteilsfehler und Urteilstendenzen noch eingehender betrachten und danach Vorschläge machen, wie man sie möglichst vermeiden bzw. verringern kann.

Die verhaltensorientierte Beschreibung der Probanden findet ihre Ergänzung darin, dass alle notwendigen Entscheidungen explizit getroffen werden. Darunter verstehen wir als erstes, dass man sich darüber klar wird, wo im diagnostischen Prozess Entscheidungen zu treffen sind. Zweitens gehört dazu, dass man sich über die Alternativen klar wird. Dies bedeutet, die folgenden beiden Fragen zu beantworten: Welche Alternativen gibt es? Welche möglichen Folgen sind mit jeder Alternative verbunden? Ein dritter Aspekt expliziter Entscheidungen ist die bewusste Anwendung bestimmter Entscheidungsregeln. »*Das machen wir hier immer so*«, ist z. B. eine Entscheidungsregel, führt aber nicht unbedingt zu zufriedenstellenden Entscheidungen.

Die Entscheidung für oder gegen ein diagnostisches Vorgehen nach dem Verhältnis von Kosten und Nutzen erscheint vielen technokratisch und unpsychologisch. In Wirklichkeit orientiert sich jeder von uns an diesem Kriterium, denn niemand käme beispielsweise auf die Idee, bei der Fragestellung, ob ein Proband eine bestimmte Berufsausbildung mit Aussicht auf Erfolg machen kann, diesen erst einmal durch mehrjähriges Zusammenleben kennenlernen zu müssen. Kosten und Nutzen werden also immer schon, zumeist jedoch nicht ausdrücklich, berücksichtigt. Bessere Entscheidungen sind dann möglich, wenn man über seine Entscheidungskriterien auch unter Kosten-Nutzen-Gesichtspunkten explizit nachdenkt und sie begründet vertreten kann.

2.5 Übergeordnete Kriterien zur Beurteilung psychologischer Gutachten

Kriterien zur Beurteilung wissenschaftlicher Aussagen
1. Grad der Gültigkeit (Validität): hängt ab
   - von der Art und Qualität der zugrunde liegenden theoretischen Aussagen,
   - davon, ob die Regeln der Logik bei ihrer Verknüpfung beachtet wurden,
   - von der Angemessenheit der Operationalisierungen der hypothetischen Konstrukte,
   - von den zentralen Merkmalen Objektivität und Messgenauigkeit (Reliabilität) der empirischen Vorgehensweisen,
   - vom beanspruchten Geltungsbereich.
2. Grad der Kommunizierbarkeit der Aussagen: hängt ab von
   - der Transparenz des Vorgehens, in allen Schritten,
   - der Prüfbarkeit des Vorgehens.

Ein psychologisches Gutachten ist eine wissenschaftliche Arbeit. Damit muss sie auch den Kriterien entsprechen, die man ganz allgemein an wissenschaftliche Aussagen legt: Gültigkeit und Kommunizierbarkeit.

Grad der Gültigkeit. Ein psychologisches Gutachten besteht aus einer Reihe von zusammengehörenden, wissenschaftlichen Aussagen. Es ist daher nicht einfach richtig oder falsch, sondern es kommt dem Ideal der vollkommenen Gültigkeit mehr oder weniger nahe. Die Gültigkeit von wissenschaftlichen Aussagen hängt in erster Linie von der Art und Qualität der zugrunde liegenden theoretischen Aussagen ab. Dies bedeutet deshalb auch für das psychologische Gutachten, dass es von der Qualität der verwendeten theoretischen Ansätze abhängt. Ein zentrales formales Kriterium, dem jede Theorie entsprechen sollte, ist die logisch korrekte Verknüpfung ihrer Einzelaussagen. Dass dies z. B. bei den bekanntesten Aggressionstheorien zumeist nicht der Fall ist, weist Werbik (1974) auf.

Auf dem Weg von der Formulierung einer Theorie bis zum Nachweis ihrer Gültigkeit müssen die zentralen Aussagen empirisch geprüft werden. Dazu müssen die Gedanken in Handlungen umgesetzt werden. Hierbei können diese jenen mehr oder weniger vollkommen entsprechen. Je weniger gut die Theorie in Handlungen umgesetzt wird, umso schlechter ist auch der Nachweis ihrer Gültigkeit.

Bei der empirischen Prüfung einer Theorie müssen Beobachtungen entsprechend der Theorie erhoben werden. Je objektiver und zuverlässiger beobachtet wird, umso ernsthafter wird eine Theorie geprüft.

Eine Theorie ist umso brauchbarer, je konkreter in ihr etwas über ihren Geltungsbereich ausgesagt wird. Denn je exakter dieser beschrieben ist, umso besser weiß man, wann man auf eine Theorie und die bei ihrer Prüfung gefundenen empirischen Befunde zurückgreifen kann. In der Regel finden sich in psychologischen Theorien jedoch keine Aussagen über ihren Geltungsbereich, sodass man diesen nur aus den zu dieser Theorie vorliegenden empirischen Arbeiten erschließen kann.

Grad der Kommunizierbarkeit. Alle wissenschaftlichen Aussagen sind nutzlos, wenn sie anderen Menschen nicht mitgeteilt werden können. Daher ist die Kommunizierbarkeit wissenschaftlicher Aussagen ein zentrales Kriterium für ihre Qualität. Je besser andere unsere Aussagen nachvollziehen können, um so besser war die Kommunikation.

Damit Gutachtenleser die Gedanken des Gutachters im Gutachten nachvollziehen können, beschreibt dieser am besten alle Schritte, die zu einem vollen Verständnis notwendig und hilfreich sind. Diese schrittweise Beschreibung ist zugleich die Grundlage für eine zumindest prinzipielle Prüfbarkeit des Vorgehens. Geprüft werden kann z. B., ob einwandfrei beobachtet wurde und ob Aussagen nach den Regeln der Logik richtig miteinander verknüpft wurden.

Zur Prüfbarkeit des Gutachtens gehört, dass die zitierte Literatur nach den jeweils geltenden Richtlinien zur Manuskriptgestaltung der Deutschen Gesellschaft für Psychologie (hier zuletzt 2007) in einem Literaturverzeichnis aufgeführt wird. Dieses Literaturverzeichnis ist ein eigenständiger Teil des Gutachtens.

Fragestellung

3.1 Entscheidung für oder gegen eine Fragestellung – 16

3.2 Notwendige Annahmen – 17

3.3 Anforderungsprofil – 18

3.4 Notwendiges Wissen für die diagnostische Arbeit – 20

3.5 Vorhersage individuellen Verhaltens – 20

3.6 Darstellung der Fragestellung im Gutachten – 21

3.1 Entscheidung für oder gegen eine Fragestellung

Kriterien für die Übernahme einer Fragestellung

1. Fragestellung eindeutig formuliert?
   - Ja: Akzeptieren.
   - Nein: Bitte um eindeutige Formulierung.
   - Eventuell: Vorschläge zur Neuformulierung.
2. Ist der Psychologe der zuständige Experte?
   - Ja: Akzeptieren.
   - Nein: An zuständigen Experten verweisen.
3. Liegt prinzipiell genügend Wissen zur Bearbeitung vor?
   - Ja: Akzeptieren.
   - Nein: Erklären, warum diese Fragestellung nicht bearbeitet werden kann.
   - Eventuell: Vorschläge zur Neuformulierung.
4. Ist die Bearbeitung der Fragestellung rechtlich erlaubt?
   - Ja: Akzeptieren.
   - Nein: Erklären, warum diese Fragestellung nicht bearbeitet werden kann. Wenn möglich: legale Alternativen vorschlagen.
5. Ist die Bearbeitung der Fragestellung ethisch verantwortbar?
   - Ja: Akzeptieren.
   - Nein: Ethische Bedenken anhand möglichen Nutzens und möglicher Kosten (Schäden) erläutern.
   - Eventuell: Ethisch vertretbare Fragestellung zur Lösung des Problems vorschlagen.
6. Schränkt die Fragestellung die Vorgehensweise des Diagnostikers ungerechtfertigt ein?
   - Nein: Akzeptieren.
   - Ja: Brauchbare Formulierung der Fragestellung vorschlagen und sich darauf mit Auftraggeber einigen.
7. Wird schon eine Intervention vorgeschlagen, die ein bestimmtes Ergebnis der Diagnostik vorwegnimmt?
   - Nein: Akzeptieren.
   - Ja: Brauchbare Formulierung der Fragestellung vorschlagen und sich darauf mit Auftraggeber einigen.

Bevor ein Gutachter eine Fragestellung bearbeiten kann, muss er sicher sein, dass er sie genau so verstanden hat, wie der Auftraggeber sie gemeint hat, sie muss eindeutig formuliert sein. Dies ist häufig nicht der Fall. Meist liegt dies daran, dass der Psychologe den angesprochenen Bereich differenzierter sieht als der Auftraggeber. In einem solchen Fall ist es sinnvoll, sich erst einmal darüber zu verständigen, was gemeint sein soll. Dabei hilft es den beauftragenden Nichtpsychologen, wenn wir solche Fragestellungen formulieren, die in der ursprünglichen Formulierung enthalten sind. Für den Auftraggeber ist es anhand solcher alternativer Formulierungen erfahrungsgemäß wesentlich einfacher, zu sagen, was er haben möchte.

Mitunter werden Fragestellungen an Psychologen herangetragen, für die sie nicht die zuständigen Experten sind. Hier hilft es dem Auftraggeber, wenn wir erklären, warum nicht wir, sondern Vertreter anderer Wissensbereiche die zuständigen Experten sind.

In seltenen Fällen werden Fragestellungen geäußert, zu denen in der Psychologie kein Wissen vorliegt bzw. kein Wissen vorliegen kann, weil die empirische Untersuchung solcher Sachverhalte prinzipiell nicht möglich ist. Bevor wir die Frage beantworten können, ob prinzipiell zu ihrer Bearbeitung in der Psychologie genügend Wissen vorliegt, müssen wir die Fachliteratur hierzu durcharbeiten, denn persönliches Nichtwissen eines Psychologen ist nicht gleichzusetzen mit einem prinzipiell in der Psychologie fehlenden Wissen. Handelt es sich also um eine prinzipiell nicht zu beantwortende Fragestellung, so erklären wir dies dem Fragesteller. Im Gespräch kann eventuell gemeinsam eine Fragestellung zur Lösung des Problems gefunden werden, die auch untersucht werden kann.

Möglicherweise werden Fragestellungen an den Gutachter herangetragen, deren Bearbeitung rechtlich nicht erlaubt ist. Wenn die Gesamtproblematik alternativ eine rechtlich einwandfreie Fragestellung erlaubt, kann der Psychologe diese dem möglichen Auftraggeber vorschlagen.

Fragestellungen, die wir ethisch nicht verantworten können, sind am häufigsten solche, bei denen der Auftraggeber das Gutachten bezahlen und den Begutachtungsprozess auf sich nehmen würde, der mögliche Nutzen für ihn jedoch sehr

3.2 · Notwendige Annahmen

gering sein würde oder das Gutachten ihm sogar schaden würde. In diesen wie auch anderen Fällen, in denen wir der Ansicht sind, dass die Bearbeitung einer Fragestellung von uns ethisch nicht vertreten werden kann, sprechen wir mit dem Fragesteller über sein Problem und suchen mit ihm gemeinsam nach einer Lösung, die in einer akzeptablen Fragestellung oder einem anderen Weg als der psychologischen Begutachtung liegen kann.

Die umfangreichen Diskussionen dazu, was in der psychologischen Diagnostik ethisch zu verantworten ist, laufen alle darauf hinaus, dass letzten Endes jeder Gutachter nach seinem besten Wissen und Gewissen entscheiden muss. Richtschnur dafür sind das Grundgesetz, die übrigen Gesetze und die daraus abgeleiteten berufsethischen Verpflichtungen für Psychologen. Diese sind z.B. in den ethischen Richtlinien der Deutschen Gesellschaft für Psychologie e.V. und des Berufsverbands Deutscher Psychologinnen und Psychologen e.V. (zugleich Berufsordnung des Berufsverbandes Deutscher Psychologinnen und Psychologen 1999) dargestellt (@ http://www.bdp-verband.org/bdp/verband/ethik.shtml).

Alle Schritte unserer Begutachtung entsprechen weiter den »Richtlinien für die Erstellung psychologischer Gutachten«, welche die Föderation Deutscher Psychologenvereinigungen zuletzt 1994 veröffentlicht hat. Die European Association of Psychological Assessment hat 2001 »Guidelines for the Assessment Process« (Fernandez-Ballesteros et al. 2001) publiziert, die Westhoff et al. (2003) als »Richtlinien für den diagnostischen Prozess« in Deutsch vorgestellt haben. Die in diesem Buch vorgestellten Vorgehensweisen entsprechen diesen internationalen Guidelines.

3.2 Notwendige Annahmen

> **Definition**
>
> **Annahmen**
> 1. Individuelles Verhalten lässt sich aufgrund von Zusammenhängen zwischen definierten Variablen beschreiben, erklären, vorhersagen und beeinflussen.
> 2. Diese Zusammenhänge können unter definierten Bedingungen empirisch festgestellt werden.
> 3. Die Art und die Stärke der empirisch geprüften Zusammenhänge zwischen den ausgewählten Variablen gelten auch für den vorliegenden Einzelfall.
> 4. Es muss zur Bearbeitung der Fragestellung der Ausprägungsgrad der Variablen festgestellt werden, der nach einer geeigneten Regel weiterverarbeitet wird.

Zu 1. Jede empirische Wissenschaft, so auch die Psychologie, geht von der Annahme aus, dass in dem von ihr untersuchten Bereich regelhafte und gesetzmäßige Zusammenhänge zwischen Variablen zu beobachten sind. Die regelhaften und gesetzmäßigen Zusammenhänge zwischen Merkmalen individuellen menschlichen Verhaltens können dazu genutzt werden, um Verhalten von einzelnen zu beschreiben, zu erklären, vorherzusagen und zu beeinflussen.

Aufgrund der Vielzahl von Einzelaussagen über menschliches Verhalten kann – sogar bei Psychologen selbst – der Eindruck entstehen, in der Psychologie gebe es keine solchen regelhaften Zusammenhänge. Jedoch ist jeder Mensch im Alltag offensichtlich recht erfolgreich in der Vorhersage dessen, was er selbst oder andere Menschen in bestimmten Situationen tun werden. Dies trifft in einem noch höheren Maße für eine fachkundig betriebene Psychologie zu. Schon ein beliebiges, in die Psychologie einführendes Lehrbuch beschreibt eine Fülle solcher praktisch nutzbarer Zusammenhänge.

Zu 2. Diese regelhaften Zusammenhänge zwischen Variablen individuellen Verhaltens sind auch empirisch feststellbar: Wie in jeder theoriegeleiteten empirischen Wissenschaft können solche auch in der Psychologie unter definierten Bedingungen festgestellt werden. Es bleibt allerdings immer zu entscheiden, ob genau diese Bedingungen bei einer bestimmten Fragestellung auch vorliegen. Hierzu benötigen wir in der Psychologie, wie in anderen Wissenschaften auch, Informationen über die Bedingungen, unter denen bestimmte Zusammenhänge gelten.

Zu 3. Mit *Art eines Zusammenhangs* zwischen zwei oder mehr Variablen ist gemeint, ob dieser Zusammenhang monoton oder kurvilinear ist. Ein linearer Zusammenhang ist der in der Psychologie wichtigste Spezialfall eines monotonen Zusammenhangs und wird z. B. durch die Produkt-Moment-Korrelation ausgedrückt. Ein solcher Zusammenhang kann positiv oder negativ sein. Als kurvilineare Zusammenhänge kennt man in der Psychologie zumeist nur noch u-förmige bzw. umgekehrt-u-förmige Zusammenhänge. Für praktische Vorhersagen müssen wir natürlich wissen, welche Arten von Zusammenhängen zwischen Variablen vorliegen. Hier hilft die Kenntnis der Fachliteratur ebenso wie bei der Bestimmung der Stärke des Zusammenhangs, die etwas darüber aussagt, wie bedeutsam ein Zusammenhang praktisch ist (Bredenkamp 1972). Die bekanntesten Maße der praktischen Bedeutsamkeit sind der quadrierte Korrelationskoeffizient und Omegaquadrat. Die verschiedenen Signifikanzschranken sind dagegen keine Ausdrücke der Stärke von Zusammenhängen: Ein signifikantes Ergebnis sagt immer nur aus, dass es aufgrund bestimmter Überlegungen und empirischer Befunde als nicht zufällig angesehen wird, gleichgültig, wie das Signifikanzniveau auch gewählt sein mag.

Wenn wir Vorhersagen machen wollen, so müssen wir annehmen können und dies ggf. plausibel machen, dass die Art und die Stärke des Zusammenhangs, auf die wir uns beziehen, auch für den untersuchten Einzelfall gelten. Anders ausgedrückt: Wir nehmen an, dass der Einzelfall zu der empirisch untersuchten Population gehört. Dies hört sich einfacher an als es praktisch häufig ist. Fehlen in psychologischen Arbeiten doch häufig Angaben über die Bestimmung der Art und der Stärke des untersuchten Zusammenhangs sowie der Nachweis, dass die Aggregation von Daten über Individuen hinweg sinnvoll war.

Zu 4. Sind die angesprochenen Annahmen begründet zu machen, so bleibt nur noch festzustellen, wie stark die Variablen im Einzelfall ausgeprägt sind, um sie mit Hilfe einer geeigneten Regel verarbeiten zu können. Zahlreiche solcher Regeln, die im diagnostischen Alltag sehr praktisch sind, werden in der psychologischen Entscheidungsforschung beschrieben. Die wichtigste Unterscheidung ist die von kompensatorischen und nichtkompensatorischen Entscheidungsregeln (Feger u. Sorembe 1982). Dabei ist die multiple lineare Regression der bekannteste Spezialfall einer kompensatorischen Entscheidungsregel.

3.3 Anforderungsprofil

> **Definition**
>
> Anforderung: Erforderliche Ausprägung eines Verhaltensmerkmals eines Individuums in einem bestimmten Verhaltensbereich
> Anforderungsprofil: Menge aller Anforderungen.
> Zwei Merkmale von Anforderungen:
> 1. Kompensierbarkeit,
> 2. Stabilität.

Anforderungen sollten verhaltensorientiert definiert und möglichst objektiv, zuverlässig und gültig feststellbar sein.

Psychologisches Diagnostizieren bedeutet, ein Individuum den Bedingungen zuzuordnen, die möglichst gut zu ihm passen. Praktisch bedeutet dies z. B., für diesen bestimmten Menschen die besten Bedingungen in Ausbildung, Arbeit oder Therapie zu beschreiben. Für ein Kind können beispielsweise die Bedingungen beschrieben werden, die unter bestimmten, unveränderbaren Gegebenheiten für seine weitere Entwicklung die relativ besten sind. Dazu müssen jedoch die entscheidenden Merkmale dieser Ausbildung, Arbeit, Therapie oder Entwicklungsbedingungen empirisch festgestellt worden sein. Erst wenn wir diese Merkmale möglichst vollständig kennen, können wir beim Individuum feststellen, wie weit es diesen Merkmalen entspricht.

Bei der Ausbildung oder Arbeit nennt man solche Merkmale Anforderungen. Obwohl es im Bereich der klinischen und forensischen Psychologie i. Allg. unüblich ist, von Anforderungen zu sprechen, schlagen wir vor, diesen Begriff allgemein zu verstehen und zu verwenden. So ist ja häufig zu diagnostizieren, welche Therapie bei jemandem die erfolgversprechendste ist. Dies ist aber gleichbedeutend mit der Feststellung, welchen Therapieanforderungen dieser Mensch am ehesten entspricht. Bei Sorgerechtsgutachten sind an die Erziehungsberechtigten Anforderungen hinsichtlich ihrer Betreuungsleistung zu stellen. Es ist dann zu entscheiden, welche der sich bietenden Alternativen für ein Kind z. B. die am wenigsten schädliche ist.

Kompensierbarkeit. Anforderungen, die in einem Anforderungsprofil zusammengestellt sind, können sich gegenseitig ausgleichen, d. h. die Minderausprägung in einer Anforderung kann durch eine Mehrausprägung in einer anderen wettgemacht werden. Dann spricht man von einer kompensierbaren Anforderung. Daneben kann es aber auch Anforderungen geben, deren Minderausprägung durch keine Mehrausprägung einer anderen wettgemacht werden kann. In einem solchen Fall spricht man von einer nichtkompensierbaren Anforderung.

Stabilität. Da wir in einer sich ständig wandelnden Welt leben, muss damit gerechnet werden, dass sich die Anforderungen an Menschen in einem bestimmten Bereich ebenfalls ändern. Was heute eine wichtige Anforderung ist, kann im nächsten Jahr vielleicht schon weniger wichtig sein. Wir tun also gut daran, bei allen Anforderungen eines Anforderungsprofils abzuschätzen, wie stabil diese vermutlich sein werden.

Den Anforderungen entsprechen bestimmte Merkmalsausprägungen aufseiten der beurteilten Personen. Auch hier gibt es mehr oder weniger stabile Merkmale. Alle geistigen Leistungsmerkmale sind bekanntermaßen über relativ lange Zeiten eines Lebens hinweg in ihrer Ausprägung gleich. Einstellungen, Erwartungen, Ziele, Überzeugungen und Meinungen können sich hingegen schneller wandeln.

Von der Stabilität der Merkmale von Personen ist die Änderbarkeit abzuheben. Mangelnde Rechtschreibkenntnisse können beispielsweise sehr stabil sein, wenn man nicht versucht, sie zu beheben. Bei gegebenen notwendigen Voraussetzungen wie geeigneter Motivation und Schulung lassen sie sich jedoch gut ändern. Auch diesen Aspekt bedenken wir, wenn wir festzustellen haben, wie gut jemand einem Anforderungsprofil entspricht.

Vage formulierte Anforderungen sind naturgemäß schlechte Maßstäbe. Je konkreter hingegen in einer Anforderung das erforderliche Verhalten in dem interessierenden Bereich definiert ist, umso objektiver, zuverlässiger und gültiger läßt sich feststellen, wie weit jemand einer Anforderung entspricht.

Unter einer objektiven Beurteilung verstehen wir eine intersubjektiv übereinstimmende Beurteilung. Dabei kann die Übereinstimmung zwischen Beurteilern von »sehr hoch« bis »sehr niedrig« variieren. Hoch übereinstimmende Beurteilungen müssen deshalb nicht »gültig« sein. Haben z. B. alle Beurteiler das gleiche Vorurteilssystem, so können sie auch sehr übereinstimmend zu derselben Beurteilung kommen, ohne dass ihr Urteil richtig sein muss.

Beurteilungen und Messungen sind umso zuverlässiger, je besser sie wiederholt werden können. Dabei kann bei der Wiederholung ein anderes Instrument oder dasselbe Instrument zu verschiedenen Zeitpunkten eingesetzt werden. Wie man die Messgenauigkeit oder Reliabilität feststellt, ist allerdings nicht beliebig. Es hängt letzten Endes von den verfolgten Zielen und den benützten Theorien ab.

In der Psychologie gibt es viele methodische Überlegungen und Vorgehensweisen, die helfen können, den Grad der Gültigkeit oder Validität von Beobachtungen festzustellen. Sie laufen letzten Endes alle darauf hinaus, dass empirisch mit möglichst einwandfreien Methoden geprüft wird, wie gut die Wirklichkeit die eigenen theoretischen Überlegungen unterstützt. Je mehr Überlegungen ein Gedankengebäude, eine Theorie, enthält und je häufiger dieses in allen Bereichen erfolgreich geprüft wurde, umso besser ist seine Gültigkeit nachgewiesen, umso valider ist es.

Damit wird deutlich, dass sowohl Merkmale des individuellen Verhaltens als auch Anforderungen theoretisch fundiert definiert und erfolgreich validiert sein müssen, wenn man sie ohne Weiteres in der psychologischen Diagnostik verwenden will. Bei vielen Anforderungen ist dies jedoch nicht gegeben. Hier müssen wir von Fall zu Fall entscheiden, ob wir bestimmte Annahmen vertreten können, die es ermöglichen, eine Anforderung als hinreichend fundiert zu akzeptieren.

3.4 Notwendiges Wissen für die diagnostische Arbeit

> **Notwendiges Wissen für die Bearbeitung einer diagnostischen Fragestellung**
> - Fachwissen,
> - Berufserfahrung,
> - Alltagserfahrung,
>
> bestehend aus:
> - konkreten,
> - nachprüfbaren,
> - gültigen Informationen.

Angesichts einer Fragestellung und eines eventuell schon vorliegenden Anforderungsprofils müssen wir uns fragen, ob wir für die weitere psychologisch-diagnostische Arbeit genügend wissen. Dies bedeutet für das Fachwissen, dass man nicht nur die Grundlagen beherrscht, sondern auch die für die Fragestellung relevante Spezialliteratur überblickt. Jeder Fragesteller erwartet völlig zu Recht von Wissenschaftlern, dass sie auf dem neuesten Stand ihrer Wissenschaft arbeiten. Die gewohnheitsmäßige Entscheidung, die aber nicht mehr dem neuesten Stand entspricht, ist also mit einem wissenschaftlichen Gutachten unvereinbar.

Neben dem Fachwissen sind die Berufs- und Alltagserfahrung wichtige Informationsquellen, ohne die man in einem psychologischen Gutachten eigentlich nie auskommt. Nicht alle Aspekte, die im Begutachtungsprozess von Bedeutung sind, können oder müssen wissenschaftlich untersucht sein. Wir werden uns weiter unten mit einer Reihe solcher Situationen beschäftigen.

Unabhängig von der Klassifikation des Wissens in Fachwissen, Berufs- oder Alltagserfahrung muss dieses immer »zutreffend« sein. Dies ist am ehesten gegeben bei möglichst konkreten Aussagen über Verhalten, die sich nachprüfen lassen und die sich bei einer möglichen Nachprüfung als gültig herausstellen. Es geht also nicht darum, sein eigenes Vorurteilssystem zum Maßstab aller Dinge zu machen. Vielmehr gelten in jedem Fall die übergeordneten Kriterien wissenschaftlichen Arbeitens: Gültigkeit und Kommunizierbarkeit.

3.5 Vorhersage individuellen Verhaltens

> **Definition**
>
> Vorhersage individuellen alltäglichen Verhaltens verlangt:
> - Orientierung auf diese Verhaltensvorhersage hin,
> - Einbeziehung aller wichtigen Variablen,
> - Nutzung aller brauchbaren Informationsquellen.

Psychologische Forschungen beschäftigen sich hauptsächlich mit der Beschreibung, Erklärung und Beeinflussung individuellen Verhaltens. Erstaunlich wenig Interesse findet die Vorhersage. Hiermit beschäftigen sich hauptsächlich einige Ausschnitte der Entscheidungs- und der Persönlichkeitsforschung. In der Praxis allerdings wird von Psychologen erwartet, dass sie Verhalten in gewissen Grenzen richtig vorhersagen können.

Bei der Ausrichtung der allgemeinen Psychologie auf die Beschreibung des Verhaltens und die Analyse der Bedingungen, die das Verhalten beeinflussen, sind immer nur wenige Variablen experimentell variierbar und kontrollierbar. Es können hier jeweils nur Ausschnitte untersucht werden. In der Persönlichkeitsforschung, wo naturgemäß weniger experimentell als mehr korrelativ gearbeitet wird, liegt in aller Regel der Akzent auf der Beschäftigung mit einem Konstrukt wie z. B. Intelligenz, Angst oder Kreativität. In der Sozialpsychologie werden die sozialen Bedingungen des Verhaltens untersucht, dabei bleiben aber die anderen Bedingungen weitgehend unbeachtet. In diesen und allen anderen Forschungsgebieten gibt es nur selten Ansätze zur Integration von Wissen für praktische Vorhersagezwecke. Wir werden im nächsten Kapitel hierzu unsere Vorschläge darstellen.

Von entscheidender Bedeutung für die Vorhersage individuellen, alltäglichen Verhaltens sehen wir die Einbeziehung aller oder möglichst vieler wichtiger Variablen an. Der mögliche Erfolg in einer Ausbildung wird beispielsweise nicht nur von der geistigen Leistungsfähigkeit in ihren verschiedenen Aspekten als abhängig angesehen, sondern auch von emotionalen, motivationalen und sozialen Bedingungen, des Weiteren von körperlichen Faktoren und Umgebungsbedingungen.

Standardisierte psychologische Untersuchungsverfahren wie Tests und Fragebogen sind nicht die einzig möglichen Informationsquellen für die Vorhersage individuellen Verhaltens. Wir werden zeigen, dass es daneben viele weitere nützliche Quellen für brauchbare diagnostische Informationen gibt. Aus diesen kommen bei fast jeder Fragestellung wesentlich mehr und entscheidendere Informationen als aus Tests und Fragebogen, wobei wir deren Wert damit nicht gering achten.

3.6 Darstellung der Fragestellung im Gutachten

> **Definition**
>
> Darstellung im Gutachten
> - Die Fragestellung ist erster, eigenständiger Gliederungspunkt des Gutachtens.
> - Die Fragestellung wird vollständig und wörtlich,
> - wie im endgültigen Gutachtenauftrag formuliert und
> - ohne jegliche nachträgliche Änderung oder Erweiterung wiedergegeben.

Da von der Fragestellung alles weitere Vorgehen abhängt, empfiehlt es sich, sie entsprechend unseren Empfehlungen zunächst zu überdenken und ggf. mit dem Auftraggeber gemeinsam die endgültige Fragestellung zu formulieren. Da ein Gutachten ohne die Fragestellung nicht zu verstehen ist, gehört sie als erster, eigenständiger Gliederungspunkt in jedes psychologische Gutachten.

Zur Vermeidung von Missverständnissen wird die Fragestellung in der wörtlichen und vollständigen Formulierung dargestellt, wie sie zuletzt zwischen Auftraggeber und Psychologen vereinbart wurde. Da die Fragestellung Gegenstand des Vertrages zwischen Auftraggeber und Psychologen ist, bedarf jede Änderung der Zustimmung beider Parteien. Es empfiehlt sich, diese Zustimmung immer vorher einzuholen, bevor man von einer veränderten Fragestellung ausgehend gutachtet. Auch sog. rein sprachliche Verbesserungen sollten nicht ohne Zustimmung des Auftraggebers vorgenommen werden, denn es handelt sich hierbei leicht um entscheidende Akzentverschiebungen in der Fragestellung.

Auswahl von Variablen

4.1 Verhaltensgleichung – 24

4.2 Umgebungsvariablen – 25

4.3 Organismusvariablen – 26

4.4 Kognitive Variablen – 27

4.5 Emotionale Variablen – 29

4.6 Motivationale Variablen – 30

4.7 Soziale Variablen – 31

4.8 Drei Klassen von Informationen für die Erklärung und Vorhersage individuellen Verhaltens – 32

4.9 Kriterien für die Auswahl von Variablen – 33

4.1 Verhaltensgleichung

> **Definition**
>
> **Verhaltensgleichung:**
> $V = fl (U, O, K, E, M, S)$
> Verhalten ist eine Funktion folgender Gruppen von Variablen:
> - Umgebungsvariablen (U),
> - Organismusvariablen (O),
> - Kognitive Variablen (K),
> - Emotionale Variablen (E),
> - Motivationale Variablen (M),
> - Soziale Variablen (S),
> - und deren Wechselwirkungen (Subskript I).

Die von uns vorgeschlagene Verhaltensgleichung dient mehreren Zwecken:
1. Sie fasst die Variablen, die bei der Erklärung, Vorhersage und Beeinflussung individuellen Verhaltens wichtig sind, zu wenigen Gruppen zusammen und erlaubt somit
2. eine Strukturierung dieses ansonsten kaum übersehbaren Bereichs.
3. Sie unterstützt die Prüfung, ob bei einer Begutachtung alle wichtigen Bereiche bedacht wurden. Sie ist also als Hilfsmittel für das praktische Arbeiten gedacht.

Weiter unten werden wir jede Gruppe von Variablen näher erläutern und sie jeweils anhand von wichtigen Variablen veranschaulichen. Hier sei zunächst darauf hingewiesen, dass man die sechs genannten Gruppen von Variablen in zwei Klassen zusammenfassen kann:
1. nichtpsychologische Gruppen von Variablen (U und O),
2. psychologische Variablengruppen (K, E, M, S).

Die nichtpsychologischen Variablen der Umgebung (U) beziehen sich auf äußere Lebensbedingungen wie Wohnsituation, finanzielle Situation. Mit den nichtpsychologischen Variablen des Organismus (O) sind alle körperlichen Bedingungen gemeint wie Krankheiten, Behinderungen oder körperliche Belastbarkeit. Jeder weiß, wie stark diese Variablen unser aller Verhalten mitbestimmen. Daher ist es nach unseren Erfahrungen für Nichtpsychologen sehr gut nachzuvollziehen, wenn wir diese Bereiche gesondert betrachten.

Die Gruppe von psychologischen Variablen, die als kognitive bezeichnet werden (K), beziehen sich auf die geistige Leistungsfähigkeit und meinen beispielsweise Konzentration, Gedächtnis, Intelligenz, Kreativität. Dies ist die Gruppe von Variablen, die sich am besten durch Tests messen lassen.

Ganz anders sieht es mit den emotionalen Variablen (E) aus. Diese werden häufig übersehen, oder es wird nur auf die emotionale Belastbarkeit eines Menschen abgehoben. Dabei sind unsere Gefühle wie Angst, Schuld oder Liebe in bestimmten Klassen von Situationen oft entscheidend für das, was wir tun.

Dass die Motivation unser Verhalten bestimmt, ist ein Allgemeinplatz, schwierig ist hingegen für viele die Frage nach den spezifischen motivationalen Variablen (M) zu beantworten. Man kann Motivstärken messen, z. B. des Leistungsmotivs, und zur Vorhersage individuellen Verhaltens nutzen. Bessere Vorhersagen kann man nach unseren Erfahrungen machen, wenn man die relevanten individuellen Werte, Ziele, Überzeugungen und Erwartungen der Probanden erfasst.

Soziale Variablen (S) beeinflussen jeden von uns in so vielfältiger Weise, dass man die für einen Menschen verbindlichen Normen und Pflichten bei der Begutachtung ebenso betrachten wird wie die Einflüsse, die, von anderen Menschen ausgehend, das Verhalten mitbestimmen (»bedeutsame Andere«). Das Geflecht der sozialen Beziehungen, in denen ein Mensch lebt, kann nie außer Betracht bleiben, wenn wir sein Verhalten erfolgreich erklären und vorhersagen wollen.

Wenn wir nun im Folgenden auf die genannten Gruppen von Variablen näher eingehen, so müssen wir alle Variablen einer bestimmten Gruppe zuordnen. Andere Gruppierungen oder andere Einordnungen von Variablen sind sinnvoll möglich. Dies ist für unser Anliegen hier jedoch nicht entscheidend. Wir möchten eine Strukturierungshilfe vorschlagen, die sich für das praktische psychologische Arbeiten ganz allgemein und besonders für die Begutachtung als sehr nützlich erwiesen hat. Wir können so vermeiden,

4.2 Umgebungsvariablen

dass wir u. U. ganze Gruppen von Variablen oder wichtige einzelne Variablen nicht bedacht haben.

Über die in der Verhaltensgleichung genannten Gruppen von Variablen hinaus gibt es weitere Gruppen von Variablen, die das individuelle Verhalten indirekt mitbestimmen können wie z. B. soziologische, politische oder historische. Hier nehmen wir an, dass sich diese Variablen durch solche auswirken, die in unserer Verhaltensgleichung angesprochen sind. Soziologische, politische oder historische Lebensbedingungen bestimmen die Ausprägung individueller Variablen. Sie werden indirekt beachtet, indem wir die Variablen auswählen, von denen wir begründet annehmen, dass sie uns helfen, individuelles Verhalten möglichst gut zu erklären und vorherzusagen.

Wir nennen diese Variablen immer »Bedingungen« individuellen Verhaltens und nicht »Ursachen«. Der Begriff der Ursache wird nämlich leicht missverstanden. Dabei gibt es nach unseren Beobachtungen folgende drei häufig zu beobachtende Missverständnisse:
1. Es wird fälschlich angenommen, dass es nur eine Ursache gibt. Hier hilft auch der häufig zu findende Hinweis auf die »Multikausalität« wenig.
2. Ursache wird fälschlich nur deterministisch und nicht auch probabilistisch verstanden. Praktisch bedeutet dies, der Begriff der Ursache wird als unvereinbar mit Wahrscheinlichkeitsaussagen erlebt.
3. Wenn Ursachen für ein Verhalten genannt werden, so wird fälschlich davon ausgegangen, dass dieses Verhalten damit vollständig erklärt oder vorhergesagt werden kann.

Diese möglichen Missverständnisse sind kaum zu beobachten, wenn man von Bedingungen individuellen Verhaltens anstatt von Ursachen spricht. Allein diese praktischen Erfahrungen reichen unseres Erachtens aus, den Begriff der Ursache in psychologischen Gutachten immer durch den der Bedingung zu ersetzen. Schließlich soll ein Gutachten möglichst wenig Anlass zu Missverständnissen geben.

4.2 Umgebungsvariablen

> **Definition**
>
> Umgebungsvariablen (U) = äußere Lebensbedingungen, z. B.:
> - finanzielle Situation,
> - Wohnsituation,
> - Verkehrsverbindungen,
> - Kommunikationsbedingungen,
> - zur Verfügung stehende Zeit.

Zur Veranschaulichung der Umgebungsvariablen oder äußeren Lebensbedingungen wollen wir nun einige kurz vorstellen, die sich bei ganz verschieden gearteten Fragestellungen häufig als wichtig herausgestellt haben. Dabei wollen wir schon hier auf zweierlei hinweisen, und wir werden diese Hinweise wiederholen, dass zum einen dies nur Beispiele sind, es sich also um keine erschöpfende Liste handelt, und zum anderen nicht bei jeder Fragestellung alle Variablen von Bedeutung sind.

Finanzielle Situation. Die Verhaltensmöglichkeiten eines Menschen werden u. a. ganz entscheidend von seiner finanziellen Situation bestimmt. Dabei verstehen wir unter der finanziellen Situation nicht nur Einkommen und finanzielle Verpflichtungen, sondern auch die objektiv gegebenen Möglichkeiten, finanziell unterstützt zu werden. Bei allen Größen ist zudem zu bedenken, wie sie sich im Laufe der Zeit wahrscheinlich entwickeln werden. Subjektive Fehleinschätzungen der eigenen finanziellen Möglichkeiten in Gegenwart und Zukunft bedingen häufig katastrophale Lebensumstände.

Wohnsituation. Nach einem geflügelten Wort kann man Menschen mit einer Wohnung erschlagen wie mit einer Axt. In der Regel sind die Wohnbedingungen jedoch nicht von so massiver Bedeutung, wie dies einem z. B. aus der Mittelschicht stammenden Gutachter auf den ersten Blick erscheinen mag. Hier kann ein Gutachter in seinem Urteil sehr leicht Opfer seines eigenen Wertesystems werden. Falsch wäre es jedoch, diese Bedingung individuellen Verhaltens, z. B. bei Sorgerechtsgutachten, überhaupt erst nicht in Betracht zu ziehen.

Verkehrsverbindungen. Unzureichende oder fehlende Verkehrsverbindungen können u. U. eine bestimmte Ausbildung eines Jugendlichen unmöglich machen. Eine solche entscheidende Voraussetzung für bestimmte Verhaltensweisen wird in einer fachgerechten Begutachtung immer berücksichtigt.

Kommunikationsbedingungen. Unter Kommunikationsbedingungen fassen wir abstrahierend alle Möglichkeiten zusammen, an Informationen heranzukommen oder mit anderen Menschen in Kontakt treten zu können. Die Verfügung über Kommunikationsgeräte, z. B. Radio, TV, Video, Telefon, gehört ebenso dazu wie der Zugang zu bestimmten Kontaktmöglichkeiten wie Gruppen, Kursen, Veranstaltungen, Schulen und anderen sozialen Einrichtungen.

Zur Verfügung stehende Zeit. Obwohl wir uns alle im Alltag dauernd mit der Zeit beschäftigen, ist eine zutreffende Einschätzung der Zeit, die man für etwas aufbringen kann, für viele nur mit Hilfestellungen möglich. Steht also bei einem Menschen eine mögliche Änderung der Zeitverteilung auf die verschiedenen Verhaltensbereiche an, so ist immer damit zu rechnen, dass es hier zu Schwierigkeiten kommen kann. Bei der Begutachtung wird man diese möglichen Probleme berücksichtigen. Denn nur wenn wir alle wichtigen Verhaltensbedingungen mit in Rechnung stellen, können wir begründet hoffen, dass unsere Verhaltensvorhersagen auch zutreffen werden.

4.3 Organismusvariablen

> **Definition**
>
> Organismusvariablen (O) = körperliche Bedingungen, z. B.:
> - allgemeine körperliche Belastbarkeit,
> - Ernährungsweise,
> - Alter (-sunterschiede),
> - Beeinträchtigungen,
> - Behinderungen,
> - Krankheiten, auch defekt abgeheilte,
> - Abhängigkeit von Drogen,

> - Besonderheiten (anatomische, physiologische, des Hormon- oder Nervensystems, der Sinnesorgane, des Kreislaufs, des Skeletts, der Muskulatur, der Haut).

Psychologische Gutachter sind keine medizinischen Gutachter, und sie können und sollen diese nicht ersetzen. Ein bestimmtes Verhalten ist jedoch immer nur bei entsprechenden körperlichen Voraussetzungen möglich. Wir müssen also bei jeder Fragestellung eines psychologischen Gutachtens wissen, welche körperlichen Voraussetzungen erfüllt sein müssen. Viele Anforderungen an Menschen sind körperlicher Art, und in der Mehrzahl der Fälle lässt sich entscheiden, ob eine bestimmte körperliche Anforderung erfüllt wird oder nicht. Wo man zweifelt, wird man selbstverständlich den medizinischen Experten zu Rate ziehen.

Nach unseren Erfahrungen scheuen sich Psychologen am meisten, körperliche Bedingungen zu beurteilen, obwohl häufig ein sachkundiges psychologisches Gutachten ohne eine Berücksichtigung der körperlichen Gegebenheiten gar nicht möglich ist. Dabei wissen viele Probanden über ihren Gesundheitszustand recht gut Bescheid, nicht zuletzt durch die Informationen, die sie von ihren Ärzten haben.

Allgemeine körperliche Belastbarkeit. Ob eine ausreichende allgemeine körperliche Belastbarkeit z. B. für einen bestimmten Tätigkeitsbereich gegeben ist, kann i.d.R. mit dem Probanden gemeinsam schnell und zutreffend beurteilt werden, wenn man genügend klar formulierte Anforderungen hat.

Ernährungsweise. In unserem Land des Überflusses an Nahrungsmitteln wird leicht übersehen, dass eine falsche Ernährung das Wohlbefinden und die Leistungsfähigkeit ganz erheblich mindern können. Hier muss sich ein Gutachter ggf. vor der Bearbeitung einer Fragestellung erst so sachkundig machen, dass er begründet entscheiden kann, ob die Ernährungsweise für die geforderte Leistungsfähigkeit angemessen ist.

Alter. Mit dem Alter ändern sich die körperlichen Bedingungen für bestimmte Tätigkeiten und Aufgaben. Es ist daher immer zu überlegen, ob sich aus dem Alter und den damit verbundenen Änderungen Einschränkungen ergeben können. Dies gilt im besonderen Maße für die Kindheit und das hohe Lebensalter.

Gesundheitliche Beeinträchtigungen. Die Beeinträchtigung des Wohlbefindens und der Gesundheit kann durch eine Reihe von Umwelteinflüssen bedingt sein, z. B. Passivrauchen, Abgase, Lärm, Erschütterungen. Dabei muss dies subjektiv nicht unbedingt als beeinträchtigend erlebt werden. Es ist bei bestimmten Fragestellungen unbedingt erforderlich, zu prüfen, ob gesundheitliche Beeinträchtigungen vorliegen, wenn man z. B. die körperliche und damit auch die psychische Belastbarkeit eines Menschen zutreffend einschätzen will.

Behinderungen. Körperliche Behinderungen müssen nicht ins Auge stechen und können trotzdem z. B. eine bestimmte Arbeit verbieten. Hier kommt es auf die angemessene Planung, Vorbereitung und Durchführung von psychologischen Gesprächen an, wenn man wichtige Behinderungen nicht ungerechtfertigterweise übergehen will.

Chronische Krankheiten. Neben akuten Krankheiten sind vor allem chronische Krankheiten bei vielen Fragestellungen unbedingt zu berücksichtigen, wenn man die Lage eines Menschen angemessen einschätzen will. Krankheiten, aber auch Unfallverletzungen können defekt abgeheilt sein. Hieraus können besondere Lebensumstände resultieren, welche die Betroffenen häufig als selbstverständlich und nicht mehr besonders erwähnenswert erleben. Übersieht man dies aber, so können massive Fehleinschätzungen im Gutachten die Folge sein.

Abhängigkeitserkrankungen. Körperliche Abhängigkeit von Drogen, vor allem legalen wie Alkohol, ist häufig längst gegeben, bevor es den Betroffenen bewusst wird. Die Abhängigkeit von Drogen wird oft sehr lange und geschickt verborgen, häufig mit Hilfe der nahen Verwandten. Es ist daher nicht damit zu rechnen, dass eine Drogenabhängigkeit »schon von selbst« während der Untersuchung auffallen wird. Hier hilft nur eine gezielte Vorbereitung der Untersuchungen.

Besonderheiten. Besonderheiten, wie eine von den Anforderungen stark abweichende Körpergröße, können unmittelbar ins Auge fallen. Andere wiederum können nur bei einer sorgfältigen Vorbereitung und Durchführung der psychologischen Untersuchung mit dem Probanden gemeinsam gefunden werden. Erst dann kann man sie beim Gesamturteil angemessen berücksichtigen. Auch dabei ersetzen wir in keinem Fall ein notwendiges medizinisches Gutachten, sondern wir tragen nur die Informationen zusammen, die ohnehin schon vorliegen, weil sie dem Probanden aus ärztlichen Untersuchungen bekannt sind oder gar entsprechende schriftliche Äußerungen von Ärzten über den Probanden vorliegen.

4.4 Kognitive Variablen

> **Definition**
>
> Kognitive Variablen (K) allgemein: Leistungsfähigkeit und Inhalte des Wahrnehmens, Lernens und Denkens, z. B.:
> - allgemeine Intelligenz,
> - Intelligenzstruktur,
> - Konzentration,
> - Gedächtnis,
> - Kreativität,
> - künstlerische Begabungen,
> - Arbeitsstil,
> - Gewissenhaftigkeit,
> - Kulturtechniken: Schreiben, Lesen, Grundrechenarten,
> - Kenntnisse in: Sprachen, EDV, Maschineschreiben, Stenografie,
> - Fachkenntnisse.

Unter Kognition wird in der Psychologie der gesamte Bereich geistiger Leistungen oder der Informationsverarbeitung zusammengefasst. Kognitive Variablen sind demnach Merkmale der geistigen Leistungsfähigkeit. Informationen müssen wahrgenommen, gelernt, behalten und durch das Denken weiterverarbeitet werden können, wenn sich Menschen wirkungsvoll mit ihrer Welt auseinandersetzen sollen. Dabei unterscheiden sich Menschen nicht nur hinsichtlich der Inhalte, mit denen sie sich beschäftigen, sondern auch in der Leistungsfähigkeit, mit der sie dies tun können. Neben sehr bekannten psychologischen Forschungsgegenständen wie Intelligenz sind für die befriedigende Bearbeitung vieler Fragestellungen auch Informationen über spezielle Kenntnisse eines Probanden erforderlich.

Allgemeine Intelligenz und Intelligenzstruktur.
Da die Intelligenz in unserer Zeit als zentrales Merkmal individuellen Verhaltens gilt, sind bei den meisten Fragestellungen zumindest Informationen über die allgemeine Intelligenz nützlich. Es werden dabei keine differenzierten Aussagen über Stärken und Schwächen gemacht, da man davon ausgeht, dass Intelligenz sich in allen Bereichen in etwa in der gleichen Ausprägung wieder zeigen wird.

Entsprechend einer anderen Auffassung von Intelligenz zeigen sich bei vielen Menschen Leistungsstärken und -schwächen in verschiedenen Bereichen, die intelligentes Handeln erfordern. Je nach Fragestellung kann es nützlich sein, die Intelligenzstruktur zu erfassen, wenn differenzierte Aussagen in diesem Bereich erforderlich sind. Bei einigen Intelligenztests werden beide Konzeptionen miteinander verknüpft: Der Mittelwert von Leistungen in Untertests ist dort als Wert für die allgemeine Intelligenz definiert (Guthke 1996). Intelligenz ist der insgesamt beste Prädiktor von Ausbildungsergebnissen und beruflichen Leistungen (z. B. Schmidt-Atzert et al. 2004; Hülsheger et al. 2006). Allerdings sollte man beachten, dass bei Tätigkeiten, die eine durchschnittliche Intelligenz verlangen, überdurchschnittlich intelligente Personen auf Dauer schlechtere Leistungen bringen können, weil sie sich bei diesen Tätigkeiten langweilen und sie diese als keine für sie passende Herausforderung erleben.

Konzentration und Gedächtnisleistungen. Konzentration ist eine Grundlage für praktisch jede anspruchsvolle geistige Arbeit. Dabei können bisher übliche Konzentrationstests naturgemäß nur über bestimmte Aspekte dieses Konstrukts Auskunft geben. Die Konzentrationsleistung eines Individuums lässt sich demnach nicht vollständig durch Konzentrationstestwerte beschreiben (Westhoff 1995; Westhoff u. Hagemeister 2005). Mit ihnen kann zuverlässig gemessen werden, wie schnell jemand intellektuell anspruchslose Aufgaben richtig bearbeiten kann.

Gedächtnisleistungen sind eine notwendige Voraussetzung fast aller kognitiven Leistungen. Dabei gibt es nicht nur große Unterschiede zwischen verschiedenen Menschen hinsichtlich ihrer Gedächtnisleistungen, sondern der Einzelne behält auch Inhalte verschiedener Bereiche unterschiedlich gut.

Kreativität und künstlerische Begabung. In manchen Bereichen sind besonders kreative Menschen gefragt, so z. B. im Bereich technischer Erfindungen. Leider lassen sich bis heute, außer bei Menschen, die bereits entsprechende kreative Leistungen erbracht haben, kaum zuverlässige und gültige Informationen über die Kreativität eines Menschen erheben. Schuler et al. (1995) konnten in einer großen Studie den Nutzen psychologischer Diagnostik in der Personalauswahl von Wissenschaftlern und Ingenieuren für die Forschung und Entwicklung überzeugend nachweisen. Sie haben dabei, genau wie wir vorschlagen, alle Informationsquellen, die Auskunft über die Kreativität der Auszuwählenden geben, nach expliziten Regeln kombiniert. Dies ist ein überzeugendes Beispiel für eine multimethodale Diagnostik, die auch bei fehlenden »guten« Kreativitätstests nachweislich großen Nutzen produzieren kann.

Künstlerische Begabungen können bei vielen Fragestellungen eine Rolle spielen, nicht nur bei Berufswahlen. Für viele Menschen stellt künstlerisches Arbeiten einen wichtigen Teil ihrer Persönlichkeitsentfaltung dar.

Arbeitsstil. Von ganz entscheidender Bedeutung für Leistungen in Schule, Ausbildung, Beruf oder Freizeit ist der persönliche Arbeitsstil. Damit ist die gewohnheitsmäßige Art zu arbeiten gemeint. Man fasst hierunter eine Reihe sehr verschiedener Aspekte des persönlichen Arbeitens zusammen. Eine einheitliche Auffassung darüber, welche Aspekte hierzu auf jeden Fall gehören, existiert bis heute nicht. Westhoff et al. (1995) stellen hier Diagnoseinstrumente zur Optimierung von Arbeitsverhalten, Arbeitsbedingungen und Organisation zur Verfügung, die auf beliebige Arbeitssituationen angepasst werden können.

Gewissenhaftigkeit. Das zu den sog. Big Five gehörende Persönlichkeitsmerkmal Gewissenhaftigkeit mit seinen Facetten Beharrlichkeit, besonnene Arbeitsweise, Ordentlichkeit, Zuverlässigkeit, Impulskontrolle, Leistungsbereitschaft, Pflichtbewusstsein, Regelbewusstsein und Selbstdisziplin repräsentiert eine Reihe von Aspekten des Arbeitsstils, jedoch nicht alle. Gewissenhaftigkeit hat sich neben der emotionalen Stabilität als durchgängig für die Vorhersage beruflicher Leistungen als brauchbar erwiesen (Borkenau et al. 2005).

Schreiben, Lesen und Grundrechenarten. Bei vielen Fragestellungen geht es in der Praxis u. a. darum, festzustellen, wie gut jemand die sog. Kulturtechniken des Lesens und Schreibens und die Grundrechenarten beherrscht, sind sie doch in unserer Kultur die Voraussetzung für die meisten Tätigkeiten.

Besondere Kenntnisse. Ausgesprochen hilfreich ist es bei vielen Fragestellungen, wenn man Informationen über die besonderen Kenntnisse eines Menschen hat. Dabei erweisen sich neben Fachkenntnissen z. B. Sprach- und EDV-Kenntnisse häufig als sehr nützlich für die Vorhersage zukünftiger Leistungen in bestimmten Berufen. Daneben gibt es aber auch weniger verbreitete Kenntnisse, die man bei bestimmten Fragestellungen nicht vergessen sollte zu erheben. Oft sind sie von allen bisher an der Lösung eines individuellen Problems beteiligten Personen übersehen worden, obwohl sie zur Lösung benutzt werden können.

4.5 Emotionale Variablen

> **Definition**
>
> Emotionale Variablen (E), z. B.:
> - emotionale Belastbarkeit,
> - Umgang mit Belastungen,
> - Verhalten bei Frustrationen,
> - Umgang mit Gefühlen,
> - relativ überdauernde Gefühle, z. B. der Liebe, Schuld, Angst, Minderwertigkeit,
> - emotionale Bindungen.

Jedes Verhalten wird von Gefühlen mitbestimmt, begleitet und gefärbt. Entsprechend wichtig sind daher für die Erklärung und Vorhersage individuellen Verhaltens Informationen über die jeweils wichtigen Gefühle. Sehr oft wird dieser Bereich, völlig zu Unrecht wie wir meinen, eingeengt auf den häufig wichtigen Aspekt der emotionalen Belastbarkeit.

Emotionale Belastbarkeit. Neurotizismus, der Gegenpol der emotionalen Belastbarkeit oder emotionalen Stabilität, bezeichnet die gefühlsmäßige Empfindlichkeit eines Menschen. Ein hoher Neurotizismuswert bedeutet nicht, dass jemand neurotisch ist, er ist nur empfindlicher. In vielen Bereichen des Lebens kann ein etwas »dickeres Fell« nicht nur sehr bequem, sondern sogar unbedingt erforderlich sein. In anderen Bereichen sind zartbesaitete Menschen glücklich, »robuste« fühlen sich hier jedoch fehl am Platz. Von der emotionalen Belastbarkeit, die in hohem Maße genetisch festgelegt ist, ist der Umgang mit Belastungen abzugrenzen, der im Laufe des Lebens erlernt wird. Emotionale Stabilität lässt sich durch die folgenden Facetten kennzeichnen: Selbstsicherheit, Beherrschtheit, Wohlbefinden, geringe Ängstlichkeit und geringe Neigung zu Depressivität. Das Persönlichkeitmerkmal emotionale Stabilität ist neben dem der Gewissenhaftigkeit eins der Big Five, das durchgängig als ein brauchbarer Prädiktor von Ausbildungsergebnissen und beruflichen Leistungen erwiesen hat (Borkenau et al. 2005).

Umgang mit Belastungen. Belastungen werden individuell sehr verschieden verarbeitet. Dabei gibt es kurzfristig mehr oder weniger wirksame Arten der Bewältigung von Belastungen; langfristig können solche Bewältigungsstrategien für die Betroffenen zu mehr oder weniger erwünschten Folgen führen. Die Art, wie jemand mit seinen Belastungen umgeht, kann z. B. über seine Gesundheit oder Krankheit mitbestimmen.

Umgang mit Frustrationen. Wird ein Individuum daran gehindert, ein Ziel zu erreichen, so fühlt es sich frustriert. Eine solche Frustration kann zu mehr oder weniger sinnvollem Verhalten führen. Von besonderer Bedeutung für die Erklärung und Vorhersage von Verhalten sind i.d.R. Serien von gleichen Frustrationen und die Art, wie ein Mensch hiermit fertig wird.

Umgang mit Gefühlen. In vielen Bereichen kann auch im Alltag beobachtet werden, dass es für Menschen entscheidend ist, wie sie mit ihren Gefühlen umgehen. Man kann auch fragen: Welche Gefühle erleben Menschen in welchen Situationen, was davon gestehen sie sich selbst ein, und was folgt daraus für ihr Verhalten?

Relativ überdauernde Gefühle bewirken auch immer wieder sehr ähnliche Verhaltensmuster. Es lohnt sich daher für die Erklärung und Vorhersage von Verhalten, solche überdauernden Gefühle, z. B. der Liebe, Schuld, Angst oder Minderwertigkeit, zu berücksichtigen und hierzu möglichst konkrete Informationen zu erheben.

Emotionale Bindungen. Emotionale Bindungen von Menschen an andere bestimmen grundlegend ihr Verhalten mit, sie sind damit von großer motivationaler Bedeutung (Spangler u. Zimmermann 1995). Man könnte sie auch in den nächsten Bereich, den der motivationalen Variablen, einordnen.

4.6 Motivationale Variablen

> **Definition**
>
> Motivationale Variablen (M), z. B.:
> - Motive, z. B. Leistungsmotiv, Machtmotiv,
> - Interessen,
> - Werte oder Wertvorstellungen,
> - Ziele,
> - Überzeugungen,
> - Erwartungen,
> - Entscheidungsverhalten,
> - Aktivität,
> - Extraversion.

Sieht man »die« Motivation als die verhaltensbestimmende Bedingung schlechthin an, so erklärt das noch nichts. Nur bestimmte Aspekte der Motivation bzw. motivationale Konstrukte können erfasst und für die Vorhersage individuellen Verhaltens genutzt werden.

Motive und Interessen. Die Forschungen zur Motivation beschäftigten sich sehr stark mit einzelnen Motiven wie dem Leistungsmotiv oder dem Machtmotiv. Interessen sind ebenfalls handlungsleitende Konstrukte und damit für die Vorhersage individuellen Verhaltens von großer Bedeutung. Interessen können mit dem zu erklärenden oder vorherzusagenden Verhalten übereinstimmen, ihm entgegen oder eine ausgleichende und damit indirekt förderliche Wirkung haben.

Wertvorstellungen. Von zentraler Bedeutung für die Steuerung individuellen Verhaltens sind die Werte oder Wertvorstellungen eines Individuums. Hierüber können Menschen im Gespräch spontan häufig nur unzureichend Auskunft geben. Viele Werte werden nämlich erst dann als solche bewusst, wenn man sie als bedroht oder gar verloren erlebt. Zum Teil lassen sich individuelle Werte an den in einem Leben immer wiederkehrenden »Themen« (Thomae 1988) erkennen. Staufenbiel u. Borg (1989) konnten zeigen, dass die Erfassung von facettentheoretisch definierten Werten mit Hilfe von Inventaren zu gut replizierbaren Grundmustern in verschiedenen Stichproben führt.

Ziele. Die sog. Handlungstheorie hat etwas ins Zentrum der Aufmerksamkeit gerückt, was in der Motivationspsychologie schon lange als handlungsleitend beschrieben wurde: die Ziele des Individuums. Dabei sind nicht nur die Oberziele oder Lebensziele, sondern auch die damit verknüpften konkreteren Ziele in bestimmten Lebensbereichen zu berücksichtigen. Aber auch hier gilt Ähnliches wie bei den Werten: Viele Menschen sind sich über ihre Ziele nicht im Klaren. Häufig kommen sie gerade deshalb zur psychologischen Beratung. Geplante und einfühlsame Gespräche sind hier häufig der einzige Weg zu einer Diagnose, die dem Ratsuchenden weiterhilft.

Überzeugungen. Überzeugungen sind besonders feste Ansichten. Sie beziehen sich auf die eigenen Ziele und Normen, denen man sich verpflichtet fühlt, auf das eigene Selbst und auf besondere Merkmale der diagnostisch relevanten Situation. Solche Überzeugungen haben sich als sehr gute Prädiktoren individuellen Verhaltens erwiesen

(z. B. Kreitler u. Kreitler 1976, 1982; Westhoff u. Halbach-Suarez 1989).

Erwartungen. Die Frage nach der Motivation taucht in der psychologischen Diagnostik zumeist dann auf, wenn Menschen vor Entscheidungen stehen. Steht ein Individuum vor einer wichtigen und schwierigen Entscheidung, so bildet es i.d.R. Erwartungen aus. Es stellt sich vor, welche Ereignisse mit jeder Alternative verbunden sein können. Schließlich verarbeitet es seine Erwartungen und deren Bewertungen zu einem Entschluss und setzt diesen in die Tat um, wenn die notwendigen Bedingungen hierfür gegeben sind. Kennt man die Erwartungen eines Menschen, so kann man nach dem sehr einfachen Zählermodell der bewerteten Erwartungen (Westhoff 1985) seinen Entschluss und auch das, was er in dessen Folge tun wird, recht gut vorhersagen.

Entscheidungsverhalten. Für eine zutreffende Verhaltensvorhersage ist es wichtig, neben den Überzeugungen und Erwartungen von sich entscheidenden Menschen ihr konkretes Verhalten im bisherigen Entscheidungsverlauf zu kennen. Dabei wird deutlich, wie jemand bisher bei der Entscheidung vorgegangen ist, ob er alle Alternativen berücksichtigt hat, welche Informationen er wo eingeholt, und wie er diese weiterverarbeitet hat und nach welcher Entscheidungsregel er sich entscheiden will. Man kann dabei erkennen, ob jemand so vorgegangen ist, dass er zu seiner eigenen späteren Zufriedenheit entscheiden kann, oder ob er in »Fallen« geraten ist, die ihn zu Entscheidungen bringen, die ihm später leid tun können (Janis u. Mann 1977).

Aktivität. Die Aktivität eines Menschen wurde früher in der Psychologie auch Antrieb genannt. Sie scheint bei gesunden Menschen über das Leben hinweg relativ gleichbleibend ausgeprägt zu sein. Zugleich gibt es große Unterschiede zwischen Menschen in ihrem Aktivitätsniveau, d. h. darin, wie aktiv sie sind. Damit ist sie bei vielen Fragestellungen eine nützliche Variable für die Vorhersage individuellen Verhaltens. Sie ist eine Facette des breiten Persönlichkeitsmerkmals Extraversion.

Extraversion. Extravertierte Menschen lieben die Betriebsamkeit, die Abwechslung und kennen viele Leute. Das Persönlichkeitsmerkmal Extraversiohn gehört zu den sog. Big Five und besteht aus Facetten, die außer bei extrem Extravertierten nicht notwendig immer gleich hoch ausgeprägt sind. Für Vorhersagen ist daher eher die Ausprägung dieser Facetten von Interesse (vgl. z. B. Bartussek 2000).

4.7 Soziale Variablen

> **Definition**
>
> Soziale Variablen (S), z. B.:
> - soziale Intelligenz bzw. Kompetenzen,
> - Einstellungen, Erwartungen, Vorurteile, Stereotype,
> - Normen,
> - Pflichten, Verpflichtungen,
> - Einflüsse von »bedeutsamen Anderen«.

Menschen können immer nur innerhalb sozialer Verbände leben. Diese bestimmen ihr Verhalten in ganz erheblichem Maß, doch nicht ausschließlich. Eine psychologische Diagnose nur auf die sozialen Beziehungen von Menschen zu beschränken, ist daher unangemessen, enthalten doch die bisher schon geschilderten fünf Gruppen von Variablen ebenfalls wichtige Bedingungen individuellen Verhaltens.

Soziale Intelligenz. Die Idee von der sozialen Intelligenz ist zwar in der psychologischen Wissenschaft wie auch im Alltag alt und weit verbreitet, doch fehlt es bis heute an praktischen Definitionen und brauchbaren Messinstrumenten. Eine Teillösung für die Praxis sehen wir darin, von sozialen Kompetenzen zu sprechen. Hierbei wird deutlich, dass man immer erst definieren muss, welche soziale Kompetenz man meint, und sich dann zu überlegen hat, wie man diese möglichst objektiv, zuverlässig und gültig in ihrer Ausprägung erfassen kann.

Setzt man z. B. soziale Kompetenz gleich mit »Umgang mit anderen«, so stellt sich sofort die Frage, wer diese anderen sind: Mitarbeiter, Kollegen, Vorgesetzte, Kunden, Verhandlungspartner, Kinder, Jugendliche, Alte oder Kranke. Damit beginnt die unbedingt erforderliche Definition dessen, was soziale Kompetenz sein kann oder soll; explizite Planungen zur Erhebung der entsprechenden Informationen müssen sich anschließen.

Einstellungen und Erwartungen. Ein wichtiger Bereich sozialpsychologischer Forschungen beschäftigt sich mit Einstellungen gegenüber sozialen Gegenständen: Personen, Institutionen, Verhaltensweisen. Die weiter oben schon besprochenen Erwartungen kann man als Untermenge von Einstellungen ansehen. Zu den Einstellungen werden vielfach auch Vorurteile und Stereotype gezählt. Einstellungen steuern im Alltag das individuelle Verhalten fortwährend mit, sodass sich immer die Frage stellt, in welcher Weise man sie berücksichtigen muss, um möglichst gute Verhaltensvorhersagen zu erzielen.

Normen. Bei den Überzeugungen haben wir gezeigt, dass ein Teil unserer Überzeugungen sich auf die sozialen Normen und Regeln bezieht, denen sich Menschen verpflichtet fühlen. Man kann also, wieder einmal, eine psychologische Variable mit guten Gründen zwei verschiedenen Gruppen von Variablen nach unserer Verhaltensgleichung zuordnen. Dabei ist weniger diese Zuordnung wichtig als vielmehr, dass man eine wichtige Variable überhaupt berücksichtigt.

Verpflichtungen. Subjektiv als verbindlich erlebte Pflichten oder Verpflichtungen können das individuelle Verhalten im Alltag erkennbar beeinflussen. Es bedeutet daher, wichtige Informationen zu verschenken, wenn man diese Variable bei bestimmten Fragestellungen nicht ausdrücklich berücksichtigt.

Bedeutsame andere Personen. Unter dem Begriff »bedeutsame Andere« verstehen wir nicht nur Familienmitglieder und Freunde, sondern alle, die das Individuum für sich als wichtig erlebt. Das können Leute im Verein genauso gut sein wie der Pfarrer oder die Kollegin oder andere sonst, deren Meinung oder Vorbild von Bedeutung sind. Den Einfluss und die Bedeutung dieser bedeutsamen Anderen kann man wohl bei kaum einer Fragestellung außer Acht lassen, wenn man Verhalten möglichst gut erklären und vorhersagen will.

4.8 Drei Klassen von Informationen für die Erklärung und Vorhersage individuellen Verhaltens

> **Definition**
>
> Drei Klassen von Informationen für die Erklärung und Vorhersage individuellen Verhaltens:
> - Persönlichkeitsmerkmale,
> - Situationsmerkmale,
> - lernpsychologische Informationen.
> - Aber: nicht alle sind bei jeder Fragestellung wichtig!

Persönlichkeitsmerkmale. Die mitunter in der Literatur »traditionell« genannte psychologische Diagnostik verwendet zur Erklärung und Vorhersage individuellen Verhaltens ausschließlich Informationen über die Ausprägung bestimmter – als zeitlich und situationsunabhängig stabil betrachtete – Persönlichkeitsmerkmale von Probanden.

Situationsmerkmale. Nun wird nicht nur aus dem Alltag, sondern auch aus der psychologischen Literatur deutlich, dass neben Merkmalen der Person auch Merkmale der Situation individuelles Verhalten mitbestimmen. Als Beispiele seien hier Lärm, Belastungen der Atemluft, Zeitverschiebungen, Schichtarbeit, Schlafmangel genannt. Solche und andere wichtige situative Bedingungen müssen also unbedingt beachtet werden, wenn Verhalten zutreffend erklärt und vorhergesagt werden soll.

Lernpsychologische Informationen. Nach lerntheoretischer Grundauffassung wird nahezu jedes menschliche Verhalten gelernt oder doch durch Lernen beeinflusst: Verhalten verändert sich, wenn wir die Bedingungen oder die Situationen, die es auslösen, verändern. Auch die Konsequenzen, die eine bestimmte Verhaltensweise hat, bestimmen mit, ob dieses Verhalten in Zukunft häufiger oder seltener auftritt, d. h. aufrechterhalten wird oder »verschwindet«. Wird Verhalten durch eine angenehme Folge (positive Verstärkung) oder das Entfallen von etwas Unangenehmem (negative Verstärkung) belohnt, so erhöht sich die Auftretenswahrscheinlichkeit für dieses Verhalten. Eine unangenehme Folge eines Verhaltens (Bestrafung) senkt die Auftretenswahrscheinlichkeit für dieses Verhalten. Dabei ist die räumlich-zeitliche Nähe (Kontigenz) zwischen dem Verhalten und Verstärkung oder Bestrafung sowie die Konsistenz von deren Auftreten von entscheidender Bedeutung für die Beeinflussung von Verhalten. Um Verhalten im Einzelfall lernpsychologisch zu erklären, müssen wir also diese Bedingungen für das gehäufte Auftreten einer Verhaltensweise finden. Bei vielen psychologisch-diagnostischen Fragestellungen ist dies die Zugangsweise der Wahl, hilft doch bei vielen Problemen die Kenntnis der Ausprägung von Persönlichkeitsmerkmalen allein nicht weiter. Gerade die Lernpsychologie hat eine Reihe praktisch äußerst wichtiger Gesetze des individuellen Verhaltens beschrieben. Sie nicht zu nutzen, bedeutet, bestimmte Fragestellungen praktisch unzureichend zu bearbeiten.

Die hier vorgestellten Variablen und Zugänge zu psychologisch-diagnostischen Fragestellungen haben Beispielcharakter: Bei unterschiedlichen Fragestellungen sind diese (und andere) Variablen unterschiedlich wichtig. Nicht bei jeder psychologisch-diagnostischen Fragestellung sind zu allen genannten – und weiteren – Merkmalen Informationen einzuholen. Der Diagnostiker muss daher immer entscheiden, welche Variablen für die Beantwortung der jeweiligen Fragestellung notwendig und nützlich sind.

4.9 Kriterien für die Auswahl von Variablen

> **Definition**
>
> Kriterien für die Auswahl von Variablen
> 1. Art und Stärke des Zusammenhangs zwischen der Variablen und dem vorherzusagenden Verhalten müssen reproduzierbar sein.
> 2. Die Stärke dieses Zusammenhangs muss »praktisch bedeutsam« sein.

Auswahl von Variablen. Bei jeder Fragestellung überlegen wir uns, welche von den Variablen, die wir bei einer bestimmten Fragestellung für möglicherweise wichtig ansehen, wieviel zur Erklärung und Vorhersage des Verhaltens beitragen kann. Das heißt, im ersten Schritt lassen wir uns, in Anlehnung an Kreativitätstechniken wie Brainstorming, alle die Variablen einfallen und notieren alle diejenigen, die wir bei der Fragestellung als möglicherweise wichtig ansehen. Wenn wir diese Liste möglicher Variablen nach unserem besten Wissen vervollständigt haben, wählen wir die nützlichen Variablen aus.

»Praktische Bedeutsamkeit«. Als nützliche Variablen für die Erklärung und Vorhersage (Prädiktoren) sehen wir solche an, die einen »bemerkenswerten« Beitrag zur Erklärung oder Vorhersage des interessierenden Verhaltens leisten können. Wir müssen dazu den empirisch ermittelten Zusammenhang zwischen dieser Variablen und dem in Frage stehenden Verhalten kennen. Weiter oben haben wir gezeigt, dass als Arten von Zusammenhängen in der Psychologie monotone, mit dem Spezialfall lineare sowie kurvilineare Zusammenhänge in Frage kommen. Dabei müssen wir nicht nur wissen, ob dieser Zusammenhang überzufällig (signifikant) ist, sondern auch, wie stark der Zusammenhang ist. Die Stärke eines Zusammenhangs wird nicht mit einem Signifikanztest geprüft oder nachgewiesen, sondern durch Maße der »praktischen Bedeutsamkeit« (Bredenkamp 1972). Die bekanntesten Beispiele dafür sind der quadrierte Produkt-Moment-Korrelationskoeffizient (= Determinationskoeffizient), Omega-Quadrat und Eta-Quadrat.

Reproduzierbarkeit des Zusammenhangs. Wir wählen Prädiktoren nicht nur nach der Stärke des Zusammenhangs zwischen Variable und dem interessierenden Verhalten aus, sondern auch danach, wie konsistent und wie häufig in wieviel verschiedenen Kontexten dieser Zusammenhang wiedergefunden worden ist, d. h. wie reproduzierbar er insgesamt ist. Wir beurteilen einen Zusammenhang als umso reproduzierbarer, je häufiger er in derselben Art, in vergleichbarer Höhe in verschiedenen praktisch relevanten Kontexten empirisch festgestellt wurde.

Psychologische Fragen (= Hypothesen)

5.1   Funktion Psychologischer Fragen   – 36

5.2   Erarbeiten Psychologischer Fragen   – 36

5.3   Formulieren Psychologischer Fragen   – 37

5.4   Anzahl Psychologischer Fragen   – 38

5.1 Funktion Psychologischer Fragen

> **Definition**
>
> Funktion Psychologischer Fragen im Gutachten:
> 1. Sie steuern und gliedern
>   - die Planung des diagnostischen Vorgehens und
>   - die Beantwortung der Fragestellung im Befund.
> 2. Sie dienen der Transparenz und Prüfbarkeit der Begutachtung.

Ein psychologisches Gutachten ist ein (schriftlicher) Bericht über eine wissenschaftliche Untersuchung eines Verhaltensausschnitts eines oder mehrerer Menschen. Bei empirisch wissenschaftlichem Arbeiten stehen formulierte Ziele am Anfang, bei Gutachten sind dies die Fragestellung(en) des Auftraggebers. Diese Ziele ergeben in Kombination mit dem Fachwissen bei der empirischen Arbeit die begründeten Hypothesen.

Unter einer Hypothese versteht man eine prüfbare Aussage über den Zusammenhang zwischen zwei oder mehr Variablen. Sie kann sich bei der empirischen Prüfung als richtig oder falsch herausstellen. In beiden Fällen erweitert sich dadurch das empirisch geprüfte Wissen.

Entsprechend der psychologisch-diagnostischen Fragestellung kann man, wie weiter oben beschrieben, Variablen auswählen, die das in der Fragestellung angesprochene Verhalten erklären oder vorhersagen helfen können. Wissenschaftlich gesehen bedeutet dies, dass man Hypothesen formuliert.

Da psychologische Gutachten i.d.R. für Nichtpsychologen geschrieben werden, formulieren wir keine Hypothesen, sondern »Psychologische Fragen«, weil dies allgemein besser verstanden wird.

Damit alle Leser unserer Gutachten die Herleitungen nachvollziehen können, übersetzen wir die Fragestellung anhand geeigneter Variablen in Psychologische Fragen. Um diese, und damit die Fragestellung, beantworten zu können, planen wir dann die notwendigen Untersuchungen und führen sie durch. Wir werten die erhobenen Informationen aus und stellen diese als Ergebnisse im Ergebnisteil des Gutachtens dar, und zwar nach Verfahren geordnet. Im Befund kombinieren wir die Ergebnisse zur Beantwortung der Psychologischen Fragen und beantworten damit die psychologisch-diagnostische Fragestellung.

5.2 Erarbeiten Psychologischer Fragen

> **Merke**
>
> Wie kommen wir zu Psychologischen Fragen? Aus dem Fachwissen, der Berufs- und Alltagserfahrung benennen wir Variablen, die das angesprochene Verhalten erklären oder vorhersagen helfen.
>
> Suchhilfen:
> - Verhaltensgleichung,
> - Listen möglicher Variablen,
> - drei Informationsklassen zur Erklärung und Vorhersage von Verhalten.

Weiter oben haben wir beschrieben, dass wir zur Bearbeitung einer Fragestellung Fachwissen, aber auch Berufs- und Alltagserfahrung in kontrollierter und kontrollierbarer Form einsetzen. Wir wählen dazu Variablen aus unserem Wissen gemäß den oben erläuterten Kriterien aus.

Da die freie Reproduktion von Wissen, hier über mögliche relevante Variablen, immer schwieriger ist als das Wiedererkennen, benutzen wir systematische Hilfen bei der Suche nach diesen Variablen. Die von uns vorgeschlagene Verhaltensgleichung hilft, keinen wichtigen Bereich gänzlich zu übersehen. Die Listen möglicher relevanter Variablen bilden dann detaillierte Suchstrukturen. Dabei kommen bei unterschiedlichen Fragestellungen oder sich erweiterndem Wissen weitere Variablen in Betracht. Weiter können die von uns beschriebenen drei Klassen von Informationen zur Erklärung und Vorhersage von Verhalten (vgl. ▶ Abschn. 4.8) dazu dienen, ein psychologisches Gutachten persönlichkeitstheoretisch nicht einseitig zu beginnen.

5.3 Formulieren Psychologischer Fragen

> **Formulieren Psychologischer Fragen**
> 1. Die Auswahl einer Variablen – bei den psychologischen Variablen ein psychologisches Konstrukt oder Konzept – wird für Nichtpsychologen kurz und allgemeinverständlich mit einer Gesetzmäßigkeit oder Regelhaftigkeit im Verhalten begründet.
> 2. Dabei stellt diese Begründung einen eindeutigen Bezug zur Fragestellung her.
> 3. Danach folgt die Psychologische Frage, aus der hervorgeht, welche Informationen erhoben werden sollen.
> 4. Bei qualitativen psychologischen Variablen wird nach deren qualitativer Ausprägung gefragt.
> 5. Bei quantitativen psychologischen Variablen wird nach deren quantitativer Ausprägung gefragt.

An die Fragestellung anknüpfend erklären wir für jede Psychologische Frage in maximal drei kurzen Sätzen, zu welchen Variablen wir Informationen brauchen. Diese Erklärung ist in jedem Fall allgemeinverständlich und knüpft an das psychologische Wissen von Nichtpsychologen an. Leser der Gutachten können so nachvollziehen, wie die Fragestellungen in begründete Psychologische Fragen aufgelöst werden.

Nach dieser erklärenden Begründung für die ausgewählte Variable folgt dann die Frage, auf die durch die Begutachtung Antworten gefunden werden sollen, um damit einen Teil der Fragestellung zu beantworten. Dabei muss die Frage nicht als Frage, sondern kann auch als Aufgabenstellung formuliert sein.

Der Begründungsteil einer Psychologischen Frage in einem Gutachten besteht also aus den folgenden drei Teilen: (1) dem Kriterium, das ist das in der Fragestellung benannte Verhalten, (2) dem Prädiktor, das ist die zur Vorhersage oder Erklärung des Kriteriums genutzte Variable und (3) der Beziehung zwischen Prädiktor und Kriterium. Im Fragenteil einer Psychologischen Frage wird dann nach der Ausprägung des Prädiktors gefragt oder gesagt, dass dessen Ausprägung erfasst werden soll. Dabei werden weder der erforderliche Ausprägungsgrad genannt noch die dazu heranzuziehenden Informationsquellen. Der Ausprägungsgrad ergibt sich aus dem Anforderungsprofil. Die verwendeten Informationsquellen werden in einem eigenen Kapitel des Gutachtens, dem Untersuchungsplan, dargestellt. Dort wird angegeben, aus welcher Informationsquelle Informationen zu welcher Psychologischen Frage gewonnen werden können. Würde man diese Informationen auch noch in die Psychologischen Fragen packen, so würden diese sehr lang und unübersichtlich. Ihre Vorteile liegen jedoch in der Kürze, Prägnanz und Übersichtlichkeit.

Statt Psychologischer Fragen könnten nach den Begründungen auch Hypothesen folgen. Das heißt, es wird dann eine Aussage gemacht über die Ausprägung eines Merkmals und darüber, was dies für das in der Fragestellung angesprochene Verhalten bedeutet. Nach unseren Erfahrungen verwirren solche wissenschaftlich korrekt formulierten Hypothesen leicht die nichtpsychologischen Gutachtenleser. *Die Formulierung als Frage oder Aufgabenstellung wird auf jeden Fall richtig verstanden.* Deshalb ziehen wir sie vor.

Die beiden ersten Bereiche in unserer Verhaltensgleichung, Umgebungs- und Organismusvariablen, enthalten keine psychologischen Variablen. Diese sind mit den dann folgenden vier Bereichen angesprochen. In diesen Bereichen sollte man nur Variablen formulieren, die psychologischen Konstrukten entsprechen wie z. B. Intelligenz oder emotionale Belastbarkeit oder spezifische Konzepte betreffen wie Rechtschreibkenntnisse oder Beherrschen der Grundrechenarten.

Unter einem psychologischen Konstrukt verstehen wir mehrere zusammengehörige Aussagen, die ein Gedankengebilde beschreiben. Psychologische Konstrukte sind also nicht in der Wirklichkeit direkt zu beobachten. Intelligenz z. B. kann man bei Menschen nicht sehen oder sonst irgendwie sinnlich wahrnehmen wie ihre Körper. Hat man allerdings ein psychologisches Konstrukt Intelligenz gebildet, so erkennt man im individuellen Verhalten Merkmale, die für eine mehr oder weniger hohe Intelligenz sprechen. Auf die Ausprägung von psychologischen Konstrukten kann also immer nur aus dem individuellen Verhalten geschlossen werden.

Wählt man bei der Begutachtung keine psychologischen Konstrukte oder Konzepte, sondern Alltagskonzepte, so sind darin immer mehrere psychologische Konstrukte miteinander verbunden. Dies führt sowohl bei der Auswertung von Informationen und bei ihrer Darstellung im Ergebnisteil als auch ganz besonders im Befund zu Schwierigkeiten für Gutachter und Leser.

Ein solches häufig verwendetes Alltagskonzept ist der sog. schulische Werdegang. Hierin sind Informationen zu ganz verschiedenen psychologischen Konstrukten enthalten wie z. B. Intelligenz, Begabungsschwerpunkte, Konzentration, Interessen, Leistungsmotivation, Prüfungsangst, Umgang mit anderen. Führt man die z. B. im Gespräch erhobenen Informationen unter dem Punkt »schulischer Werdegang« auf, so fehlen sie bei den entsprechenden psychologischen Konstrukten.

Bezieht sich eine Psychologische Frage auf eine qualitative Variable wie z. B. Bindung, dann fragen wir entsprechend dem theoretischen Konstrukt nach der Qualität oder Art der Ausprägung. Die meisten psychologischen Konstrukte sind quantitativer Art, deshalb fragen wir bei einem solchen nach dem Ausprägungsgrad.

5.4 Anzahl Psychologischer Fragen

> **Merke**
>
> Anzahl Psychologischer Fragen
> - In der Regel weniger als 20 Psychologische Fragen.
> - Maximal fünf Psychologische Fragen werden zu einer Gruppe zusammengefasst.
> - Diese Gruppen können nach den sechs Bereichen der Verhaltensgleichung oder anders psychologisch sinnvoll gebildet werden. Ziel: Gutachten für die Leser so zu gestalten, dass sie diese besser verstehen und leichter behalten können.

Psychologische Konstrukte lassen sich mehr oder weniger allgemein formulieren. Formuliert man sehr viele verschiedene Psychologische Fragen zu eng miteinander verwandten psychologischen Konstrukten, so wird ein Gutachten dadurch sehr unübersichtlich. Die Leser können sich das Dargestellte nicht gut merken, verlieren die Übersicht und können viel weniger damit anfangen, als mit einem Gutachten, das in nicht zu viele Psychologische Fragen aufgeteilt ist.

Nach unseren Erfahrungen liegt i.d.R. die Obergrenze bei 20 Psychologischen Fragen. Diese liegt aber nur dann so hoch, wenn diese noch einmal in sinnvolle Gruppen zusammengefasst sind. Wir schlagen dabei vor, nicht mehr als fünf Psychologische Fragen unter einer Überschrift zusammenzufassen. Besser sind Zusammenfassungen von drei oder vier Fragen. Das können Gutachtenleser unter alltäglichen Bedingungen überschauen und gut behalten. Entsprechend sollte man auch nicht mehr als fünf oder höchstens sechs Gruppen von Psychologischen Fragen bilden. *Mehr als diese zwei Gliederungsebenen empfehlen sich nach unseren Erfahrungen nicht, weil sonst die Leser zuviel behalten müssten.* Insgesamt wird also die Obergrenze für die Gesamtzahl aller Psychologischen Fragen bei etwa 20 liegen.

Als Strukturierungsmöglichkeit für die Psychologischen Fragen bieten sich die in unserer Verhaltensgleichung zusammengefassten Bereiche von Variablen an. Daneben kann man jedoch auch andere Gliederungen wählen, die das Verstehen und Behalten erleichtern. Wir werden dies weiter unten an der Bearbeitung einer Beispielfragestellung zeigen.

Bei der Diskussion der Anzahl Psychologischer Fragen haben Anfänger immer wieder Schwierigkeiten, zwei Dinge auseinanderzuhalten:
1. die in den Psychologischen Fragen angesprochenen Variablen und
2. die Untersuchungspläne zur Erhebung der Informationen, die man zur Beurteilung der Ausprägung dieser Variablen braucht.

In Plänen für eine Verhaltensbeobachtung oder ein psychologisches Gespräch müssen immer eine Vielzahl von Bedingungen berücksichtigt werden. Diese werden aber weder bei den Psychologischen Fragen noch an anderer Stelle im Gutachten dargestellt. Solche Pläne gehören zur Feinplanung einer

5.4 · Anzahl Psychologischer Fragen

psychologischen Untersuchung. Wir werden sie weiter unten darstellen. Solche Feinpläne erleichtern für Nichtpsychologen das Verständnis eines Gutachtens nicht. Sie sagen nur für entsprechend Vorgebildete etwas über die Arbeitsweise von Gutachtern aus, im Gutachten würden sie Nichtpsychologen eher stören.

Bearbeiten von Beispielfragestellungen

6.1 Fragestellung – 42

6.2 Vor Beginn der Untersuchung vorliegende Informationen – 42

6.3 Anforderungsprofil – 43

6.4 Psychologische Fragen – 44
6.4.1 Gliederung der Psychologischen Fragen nach der Verhaltensgleichung – 44
6.4.2 Psychologische Fragen zu motivationalen Bedingungen – 44
6.4.3 Psychologische Fragen zu intellektuellen Bedingungen – 45
6.4.4 Psychologische Fragen zur emotionalen und körperlichen Belastbarkeit – 45
6.4.5 Psychologische Fragen zu sozialen Bedingungen – 45
6.4.6 Alternative Gliederungen der Psychologischen Fragen – 46
6.4.7 Entscheidungsorientierte Hypothesenbildung bei gerichtlichen Fragen zur elterlichen Sorge – 46

6.1 Fragestellung

> **Merke**
>
> Beispielfragestellung zur Eignungsdiagnostik: Ist es zu erwarten, dass die 28-jährige Frau H. ihr Umschulungsziel »Altenpflegerin« erreichen und diesen Beruf später erfolgreich ausüben wird?

Mit einer solchen Fragestellung könnten sich in der Praxis ganz verschiedene Auftraggeber an Psychologen wenden: Frau H. selbst kann sich an einen Psychologen wenden, daneben könnte es aber auch jemand sein, der ihre Ausbildung finanzieren soll oder will, wenn genügend Aussicht auf Erfolg in Umschulung und späterem Beruf besteht. Hier wäre z. B. an eine Versicherung zu denken, die dazu verpflichtet ist; die Bundesagentur für Arbeit könnte sich mit dieser Fragestellung an ihre Psychologen wenden, oder ein Richter, der in einem Streit zwischen Frau H. und einem möglicherweise zur Zahlung der Ausbildungskosten Verpflichteten zu entscheiden hat, könnte ein Gutachten mit einer solchen Fragestellung in Auftrag geben. Für den vorliegenden Fall nehmen wir an, dass Frau H. einen Antrag auf Finanzierung ihrer Umschulung bei der Bundesagentur für Arbeit gestellt hat. Auftraggeberin des Gutachtens sei also die Bundesagentur für Arbeit.

Wir wollen diese Fragestellung hier deshalb beispielhaft weiter verfolgen, weil sie neben den für psychologische Diagnostik vorauszusetzenden Kenntnissen in den Grundlagenfächern der Psychologie Kenntnisse der Arbeitspsychologie, der forensischen Psychologie, der pädagogischen Psychologie und nicht zuletzt auch der klinischen Psychologie verlangt. Es wird hieran deutlich, dass die psychologische Diagnostik zugleich ein methodisches und angewandtes Fach der Psychologie ist.

Nach positiver Entscheidung über alle bei der »Fragestellung« (vgl. ▶ Abschn. 3.1) besprochenen Fragen haben wir uns im vorliegenden Fall entschieden, die Fragestellung der Auftraggeberin zu übernehmen. Von den oben dargestellten Annahmen (vgl. ▶ Abschn. 3.2) gehen wir auch bei der Bearbeitung der vorliegenden Fragestellung aus.

6.2 Vor Beginn der Untersuchung vorliegende Informationen

> **Mitteilungen der Bundesagentur für Arbeit über Frau H. vor der psychologischen Untersuchung**
>
> - Ausbildung als »Verkäuferin«, kein Abschluss wegen Geburt des ersten Kindes.
> - Kinder von 3, 8 und 11 Jahren.
> - Ehemann arbeitet im Schichtdienst.
> - Nächste Arbeitsstelle als Altenpflegerin in der 25 km entfernten Nachbarstadt.
> - Betreuung der Kinder wolle sie sich teilen mit ihrem Mann, ihrer Schwiegermutter, die im Schichtdienst arbeite und ihrer Schwester, die 15 km entfernt wohne.

Die zu untersuchenden Personen werden in der psychologischen Diagnostik Probandin bzw. Proband, d. h. zu prüfende, zu beurteilende Person genannt. Zu therapierende Personen nennt man in der klinischen Psychologie Klientin bzw. Klient. Da Psychologen keine Ärzte sind, scheiden die Begriffe Patientin und Patient als unangemessen aus. Die Begriffe Proband und Probandin sind auch nicht gleichzusetzen mit Ratsuchendem und Ratsuchender. Häufig sind die Ratsuchenden nämlich nicht zugleich die Probanden.

Wenn sich beispielsweise Eltern wegen der Schulschwierigkeiten eines Kindes an Psychologen wenden, so sind sie die Ratsuchenden und Auftraggeber eines Gutachtens, das Kind aber ist Proband, auch wenn man bestimmte Verhaltensausschnitte seiner Eltern ebenfalls untersuchen wird. In unserem Beispiel ist Frau H. die Probandin.

In der Regel liegen mit der Fragestellung weitere Informationen vor, die sich auf diese beziehen. Welche und wie umfangreiche Informationen vorliegen, ist in der Praxis sehr verschieden und hängt in erster Linie von den Personen ab, welche die Fragestellung äußern. Vor dem Beginn der Untersuchungen vorliegende Informationen können z. T. genutzt werden, um dem Auftraggeber außer durch die wörtlich wiedergegebene Fragestellung die Erinnerung zu erleichtern, um welche Person(en) es geht. Zum Beispiel kann man bei familienrechtlichen Gutachten nach der Fragestellung die Namen, Vornamen und Geburtsdaten der begutachteten Kinder sowie deren Adresse angeben und dort vermerken, bei wem sie leben. Die häufig recht umfangreichen Informationen, die aus Akten hervorgehen, werden unter psychologischen Gesichtspunkten analysiert und die Ergebnisse unter dem Punkt »Aktenanalyse unter psychologischen Gesichtspunkten« als erster Gliederungspunkt im Ergebnisteil des Gutachtens vorgestellt.

In unserem Beispiel sind die vor der psychologischen Untersuchung über die Probandin vorliegenden Informationen spärlich. Zudem ist nicht zu erkennen, woher sie stammen. Es kann also nichts über ihre Objektivität, Zuverlässigkeit und Gültigkeit gesagt werden; etwas, das in der Praxis, z. B. in Akten, auch häufig vorkommt. Dies bedeutet: Alle diese Vorinformationen haben nur vorläufigen Hinweischarakter, keine kann ungeprüft in das Gutachten übernommen werden.

6.3 Anforderungsprofil

Informationsquellen zum Anforderungsprofil »Altenpflegerin«
- Blätter zur Berufskunde,
- sonstige Unterlagen eines BerufsInformations-Zentrums (BIZ),
- Ausbildungs- und Prüfungsordnungen,
- Ausbildungseinrichtungen,
- Anforderungen von umliegenden Altenpflegestätten,
- mündliche Auskünfte von Ausbildern,
- mündliche Auskünfte von Altenpflegeheimleitern,
- mündliche Auskünfte von ausgebildeten bzw. berufstätigen Altenpflegern.

Im vorliegenden Zusammenhang wollen wir auf mögliche Informationsquellen zu Anforderungsprofilen für verschiedene Berufe hinweisen, nicht jedoch ein konkretes Anforderungsprofil für Altenpfleger entwickeln.

Informationsbedarf. Da es allein rund 450 Ausbildungsberufe in der Bundesrepublik Deutschland gibt, ist von niemandem zu erwarten, dass er alle ihre Anforderungen kennt. Es ist also kein Zeichen mangelhafter Arbeitsweise, wenn wir uns zuerst über die Anforderungen informieren, die in einer Ausbildung oder einem Beruf an einen Probanden gerichtet werden. Entsprechendes gilt für alle anderen Fragestellungen, die an psychologische Diagnostiker herangetragen werden können. Persönliche Vorurteile, Stereotype und vages Wissen reichen nicht aus, um darauf eine Begutachtung aufzubauen.

Informationsquelle Arbeitsamt. Die Informationen über Anforderungen sind häufig ebenfalls wenig konkret, und oft fragt man sich, was sie bedeuten sollen. Aber alle Kritik hält uns nicht davon ab, uns erst einmal so gut wie möglich zu informieren. Bei der Berufsberatung der Arbeitsämter sind die Blätter zur Berufskunde zu erhalten, die wichtige Informationen über den jeweiligen Beruf enthalten, aber auch Hinweise auf weitere Informationsquellen geben.

In zentralen Arbeitsämtern gibt es ein Berufsinformationszentrum (BIZ). Hier kann man neben den Blättern zur Berufskunde weiteres gedrucktes Informationsmaterial über Berufe finden, auch Audio- und Videokassetten stehen dort zur Verfügung.

Ausbildungs- und Prüfungsordnungen. Je nach Beruf verschieden sind Ausbildungs- und Prüfungsordnungen bei den zuständigen Institutionen wie Kammern und Verbänden zu erhalten. Aber auch die Ausbildungseinrichtungen für die jeweiligen Berufe halten i.d.R. weiterführendes Informationsmaterial bereit.

Information von Personalabteilungen. In vielen Einrichtungen, die Personen einer bestimmten Berufsgruppe beschäftigen, gibt es schriftliches Material über die Anforderungen, die an die entsprechenden Personen gerichtet werden. Ausformulierte Anforderungsprofile sind für die Personalabteilungen von Unternehmen und öffentlichen Einrichtungen eine wichtige Arbeitsunterlage. Bei Anfragen kann man auch hier wertvolle Informationen erhalten.

Auskunft von erfahrenen Ausbildern. Damit kommen wir zu einer weiteren Gruppe von Informationsquellen: die mündlichen Auskünfte von Personen, die mit Angehörigen eines bestimmten Berufs zu tun haben. Ausbilder, Personalfachleute oder erfahrene Angehörige des entsprechenden Berufs haben i.d.R. wichtige Informationen zu bieten und sind nach unseren Erfahrungen gern zu Auskünften bereit. Natürlich bekommt man dabei manche subjektiv gefärbte Information. In der Summe erhält man jedoch ein wesentlich differenzierteres und zuverlässigeres Bild über die Anforderungen, als man ohne diese Informationen jemals entwickeln könnte.

6.4 Psychologische Fragen

6.4.1 Gliederung der Psychologischen Fragen nach der Verhaltensgleichung

> **Merke**
>
> Als Standardgliederung für Psychologische Fragen verwenden wir im Gutachten die jeweils angesprochenen Bereiche der Verhaltensgleichung. Die Reihenfolge der Bereiche machen wir von der Fragestellung abhängig.

Zu der Beispielfragestellung haben wir insgesamt zehn Psychologische Fragen formuliert. Da aber zehn Gliederungspunkte kaum zu behalten sind, haben wir sie in Anlehnung an unsere Verhaltensgleichung gegliedert. Dabei gehen wir nur auf die Bereiche ein, die durch Psychologische Fragen besetzt sind:

- Die beiden ersten Psychologischen Fragen fassen wir unter dem Gliederungspunkt *motivationale Bedingungen* zusammen.
- Die Psychologischen Fragen zu *intellektuelle Bedingungen* beziehen sich auf die allgemeine Intelligenz, den Arbeitsstil und Kenntnisse im Schreiben und in den Grundrechenarten (s. 6.4.3).
- Die hier wichtigen Aspekte des Umgangs mit anderen (▶ Abschn. 3.1) und des Sprachverhaltens kann man zusammen mit den praktischen Erfahrungen (s. 6.4.4), die ja primär sozialer Art sind, unter *soziale Bedingungen* zusammenfassen.

- Die verbleibenden beiden Psychologischen Fragen fassen wir unter dem Gliederungspunkt *emotionale und körperliche Belastbarkeit* für die Leser zusammen. Dabei wird deutlich, dass die Verhaltensgleichung von uns immer nur als Hilfe benutzt wird, nicht aber als ein starres Schema. Weiter unten (vgl. ▶ Abschn. 6.4.6) stellen wir eine andere Gliederungsmöglichkeit vor.

Bei der Gliederung nach Verhaltensbereichen fällt weiter auf, dass keine Psychologische Frage zu den äußeren Lebens- bzw. Umgebungsbedingungen formuliert ist. Dies liegt im Beispielfall daran, dass die Auftraggeberin sich für oder gegen eine Finanzierung der Umschulung von Frau H. zu entscheiden hatte. Damit entfällt aber die Prüfung der bei anderen Auftraggebern sicher relevanten finanziellen Bedingungen.

6.4.2 Psychologische Fragen zu motivationalen Bedingungen

1 **Psychologische Fragen zu motivationalen Bedingungen (Entscheidungsverhalten; Erwartungen an Umschulung und Beruf; Interessen, Ziele, Wünsche)**

 1.1 Die Entscheidung für eine Umschulung ist ein wichtiger Entschluss mit langdauernden Folgen. Realistische Erwartungen und eine angemessene Art, sich zu entscheiden, sind Voraussetzungen für spätere Zufriedenheit. Daher sollten Frau H.s Erwartungen und ihr Vorgehen bei der Entscheidung untersucht werden.

 1.2 Frau H. hat einen Haushalt mit drei kleinen Kindern zu versorgen. Wenn sie zusätzlich eine Umschulung machen und später in ihrem neuen Beruf arbeiten will, so stellt sich die Frage, wie sehr dies ihren Interessen, ihren persönlichen Zielen und Wünschen entspricht. Daher sollten Frau H.s Interessen, Ziele und Wünsche untersucht werden.

An beiden Psychologischen Fragen fällt auf, dass sie sehr eng miteinander verwandte, psychologische Konstrukte verbinden. In der ersten Psychologischen Frage sind dies »Erwartungen« und »Vorgehen bei der Entscheidung«. Man könnte zu jedem eine Psychologische Frage formulieren. Die beiden psychologischen Konstrukte beziehen sich

6.4 · Psychologische Fragen

insgesamt auf das Verhalten in der hier wichtigen Entscheidung, deshalb haben wir sie hier zusammengefasst, um die Zahl der Psychologischen Fragen zu beschränken. In der vorgeschlagenen Form halten wir diese hier für übersichtlicher.

In der zweiten Psychologischen Frage sind sogar drei psychologische Konstrukte zusammengefasst: »Interessen«, »Ziele« und »Wünsche«. Auch diese psychologischen Konstrukte sind sehr eng miteinander verwandt: Sie beziehen sich auf das, was Frau H. in ihrem Leben anstrebt.

6.4.3 Psychologische Fragen zu intellektuellen Bedingungen

2 Psychologische Fragen zu intellektuellen Bedingungen (Intelligenz, Arbeitsstil, Schreiben, Rechnen)

- **2.1** Die Ausbildung zur Altenpflegerin verlangt, sich in mehrere neue Gebiete einzuarbeiten und hier Wissen und Kenntnisse zu erwerben. Wie gut dies gelingt, hängt vom Grad der allgemeinen Intelligenz ab. Es war daher bei Frau H. die Ausprägung der allgemeinen Intelligenz festzustellen.
- **2.2** Die Anforderungen einer Umschulung und die zugleich notwendigen Arbeiten für die Familie verlangen eine wirkungsvolle, gewohnheitsmäßige Arbeitsweise. Daher sollte bei Frau H. ihre gewohnheitsmäßige Art zu arbeiten, d. h. ihr Arbeitsstil, beschrieben werden.
- **2.3** Umschulung und späterer Beruf verlangen mindestens durchschnittliche Kenntnisse im Schreiben und mindestens das Beherrschen der Grundrechenarten. Daher sollten bei Frau H. diese Kenntnisse geprüft werden.

6.4.4 Psychologische Fragen zur emotionalen und körperlichen Belastbarkeit

3 Psychologische Fragen zur emotionalen und körperlichen Belastbarkeit

- **3.1** Bei der Pflege alter Menschen sehen sich die Pflegenden häufig ungünstigen sozialen Lebensbedingungen, Behinderungen, schweren Krankheiten, Sterben und Tod ▼

der alten Menschen gegenübergestellt und sind emotional damit belastet. Daher sollte bei Frau H. der Grad ihrer emotionalen Belastbarkeit und ihr Umgang mit solchen Belastungen erfasst werden.
- **3.2** Die Arbeit als Altenpflegerin ist körperlich oft sehr anstrengend. Es sollten daher Informationen dazu erhoben werden, ob Frau H. für den Beruf der Altenpflegerin hinreichend körperlich belastbar ist.
- **3.3** Die Arbeit als Altenpflegerin besteht zum großen Teil im pflegerischen Umgang mit alten Menschen wie Betten machen, Waschen und Umkleiden. Eigene Erfahrungen hiermit müssen durch ein Vorpraktikum nachgewiesen werden. Deshalb sollten Informationen über Frau H.s entsprechende Fertigkeiten erhoben werden.

Neben der emotionalen Belastbarkeit, die nicht weiter nach Bereichen differenziert ist, wollen wir auch Informationen dazu erheben, wie Frau H. mit den spezifischen Belastungen im angestrebten Beruf fertig wird. Es kann ja jemand i. Allg. emotional weniger belastbar sein, aufgrund besonderer Erfahrungen im interessierenden Bereich mit den dort auftretenden Belastungen jedoch recht gut fertig werden.

Wenn wir Informationen zur körperlichen Belastbarkeit von Frau H. erheben, so machen wir damit keine medizinische Untersuchung. Wenn sie uns aber auf Anfrage z. B. von einem dauerhaften schweren Rückenleiden berichtet, so müssen wir im Gutachten darauf hinweisen, dass sie damit als Altenpflegerin kaum eine Dauerarbeitsstelle wird finden können. Selbstverständlich müssen auch solche Informationen genauso sorgfältig erhoben und nach weiter unten beschriebenen Kriterien beurteilt werden wie Informationen zu psychologischen Konstrukten.

6.4.5 Psychologische Fragen zu sozialen Bedingungen

4 Psychologische Fragen zu sozialen Bedingungen (Umgang mit anderen, Sprachverhalten)

- **4.1** Die Tätigkeit als Altenpflegerin ist u. a. gekennzeichnet durch den Umgang mit alten Menschen, Kollegen und Behörden. Dies verlangt Kontaktfähigkeit, Zusam- ▼

menarbeit mit anderen und Durchsetzungsvermögen. Es ist zu prüfen, wie diese Merkmale bei Frau H. ausgeprägt sind.

4.2 Bei der Tätigkeit als Altenpflegerin ist der sprachliche Kontakt zu alten Menschen wichtig. Daher sollten die hier wichtigen Aspekte des Sprachverständnisses und des Sprachverhaltens bei Frau H. erfasst werden.

An den beiden Psychologischen Fragen zu sozialen Bedingungen wird deutlich, dass wir eng verwandte psychologische Konstrukte der Übersichtlichkeit wegen in einer Frage zusammen ansprechen. Dabei informieren wir die Leser über die bei dieser Fragestellung wichtigen Teilaspekte z. B. des Umgangs mit anderen.

6.4.6 Alternative Gliederungen der Psychologischen Fragen

> **Merke**
>
> Alternative Gliederungen der Psychologischen Fragen sollen, wie die Standardgliederung nach der Verhaltensgleichung, dem Gutachtenleser den Überblick über die Psychologischen Fragen und das Behalten der Psychologischen Fragen erleichtern.

Die oben aufgeführten zehn Psychologischen Fragen ließen sich nach dem zeitlichen Ablauf gliedern, in dem die angesprochenen Variablen im Leben der Probandin von Bedeutung werden:
1. Psychologische Fragen zur jetzigen Situation,
2. Psychologische Fragen zu Anforderungen in der Umschulung,
3. Psychologische Fragen zu Anforderungen im Beruf.

Unter »Psychologische Fragen zur jetzigen Situation« wären dann die beiden Psychologischen Fragen zu den motivationalen Bedingungen zu fassen.

Die Psychologischen Fragen zu den intellektuellen Bedingungen könnte man unter »Psychologische Fragen zu Anforderungen in der Umschulung« aufführen.

Die restlichen fünf Hypothesen wären dann unter »Psychologische Fragen zu Anforderungen im Beruf« zusammenzufassen. Hierbei ist allerdings die Übersichtlichkeit gefährdet; einzelne Fragen unter einem einzigen Gliederungspunkt sind darüber hinaus zu schwer zu behalten, als dass sie beim weiteren Lesen des Gutachtens jederzeit frei verfügbar wären.

6.4.7 Entscheidungsorientierte Hypothesenbildung bei gerichtlichen Fragen zur elterlichen Sorge

Im Folgenden wollen wir an einem Beispiel aus der Rechtspsychologie veranschaulichen, wie Psychologische Fragen entwickelt und in der schon beschriebenen Form dargestellt werden können. In den daran anschließenden verkürzten Psychologischen Fragen sind in jeder Frage jeweils mehrere Variablenbereiche und damit auch mehrere Einzelvariablen enthalten. Es fehlt bei dieser Form der erste Teil einer Psychologischen Frage, in dem die gesetzmäßige oder regelhafte Beziehung zwischen einer gewählten Variablen und der laut Fragestellung zu erklärenden oder vorherzusagenden Verhaltensweisen beschrieben wird. Diese zweite, verkürzte Darstellungsweise erleichtert den Lesern das Verständnis des Gutachtens besonders dann, wenn alltägliche Vorstellungen über die Bedingungen individuellen Verhaltens zu korrigieren sind. Dazu werden dann später im Gutachten diese Gesetzmäßigkeiten ausführlich beschrieben und in ihrer Bedeutung für die vorliegende Fragestellung erläutert.

Ziele entscheidungsorientierter Diagnostik bei Sorgerechtsfragestellungen

Bei der Aufgabe, ein psychologisches Sachverständigengutachten zu einer gerichtlichen Fragestellung zur Regelung der elterlichen Sorge nach Trennung und Scheidung von Eltern zu erstellen, zeigt sich eine »Entscheidungsorientierung« des psychologisch-diagnostischen Handelns in zweifacher Hinsicht: Einmal soll ein solches Gutachten eine Entscheidungshilfe für den Familienrichter sein, die Scheidungsfolge elterliche Sorge »zum Wohl des Kindes« (BGB § 1671) mit fachlicher Hilfestellung regeln zu können (Jessnitzer 1992).

6.4 · Psychologische Fragen

Zum anderen ist natürlich auch der gesamte diagnostische Prozess in diesem Anwendungsfeld eine Abfolge der oben dargestellten Einzelentscheidungen, die der Gutachter zu treffen hat.

Zur aktuellen Diskussion um eine mögliche »Ersetzung« von Begutachtungen durch Beratung sei hier angemerkt, dass sich beides keineswegs widerspricht oder gar ausschließt: Auch das Ergebnis eines Beratungs- oder Vermittlungsprozesses muss dem Richter in geeigneter Form mitgeteilt werden; Rechtskraft erlangt auch eine einvernehmliche, durch Beratung oder Vermittlung erzielte Lösung der Sorgerechtsfrage erst dann, wenn der Richter sie in seine Entscheidung, d. h. das Scheidungsurteil, aufnimmt. Ebenso schließt eine entscheidungsorientierte Begutachtung selbstverständlich andere Lösungsvorschläge als die einfache »Vater- oder Mutter-Regelung« nicht aus (s. auch z. B. Balloff u. Walter 1991; Kluck 1996).

Diese Art von Fragestellungen werden auch nach Inkrafttreten des neuen Kindschaftsrechts von Psychologischen Gutachtern zu bearbeiten sein. Das gemeinsame Sorgerecht als Regelfall schließt nicht aus, dass Eltern sich über die Erziehung ihres Kindes so uneinig sind, dass sie nach einer gerichtlichen Regelung verlangen.

Die wichtigsten Einzelschritte des gesamten diagnostischen Entscheidungsprozesses sind weiter oben beschrieben. Die »Übersetzung« und Differenzierung der richterlichen Fragestellung an den psychologischen Sachverständigen nach der Regelung der elterlichen Sorge »zum Wohl des Kindes« in Psychologische Fragen soll hier ausführlich behandelt werden.

Das Anforderungsprofil

Diagnostische Schlussfolgerungen sind nur in Bezug auf eine bestimmte diagnostische Zielsetzung sinnvoll; diese Zielsetzung ist im hier vorliegenden Anwendungsbereich gegeben durch die richterliche Fragestellung an den psychologischen Sachverständigen. Die Frage nach einer »dem Wohl des Kindes angemessenen« Sorgerechtsregelung enthält zugleich ein Bündel von Kriterien, die diesen zunächst »unbestimmten Rechtsbegriff« zu spezifizieren versuchen (zu diesem Problem s. Fthenakis et al. 1982; Kluck 1986). Diese Kriterien sind bisher nur ansatzweise aus psychologischen Forschungsergebnissen begründbar, da entsprechende Arbeiten erst in den letzten Jahren in Angriff genommen wurden (z. B. Schmidt-Denter et al. 1995).

Allgemein werden heute als Voraussetzungen für das anzustrebende Ziel »Kindeswohl« (Salzgeber 1998) die folgenden Kriterien (z. B. Simitis et al. 1979; Klußmann u. Stötzel 1995) berücksichtigt:
1. Bindungen des Kindes,
2. Wille des Kindes,
3. Kontinuität der Betreuung und der Umgebung für das Kind,
4. Förderung des Kindes durch die Eltern.

Wie leicht erkennbar ist, sind diese Kriterien, abgesehen davon, dass sie unterschiedlichen Abstraktionsebenen und Aussagekategorien angehören, nicht unabhängig voneinander: So ist z. B. eine mindestens minimale Betreuungskontinuität eine notwendige, aber nicht hinreichende Bedingung für die Entwicklung einer Bindungsbeziehung (s. dazu auch Spangler u. Zimmermann 1995).

Diese Kriterien haben, beim derzeitigen Status des (sozialwissenschaftlichen, einschließlich des psychologischen) Wissens darüber, welche Bedingungen für eine positive kindliche Entwicklung förderlich sind, als das »Anforderungsprofil« zu gelten, auf das hin die psychologisch-diagnostischen Fragen, die entsprechenden Datenerhebungen und Schlussfolgerungen auszurichten sind (Puls 1984).

Die Aufgabe des Gutachters ist es nun, für jedes dieser Kriterien die darin angesprochenen, für die Fragestellung relevanten, psychologischen Variablen auszuwählen, um sie dann diagnostisch zu untersuchen und aufgrund der Untersuchungsergebnisse die richterliche Fragestellung zu beantworten.

Bei dieser Aufgabe besteht für den psychologischen Gutachter die erhebliche Gefahr, dass er wichtige Variablen systematisch ignoriert, die das Verhalten und Erleben der Probanden in den Ausschnitten bestimmen, die das »Kindeswohl« im oben beschriebenen Sinne betreffen. In dieser frühen Planungsphase können sich Vorurteile, Wertvorstellungen, Ziele, Erwartungen, die der Gutachter im Hinblick auf Entstehungsbedingungen und Lösungsmöglichkeiten des Familienkonflikts hat, dahingehend auswirken, dass die durchgeführte Diagnostik und die daraus gezogenen Schlussfolgerungen die jeweilige spezifische Problematik der individuellen Familie nicht angemessen berücksichtigen. Die weiter oben beschriebene »Verhaltensgleichung« dient als Suchstruktur, mit deren Hilfe derartige systematische Fehler bei der Auswahl der zu untersuchenden Verhaltens- und Erlebensvariablen und den prognostisch relevanten Bedingungen vermieden bzw. minimiert werden können.

Für die Beurteilung, unter welchen der zukünftigen Lebensbedingungen die Kriterien des angestrebten Ziels »Kindeswohl« am ehesten zu realisieren sein werden, können, neben anderen, mindestens die folgenden Merkmale bzw. Variablen herangezogen werden:

U   Umgebungsbedingungen (z. B. Wohnsituation; finanzielle Verhältnisse),
O   Organismus-Variablen (z. B. erhebliche gesundheitliche Beeinträchtigungen der Beteiligten; Behinderungen, die besondere Betreuung erfordern),
K   Kognitive Variablen (z. B. Problemlösefähigkeit, soziale Kompetenz, v. a. der Eltern),
E   Emotionale Variablen (z. B. Bindungen des Kindes; Art des Erlebens emotionaler Belastungen bei allen Beteiligten; Umgang mit Belastungen; Konflikterleben und -bewältigung),
M   Motivationale Variablen (z. B. verbal/nonverbal geäußerter Wille des Kindes; Ziele, Hoffnungen, Wünsche, Ängste, Erwartungen der Beteiligten,
S   Soziale Variablen (z. B. Einstellungen zum Kind, für das Kind »wichtige andere«, soziale Einbindung, Verhalten im Umgang mit anderen).

Bei der Ableitung Psychologischer Fragen können nun alle diese Bedingungs- und Variablengruppen daraufhin geprüft werden, welchen Beitrag sie leisten zu einer Bestimmung des »Kindeswohls«. Die zu prüfenden Psychologischen Fragen ergeben sich dann als Kombinationen der hier relevanten Bedingungen und den verschiedenen Aspekten, mit denen das »Anforderungsprofil Kindeswohl« beschrieben wird: So werden unter »emotionalen Variablen« hier vorrangig die Bindungen des Kindes untersucht (Schwabe-Höllein u. August-Frenzel 1995), aber auch die Art des Konflikterlebens des Kindes und der für es wichtigen anderen Personen (Eltern und evtl. weitere) und die Versuche und Möglichkeiten der Konfliktbewältigung der Beteiligten (Fthenakis 1993).

Für das Beispiel der »emotionalen Variablen« bedeutet dies, dass wir uns im Wesentlichen beziehen auf das theoretisch entwickelte und empirisch als reliabel und valide befundene, psychologische Wissen über »Bindungen« und ihre Auswirkungen auf die kindliche Entwicklung, sowie auf die Erkenntnisse, die z. B. die differenzielle Psychologie, die Sozialpsychologie, die Entwicklungspsychologie und die klinische Psychologie über Arten des Konflikterlebens und verschiedene Strategien der Konfliktverarbeitung zur Verfügung stellen. Hier wird noch einmal deutlich, dass der hier verwendete Verhaltensbegriff selbstverständlich nicht nur das von außen beobachtbare, »offene« Verhalten umfasst, sondern sich ebenso auf das nur indirekt zu erfassende, subjektive Erleben der beteiligten Personen bezieht, zu dem z. B. Kognitionen, »Schemata«, Gefühle, Einstellungen, Wertvorstellungen, Erwartungen, Ziele usw. gehören.

Auswahl der relevanten Variablen

Die Forderung der praktischen Bedeutsamkeit, der Reliabilität und der Validität des Zusammenhangs zwischen den zu untersuchenden Variablen und den »vorherzusagenden« Kriterien, nämlich den verschiedenen Aspekten des »Kindeswohls«, bedeutet, dass für eine Fragestellung der Sorgerechtsregelung nicht alle der oben angeführten Variablenbereiche relevant bzw. gleichermaßen relevant sind; so ist z. B. der Bereich der kognitiven Variablen nur in seltenen, sehr speziellen Ausnahmefällen bei einer derartigen Fragestellung in die diagnostischen Untersuchungen einzubeziehen (s. dazu auch Salzgeber 2001).

Hier zeigt sich bereits die Notwendigkeit, worauf weiter unten noch eingegangen wird, dass auch für den psychologischen Sachverständigen die Verpflichtung zur beständigen Fortbildung besteht, da er – wie bei jeder wissenschaftlichen Arbeit – gehalten ist, die Begutachtung auf dem jeweiligen »Stand seiner Wissenschaft« vorzunehmen.

6.4 · Psychologische Fragen

Tab. 6.1. Schema zur Entwicklung Psychologischer Fragen: »Kindeswohl«

Kriterium/ Bedingungen	Bindungen des Kindes	Kontinuität		Förderung des Kindes	Wille des Kindes
		Betreuung	Umgebung		
U	X	X	X	X	–
O	–	(X)	–	(X)	–
K	–	(X)	–	X	–
E	X	X	–	(X)	X
M	(X)	X	–	(X)	X
S	X	X	X	(X)	–

Abkürzungen s. S. 48

Die hier abgebildete »Suchstruktur« (Tab. 6.1) veranschaulicht in Kürze – als Arbeitshilfe – die oben beschriebene entscheidungsorientierte Vorgehensweise bei der Entwicklung Psychologischer Fragen für eine Sorgerechtsfragestellung.

In den einzelnen Zellen dieses Schemas stehen die relevanten und im Einzelfall zu untersuchenden Verhaltensbedingungen und -variablen, wie oben dargestellt.

Die Formulierung Psychologischer Fragen

Psychologische Gutachten besonders für Auftraggeber außerhalb des psychologisch geschulten Fachpublikums, wie solche im Auftrag des Familiengerichts, müssen kommunizierbar sein, d. h. der Auftraggeber muss die Aussagen des Gutachtens verstehen können, damit sie für ihn eine Entscheidungshilfe sein können. Unter diesem Aspekt haben wir oben vorgeschlagen, die Psychologischen Fragen, die aus der Fragestellung des Gerichts abgeleitet wurden und welche die Grundlage für das weitere gutachterliche Vorgehen bilden, »zweistufig« zu formulieren: Die Auswahl einer bestimmten Variablen wird in ihrem Zusammenhang mit dem zu beurteilenden Kriterium in einem oder zwei kurzen Sätzen begründet. Danach folgt die eigentliche Psychologische Frage, aus der hervorgeht, welche diagnostischen Informationen erhoben werden sollen, um diesen Zusammenhang im Einzelfall zu überprüfen.

Als Grundlage der Planung können im Einzelfall auch entsprechende, schon vorliegende Informationen dienen: So muss z. B. eine aus den Gerichtsakten hervorgehende Alkoholproblematik eines Elternteils Anlass sein, die Auswirkungen dieses Problems auf seine Beziehung zu seinem Kind und seine Möglichkeiten zu einer den kindlichen Bedürfnissen entsprechenden Betreuung und Erziehung systematisch zu untersuchen (Variablenbereich: O = körperliche Bedingungen).

Wie bei der Bearbeitung jeder gutachterlichen Fragestellung ist auch und besonders im Rahmen der Begutachtung im gerichtlichen Auftrag sicherzustellen, dass keine »einseitigen« Hypothesen formuliert werden, die die Blickrichtung des Diagnostikers schon in diesem frühen Planungsstadium ungerechtfertigt einengen und seine Aufmerksamkeit nur in eine einzige Richtung lenken. Mangelnde »Offenheit« der Psychologischen Fragen bringt die Gefahr mit sich, dass die diagnostischen Untersuchungen weitgehend zu sich selbst erfüllenden Prophezeiungen werden und unterschiedliche Aspekte verschiedener Verhaltensmöglichkeiten ungerechtfertigterweise gar nicht mehr in die gutachterlichen Überlegungen einbezogen werden. Diese nichtwissenschaftliche Arbeitsweise kann sich bei Gutachten im Auftrag des Gerichts dahingehend auswirken, dass der Gutachter wegen Befangenheit abgelehnt wird und das Gutachten als unverwertbar beurteilt wird.

Die Formulierung der Psychologischen Fragen muss ebenfalls gewährleisten, dass die als fragestellungsrelevant ausgewählten Variablen betrachtet werden können
a) bei allen beteiligten Personen (s. oben) und
b) auf der »Zeitachse«: die bisherige Entwicklung, der derzeitige Status und – auf dieser Grundlage – wahrscheinliche zukünftige Entwicklungen.

Das Verhältnis von Kosten (auch der immateriellen, psychischen »Kosten« der Beteiligten) und Nutzen (für die Beantwortung der Fragestellung) ist auch hier bei den Überlegungen zu Anzahl und Detailliertheit Psychologischer Fragen zu beachten.

Im Folgenden werden nun beispielhaft zunächst allgemeine Hypothesen (= Psychologische Fragen) zur Frage des Sorgerechts auf der Basis der Verhaltensgleichung formuliert. Dabei gehen wir von der folgenden Fragestellung des Familiengerichts aus: »In der Familiensache ..../.... soll ein psychologisches Gutachten darüber erstellt werden, welche Regelung der elterlichen Sorge dem Kindeswohl am ehesten entspricht.«

Umgebungsbedingungen (U). Die inner- und außerfamiliären Betreuungsmöglichkeiten bestimmen die Entwicklung eines Kindes mit. Es werden daher bei Vater und Mutter von (Name des Kindes) die Betreuungsmöglichkeiten untersucht.

Die räumliche und finanzielle Situation kann die Entwicklung von Kindern mit beeinflussen. Deshalb werden bei Herrn und Frau (Vater und Mutter des Kindes) die räumlichen und finanziellen Gegebenheiten untersucht.

Körperliche Bedingungen (O). Abhängig von ihrem Gesundheitszustand können Eltern den Bedürfnissen ihres Kindes unterschiedlich gerecht werden. Darum ist festzustellen, wie weit hier bedeutsame gesundheitliche Beeinträchtigungen aufseiten der Eltern vorliegen.

Der Gesundheitszustand von Kindern wirkt sich auf ihre gesamte körperliche und psychische Entwicklung aus. Bei lang andauernden gesundheitlichen Problemen müssen Kinder besonders betreut werden. Deshalb wird untersucht, ob (Name des Kindes) einer besonderen körperlichen Betreuung bedarf.

Kognitive Bedingungen (K). Um die sprachliche und intellektuelle Entwicklung ihres Kindes fördern zu können, müssen die Eltern dessen individuelle Möglichkeiten angemessen wahrnehmen können; darüber hinaus müssen sie über Verhaltensweisen verfügen, die ihnen eine jeweils alters- und persönlichkeitsangemessene Förderung des Kindes ermöglichen.

Um angemessen beurteilen zu können, in welcher Weise der Vater und die Mutter dies bisher geleistet haben und in Zukunft werden leisten können, wird der derzeitige sprachliche und intellektuelle Entwicklungsstand von (Name des Kindes) festgestellt.

Weiterhin wird untersucht, wie die Eltern wahrnehmen, welche Hilfestellungen (Name des Kindes) zur Entwicklung seiner/ ihrer geistigen Fähigkeiten benötigt und über welche Verhaltensmöglichkeiten für einen angemessenen Umgang mit diesen Bedürfnissen von (Name des Kindes) sie verfügen.

Emotionale Bedingungen (E). Einen entscheidenden Einfluss auf die Entwicklung von Kindern haben ihre emotionalen Beziehungen (Gefühlsbeziehungen, »Bindungen«) zu für sie wichtigen anderen Menschen. Deshalb sollen diese Gefühlsbeziehungen von (Name des Kindes) beschrieben werden.

Emotionale Belastungen und die Versuche, sie zu bewältigen, bestimmen die Entwicklung eines Kindes mit. Daher ist zu beschreiben, wie die Beteiligten (beide Eltern und Kind) solche Belastungen erleben und darauf reagieren.

Motivationale Bedingungen (M). Ziele, Erwartungen, Wünsche und Befürchtungen der Beteiligten im Hinblick auf die zukünftigen Lebensbedingungen bestimmen ihr Verhalten mit. Deswegen sollen hier die Ziele, Erwartungen, Wünsche und Befürchtungen von (Name des Kindes) und seinen/ ihren Eltern beschrieben werden.

Für eine förderliche Erziehung müssen Eltern die Interessen ihrer Kinder erkennen und angemessen darauf eingehen können. Darum soll hier untersucht werden, wie weit Herr und Frau (Name) dazu in der Lage sind.

6.4 · Psychologische Fragen

Soziale Bedingungen (S). Die Einstellung zu dem Kind bestimmt in großem Maß das Verhalten der Eltern oder sonstiger Bezugspersonen diesem Kind gegenüber. Deshalb sollen diese Einstellungen der für (Name des Kindes) wichtigen Personen erfasst werden.

Die Einbindung von Kindern in ihr soziales Umfeld ist eine wichtige Bedingung für die kindliche Entwicklung. Deshalb soll die Art und die Bedeutung der sozialen Kontakte von (Name des Kindes) sowie seinen/ ihren Eltern oder möglichen anderen für ihn/ sie wichtigen Personen erfasst werden.

Die Entwicklung sozialer Verhaltensweisen von Kindern wird auch durch das soziale Umfeld geformt. Deshalb sollen hier die sozialen Entwicklungsmöglichkeiten von (Name des Kindes) untersucht werden, wie sie sich beim Vater bzw. der Mutter darstellen.

Eine andere, inhaltlich gleichwertige, jedoch für den Auftraggeber leichter nachvollziehbare Möglichkeit, alle relevanten Fragen zu erfassen, besteht darin, Variablenbereiche und Kindeswohlkriterien in der Frageformulierung bereits zu integrieren. Auch dies soll hier am Beispiel demonstriert werden; die jeweiligen Variablenbereiche bzw. Kindeswohlkriterien, die in einer Frage angesprochen sind, stehen abgekürzt in Klammern.

Verkürzte Psychologische Fragen

Hinter den nun folgenden, verkürzten Psychologischen Fragen geben wir hier in Klammern an, welche Variablen und Anforderungen darunter zusammengefasst sind. Diese Angaben in Klammern dienen hier didaktischen Zwecken und kommen im Gutachten nicht vor.

Die folgenden Psychologischen Fragen werden im Hinblick auf die jeweiligen Gefühlsbeziehungen (u. a. Bindungen des Kindes) und den Willen des Kindes sowie auf Aspekte der Betreuungskontinuität, der Umgebungskontinuität und in Bezug auf die Förderungsmöglichkeiten des Kindes bearbeitet und beurteilt.

1. Welcher Art sind die Gefühlsbeziehungen von N. N. zu ihrer/ seiner Mutter und zu ihrem/ seinem Vater? (Bindungen, Wille des Kindes: Variablenbereiche E, M, S).
2. Wie haben sich diese Beziehungen bis heute entwickelt? (Entwicklungsbedingungen, Bindungsentwicklung: U, E, M, S).
3. Wie haben die beiden Eltern (Name) von (N. N.) bisher ihre Erziehungsaufgaben erfüllt? (Entwicklungsgeschichte von Bindungen, Kontinuität von Umgebung und Betreuung, Förderung: U, O, K, E, M, S).
4. Wie stellen sich die Mutter/ der Vater die weitere Erziehung von (N. N.) vor? (Kontinuität, Förderung, Erziehungseinstellungen und -verhalten: K, E, M, S).
5. Welche Entwicklungsmöglichkeiten sind für (N. N.) unter den verschiedenen Lebensbedingungen der beiden Eltern zu erwarten? (Zu erwartende Entwicklungsbedingungen: Kontinuität, Förderung: U, O, K, E, M, S).

Untersuchungsplan

7.1 Einordnung des Untersuchungsplans – 54

7.2 Grobplanung der Untersuchung – 54

7.3 Feinplanung der Untersuchung – 55

7.4 Verhältnis von Kosten und Nutzen als Kriterium bei der Planung einer psychologischen Untersuchung – 55

7.1 Einordnung des Untersuchungsplans

> **Einordnung des Untersuchungsplans**
> - Die Fragestellung des Auftraggebers wird aufgelöst in Psychologische Fragen.
> - Zu ihrer Beantwortung wird ein Untersuchungsplan entwickelt, der die Untersuchungen steuert. Er ist der zweite und letzte Teil der Planung einer psychologischen Begutachtung.
> - Der Plan wird in der Untersuchung verwirklicht.

Da die Beantwortung einer Fragestellung in einem psychologischen Gutachten eine komplexe Untersuchung voraussetzt, empfiehlt es sich, diese Untersuchung in mehreren Schritten zu planen. Wir haben bisher dargestellt, wie wir uns für oder gegen eine Fragestellung entscheiden und wie wir die Fragestellung in Psychologische Fragen auflösen.

Nachdem wir uns entschieden haben, was wir untersuchen wollen, entscheiden wir uns dann dafür, wie wir es untersuchen wollen. Im Gutachten stellen wir in den Psychologischen Fragen dar, was wir untersuchen wollen; im Untersuchungsplan beschreiben wir das Wie.

Von der Qualität des Untersuchungsplans hängen die Qualität der Untersuchung, ihrer Ergebnisse und der darauf im Befund gegründeten Entscheidungen ab. Das Ergebnis eines Gutachtens kann also nur so gut sein wie seine Planung.

Die »Grobplanung« der psychologischen Untersuchung wird im Gutachten für die Leser allgemeinverständlich dargestellt, die »Feinplanung« wird im Gutachten nicht beschrieben.

7.2 Grobplanung der Untersuchung

> **Definition**
> Die Grobplanung einer psychologischen Untersuchung besteht in der begründeten Auswahl von Informationsquellen:
> 1. standardisierte Verfahren:
>   – Tests,
>   – Fragebogen,
>   – standardisierte Verhaltensbeobachtungen,
>   – Arbeitsproben,
> 2. teilstandardisierte Verfahren:
>   – Verhaltensbeobachtungen,
>   – entscheidungsorientierte Gespräche,
> 3. sonstige Informationsquellen: z. B.
>   – Akten,
>   – Zeugnisse,
>   – Arztberichte,
>   – Produktionen.

Im Gutachten wird jede verwendete Informationsquelle allgemeinverständlich beschrieben, und es wird angegeben, zur Beantwortung welcher Psychologischen Frage sie herangezogen wurde.

Nach der Erarbeitung der Psychologischen Fragen suchen wir systematisch nach nützlichen Informationsquellen zu ihrer Beantwortung. Als erstes prüfen wir, welche standardisierten psychologischen Untersuchungsverfahren mit Gewinn verwendet werden können. In ungezählten empirischen Arbeiten hat sich nämlich immer wieder herausgestellt, dass eine möglichst weitgehend standardisierte Gewinnung von Informationen einem weniger standardisierten Vorgehen ebenbürtig, meist sogar überlegen ist. In ▶ Kap. 10 werden wir ausführlich auf die Kriterien eingehen, die wir bei der Auswahl von standardisierten Verfahren anlegen.

Neben den grundsätzlichen Annahmen, die wir bei jedem diagnostischen Arbeiten machen müssen – wir haben sie weiter oben bei der Übernahme der Fragestellung diskutiert (vgl. ▶ 3.2) –, müssen wir auch spezifische Annahmen zur Anwendung jedes einzelnen Verfahrens machen. Diese können wir wegen ihrer verfahrensbezogenen Besonderheit hier nicht besprechen, gibt es in Deutschland doch über 3 000 standardisierte psychologische Untersuchungsverfahren. Auf jeden Fall müssen wir uns vor der Anwendung eines Verfahrens über diese spezifischen Annahmen klar werden, sodass wir sie auf Nachfrage hin nennen und begründen können.

Für viele diagnostische Fragestellungen gibt es standardisierte Verhaltensbeobachtungen und Beobachtungssysteme. Wir zählen dazu ebenfalls die standardisierten Arbeitsproben, worunter auch viele Teile von Assessment Centern zu fassen sind.

Sehr aufwändig für Untersucher und Probanden sind die teilstandardisierten Verfahren. Wir verstehen darunter Verhaltensbeobachtungen und entscheidungsorientierte Gespräche. Auf beide Verfahrensgruppen werden wir weiter unten noch ausführlich eingehen, da vor allem die entscheidungsorientierten Gespräche in sehr vielen Fällen die meisten für die Fragestellung relevanten Informationen liefern.

Unter psychologischen Gesichtspunkten am wenigsten standardisierte Informationen finden sich in den sonstigen Informationsquellen wie z. B. Akten. Wenn auch mit diesen Informationsquellen besondere Schwierigkeiten verbunden sind, so enthalten sie doch häufig Informationen, die unbedingt berücksichtigt werden müssen, wenn man die Fragestellung angemessen beantworten will. Um die Beurteilung von Informationsquellen zu erleichtern, werden wir uns in Kap. 9 mit einigen ihrer Merkmale beschäftigen.

Alle verwendeten Informationsquellen beschreiben wir im Gutachten im Kapitel »Untersuchungsplan«. Diese Beschreibungen sind kurz, allgemeinverständlich und so gehalten, dass die Probanden sie anhand der Beschreibung im Gutachten wiedererkennen können. Bei jeder Informationsquelle geben wir an, zu welcher der Psychologischen Fragen sie Informationen beisteuert. Wir lassen so die Leser unserer Gutachten, wozu in aller Regel auch die Probanden gehören, nachvollziehen, welche Verfahren wir wozu benutzt haben.

7.3 Feinplanung der Untersuchung

> **Definition**
>
> Zur Feinplanung einer Untersuchung werden Beobachtungspläne für die Verhaltensbeobachtungen und Leitfäden für die entscheidungsorientierten Gespräche schriftlich ausgearbeitet.
> Wir legen fest, wer, wann, wo und womit untersucht wird.
> Die Feinplanung wird im Gutachten nicht dargestellt.

Ohne sorgfältig ausgearbeitete Pläne sind systematische Verhaltensbeobachtungen und entscheidungsorientierte Gespräche nicht möglich, weil auch erfahrene psychologische Diagnostiker von der Vielfalt der Aufgaben, die während der psychologischen Untersuchungen in kurzer Zeit zu erledigen sind, völlig überfordert sind. Wenn wir weiter unten auf die von uns vorgeschlagene, entscheidungsorientierte Gesprächsführung eingehen, wird die Komplexität der Anforderungen an Diagnostiker in einem diagnostischen Gespräch deutlich. Um hier möglichst zuverlässige und gültige Ergebnisse zu erzielen, hilft in erster Linie eine sorgfältige Planung und gewissenhafte Vorbereitung. Dies bedeutet: Wir arbeiten alle Pläne schriftlich aus. Auf diese Ausarbeitungen kann man bei ähnlichen Fragestellungen wieder zurückgreifen.

Zur Feinplanung gehört weiter, dass wir uns für Untersuchungstermine, Untersuchungsorte, die Reihenfolge der Verfahren und zeitliche Abstände zwischen ihnen entscheiden. Dabei entscheiden wir uns so, dass – unter Beachtung von Kosten und Nutzen (vgl. ▶ Abschn. 7.4) – möglichst aussagekräftige Untersuchungen möglich sind. Wir überlegen uns also immer, welche Effekte ein bestimmtes Vorgehen haben wird und ob diese Effekte die Beantwortung der Fragestellung unterstützen oder sie eher behindern. Belastet z. B. eine bestimmte Reihenfolge der vorgesehenen Verfahren den Probanden unnötig, so wählen wir die weniger belastende Reihenfolge, denn der Proband kann unnötige Belastungen als solche erkennen; dies kann z. B. seine Bereitschaft zur Zusammenarbeit mit dem Gutachter senken.

Die Feinplanung stellen wir im Gutachten nicht dar, da sie, wenn sie von Nichtpsychologen nachvollzogen werden soll, zu umfangreich erläutert werden müsste: Die einzelnen Inhalte dieser Pläne beruhen auf psychologischem Fachwissen, das durch ein Studium der Psychologie erlangt werden kann.

7.4 Verhältnis von Kosten und Nutzen als Kriterium bei der Planung einer psychologischen Untersuchung

> **Merke**
>
> 1. Das Ergebnis einer Kosten-Nutzen-Analyse ist das übergeordnete Kriterium bei der Entwicklung eines Untersuchungsplans.

> 2. Kosten und Nutzen der Verwendung jeder Informationsquelle werden abgeschätzt für:
>   - Probanden,
>   - Auftraggeber,
>   - sonstige direkt und indirekt betroffene Personen,
>   - direkt und indirekt beteiligte Institutionen und Organisationen
>   - Gutachter.
> 3. Bilanzbogen helfen bei der systematischen Schätzung von Kosten und Nutzen.
> 4. Sequenzielles Vorgehen optimiert das Verhältnis von Kosten und Nutzen.

Das Verhältnis von Kosten und Nutzen ist immer das übergeordnete Kriterium für die Planung einer psychologischen Untersuchung und das entsprechende diagnostische Handeln. Dabei werden selbstverständlich nicht nur die Kosten für Probanden und Auftraggeber berücksichtigt, sondern auch für indirekt betroffene Personen, die beteiligten Institutionen und Organisationen sowie die Psychologen.

Für viele Psychologen ist ein solches Kriterium problematisch. Theoretisch wie praktisch zeigt sich aber, dass sich alle Psychologen an diesem Kriterium ausrichten. Denn niemand treibt einen beliebig großen diagnostischen Aufwand. Immer steht der Aufwand in einem bestimmten Verhältnis zu dem zu erwartenden Nutzen. Wir plädieren dafür, diese Abschätzung explizit und differenziert vorzunehmen.

Zu einer differenzierten Abschätzung von Kosten und Nutzen gehören neben materiellen auch immaterielle, ideelle Kosten- und Nutzenaspekte. Beispiele für solche Kosten sind das Eindringen in die Intimsphäre der Untersuchten, Anstrengungen von Proband und Gutachter; immaterieller Nutzen erwächst z. B. aus der Erhöhung der Lebensqualität aufseiten des Probanden bei einer zutreffenden Diagnose. Wir berücksichtigen also nicht nur Effekte, die sofort oder bald eintreten werden, sondern auch solche, die weiter in der Zukunft liegen. Ferner beachten wir nicht nur das, was mit Sicherheit eintreten wird, sondern auch nur möglicherweise eintretende Folgen.

Die Einschätzung von Kosten und Nutzen einer bestimmten diagnostischen Vorgehensweise ist bei näherer Betrachtung wesentlich komplizierter, als man zunächst annehmen könnte. Es ist daher nützlich, wenn man diese Aufgabe systematisch angeht. Wir verwenden dabei das Hilfsmittel eines Bilanzbogens, wie er von Janis u. Mann (1977) in der Entscheidungsforschung beschrieben wurde.

Ein Bilanzbogen ist nichts als ein Blatt Papier, auf das man oben die zur Wahl stehende Alternative, hier also ein bestimmtes diagnostisches Verfahren, aufschreibt. Man teilt dieses Blatt dann durch einen senkrechten Strich in – und +. Unter – werden alle negativen Konsequenzen der zur Wahl stehenden Alternative und unter + alle positiven Konsequenzen aufgeführt. Durch diese schriftliche Veranschaulichung und Übersicht über alle möglichen Kosten und Nutzen fällt es leichter, eine »Bilanz« zu ziehen, d. h. zu erkennen, ob sich der Einsatz eines diagnostischen Verfahrens insgesamt »lohnt«.

Mit weniger Aufwand können u. U. die gleichen Ergebnisse erzielt werden. Der Einsatz von mehreren Tests, die alle z. B. nur die allgemeine Intelligenz messen, ist dann unter Kosten-Nutzen-Überlegungen erkennbar Verschwendung. Verwendet man in diesem Bereich den bei einer Fragestellung besten Test, so verursacht jeder weitere Test zur Erfassung der allgemeinen Intelligenz nur weitere Kosten ohne irgendeinen Nutzen.

Bei einer einfachen diagnostischen Strategie werden alle geplanten Verfahren durchgeführt. Bei einer sequenziellen Strategie untersucht man Probanden nur dann weiter, wenn dies weitere für die Beantwortung der Fragestellung nützliche Informationen verspricht (Cronbach u. Gleser 1965). Nach der Auswertung von Akten, Zeugnissen und sonstigen Unterlagen und der Kombination dieser Informationen mit denen aus einem Breitbandverfahren wie dem psychologischen Gespräch kann sich z. B. hinreichende Information über die Ausprägung der allgemeinen Intelligenz eines Probanden ergeben haben. Eine sequenzielle Strategie sieht dann vor, keinen weiteren Intelligenztest durchzuführen. Bei einer einfachen diagnostischen Strategie würde dieser jedoch durchgeführt, obwohl er keinen Nutzen, sondern nur Kosten verursachen würde.

Die Analyse der A-priori-Strategie

8.1 Die Analyse der A-priori-Strategie bei Einzelfallfragestellungen – 58

8.2 Die qualitative Analyse der A-priori-Strategie – 58

8.3 Optimierung der diagnostischen Strategie – 59

8.4 Die quantitative Analyse der A-priori-Strategie bei institutionellen Fragestellungen – 59

8.5 Die Analyse der A-priori-Strategie bei eignungsdiagnostischen institutionellen Fragestellungen – 60

> **Definition**
>
> Eine A-priori-Strategie ist die diagnostische Vorgehensweise, die bis zur Auftragsvergabe an den Diagnostiker zur Beantwortung der im Auftrag vereinbarten Fragestellung verwendet wurde. A-priori-Strategien können die Bearbeitungsversuche von angeblichen oder tatsächlichen Experten oder der Betroffenen selbst und ihres sozialen Umfeldes sein.
> Die Analyse der A-priori-Strategie kann nützliche Informationen zur optimierten Bearbeitung der Fragestellung erbringen.
> Die Ergebnisse einer solchen A-priori-Strategie finden sich z. B. in Akten oder bisherigen Gutachten.
> Die A-priori-Strategie kann bei *Einzelfallfragestellungen* und bei *institutionellen Fragestellungen* (das sind solche, die sich auf mehrere oder viele gleichartige Fälle beziehen) analysiert werden. Bei institutionellen Fragestellungen kann man die A-priori-Strategie nicht nur qualitativ, sondern auch quantitativ analysieren.

8.1 Die Analyse der A-priori-Strategie bei Einzelfallfragestellungen

> **Merke**
>
> Schriftliche Unterlagen analysieren.
> Allgemeine diagnostische Hypothesen leiten diese Analyse.
> Bisheriges Vorgehen erheben im entscheidungsorientierten Gespräch.

Diagnostische Fragestellungen versucht der Auftraggeber i.d.R. zunächst selbst zu beantworten, bevor er sich – oft als letzter Versuch – an einen professionellen psychologischen Diagnostiker wendet. Solche vorherigen Versuche zur Beantwortung der Fragestellung enthalten für den Diagnostiker und seine Arbeit an der Fragestellung oft unverzichtbare, aber auf jeden Fall nützliche Informationen.

Der Diagnostiker arbeitet auf jeden Fall erst einmal die zur Fragestellung gehörenden schriftlichen Unterlagen durch, die ihm zur Verfügung gestellt wurden. Hierbei wird er auf jeden Fall (a) die zeitliche Abfolge der (b) bisher abgelaufenen Ereignisse sowie der (c) möglicherweise ergriffenen Maßnahmen sowie (d) deren jeweiligen Ergebnisse registrieren, soweit sie dokumentiert sind.

Die Analyse von Akten und anderen schriftlichen Unterlagen wird geleitet von allgemeinen diagnostischen Hypothesen, die der Diagnostiker schon bei der Übernahme der Fragestellung formulieren konnte. Diese lassen sich aus den Ergebnissen der empirischen Forschung zu den Themen der Fragestellung ableiten. Diese hypothesengeleitete Aktenanalyse kann und wird dann i.d.R. zu weiteren fallspezifischen Hypothesen führen, die in der weiteren Diagnostik ebenfalls zu prüfen sind.

Der Diagnostiker lässt sich im Entscheidungsorientierten Gespräch explizit die bisherige Entwicklung der Problematik darstellen. Er lässt sich z. B. den Beginn des problematischen Verhaltens und die Bedingungen, unter denen es zuerst aufgetreten ist, möglichst genau schildern. Dabei achtet er besonders auf die lernpsychologischen Bedingungen, die beim Beginn und im weiteren Verlauf der Verhaltensentwicklung zu beobachten waren.

Auch Laiendiagnostiker kommen zu Diagnosen, die mehr oder weniger zutreffen können. Häufig haben sie darüber hinaus auch schon Interventionen zur Bewältigung des problematischen Verhaltens oder der problematischen Lebensumstände realisiert. Diese Interventionen können mehr oder weniger hilfreich gewesen sein. Aus den Laiendiagnosen und Interventionen kann der Diagnostiker wichtige Informationen über die Erlebens- und Verhaltensweisen des Probanden und seines sozialen Umfeldes entnehmen.

8.2 Die qualitative Analyse der A-priori-Strategie

> **Merke**
>
> Die qualitative Analyse der A-priori-Strategie untersucht die ausgewählten
> — Anforderungen,
> — Informationsquellen,
> — Kriterien für den Erfolg.

Die Anforderungen müssen sich möglichst objektiv, zuverlässig und gültig erfassen lassen, wenn sie brauchbare Maßstäbe sein sollen. Sie müssen über den Prognosezeitraum hinweg stabil bleiben, und es muss bei jeder Anforderung klar sein, ob, und wenn ja, durch welche höhere oder niedrigere Ausprägung einer anderen Anforderung sie kompensiert werden kann.

Die Informationsquellen müssen möglichst gültige (zutreffende, richtige) Informationen liefern, wenn sie den Nettonutzen (Nutzen abzüglich aller Kosten) einer Strategie erhöhen sollen.

Die Kriterien für den Erfolg einer diagnostischen Strategie müssen ihrerseits möglichst objektiv, zuverlässig und gültig feststellbar sein, wenn mit ihrer Hilfe die Qualität einer Auswahlstrategie angemessen eingeschätzt werden soll.

8.3 Optimierung der diagnostischen Strategie

> **Merke**
>
> Eine diagnostische Strategie lässt sich optimieren durch:
> - Beachtung der Ergebnisse der Analyse der A-priori-Strategie,
> - entscheidungsorientiertes Vorgehen zur Optimierung des Nettonutzens,
> - sequenzielles Vorgehen,
> - adaptives Testen.

Durch die Evaluation der A-priori-Strategie ergibt sich nicht nur ein Maßstab (»benchmark«) für den mindestens zu erzielenden Nettonutzen der zu entwickelnden diagnostischen Strategie, sondern auch eine Liste von möglichen Verbesserungen der neuen gegenüber der vorherigen diagnostischen Strategie.

Eine professionelle diagnostische Strategie zeichnet sich ganz allgemein dadurch aus, dass jede zu treffende Entscheidung wohlüberlegt getroffen wird. Die jeweiligen erreichbaren Ziele werden dabei ebenso bedacht wie die möglichen (un-) erwünschten Folgen jeder Alternative. Alle Schritte (z. B. welche Informationsquellen, Art ihrer Auswertung und Interpretation) des diagnostischen Vorgehens werden vor der Umsetzung der diagnostischen Strategie festgelegt. Auch die Entscheidungsregeln für jede zu treffende Entscheidung (z. B. Kombination der Informationen zu jeder psychologischen Hypothese/ Frage/ Anforderung) werden vor dem Beginn der Informationserhebung explizit festgelegt. Das Oberziel ist dabei immer die Optimierung des Nettonutzens.

Eine sequenzielle diagnostische Strategie optimiert den Nettonutzen dadurch, dass nicht alle Probanden anhand von allen Informationsquellen beurteilt werden. Sie legt vielmehr vorher die Reihenfolge der zu benutzenden Informationsquellen sowie die Abbruchkriterien so fest, dass Personen, die mit hinreichender Sicherheit zu beurteilen sind, nicht weiter untersucht werden.

Eine weitere Möglichkeit zur Optimierung des Nettonutzens stellt das adaptive Testen dar. Dabei wird den zu testenden Personen nicht der ganze Test vom leichtesten (ersten) bis zum schwersten (letzten) Item vorgegeben (wie bei konventionellen Tests), sondern die Testdarbietung fängt mit einem für den zu Testenden relativ schwierigen Item an. Durch eine leistungsabhängige Darbietung von leichteren bzw. wieder schwereren Items kann dann schneller als mit konventionellen Tests der wahre Leistungswert des zu Testenden bestimmt werden.

Die inkrementelle Validität bezeichnet den Validitätszuwachs, den eine diagnostische Strategie bei einer bestimmten Fragestellung hat, wenn sie um die Informationen aus einer Informationsquelle erweitert wird. Der Diagnostiker wird analysieren, ob und wenn ja, wie gut es ihm gelingen kann, mit seiner neuen diagnostischen Strategie erfolgreicher zu sein, als es die alte war. Dazu kann er die A-priori-Strategie nicht nur qualitativ, sondern auch quantitativ analysieren.

8.4 Die quantitative Analyse der A-priori-Strategie bei institutionellen Fragestellungen

> **Merke**
>
> Die quantitative Analyse der A-priori-Strategie untersucht:
> - die Verteilungen der Kriterienwerte,
> - die Verteilungen der Anforderungen,
> - der bivariaten Verteilungen von Kriterien und Anforderungen,
> - Trends über längere Zeiträume.

Weichen die Verteilungen der Kriterienwerte wie z. B. Indikatoren von Leistung, von einer theoretisch zu erwartenden Verteilung ab, dann wird man nach den Ursachen hierfür suchen.

Gleiches gilt für die Verteilungen der Anforderungen wie z. B. fachliche Kenntnisse.

Die bivariate Verteilung von einem Leistungsindikator (z. B. Vorgesetztenurteil) und einer bestimmten Anforderung (z. B. Fachkenntnisse) geben weitere entscheidende Hinweise auf die Qualität einer Auswahlstrategie.

Mit Hilfe dieser Informationen und weiterer aus der Literatur lässt sich der Nettonutzen einer A-priori-Strategie abschätzen. Hieran kann man dann erkennen, wie schwierig es wohl sein wird, besser zu sein als die A-priori-Strategie.

Die Analyse der Ergebnisse der A-priori-Strategie über längere Anwendungszeiträume hinweg kann einen Trend in den Daten zeigen, der weitere nützliche Informationen zu Verbesserungsmöglichkeiten gibt.

8.5 Die Analyse der A-priori-Strategie bei eignungsdiagnostischen institutionellen Fragestellungen

Merkmale professioneller diagnostischer Strategien

Bedingungen für den Erfolg einer institutionellen eignungsdiagnostischen Fragestellung:
- Basisrate,
- Selektionsquote,
- Validität der diagnostischen Strategie.

Die Strategien bei institutionellen Fragestellungen lassen sich in professionelle und nichtprofessionelle Strategien unterteilen. Professionelle Strategien sind dadurch gekennzeichnet, dass sie an der Optimierung des Nettonutzens ausgerichtet sind. Sie bedienen sich dazu aller Möglichkeiten, welche die Wissenschaft hierzu bereitstellt. Ihre Anwender können bei jeder Entscheidung darlegen, dass sie den zur Verfügung stehenden Raum von Alternativen sorgfältig bedacht und sich nach vorher festgelegten expliziten Regeln zwischen ihnen entschieden haben. Nichtprofessionellen Strategien bei institutionellen Fragestellungen fehlen diese Merkmale.

Die A-priori-Strategie kann als Benchmark (Maßstab) für eine neu zu entwickelnde Strategie dienen. Der Erfolg sowohl der A-priori-Strategie wie auch der neuen diagnostischen Strategie hängen von den folgenden Bedingungen ab: Basisrate, Selektionsquote und Validität der Auswahlstrategie.

Die Basisrate ist der »Anteil der in Bezug auf das interessierende Merkmal potenziell Geeigneten innerhalb der unausgelesenen Bewerberpopulation« (DIN 33430, S. 19). Ist die Basisrate hoch, z. B. 90%, dann ist bei rein zufälligem Auswählen die Wahrscheinlichkeit, einen Ungeeigneten zu finden und einstellen zu können, 10%.

Die Selektionsquote oder Auswahlrate bezeichnet den Anteil der aufgenommenen Bewerber im Verhältnis zur Bewerberzahl insgesamt. Es ist leichter, unter vielen mehr oder weniger gut Geeigneten wenige sehr gut Geeignete zu suchen, als möglichst alle Geeigneten zu finden.

Die Validität oder Gültigkeit der Auswahlstrategie bezeichnet den Anteil der korrekt klassifizierten Kandidaten. Je gültiger eine Auswahlstrategie ist, um so mehr Kandidaten kann sie korrekt klassifizieren, z. B. als »geeignet«, »bedingt geeignet« oder »ungeeignet«.

Merkmale diagnostischer Informationsquellen

9.1　Funktionen der Merkmale diagnostischer Informationsquellen　– 62

9.2　Art des Beobachters　– 62

9.3　Inhalte der Beobachtung　– 63

9.4　Zeitpunkt und Zeitraum der Beobachtung　– 65

9.5　Art der Beobachtung　– 65

9.1 Funktionen der Merkmale diagnostischer Informationsquellen

> **Definition**
>
> Merkmale diagnostischer Informationsquellen:
> *Wer?* Art des Beobachters
> *Was?* Inhalte der Beobachtung
> *Wann?* Zeitraum der Beobachtung
> *Wie?* Art der Beobachtung dienen:
> – der Systematisierung der Planung, Durchführung und Auswertung diagnostischer Untersuchungen,
> – der Vervollständigung des Untersuchungsplans,
> – der Relativierung von Informationen nach ihrer Aussagekraft.

Der Umgang mit standardisierten psychologischen Untersuchungsverfahren, also Tests und Fragebogen, ist für Psychologen aufgrund der dazu vorliegenden Literatur prinzipiell wesentlich einfacher als die Verwertung nicht standardisierter Informationsquellen, deren Aussagen nicht nach einem psychologisch begründeten Plan erhoben wurden. Die Aussagen von Probanden selbst und von anderen Personen über das Verhalten der Probanden sind i.d.R. auf nicht standardisierte Beobachtungen gegründet, d. h., solchen Beobachtungen liegt kein psychologisch begründeter Beobachtungsplan zugrunde. Besonders schwierig zu beurteilen sind Berichte über Beobachtungen dann, wenn Diagnostiker keine Möglichkeit haben, genauere Auskünfte zu erhalten. Bei schriftlichen Aussagen, Berichten und Befunden, die sich in Akten finden, ist dies oft der Fall.

Bei vielen Fragestellungen müssen die Diagnostiker Nichtpsychologen als Beobachter einsetzen, z. B. die Eltern, Erzieher oder Lehrer von kindlichen Probanden. Für diese müssen wir praktikable und aussagekräftige Beobachtungspläne entwerfen (es liegen vor z. B.: Entwicklungsgitter nach Kiphard (1991), Fragebogen zur Erfassung praktischer und sozialer Selbstständigkeit 4- bis 6-jähriger Kinder von Duhm u. Huss (1979), Marburger Verhaltensliste von Ehlers et al. (1978), Child Behavior Checklist für verschiedene Altersstufen von der Arbeitsgruppe Deutsche Child Behavior Checklist (1998), bei Konzentrationsproblemen in den Klassen 5–10: Westhoff et al. (1990), Westhoff (1991, 1992a,b, 1993)). Ergänzend zur entsprechenden Literatur wollen wir mit den Merkmalen von Informationsquellen Hilfestellungen für die Planung von Beobachtungen geben.

Im Befundteil eines psychologischen Gutachtens werden alle Informationen zur Beantwortung der Psychologischen Fragen und damit der Fragestellung des Auftraggebers zusammengestellt. Dabei müssen die Informationen nach ihrer Aussagekraft gewichtet werden. Auch hierbei kann man sich bei jeder Information fragen: Wer hat was, wann und wie beobachtet? Hinter jedem Teil dieser Frage verbirgt sich eine Reihe von Überlegungen, die wir nun schrittweise durchgehen wollen.

9.2 Art des Beobachters

> **Definition**
>
> Art des Beobachters (*Wer?*)
> – Erfahrung des Beobachters,
> – Ausbildung des Beobachters,
> – Kontrolle des Beobachters,
> – psychische Prozesse, welche die Beobachtungen bzw. ihre Verarbeitung beim Beobachter beeinflussen, z. B.:
>   – Wahrnehmungsbedingungen,
>   – Aufmerksamkeitsrichtung,
>   – Gedächtnisprozesse,
>   – emotionale Beteiligung,
>   – Motive, Werte, Ziele,
>   – Einstellungen.

Erfahrung des Beobachters. Die Erfahrung von Beobachtern in der Beobachtung des interessierenden Verhaltens ist eine nicht zu unterschätzende Größe, fallen doch viele Besonderheiten im Verhalten Unerfahrenen gar nicht auf. Erfahrung in diesem Sinne ist nützlich z. B. für den Umgang mit Drogenabhängigen, Kindern oder Behinderten.

Ausbildung des Beobachters. Erfahrung in der Beobachtung ist dann besonders wirksam, wenn sie auf einer systematischen Ausbildung aufbaut.

Ohne Ausbildung können Beobachter häufig nicht die volle Breite möglicherweise wichtiger Verhaltensweisen überblicken, denn Erfahrungen beziehen sich i.d.R. nur auf bestimmte Verhaltensbereiche.

Kontrolle des Beobachters. Immer mögliche Fehler und Verzerrungen in Beobachtungen können sich besonders dann auswirken, wenn ein Beobachter der Ansicht ist, dass seine Beobachtungen nicht kontrolliert werden können. Es ist daher wichtig, Beobachter zu kontrollieren und ihnen zugleich den zutreffenden Eindruck zu vermitteln, dass sie kontrolliert werden.

Psychische Prozesse. Auch bei Nichtpsychologen ist i. Allg. recht gut bekannt, dass das Beobachten durch weitere Vorgänge in den Beobachtern selbst oder ihrer Umgebung u. U. sehr stark beeinflusst werden kann. Für das Auffinden solcher Bedingungen können wiederum die Gruppen von Variablen, die wir in der Verhaltensgleichung zusammengefasst haben, als Suchhilfe dienen. Einige davon wollen wir hier beispielhaft anführen.

Für Nichtpsychologen am naheliegendsten sind unzureichende Wahrnehmungsbedingungen als Einschränkung möglicher Beobachtungen. Ein Geschehen, das zu weit entfernt abläuft oder das wegen mangelnder Beleuchtung nicht richtig wahrgenommen werden kann, sind hier populäre Beispiele. Weiter ist bekannt, dass Beobachter zwar vieles sehen können, es aber trotzdem nicht wahrnehmen, wenn sie ihre Aufmerksamkeit auf etwas anderes gerichtet haben.

Ein weiterer Problemkreis ist mit dem Speichern von Beobachtungen im Gedächtnis verbunden. Mit jeder Beschreibung des Beobachteten ergeben sich wieder z. B. neue Speicherinhalte, welche die ursprünglichen überlagern und verändern können. So können sich Berichte über Beobachtungen von Wiedergabe zu Wiedergabe ändern, ohne dass die Berichterstatter eine Täuschung beabsichtigen.

Individuelles Verhalten wird nicht nur ständig von Emotionen begleitet, sondern diese Emotionen wirken sich darüber hinaus in vielfältiger Weise auf das Verhalten aus, also auch auf Beobachtungs- und Gedächtnisprozesse. Weiter sind auch die emotionalen Beziehungen zwischen Beobachtern und Beobachteten bei der Einschätzung der Aussagekraft einer Beobachtung immer mit zu berücksichtigen.

Emotionale Vorgänge zeigen u. a. an, dass Werte, Ziele, oder Motive eines Individuums angesprochen sind. Insofern sind die Emotionen, die Diagnostiker bei sich selbst im Hinblick auf Probanden feststellen können, immer Hinweise auf eigene Ziele und Wertvorstellungen, die durch das Verhalten der Probanden berührt werden. Dies gilt sowohl für positiv wie für negativ bewertete Emotionen.

Aus den frühen Forschungen zur Gesprächsführung ist bekannt, dass die Einstellungen von Interviewern sehr deutlich ihre Beobachtungen verzerren können. Einstellungen richten die Aufmerksamkeit auf bestimmte Vorgänge und blenden andere wiederum aus. Damit wird deutlich, dass eine Reihe von Bedingungen gleichzeitig die Beobachtung beeinflussen und daher immer eine kritische Beurteilung von Beobachtungen notwendig ist, wenn möglichst zutreffende psychologische Gutachten erstellt werden sollen.

9.3 Inhalte der Beobachtung

> **Definition**
>
> Inhalte der Beobachtung (*Was?*)
> Merkmale individuellen Verhaltens, die seine Beobachtbarkeit mitbedingen:
> – Fremd- oder Selbstbeobachtung,
> – Häufigkeit,
> – Dauer,
> – Regelmäßigkeit,
> – Variabilität,
> – Vermeidbarkeit,
> – Öffentlichkeit (öffentlich – privat – intim),
> – notwendige Interaktionspartner,
> – soziale Erwünschtheit.

Ob ein Verhalten gut zu beobachten ist, hängt von einer ganzen Reihe von Merkmalen dieser Verhaltensweisen selbst ab. Einige davon wollen wir im Folgenden kurz ansprechen, um zu verdeutlichen, welche Bedeutung diese Merkmale für die Begutachtung haben.

Fremd- oder Selbstbeobachtung. Vieles im Verhalten und Erleben ist nur der Selbstbeobachtung zugänglich, und das auch nicht vollständig. Hierzu gehören beispielsweise die Gefühle, die Menschen in bestimmten Situationen haben und aus denen heraus sie handeln.

Mit jeder Fremdbeobachtung ist das Problem verbunden, dass die vom Probanden wahrgenommene Beobachtung das zu beobachtende Verhalten ändern kann. Es ist jedoch verfehlt, hieraus abzuleiten, dass Menschen unter Fremdbeobachtung ihr Verhalten beliebig ändern könnten. Grundlegende Verhaltens- und Interaktionsmuster können nur dann gezeigt werden, wenn sie auch verfügbar sind. Sicher verhalten sich z. B. Eltern beim Hausbesuch des Psychologen ihren Kindern gegenüber sozial wünschenswerter als ohne Beobachter. Dabei ändert sich jedoch nicht die grundlegende Beziehung zwischen Eltern und Kind und ihr Ausdruck im Verhalten. Hierfür sprechen u. a. die Ergebnisse der empirischen Untersuchungen zum Bindungsverhalten von Kindern (Suess et al. 1986; Schwabe-Höllein u. August-Frenzel 1995).

Häufigkeit. Sind alle anderen Merkmale gleich, so sind die häufigeren und länger dauernden Verhaltensweisen leichter zu beobachten. Entsprechendes gilt für regelmäßig wiederkehrendes Verhalten. Die Variabilität von Verhaltensweisen kann sich beziehen auf die Häufigkeit, die Dauer und z. B. auch den Kontext, in dem ein bestimmtes Verhalten zu beobachten ist. Vor allem bei einer lernpsychologischen Verhaltensanalyse wird man auf diese Merkmale des zu beobachtenden Verhaltens schon bei der Planung der Beobachtungen besonders achten.

Vermeidbarkeit. Wie bereits angedeutet, kann Verhalten mehr oder weniger gut von Menschen vermieden, d. h. immer durch anderes Verhalten ersetzt werden. Voraussetzung hierfür ist, dass andere Verhaltensweisen mit der gleichen Selbstverständlichkeit zur Verfügung stehen. Ungeübte Verhaltensweisen fallen nicht nur durch die ihnen anhaftende Bemühtheit auf, sondern, wenn es auf Interaktion ausgerichtete Verhaltensweisen sind, auch dadurch, wie die Interaktionspartner auf sie reagieren.

Öffentlichkeit. Der Kreis möglicher Beobachter wird kleiner, wenn Verhalten eher privaten oder gar intimen Charakter hat. Hier ist zu berücksichtigen, dass es hier große Unterschiede hinsichtlich dessen gibt, was eine Person für sich als eine mehr oder weniger private oder intime Verhaltensweise ansieht.

Notwendige Interaktionspartner. Bei der Frage, was zu beobachten ist, ist natürlich immer zu bedenken, dass dies an die verschiedenen zu beobachtenden Personen geknüpft ist. Viele psychologisch-diagnostische Fragestellungen können nur angemessen bearbeitet werden, wenn außer den Probanden selbst noch weitere Personen in die diagnostischen Untersuchungen einbezogen werden. So wird man z. B. bei Fragen der Schullaufbahnberatung nicht nur diagnostische Informationen vom Kind erheben, sondern auch die Eltern und evtl. die Lehrer systematisch zu den fragestellungsrelevanten Themen befragen. Bei anderen Fragestellungen kann es notwendig sein, weitere Verwandte oder andere Personen aus der Umgebung der Probanden einzubeziehen. Dabei ist jedoch zu beachten, dass dafür immer die Einwilligung des Probanden und/oder des Auftraggebers erforderlich ist.

Soziale Erwünschtheit. Welches Verhalten zu beobachten ist, hängt u. a. von den Normen ab, denen sich jemand verpflichtet fühlt und die von den Bezugsgruppen bestimmt werden, denen sich Menschen selbst zuordnen. Beobachtete werden versuchen, das Verhalten zu zeigen, was sie für sozial wünschenswert halten, oder, wie wir bereits gesehen haben, das, was die Beobachter ihrer Vermutung nach für angemessen halten. Beobachter hingegen werden Verhalten nach ihren eigenen Normvorstellungen als mehr oder weniger angemessen beurteilen. Letzteres kann besonders dann zu Schwierigkeiten führen, wenn Psychologen oder andere Beobachter, die selbst z.B. aus behütenden Elternhäusern stammen, unreflektiert ihre Wertmaßstäbe auf Probanden in anderen Verhältnissen übertragen.

9.4 Zeitpunkt und Zeitraum der Beobachtung

> **Merke**
>
> Zeitpunkt und Zeitraum der Beobachtung (*Wann? Wie lange?*)
> Auch unter Berücksichtigung der Stabilität und Änderbarkeit von Merkmalen gilt die allgemeine Regel: Je länger eine Beobachtung zurückliegt, umso größer ist die Wahrscheinlichkeit, dass sie nicht mehr wiederholt werden kann, weil sich das zu Beobachtende geändert hat.

Bestimmte Verhaltensmerkmale bleiben in ihrer Ausprägung über die Zeit hinweg eher gleich als andere, sind also stabiler. Vom Gesichtspunkt der Stabilität unterscheiden wir den der Änderbarkeit: Auch stabile Merkmale können änderbar sein. Mangelhafte Rechtschreibkenntnisse können zwar sehr stabil sein, sind aber trotzdem durch systematisches Training zu ändern. Der Zeitpunkt einer Beobachtung ist immer zu beachten, da sich zwischenzeitlich das beobachtete Merkmal geändert haben kann.

Beispielsweise werden wir das Ergebnis eines Intelligenztests, der vor zwei Wochen durchgeführt wurde, anders verarbeiten als eines, das vor zehn Jahren ermittelt wurde. Intelligenz ist zwar eines der stabilsten und kaum änderbaren Merkmale, aber es gibt Krankheiten oder Unfälle, die sie beeinträchtigen können.

Die Ausprägung eines Merkmals kann konstant bleiben, doch wird man in der Praxis häufiger erfahren, dass man mit einmal erhobenen Informationen Verschiedenes vorherzusagen versucht, z. B. zuerst den Ausbildungserfolg und später den Berufserfolg. Hier konnte Hossiep (1995) in einer großen Studie zeigen, dass psychologische Variablen den Ausbildungserfolg zufriedenstellend vorhersagen konnten, den Berufserfolg nach der Ausbildung zunächst nicht, wohl aber nach einigen Jahren. Alle Beurteilten waren im Unternehmen nach der Ausbildung zunächst gleich eingestuft, dann war keine Vorhersage möglich. Nach einigen Jahren stiegen die Beurteilten unterschiedlich weit auf, dann zeigte sich wieder eine Vorhersageleistung der psychologischen Variablen. Mangelnde Vorhersageleistung muss also nicht an den psychologischen Variablen liegen, sondern kann an den Merkmalen liegen, die vorhergesagt werden sollen.

9.5 Art der Beobachtung

> **Definition**
>
> Art der Beobachtung (*Wie?*)
> Merkmale wissenschaftlicher Verhaltensbeobachtungen:
> 1. Gültiger Plan mit wohlbegründeten Kategorien für Durchführung, Auswertung und Interpretation der Beobachtungen.
> 2. Durchführung der Beobachtungen gemäß dem gültigen Plan durch
>   – qualifizierte Beobachter,
>   – die die bestgeeigneten Aufzeichnungsmöglichkeiten verwenden.
> 3. Auswertung der Beobachtungen wie im Plan festgelegt.

Die Qualität von nichtstandardisierten Beobachtungen ergibt sich daraus, wie sehr sie dem Ideal wissenschaftlicher Verhaltensbeobachtungen nahekommen. Es bleibt eine im Einzelfall fachlich zu begründende Entscheidung, welche Beobachtungen wir mit welchen Einschränkungen zur Beantwortung der Psychologischen Fragen und damit der Fragestellung des Gutachtens verwenden.

Die Grundlage jeder wissenschaftlichen Beobachtung besteht im systematischen Vorgehen, das in aller Regel nur durch eine sorgfältige Planung erreicht werden kann. Dabei muss der Plan in allen Details wohlbegründet sein und genaue Angaben über das »Was?«, »Wer?«, »Wann?« und »Wie?« der Beobachtung machen. Der Plan macht diese Anweisungen sowohl für die Durchführung als auch für die Auswertung und Interpretation von Beobachtungen.

Alltägliche Beobachtungen wie auch ungeplante Beobachtungen des Verhaltens bei psychologischen Untersuchungen erfüllen diese Kriterien durchweg nicht. Bei dieser Art von Beobachtungen besteht daher immer die Gefahr, dass der Beobachter nur das beobachtet, registriert und weiterverwendet, was ihm gerade »passend« erscheint. Bei entscheidungsorientiertem Vorgehen in der psychologischen Diagnostik lassen sich solche Urteilsfehler weitestgehend vermeiden, weil hier die Psychologischen Fragen sowie die anschließende Grob- und Feinplanung die Aufmerksamkeit der Untersuchenden auf die begründetermaßen wichtigen Aspekte lenken.

Müssen die Probanden oder sonstige Nichtpsychologen als Beobachter eingesetzt werden, so empfiehlt es sich, ihnen genau zu erklären, welche Verhaltensweisen sie in welcher Weise festzuhalten haben. Dabei legen wir Wert auf einfach zu beobachtendes Verhalten, das sich möglichst objektiv registrieren lässt. Dies verlangt eine Beschränkung auf das wirklich Wesentliche und darf die Beobachter nicht überfordern.

Einen wesentlichen Grundsatz befolgen wir immer: Es soll nie nur das problematische, störende Verhalten beobachtet werden, sondern immer auch das, was Freude macht. Dies bewirkt durchweg, dass z. B. Eltern ihre Kinder deutlich weniger problematisch erleben. Jedes einseitige Ausrichten der Beobachtungen nur auf Probleme im Verhalten birgt demgegenüber die Gefahr der Intensivierung bestehender Schwierigkeiten, weil die Aufmerksamkeit noch mehr auf sie gerichtet wird. Außerdem bieten die Beobachtungen positiv bewerteten Verhaltens eine wichtige Grundlage für erfolgreiche Interventionen.

Die Auswertung von Beobachtungen, d. h., welche Psychologischen Fragen damit beantwortet werden sollen, muss ebenfalls geplant werden. Besonders hilfreich ist es, wenn man auch diesen Schritt direkt zu Beginn der Untersuchungen tut. Dann fällt auf, ob der Beobachtungsplan hinreichend differenziert oder auch unangemessen ausführlich ist. Wenn bereits Daten vorliegen, sind u. U. günstige Gelegenheiten verpasst, bestimmte Aspekte zu berücksichtigen.

Beobachtungen, die in den vorgegebenen Informationen enthalten sind, lassen sich oft schwer beurteilen: Diese sind i.d.R. nicht unter der Zielsetzung einer psychologischen Begutachtung vorgenommen worden. Aus solchen nichtpsychologischen Beobachtungen sind häufig wesentlich weniger weitreichende Schlüsse zu ziehen, als dies auf den ersten Blick scheinen mag, vielmehr bedarf Aussage für Aussage dieser Vorinformationen einer gründlichen Prüfung hinsichtlich der in diesem Kapitel angesprochenen Merkmale von Beobachtungen.

Standardisierte diagnostische Verfahren

10.1 Kriterien für die Wahl standardisierter diagnostischer Verfahren – 68

10.2 Eine Definition von Theorie für psychologisches Arbeiten – 68

10.3 Funktionen von Theorien zu diagnostischen Verfahren – 69

10.4 Objektivität standardisierter Verfahren – 70
10.4.1 Objektivität der Durchführung – 70
10.4.2 Maßnahmen zur Erhöhung der Durchführungsobjektivität – 71
10.4.3 Objektivität der Auswertung – 71
10.4.4 Objektivität der Interpretation – 73

10.5 Reliabilität standardisierter Verfahren – 74
10.5.1 Entscheidung für eine Reliabilitätsart – 75
10.5.2 Beurteilung der Reliabilität – 75

10.6 Validität standardisierter Verfahren – 76

10.7 Einige Anmerkungen zur Höhe von Validitätskoeffizienten – 77

10.1 Kriterien für die Wahl standardisierter diagnostischer Verfahren

> **Kriterien für die Wahl standardisierter diagnostischer Verfahren**
>
> Kriterien für Tests und Fragebogen sind z. B.
> 1. die theoretischen Grundlagen der Verfahren,
> 2. die empirischen Merkmale:
>   – Objektivität,
>   – Reliabilität,
>   – Validität,
>   – Normen,
> 3. das Verhältnis von Kosten und Nutzen bei der jeweiligen Fragestellung.

Es ist in der psychologischen Diagnostik ungewöhnlich, in den theoretischen Grundlagen eines Verfahrens das oberste Auswahlkriterium zu sehen. Wir werden aber zeigen, dass dieses Kriterium immer das erste sein muss, weil die nachfolgenden Kriterien darauf aufbauen. Zur Beurteilung der Qualität der theoretischen Grundlagen braucht man einen Maßstab. Ein solcher Maßstab ist die Theoriedefinition von Guttman (1981), die wir hier vorstellen werden.

Für jeden Psychologen sind die Objektivität, Reliabilität, Validität und Normen selbstverständliche Merkmale eines Tests oder Fragebogens, über die man informiert sein muss, wenn man sich für oder gegen den Einsatz eines solchen Verfahrens entscheidet. Ausführliche Darstellungen und kritische Auseinandersetzungen mit diesen Testmerkmalen sind in einschlägigen Lehrbüchern zu finden (z. B. Kline 1993; Lienert u. Raatz 1994; Rost 1996). Daher verzichten wir hier auf eine Wiederholung und weisen stattdessen auf eine Reihe von Aspekten hin, die dort nicht zur Sprache kommen, nach unseren Erfahrungen aber bei der Auswahl und beim Einsatz von standardisierten Verfahren wichtig sind.

Neben den allgemeinen Merkmalen eines Verfahrens gibt es untersuchungsspezifische Besonderheiten, die ein Verfahren für eine bestimmte Fragestellung mehr oder weniger geeignet erscheinen lassen: Kosten und Nutzen ihres Einsatzes.

Überlegungen hierzu haben wir schon im Zusammenhang mit dem Untersuchungsplan dargestellt. Diese sollen hier nicht wiederholt werden. Wir wollen nur daran erinnern, dass der Einsatz einzelner Verfahren sowie das diagnostische Vorgehen insgesamt nützlicher sein müssen als die Vorgehensweisen, die bisher bei solchen Fragestellungen angewendet werden. Das bedeutet, das Kosten-Nutzen-Verhältnis für unser Vorgehen muss besser sein als für sog. A-priori-Strategien (Cronbach u. Gleser 1965).

10.2 Eine Definition von Theorie für psychologisches Arbeiten

> **Definition**
>
> Guttman (1981, S. 51) definiert Theorie »A theory is an hypothesis of a correspondence between a definitional system for a universe of observations and an aspect of the empirical structure of those observations, together with a rationale for such an hypothesis.«

Guttmans Definition verlangt von einer Theorie
1. ein Definitionssystem für das Universum der Beobachtungen,
2. die Angabe von einem (oder mehreren) Aspekten an der empirischen Struktur der Beobachtungen,
3. eine (oder mehrere) Hypothese(n) über die Entsprechung von Definitionssystem und einem Aspekt der empirischen Struktur der Beobachtungen und
4. eine inhaltliche Begründung für diese Hypothese.

Schauen wir uns die Bestimmungsstücke dieser Definition einmal etwas genauer an.

Zu Beginn jeder wissenschaftlichen Testkonstruktion muss definiert werden, was beobachtet werden soll und wie das Universum der (möglichen) Beobachtungen aussieht. Ein volles Verständnis dessen, was Testautoren theoretisch und damit auch praktisch mit ihrem Verfahren wollen, ist nur dann möglich, wenn man alle ihre Überlegungen Schritt für Schritt nachvollziehen kann und wenn sie alle notwendigen und hinreichenden Schritte angeben. Als Kriterium kann hier gelten, ob im Theorieteil eines Verfahrens alle notwendigen Definitionen so gegeben werden, dass andere Psychologen damit vergleichbare neue Tests konstruieren könnten. Dies ist bei den meisten psychologischen Verfahren noch nicht oder nur ansatzweise der Fall.

Je mehr notwendige Definitionen des Definitionssystems für das Universum der Beobachtungen fehlen, umso mehr Zusatzannahmen müssen wir machen, um ein Verfahren praktisch einsetzen zu können. Damit werden die Aussagen aber unsicherer, die wir auf dieses Verfahren bei der Begutachtung gründen.

Mit Aspekten der empirischen Struktur der Beobachtungen sind die Verteilungen von Daten, die Merkmale dieser Verteilungen sowie Zusammenhänge und Unterschiede zwischen Verteilungen von Daten gemeint.

Eine Theorie besteht aus mindestens einer, i.d.R. aber sehr vielen Hypothesen über die Entsprechung von dem Definitionssystem und Aspekten der empirischen Struktur der Beobachtungen. – Wir erinnern noch einmal daran, dass eine Hypothese eine Aussage über den Zusammenhang zwischen Variablen ist, der empirisch geprüft werden kann und sich dabei als falsch herausstellen kann, d. h. falsifizierbar ist. – Hypothesen einer Theorie sagen vorher, welche Datenverteilungen die Autoren einer Theorie erwarten und welche Gemeinsamkeiten und Unterschiede zwischen diesen Verteilungen sie vorhersagen.

Die Werte einer Stichprobe von Probanden in einem Test verteilen sich in einer bestimmten Form. Am häufigsten nähern sich diese Verteilungen einer Normalverteilung an. Allerdings muss dies nicht so sein. Die Theorie eines Tests sagt die Verteilungsform der Daten vorher, empirisch lässt sich dann feststellen, ob diese Vorhersage (= Hypothese) stimmt oder nicht.

Statt ganzer Verteilungen betrachtet man häufig nur die als wichtig angesehenen Merkmale dieser Verteilungen und berechnet dazu Maße der zentralen Tendenz wie Mittelwert, Median oder Modus, und Maße für die Streuung wie Standardabweichung und Varianz. In der Theorie können nun Vorhersagen über die Ausprägung dieser und anderer Merkmale von Verteilungen gemacht werden.

Weiter kann in der Theorie vorhergesagt werden, wie gut Verteilungen übereinstimmen oder wie sie sich unterscheiden. Eine Theorie kann also Aussagen über Gemeinsamkeiten und Unterschiede zwischen Verteilungen von Testwerten machen, d. h. beispielsweise, wie gut die Testwerte von Probanden bei zwei Testungen übereinstimmen oder wie sich die Werte verschiedener Gruppen von Probanden unterscheiden.

Schließlich zeichnet sich eine Theorie weiter dadurch aus, dass sie eine inhaltliche Begründung für jede ihrer Hypothesen angibt. Die Autoren von Theorien geben also die psychologischen Argumente an, mit denen sie ihre Hypothesen begründen, denn es gibt keine Hypothesen, die sich von selbst ergeben oder solche, die »man immer« prüft.

10.3 Funktionen von Theorien zu diagnostischen Verfahren

Funktionen

Eine Theorie zu einem diagnostischen Verfahren hilft dem Diagnostiker mit den notwendigen Informationen über

- das Definitionssystem für das Universum der Beobachtungen,
- die Aspekte der empirischen Struktur der Beobachtungen,
- Hypothesen über Entsprechungen zwischen Definitionssystem und Aspekten der empirischen Struktur,
- psychologische Begründungen für diese Hypothesen.

Diese braucht er, um die Konstruktion zu verstehen und das Verfahren entsprechend der Theorie anwenden, auswerten und die Ergebnisse interpretieren zu können.

Der verantwortungsvolle Gebrauch wissenschaftlicher Instrumente – um solche handelt es sich bei psychologischen Tests und Fragebogen – setzt voraus, dass die Anwender die Konstruktion der Instrumente verstehen können. Dazu brauchen sie Informationen über alle Schritte der Konstruktion.

Aber nicht nur für die Anwendung, sondern auch für die Auswertung und Interpretation der Messwerte wissenschaftlicher Instrumente benötigen ihre Benutzer die genannten Informationen über die zugrunde liegende Theorie, wenn sie die Ergebnisse ihrer Messungen jeweils in Kombination mit anderen Informationen über den Probanden zutreffend weiterverarbeiten wollen.

Hier stellt sich in der Praxis häufig das Problem, dass notwendige Angaben über die Theorie zu einem Test fehlen. Es gibt sogar eine ganze Reihe von Verfahren, bei denen überhaupt keine theoretischen Grundlagen dargestellt werden. Hier müssen sich Psychologen durch Informationen aus der Fachliteratur und entsprechende Zusatzannahmen die notwendigen Grundlagen schaffen. Je mehr sie dabei annehmen müssen, umso größer wird das Fehlerrisiko für Aussagen, die auf solche Testergebnisse gegründet sind.

Alle psychologischen Diagnostiker sollten sich bei jedem Verfahren, das sie verwenden wollen, immer erst fragen, ob sie die hierzu notwendigen Annahmen aus der zugrunde liegenden Theorie und der entsprechenden empirischen Forschung heraus gut begründen können. Sie werden dann feststellen, wie oft dies nicht möglich ist. Projektive Verfahren z. B. scheiden danach u. E. für eine entscheidungsorientierte Diagnostik aus (vgl. schon Hörmann 1964, 1964a).

10.4 Objektivität standardisierter Verfahren

> **Definition**
>
> **Objektivität**
> bedeutet intersubjektive Übereinstimmung bei der Durchführung, Auswertung und Interpretation von standardisierten diagnostischen Verfahren.

Ein psychologisches Verfahren ist umso objektiver, je besser verschiedene fachlich kompetente Anwender in seiner Durchführung, Auswertung und Interpretation übereinstimmen. Ein Verfahren ist nicht einfach objektiv oder nicht, sondern die intersubjektive Übereinstimmung kann von sehr niedrig bis sehr hoch variieren.

Wenn wir verlangen, dass es sich um fachlich kompetente Anwender handeln soll, so wollen wir damit darauf hinweisen, dass zu dem Einsatz psychologischer Verfahren mehr dazugehört, als dass jemand z. B. Tests austeilen, Instruktionen vorlesen und Tests nach der Handanweisung durchführen, auswerten und interpretieren kann. Wir werden im Folgenden nämlich auf eine Reihe von Problemen eingehen, die sich bei der Durchführung, Auswertung und Interpretation von Tests ergeben können. Wir werden Lösungen für die Probleme vorschlagen, und es wird sich zeigen, dass psychologische Fachkenntnisse auch für die Anwendung objektiver Verfahren unbedingt erforderlich sind.

10.4.1 Objektivität der Durchführung

> **Merke**
>
> Mögliche Probleme bei der Durchführung standardisierter psychologischer Verfahren:
> - Probanden verfolgen unpassende Ziele.
> - Probanden haben unzutreffende Erwartungen.
> - Anweisungen sind nicht eindeutig.
> - Es tauchen bisher in der Literatur nicht berichtete Schwierigkeiten auf.

Probanden können, zumindest zeitweise, Ziele verfolgen, die nicht mit den Untersuchungszielen übereinstimmen oder ihnen gar entgegengesetzt sind. Ebenso können die Probanden sich ein Verfahren oder die ganze Untersuchung anders vorgestellt haben, als sie diese dann tatsächlich erleben. Beides kann zu völlig unbrauchbaren Ergebnissen führen.

Bei vielen Verfahren sind die Anweisungen für Probanden oder auch Testleiter nicht immer hinreichend eindeutig. In solchen Fällen kann die starre Fixierung auf die Handanweisung zu unbrauchbaren Ergebnissen führen. Haben Psychologen die Theorie des Verfahrens jedoch verstanden, dann ergibt sich hieraus, wie in solchen Fällen zu verfahren ist.

10.4.2 Maßnahmen zur Erhöhung der Durchführungsobjektivität

> **Merke**
>
> Zur Erhöhung der Durchführungsobjektivität kann beitragen:
> - Erklären der Ziele und des Ablaufs der Untersuchung,
> - Erläutern der Rollen: der Probanden, der Psychologen usw.,
> - Frage nach den Vorstellungen der Probanden, unzutreffende Erwartungen korrigieren,
> - auf mögliche Schwierigkeiten hinweisen und erklären, wie man damit umgehen kann,
> - Vereinbarung über das gemeinsame Vorgehen.

Eine wichtige Grundlage für Vertrauen ist Offenheit. Wir erklären daher zu Beginn jeder psychologischen Untersuchung die Ziele, die wir dabei verfolgen. Dies tun wir auch dann, wenn die Probanden »eigentlich« schon von jemand anderem informiert worden sind.

Zur Darstellung des Ablaufs der gesamten Untersuchung beschreiben wir den Probanden die vorgesehenen Verfahren und ihre Abfolge und erklären, wozu sie eingesetzt werden.

Weiter erläutern wir nicht nur unsere eigene Rolle bei der Begutachtung, sondern auch die des Probanden und möglicher anderer Beteiligter.

Da Probanden häufig unzutreffende Erwartungen an psychologische Untersuchungen haben, ist es sinnvoll, sie ihre Vorstellungen darstellen zu lassen, damit man diese nötigenfalls richtigstellen kann. Zugleich weisen wir immer auf Schwierigkeiten hin, die erfahrungsgemäß auftauchen können. Wir erklären auch, wie wir mit den Probanden gemeinsam damit erfolgreich umgehen können.

Den Abschluss eines solchen Vorgesprächs (das ist noch kein entscheidungsorientiertes Gespräch!) stellt immer eine ausdrückliche Vereinbarung über das gemeinsame Vorgehen dar. Dieses Vorgehen ist gerade bei zunächst schlecht motivierten Probanden äußerst hilfreich. Bei gut motivierten Probanden erhöht dieses Vorgehen die Zufriedenheit mit der Untersuchung, weil sie sich als Person geachtet fühlen.

10.4.3 Objektivität der Auswertung

> **Merke**
>
> Kriterien für die wissenschaftliche Auswertung von standardisierten psychologischen Verfahren
> Psychologische Verfahren müssen immer nach dem neuesten Stand der Wissenschaft hinsichtlich Theorieentwicklung, Methoden und Inhalten ausgewertet werden. Weiter müssen Auswertungen:
> - theorieentsprechend,
> - psychometrisch sinnvoll,
> - logisch gerechtfertigt sein.

Bei psychologischen Gutachten handelt es sich um wissenschaftliche Arbeiten, die den Kriterien entsprechen müssen, die an wissenschaftliche Arbeiten allgemein angelegt werden. Das weiter oben dargestellte Kriterium zur Beurteilung wissenschaftlicher Aussagen, die Gültigkeit, soll hier hinsichtlich der Auswertung standardisierter Verfahren präzisiert werden.

Auswertungen von standardisierten Verfahren können nur dann gültig sein, wenn sie nach dem neuesten Stand der Wissenschaft vorgenommen werden. Dabei müssen die Fortschritte in der Theoriebildung ebenso berücksichtigt werden wie methodische Weiterentwicklungen und inhaltlich neue Erkenntnisse. Eine Auswertung eines Tests nur unter Berücksichtigung der Informationen aus seiner Handanweisung führt also u. U. zu wissenschaftlich nicht mehr vertretbaren Ergebnissen.

Wir beurteilen Vorschläge und Anweisungen zur Auswertung von Tests immer nach folgenden drei Kriterien:
1. Entsprechen sie der Theorie, die dem Verfahren zugrunde liegt?

2. Sind sie psychometrisch sinnvoll?
3. Sind sie logisch gerechtfertigt?

Aus der Theorie eines Tests geht hervor, wie er auszuwerten ist. Die Auswertungshinweise der Testautoren müssen sich aus der Theorie ergeben, sie dürfen ihr aber zumindest nicht widersprechen. Wenn also beispielsweise alle Wechsler-Intelligenztests die allgemeine Intelligenz erfassen sollen, dann stimmen Profilauswertungen nicht mit der zugrunde liegenden Theorie überein.

An diesem Beispiel lässt sich auch das zweite Kriterium veranschaulichen: Rein formal mögliche Auswertungen sind psychometrisch sinnlos, wenn bestimmte Testmerkmale gegeben sind. Die Untertests der Wechsler-Intelligenztests sind, der Theorie entsprechend, so konstruiert, dass sie alle die allgemeine Intelligenz erfassen, die Ergebnisse in den Untertests korrelieren entsprechend hoch miteinander. Bei hohen Korrelationen zwischen Subtests sind aber aus testtheoretischen Gründen (Huber 1973) keine Informationen über ein Profil zu erhalten. Man kann testtheoretisch nicht sicherstellen, dass es sich um ein echtes Profil handelt. Von einem echten Profil kann man nur sprechen, wenn die Unterschiede zwischen den Subtestergebnissen eines Probanden nicht durch den Messfehler erklärt werden können.

Viel häufiger als eine unangemessene Profilinterpretation ist die fälschliche Interpretation von Punktwerten. Zur Beschreibung der Ausprägung psychologischer Merkmale verwenden wir der Klarheit wegen immer nur die folgende Klassifikation:

(1) unterdurchschnittlich,
(2) unterdurchschnittlich bis durchschnittlich,
(3) durchschnittlich,
(4) durchschnittlich bis überdurchschnittlich,
(5) überdurchschnittlich.

Jedes Merkmal lässt sich nur mit einer bestimmten Genauigkeit messen. Die gemessenen Werte stehen also stellvertretend für einen mehr oder weniger großen Bereich von Werten. Innerhalb dieses Bereichs liegt der testtheoretisch »wahre« Testwert eines Probanden mit einer sehr hohen Wahrscheinlichkeit. Die Größe dieses Bereichs variiert mit der Messgenauigkeit (Reliabilität) des verwendeten Verfahrens. Die Angabe eines einzelnen Punktwertes ist also keine fachgerechte Informierung des Gutachtenlesers. Testtheoretisch begründet muss immer das Intervall angegeben sein, in dem der wahre Wert mit hoher Wahrscheinlichkeit liegt.

In einem Gutachten beschreiben wir für Nichtpsychologen eindeutig und verständlich, in welchen Bereich ein Testwert einzuordnen ist. Für diese Mitteilung reichen die o. g. fünf Kategorien aus.

Bei allen psychologischen Tests und Fragebogen wird von den Autoren angegeben, welche Punktwerte der Durchschnittsbereich umfasst. Bei den meisten mit Standardnormen arbeitenden Tests liegt der Mittelwert bei einem Standardwert von 100 und der Durchschnitt zwischen den Standardwerten 90 und 110. Wurde nun bei einem Probanden ein Wert von 91 gemessen, so ist dieser als unterdurchschnittlich bis durchschnittlich zu klassifizieren, da der Vertrauensbereich für den entsprechenden wahren Wert von unterdurchschnittlich bis durchschnittlich reicht.

Wir verwenden nur die oben vorgeschlagene Klassifikation und versehen sie der Klarheit wegen mit keinerlei weiteren Zusätzen. Gutachtenleser finden dies sehr hilfreich. Wenn sich im Gutachten Klassifikationen wiederholen, so ist das kein sprachliches Missgeschick, sondern die korrekte Beschreibung von empirischen Fakten. Zur Beantwortung der Frage, welche Testwerte man wie klassifiziert, dient die folgende systematische Übersicht.

Die Verteilung von Testwerten besteht aus drei Bereichen:
- »unterdurchschnittlich«: Werte kleiner als Mittelwert minus eine Standardabweichung,
- »durchschnittlich«: Werte von Mittelwert minus eine Standardabweichung bis Mittelwert plus eine Standardabweichung einschließlich der Grenzen (beim IQ sind also 85 und 115 »durchschnittlich«),
- »überdurchschnittlich«: Werte größer als Mittelwert plus eine Standardabweichung.

Zur *Klassifikation eines Testwertes* bestimmt man die Lage der linken und rechten Grenze des Konfidenzintervalls (KI) des wahren Testwerts.

10.4 · Objektivität standardisierter Verfahren

Untere Grenze des KI	obere Grenze des KI	Klassifikation des Testwertes als
unterdurchschnittlich	unterdurchschnittlich	unterdurchschnittlich
unterdurchschnittlich	durchschnittlich	unterdurchschnittlich bis durchschnittlich
durchschnittlich	durchschnittlich	durchschnittlich
durchschnittlich	überdurchschnittlich	durchschnittlich bis überdurchschnittlich
überdurchschnittlich	überdurchschnittlich	überdurchschnittlich

Logisch nicht gerechtfertigte Auswertungsvorschläge für standardisierte Verfahren liegen dann vor, wenn logisch falsche Schlüsse gezogen werden. Am Beispiel der sog. Offenheits-, Kontroll- oder Lügenskalen sei das veranschaulicht. In diesen Skalen werden überwiegend bis ausschließlich Fragen oder Feststellungen verwendet, in denen die Probanden darin beschriebene kleine Normverstöße zugeben oder abstreiten können. Nun können Probanden diese Normverstöße abstreiten, weil sie (1) sie nicht zugeben wollen; sie lügen dann, oder (2) sie diese tatsächlich nicht begangen haben. Es wird in den Verfahren angenommen, dass jeder Proband eine bestimmte Anzahl solcher Normverstöße angeben müsste. Dabei wird übersehen, dass es wirklich Personen gibt, die keine solchen Normverstöße zuzugeben haben. Dies bedeutet, es wird logisch falsch geschlossen.

Der regelmäßig damit verknüpfte, zweite logische Fehler besteht darin, dass man annimmt, dass Personen, die bei Fragen und Feststellungen zu kleinen Normverstößen vielleicht beschönigend geantwortet haben, auch auf andere Fragen und Feststellungen unzutreffend antworten. In den anderen Skalen dieser Fragebogen geht es aber häufig um Verhalten, das durch soziale Normen nicht oder nicht eindeutig geregelt ist. Es ist offensichtlich, dass der beschriebene Schluss logisch nicht richtig sein kann. Anstelle des hier nicht möglichen logischen Schlusses könnte der empirische Nachweis eines sehr hohen Zusammenhanges zwischen dem Antwortverhalten in Offenheitsskalen und anderen Persönlichkeitsskalen von praktischem Nutzen sein. Solche gibt es jedoch unseres Wissens nicht.

Es bleibt zu dem Problem der Fälschbarkeit von Antworten in Fragebogen für die diagnostische Praxis bis heute nur eine Feststellung: Wer Fragebogen verstehen kann, kann sie auch verfälschen. Wenn aber mit Verfälschungen gerechnet werden muss, so kann man (1) entweder keine Fragebogen einsetzen, (2) durch Offenlegung aller Ziele und durch Beschreibung der Folgen von Verfälschung die Probanden zur ehrlichen Beantwortung motivieren oder (3) Fragebogen nur dort einsetzen, wo die Probanden schon entsprechend motiviert sind. Letzteres ist z. B. dann der Fall, wenn die Probanden selbst eine psychologisch-diagnostische Untersuchung wünschen, damit ihnen bei einem persönlichen Problem geholfen werden kann.

10.4.4 Objektivität der Interpretation

Bedingungen für eine möglichst objektive Interpretation der Ergebnisse standardisierter Verfahren

1. Beobachtung des Verhaltens der Probanden während, kurz vor und nach der Untersuchung. Im Kapitel »Ergebnisse« eines Gutachtens ist die Verhaltensbeobachtung vor den Ergebnissen im jeweiligen Verfahren darzustellen.
2. Im Kapitel »Ergebnisse« eines Gutachtens werden die Ergebnisse von standardisierten Verfahren immer relativiert in Bezug auf
   – das Verfahren,
   – den Zeitpunkt der Untersuchung (Präteritum)
   – die Vergleichsstichprobe.

Testergebnisse können nur dann angemessen interpretiert werden, wenn sichergestellt wurde, dass die Probanden entsprechend der Anleitung gearbeitet haben. Um dies beurteilen zu können, muss man das Verhalten der Probanden beobachten. Dabei kommt es nicht nur auf die Beobachtungen während der Testdurchführung an: Auch aus dem Verhalten kurz vor oder nach der Untersuchung sind oft wichtige Hinweise zu entnehmen, wie die Test- und Fragebogenergebnisse zu interpretieren sind.

Wir gehen bei unseren Einzelfalluntersuchungen noch einen Schritt weiter. Wir sprechen mit den Probanden vor den Untersuchungen und stellen eine möglichst gute Motivation sicher. Nach jedem Verfahren lassen wir uns darüber berichten, wie die Probanden einen Test erlebt haben, wo es Schwierigkeiten gab und wie sie mit diesen umgegangen sind. In diesen kurzen Gesprächen, die oft nur Bemerkungen sind, erhalten wir häufig entscheidende Hinweise auf die Arbeitsweise der Probanden.

Beides, die Beobachtungen wie auch die Ergebnisse der kurzen Gespräche, berichten wir als Verhaltensbeobachtung im Ergebnisteil des Gutachtens. Diese Verhaltensbeobachtungen kann man alle zusammen unter einem Untergliederungspunkt des Kapitels »Ergebnisse« darstellen. Wir bevorzugen allerdings, jede Verhaltensbeobachtung vor dem Bericht über die Ergebnisse des speziellen Verfahrens darzustellen. Dadurch wird das, was zusammengehört, auch zusammenhängend berichtet.

Alle im Hinblick auf die Fragestellung wichtigen Verhaltensweisen, die wir während der übrigen Kontakte beobachten, stellen wir in dem Gliederungspunkt »Verhaltensbeobachtung« des Kapitels »Ergebnisse« zusammen. Diese Verhaltensbeobachtungen gliedern wir nach den von uns formulierten Psychologischen Fragen, da wir ja entsprechend diesen Fragen das Verhalten der Probanden und aller übrigen bei der Begutachtung wichtigen Personen beobachten.

Im Kapitel »Ergebnisse« des Gutachtens stellen wir die Ergebnisse aller Verfahren im Präteritum dar. Durch die Relativierung auf den Zeitpunkt der Untersuchung wird für den Leser deutlich, dass es sich um ein bestimmtes Ergebnis in einem Verfahren handelt und noch nicht um eine endgültige Befundaussage (= Antwort auf eine Psychologische Frage).

Wenn wir Ergebnisse von Probanden in standardisierten Verfahren darstellen, so klassifizieren wir die Werte in diesem Verfahren im Hinblick auf eine Vergleichsstichprobe, deren Werte den Maßstab, die Norm, bilden.

Damit werden Leser (1) nicht mit Zahlenwerten belastet, die ihnen weniger sagen als eindeutige Klassifikationen. (2) Sie erfahren die Klassifikation, z. B. der Intelligenz, entsprechend dem verwendeten Verfahren. Die endgültige Aussage, z. B. über die Ausprägung der Intelligenz, erfolgt erst im Befund, wo alle Informationen über die Intelligenz des Probanden zusammengetragen und gewichtet werden. (3) Durch die Angabe der Vergleichsstichprobe verdeutlichen wir, mit wem wir den Probanden verglichen haben. Die Leistungen, z. B. in Intelligenztests, sind nämlich unterschiedlich zu klassifizieren, je nachdem, ob sie mit dem Durchschnitt der Gleichaltrigen oder mit dem Durchschnitt der gleichaltrigen Abiturienten verglichen werden.

10.5 Reliabilität standardisierter Verfahren

> **Definition**
>
> **Reliabilität (Messgenauigkeit)**
> Ein standardisiertes Verfahren ist um so reliabler (messgenauer), je höher die Ergebnisse bei Anwendungen von Testteilen oder zu verschiedenen Zeitpunkten übereinstimmen.
> 1. Übereinstimmung zwischen Teilen geben die interne Konsistenz, die Testhalbierungs- und die Paralleltest-Reliabilität an.
> 2. Übereinstimmung zwischen Zeitpunkten gibt die Retest-Reliabilität an.

Die Messgenauigkeit von standardisierten Verfahren nennt man allgemein Reliabilität. Dieses Merkmal ist umso höher ausgeprägt, je besser die Ergebnisse des Verfahrens übereinstimmen, wenn man entsprechende Teile wiederholt oder dieselben Teile zu verschiedenen Zeitpunkten wiederholt.

Zur Prüfung der Übereinstimmung zwischen entsprechenden Teilen eines Verfahrens gibt es drei prinzipiell gleiche Vorgehensweisen: (1) Man prüft, wie gut ein Item (Aufgabe, Frage, Feststellung) mit den zusammengefassten übrigen Items übereinstimmt. Diese Übereinstimmung nennt man »interne Konsistenz«. (2) Vergleicht man die Übereinstimmung zwischen zwei Hälften eines Verfahrens,

10.5 · Reliabilität standardisierter Verfahren

so spricht man von »Testhalbierungs-Reliabilität«. (3) Prüft man die Übereinstimmung zwischen zwei Tests, die dasselbe messen und in derselben Weise entwickelt wurden, so nennt man dies Paralleltest-Reliabilität.

Die Retest-Reliabilität eines Verfahrens gibt an, wie übereinstimmend die Getesteten von einem Verfahren hinsichtlich des gemessenen Merkmals in dieselbe Rangordnung gebracht werden. Die Retest-Reliabilität eines Verfahrens ist also etwas anderes als die Stabilität eines Merkmals. Ein Merkmal wird nämlich dann als stabil bezeichnet, wenn es in seiner Ausprägung gleich bleibt.

Wenn die Ausprägung eines Merkmals durch Übung verbessert werden kann, so muss sich dies nicht auf die Retest-Reliabilität des entsprechenden Tests auswirken. Die Rangordnung der Getesteten kann nämlich in dem geübten Merkmal gleich geblieben sein.

Wir wollen hier nicht auf die verschiedenen Vorgehensweisen eingehen, mit deren Hilfe man empirisch die Ausprägung der beiden Reliabilitätsarten bestimmen kann. Vielmehr wollen wir darauf hinweisen, dass sich aus der Theorie zu einem Konstrukt ergibt, welche Reliabilitätsart zu bestimmen ist.

Geht aus einer Theorie hervor, dass die Items eines Verfahrens alle das Konstrukt in der gleichen Weise erfassen sollen, so ist die interne Konsistenz des Verfahrens zu bestimmen. Testhalbierungs- und Paralleltest-Reliabilität sind Spezialfälle der internen Konsistenz.

Bezieht sich die Theorie auf ein Konstrukt, das in seiner Ausprägung relativ stabil sein soll, so muss die Retest-Reliabilität bestimmt werden. Eine Theorie kann die Bestimmung beider oder nur einer der Reliabilitätsarten verlangen. Die Bestimmung der Reliabilität eines Verfahrens ist also kein rein »technischer« Vorgang, vielmehr bestimmt die zugrunde liegende Theorie, welche Art von Reliabilität zu bestimmen ist.

Daraus ergibt sich, dass mit der empirischen Prüfung der Reliabilität eines Verfahrens zugleich wichtige Aspekte der zugrunde liegenden Theorie geprüft werden. Die erfolgreiche Reliabilitätsprüfung ist somit zugleich ein Beitrag zum Nachweis der Gültigkeit (Validierung) eines Verfahrens und der Theorie.

10.5.1 Entscheidung für eine Reliabilitätsart

> **Definition**
>
> Kriterien für die Wahl der Reliabilitätsart sind
> 1. die Fragestellung,
> 2. die Psychologischen Fragen,
> 3. die Theorie zu einem Verfahren.

Spätestens bei der Auswertung standardisierter Verfahren muss man sich für eine Reliabilitätsart entscheiden. Zur Berechnung des Bereichs, in dem mit einer hohen Wahrscheinlichkeit der wahre Wert eines Probanden in einem Test liegt, braucht man Angaben über die angemessene Reliabilitätsart.

In der Fragestellung geben Auftraggeber an, was Gutachten leisten sollen. Also richten wir uns bei der Wahl der Reliabilitätsart an ihr aus.

(1) Verlangt die Fragestellung Aussagen, die in die Vergangenheit oder in die Zukunft reichen, so sind bei der Auswahl der Variablen und der Formulierung Psychologischer Fragen stabile Konstrukte zu wählen. Entsprechend diesen stabilen Konstrukten wählen wir retest-reliable Messinstrumente.

(2) Verlangt die Fragestellung Aussagen, die sich auf Veränderungen beziehen, so sprechen wir in den Psychologischen Fragen entsprechende Konstrukte an und verwenden änderungsempfindliche Messinstrumente. Bei solchen Instrumenten wird der Theorie entsprechend entweder keine Retest-Reliabilität bestimmt oder sie fällt niedrig aus. Bei der Auswertung solcher Tests sind dann Informationen über die interne Konsistenz wichtig.

10.5.2 Beurteilung der Reliabilität

> **Zur Beurteilung der Reliabilität erforderliche Informationen**
>
> 1. Reliabilitätsart,
> 2. Reliabilitätsmaß,
> 3. Ausprägung des Reliabilitätsmaßes in Zahlen,
> 4. Stichprobengröße in Zahlen,

> 5. Art der Stichprobenziehung (es gibt nicht »die« repräsentative Stichprobe. Die Theorie bestimmt das Universum der Personen und das Verfahren, nach dem daraus eine Stichprobe gezogen wird).

Wenn wir uns aufgrund der obengenannten Überlegungen für eine Reliabilitätsart entschieden haben, brauchen wir aus der Literatur zu einem Test hierüber die entsprechenden Informationen. Diese fehlen häufig in Handanweisungen oder sind u. U. auch sonst nirgendwo zu finden. In solchen Fällen ist es günstig, wenn man die Wahl eines Verfahrens schon von hinreichenden Angaben zur Reliabilitätsart abhängig gemacht hat: Unzureichend dokumentierte Verfahren sind daher nicht verwendbar. Die zufallskritische Auswertung eines Tests (Huber 1973) zeigt, wie genau die Reliabilitätsschätzung ist. Das heißt, es wird geprüft, ob der Reliabilitätsparameter eines Tests als »praktisch invariant« angesehen werden kann. Dazu müssen wir die Höhe definierter Reliabilitätsmaße in Zahlen wissen. Weiter benötigen wir dazu Angaben über die Größe der jeweiligen Stichproben in Zahlen.

Vor der Anwendung eines Tests oder eines Testprofils (dies ist eine Gruppe von Untertests, die statistisch relativ unabhängige Aspekte der Persönlichkeit erfassen) prüfen wir nämlich, ob ein Verfahren für die zufallskritische Einzelfalldiagnostik hinreichend reliabel ist, d.h. ob nach Huber (1973) die Schätzung des Reliabilitätsparameters für den Test bzw. jeden Untertest »praktisch invariant« ist.

Je größer der Vertrauensbereich für diese Schätzung ist, umso weniger messgenau kann mit einem Test der wahre Wert eines Probanden bestimmt werden. Die Größe des Vertrauensbereiches hängt von der Stichprobengröße ab. Wurde ein Reliabilitätskoeffizient an einer Stichprobe von mehr als 400 Personen bestimmt, so ist die Schätzung des Reliabilitätsparameters nach Huber (1973) »praktisch invariant«. »Praktische Invarianz« ist nach Huber dann gegeben, wenn das Intervall für die Schätzung des Reliabilitätsparameters kleiner ist als 0,1 (1973, S. 105).

Entgegen einem weitverbreiteten Missverständnis gibt es nicht »die« repräsentative Stichprobe. Vielmehr wird jeweils in der spezifischen Theorie u. a. das Universum der Personen definiert. Aus der Theorie ergibt sich auch, nach welchem Verfahren eine Stichprobe aus diesem Universum zu ziehen ist. Wir benötigen diese Angaben, um feststellen zu können, ob der Proband zu der Population gehört, für die der Test konstruiert wurde.

Liegen die Reliabilitätsuntersuchungen längere Zeit zurück, so stellt sich die Frage, ob die damals erhobenen Werte heute noch gültig sind. So können sich z. B. die Grundgesamtheit der Personen, der Umgang mit den Testmaterialien oder auch die Verteilung des zu testenden Merkmals in der Bevölkerung geändert haben.

10.6 Validität standardisierter Verfahren

> **Definition**
>
> **Validität (Gültigkeit)**
> Ein standardisiertes Verfahren ist um so valider, je mehr Hypothesen der Theorie über das zugrunde liegende Konstrukt beibehalten werden können, weil sie von den empirischen Daten unterstützt werden.
> Konstruktvalidität, Kriteriumsvalidität, prädiktive Validität sowie konvergente und diskriminante Validität sind verschiedene Beiträge zur Validierung von Tests.

Bei der Besprechung der Reliabilität (Messgenauigkeit) von Tests haben wir schon gesehen, dass mit der Prüfung der Reliabilität zugleich die entsprechenden Aussagen der Theorie geprüft werden. Die Gültigkeit eines Tests – und damit der zugrunde liegenden Theorie – zeigt sich also in vielen Aspekten, die empirisch geprüft werden können. Alle Schritte zur Prüfung einer Theorie und der aus ihr abgeleiteten Vorgehensweisen, darunter auch Tests, bezeichnet man als Validierung. Zur Prüfung der Validität von Tests gibt es in der Psychologie verschiedene Vorgehensweisen.

Zu jedem psychologischen Konstrukt gibt es i.d.R. eine ganze Reihe von Hypothesen, die in einer Theorie verbunden sein können. Je mehr dieser Hypothesen empirisch erfolgreich geprüft wurden, umso besser ist die Konstruktvalidität.

Ein Teil der Hypothesen kann sich darauf beziehen, wie Testergebnisse mit anderen Verhaltensweisen zusammenhängen müssten. Damit macht man diese anderen Verhaltensweisen zu Kriterien für einen Test. Ein bekanntes Beispiel ist der Zusammenhang zwischen Ergebnissen in Intelligenztests und Schulleistungen. Wird der behauptete Zusammenhang zwischen Testergebnissen und Kriterium empirisch bestätigt, so ist dies ein Beitrag zur Kriteriumsvalidität eines Tests.

Bei der prädiktiven Validität (Vorhersagevalidität) wird ein später zu beobachtendes Verhalten theoretisch mit Hilfe von Testergebnissen vorhergesagt. Je besser diese Vorhersagen empirisch bestätigt werden, umso höher ist die prädiktive Validität des verwendeten Verfahrens.

Da sich sowohl bei der Kriteriumsvalidität als auch bei der prädiktiven Validität die Hypothesen immer auf das zugrunde liegende psychologische Konstrukt beziehen, sind beide Validitätsarten Aspekte der Konstruktvalidität. Zur Validierung eines Verfahrens tragen die Ergebnisse vieler empirischer Studien bei. Es ist daher unpassend, von »der« Validität eines Tests zu sprechen. Für praktische Zwecke müssen wir uns immer darüber klar werden, welche konkreten Validierungsbeiträge bei einer vorliegenden Fragestellung von Bedeutung sind, also die Stärken und Schwächen eines Verfahrens beurteilen.

Bei der Entwicklung einer Theorie zu einem psychologischen Konstrukt wird dieses zumeist auch gegen ähnliche oder verwandte Konstrukte abgegrenzt. Diese Hypothesen, die über die ursprüngliche Theorie hinausgehen, können ebenfalls empirisch geprüft werden. Bei der Validierung von Tests untersucht man dazu empirisch die Zusammenhänge zwischen Tests, die ähnliche Konstrukte messen, und solchen, die davon verschiedene Konstrukte erfassen sollen. Korrelieren Tests, die ähnliche Konstrukte erfassen sollen, in der vorhergesagten Weise positiv miteinander, so spricht man von konvergenter Validität. Korrelieren Tests, die verschiedene Konstrukte erfassen sollen, nicht miteinander, so bezeichnet man dies als diskriminante Validität.

Die konvergente und diskriminante Validität sind praktisch bedeutsame Informationen über die Konstrukte, die mit bestimmten Tests erfasst werden. Erst aufgrund solcher empirischer Studien wird deutlich, ob die behaupteten Gemeinsamkeiten und Unterschiede zwischen verschiedenen Konstrukten bzw. Tests zu ihrer Erfassung von der Empirie unterstützt werden.

Mit diesen Ausführungen wollen wir verdeutlichen, dass zur fachgerechten Anwendung von Tests Anwender wissen müssen, wie man Theorien formuliert und empirisch prüft. Jede Auswahl von Tests, die sich nur an Wortähnlichkeiten orientiert, und jede schematische Anwendung von psychologischen Untersuchungsverfahren bergen die Gefahr schwerwiegender Fehlentscheidungen.

Auftraggeber, Probanden und Leser von Gutachten haben das selbstverständliche Recht, dass ihnen die Auswahl von Tests fachlich fundiert begründet und jeder Schritt bei Testanwendung und -auswertung erklärt wird. Im Gutachten selbst ist dies aus Platzmangel nicht möglich. Auf Anfrage können diese Begründungen und Erklärungen jedoch allgemeinverständlich mündlich erwartet werden.

10.7 Einige Anmerkungen zur Höhe von Validitätskoeffizienten

Seit Mischel (1968) wird immer wieder behauptet, dass die Kriteriumsvalidität von Tests bei $r = 0{,}30$ liege. Dies sei für praktische Zwecke zu niedrig.

Gegenargumente
- Es gibt häufig höhere Validitätskoeffizienten.
- Es gibt Fehler bei der Formulierung von Theorien und ihren Operationalisierungen durch Tests, die diese Koeffizienten mindern.
- Verhalten wird durch viele Faktoren bedingt, deshalb können einzelne Konstrukte i.d.R. nur in mittlerer Höhe mit bestimmten Verhaltensweisen als Kriterium korrelieren.
- Weniger die Höhe der Validitätskoeffizienten als vielmehr der Nutzen von Tests im Vergleich zum bisherigen Vorgehen (A-priori-Strategie) sagt etwas über ihre praktische Brauchbarkeit aus.

Von Kritikern der psychologischen Diagnostik wird häufig gegen Tests eingewendet, dass diese mit den vorherzusagenden Verhaltensweisen nur niedrig korrelieren, r sei immer etwa 0,30, dies sei für die praktische Diagnostik zu niedrig. Dazu lassen sich eine Reihe von Gegenargumenten vorbringen.

In den empirischen Studien zu Tests finden sich häufig höhere Validitätskoeffizienten. In vielen Fällen sind sie jedoch in der Höhe, wie die Kritiker behaupten. Schaut man sich diese Arbeiten an, so findet man viele theoretische und methodische Schwächen. Wenn zu einem Test keine oder eine unzureichende Theorie formuliert ist, dann kann sich dies verschlechternd auf die Qualität der empirischen Ergebnisse auswirken. Das gleiche kann der Fall sein, wenn die empirische Umsetzung nur z. T. der Theorie entspricht.

Die weitaus meisten empirischen Arbeiten in der Psychologie untersuchen Bedingungen, die das individuelle Verhalten erklären, oder solche, mit deren Hilfe man es beeinflussen kann. Nur in relativ wenigen Arbeiten wird versucht, Verhalten vorherzusagen. Wendet man sich diesem Ziel im Einzelfall zu, so stellt es sich als notwendig heraus, dass man viele verschiedene Faktoren berücksichtigen muss, wenn man erfolgreich sein will.

Viele Einzelfaktoren bestimmen das individuelle Verhalten. Daraus folgt, dass jeder einzelne Faktor nur relativ bescheiden mit dem individuellen Verhalten korrelieren kann. Hohe Korrelationen zwischen Merkmalen der Person und dem individuellen Verhalten sind nur dann möglich, wenn die anderen Faktoren kaum von Bedeutung sind.

Praktisch bedeutet dies, dass z. B. Intelligenztestergebnisse zwar in mittlerer Höhe mit Schulerfolg korrelieren können, jedenfalls höher als alle anderen Faktoren, doch sind motivationale und soziale Bedingungen ebenfalls von Bedeutung. Wenn also die Korrelationen zwischen Ergebnissen in Intelligenztests und Schulleistungen entgegen den Forderungen mancher Kritiker nicht sehr hoch sind, so spiegelt dies nur wider, dass noch andere Faktoren neben der Intelligenz die Schulleistungen mitbestimmen.

Das Ziel jeder entscheidungsorientierten Diagnostik ist es, die Anzahl von Fehlentscheidungen zu verringern. Spätestens seit Cronbach u. Gleser (1965) weiß man in der Psychologie, dass nicht die Höhe von Validitätskoeffizienten, sondern der Nutzen abzüglich aller Kosten, den der Einsatz eines Tests bei einer bestimmten Fragestellung erbringt, ein Maß für die praktische Brauchbarkeit eines Tests ist (vgl. z. B. Hunter u. Hunter 1984).

Wieviel ein Test nützen kann, hängt weniger von der Höhe der Validitätskoeffizienten als vielmehr davon ab, zu welchem Zweck er eingesetzt werden soll. Menschen versuchen i. Allg., möglichst gut zu entscheiden, d. h. möglichst wenige Fehlentscheidungen zu treffen. Sie verwenden dazu eine beschreibbare Entscheidungsstrategie, d. h. eine bestimmte Vorgehensweise. Dies nennt man in der Diagnostik die A-priori-Strategie, weil sie von den Entscheidenden verwendet wurde, bevor sie einen Diagnostiker um Hilfe baten.

Mit Hilfe des psychologischen Diagnostikers soll die Anzahl der Fehlentscheidungen verringert werden. Ist die A-priori-Strategie ziemlich gut, d. h. werden wenige Fehlentscheidungen getroffen, so hat es der Diagnostiker schwer, besser zu sein. Auch der Einsatz von hochvaliden Tests kann hier u. U. kaum noch eine Verbesserung bringen. Bei einer wenig erfolgreichen A-priori-Strategie kann dagegen auch ein Test mit niedrigen Validitätskoeffizienten Fehlentscheidungen vermeiden helfen, weil er nützliche Informationen in die Entscheidung einbringen kann.

In der psychologischen Einzelfalldiagnostik lassen sich die o. g. Überlegungen naturgemäß nicht statistisch prüfen. Es sind jedoch auch keine Gründe erkennbar, die dagegen sprechen, sie auf die Einzelfalldiagnostik zu übertragen.

Den Nutzen unseres entscheidungsorientierten Vorgehens sehen Auftraggeber, Probanden und wir selbst u. a. darin, dass wir mit den Probanden gemeinsam möglichst alle bei einer Entscheidung wichtigen Bedingungen untersuchen. Darauf können möglichst zufriedenstellende Entscheidungen aufbauen. In der Entscheidungsforschung versteht man unter möglichst zufriedenstellenden Entscheidungen unter Unsicherheit solche, die den Entscheidenden später nicht deshalb leid tun, weil sie mangelhafte Entscheidungsstrategien verwendet haben.

Teil I des Untersuchungsplans zur eignungsdiagnostischen Fragestellung

11.1 Standardisierte Verfahren – 80

11.2 Entscheidungen bei der Auswahl der standardisierten Verfahren – 81

11.3 Auswahl standardisierter Verfahren – 82

11.4 Darstellung der standardisierten Verfahren im Gutachten – 83

Wir greifen hier die eignungsdiagnostische Fragestellung aus Kapitel 6 wieder auf und zeigen, wie standardisierte Verfahren im Untersuchungsplan nach den Regeln der entscheidungsorientierten Diagnostik ausgewählt und dargestellt werden.

11.1 Standardisierte Verfahren

In der Beispielfragestellung »Altenpflegerin« können die folgenden Variablen aus den Psychologischen Fragen mit standardisierten Verfahren, d. h. mit Tests und Fragebögen, erfasst werden:
- allgemeine Intelligenz,
- Kenntnisse in Rechtschreibung,
- Kenntnisse im Rechnen,
- emotionale Belastbarkeit,
- Kontaktfähigkeit.

Bei der Planung der psychologisch-diagnostischen Untersuchung wenden wir uns nach der Auswahl der Variablen und ihrer Darstellung in Psychologischen Fragen den Entscheidungen für Instrumente und Vorgehensweisen zu, mit denen wir die Informationen erheben können, die zur Beurteilung der Ausprägung der Variablen notwendig sind. An unserer Beispielfragestellung fällt auf, und das ist typisch für die psychologische Diagnostik, dass mit standardisierten Verfahren, d. h. Tests oder Fragebögen, nur wenige der fragestellungsrelevanten Variablen untersucht werden können.

Die weitaus meisten Informationen erhalten wir aus den teilstandardisierten Verfahren wie dem entscheidungsorientierten Gespräch. Wichtige ergänzende Informationen liefern die Verhaltensbeobachtung während der Untersuchung und die bereits vorliegenden Beschreibungen des Verhaltens. Hierbei handelt es sich um nichtstandardisiert erhobene Informationen.

Es gibt auch Gruppen von Fragestellungen, bei denen keine oder nahezu keine der relevanten Variablen standardisiert erhoben werden kann. Dies könnte z. B. auch bei der vorliegenden Fragestellung der Fall sein, wenn (1) mehr Ausgangsinformationen vorgelegen hätten oder (2) eine andere Abfolge der Verfahren gewählt würde.

Bei Nachweis eines qualifizierten Hauptschulabschlusses könnte man bei der vorliegenden Fragestellung davon ausgehen, dass diese Tatsache für eine ausreichende allgemeine Intelligenz spricht. Aus einem solchen Zeugnis und mit entsprechender Befragung im Gespräch könnte auch hinreichend gesichert werden, ob die Kenntnisse in Rechtschreibung und Zeichensetzung ebenso wie im Rechnen für eine Umschulung zur Altenpflegerin ausreichen.

Die beiden verbleibenden Merkmale »emotionale Belastbarkeit« und »Kontaktfähigkeit« lassen sich in Fragebögen erfassen, die nur wenige Minuten erfordern und hinreichend objektive, zuverlässige und gültige Ergebnisse liefern. Einen solchen Fragebogen könnte man am Ende eines Gesprächs ausfüllen lassen. Mit brauchbaren Ergebnissen ist aber nur zu rechnen, wenn sicher ist, dass die Probandin ein eigenes Interesse an einer möglichst zutreffenden Selbstdarstellung im Fragebogen hat. Ist dies nicht gegeben, so muss man auf einen solchen Fragebogen verzichten und die entsprechenden Informationen im entscheidungsorientierten Gespräch erheben, was dann mehr Zeit erfordert.

Extravertierte Menschen tun sich leichter, Kontakt zu anderen aufzunehmen. Daher gestatten Fragebögen zur Extraversion eine Abschätzung des Ausmaßes der Kontaktfähigkeit.

Die emotionale Belastbarkeit oder emotionale Stabilität von Menschen, d. h. wie robust oder empfindlich sie i. Allg. reagieren, wird in der Psychologie bei umgekehrter Betrachtung auch mit Neurotizismus oder emotionale Labilität bezeichnet. Neurotizismus heißt also nicht, eine Neurose zu haben oder mehr oder weniger neurotisch zu sein. Emotionale Belastbarkeit kann man mit Neurotizismusfragebögen erfassen.

Ein anderer Gesichtspunkt ist es, wie Menschen mit Belastungen fertig werden, d. h. welche Vorgehensweisen sie wählen, um mit bestimmten Belastungen umzugehen. Da es sich hierbei um sehr spezifische Belastungen und entsprechend spezifische Bewältigungstechniken handeln kann, bietet sich hier zur Erfassung das entscheidungsorientierte Gespräch an.

11.2 Entscheidungen bei der Auswahl der standardisierten Verfahren

> **Entscheidungen bei der Auswahl der standardisierten Verfahren**
> - Festlegung des Bereichs möglicher Tests bzw. Fragebögen,
> - Entsprechung von zu erfassenden Variablen und deren Definition durch die standardisierten Verfahren,
> - Entsprechung von Gültigkeitsprüfung und vorliegender Fragestellung,
> - Zuverlässigkeitsnachweis entsprechend der Fragestellung,
> - Objektivität bei dieser Fragestellung und dieser Probandin,
> - Brauchbarkeit der Normen bei dieser Fragestellung,
> - Angemessenes Verhältnis von Kosten und Nutzen.

Zu Beginn der Auswahl von Tests und Fragebögen legen wir zuerst fest, aus welcher Grundgesamtheit von Verfahren wir eine Auswahl treffen. Für die meisten Fragestellungen geben Kompendien von Tests und Fragebögen (z. B. zu Tests und Fragebogen: die beiden Bände des »Brickenkamp Handbuch psychologischer und pädagogischer Tests«, herausgegeben von Brähler et al. (2002), zu Entwicklungstests: Rennen-Allhoff u. Allhoff (1987), zu Fragebogen: Westhoff (1993), zu Persönlichkeitstests im Personalmangement: Hossiep et al. (2000), zu personaldiagnostischen Instrumenten: Kanning u. Holling (2002), zu wirtschaftspsychologischen Testverfahren: Sarges u. Wottawa (2001)) eine gute Übersicht. Veröffentlichungen in den Fachzeitschriften oder die jeweiligen Kataloge der Verlage, die deutschsprachige Tests verlegen, können diese Beschreibungen der zur Verfügung stehenden Verfahren ergänzen.

Von zentraler Bedeutung für das weitere Vorgehen ist eine möglichst gut passende Auswahl eines Verfahrens. Dabei achten wir darauf, dass die Verfahren das zu erfassende Konstrukt so definieren, wie wir es bei der vorliegenden Fragestellung benötigen. Hier gehen wir allerdings nicht von bloßen Wortgleichheiten oder -ähnlichkeiten aus, sondern für eine angemessene Bearbeitung der Fragestellung benötigen wir explizite Beschreibungen dessen, was Verfahren erfassen bzw. nicht erfassen.

Bei unserer Fragestellung ist z. B. zu entscheiden, ob allgemeine Intelligenz
1. durch einen Matrizentest,
2. durch einen Test zur Erfassung der Intelligenz über eine festgelegte Art und Anzahl von Untertests,
3. durch den Mittelwert einer festzulegenden Auswahl von Untertests eines Intelligenztests oder
4. durch ein anderes Verfahren definiert werden soll.

Bei der Auswahl eines Verfahrens ist weiter von Interesse, ob die Gültigkeit des Verfahrens bei der vorliegenden Fragestellung gesichert ist. Es sollte dabei durch empirische Untersuchungen nachgewiesen sein, dass man ein Verfahren bei der gegebenen Fragestellung verwenden kann, ohne dabei schlecht begründbare Annahmen machen zu müssen.

Die Zuverlässigkeit (Messgenauigkeit) von standardisierten Verfahren kann auf zwei verschiedene Arten nachgewiesen werden. Die Beschreibung des Konstrukts innerhalb der Theorie sagt aus, wie diese Prüfungen auszusehen haben. In der Regel prüfen Testautoren sowohl die Homogenität der Einzelaufgaben wie auch die Wiederholungszuverlässigkeit des Verfahrens. Bei einer gegebenen Fragestellung ist dann zu entscheiden, (1) ob die hier erforderliche Zuverlässigkeitsprüfung vorgenommen wurde, (2) ob die Vorgehensweise bei dieser Prüfung angemessen war, (3) ob der Reliabilitätskoeffizient und die zu seiner Beurteilung notwendigen Angaben praktisch brauchbar sind. Die Kriterien, die wir für diese Entscheidungen heranziehen, haben wir weiter oben schon bei den Kriterien für die Wahl diagnostischer Verfahren dargestellt.

Weiter prüfen wir, (1) ob ein Verfahren bei der gegebenen Fragestellung und unserer Probandin zu objektiven Ergebnissen führen kann; (2) ob für die vorliegende Fragestellung hinreichende Normen vorliegen und (3) ob das Verhältnis von Kosten und Nutzen beim Einsatz des Verfahrens angemessen ist.

11.3 Auswahl standardisierter Verfahren

> **Ausgewählte standardisierte Verfahren**
> - Untertests des Wilde-Intelligenztest 2, WIT-2,
> - RT-Rechtschreibungstest,
> - Ggf. NEO-Fünf-Faktoren-Inventar (NEO-FFI)

Bei unserer Beispielfragestellung haben wir uns aus dem Angebot aller Gruppen von Intelligenztests für den Wilde-Intelligenztest 2 (WIT-2) von Kersting et al. (in Druck) entschieden. Dieses Verfahren gestattet es, einzelne Bereiche intelligenten Verhaltens, z. B. die folgenden Primärfaktoren nach Thurstone zu prüfen – verbales, rechnerisches, räumliches und schlussfolgerndes Denken – und zugleich den Mittelwert der erbrachten Leistungen als Wert für die allgemeine Intelligenz zu interpretieren. Da im WIT-2 bewährte alte Items beibehalten worden und durch neue, aber strukturgleiche ergänzt worden sind, sind die Untersuchungen zum WIT bei der vorliegenden Fragestellung immer noch von einer gewissen Aussagekraft. Zum WIT-2 gibt es eine Studie an 63 Personen, die zeigt, das die Retest-Reliabilitäten nach neun Monaten – was für Studien zur Retest – Reliabilität eine ungewöhnlich lange Zeit ist – für den Gesamttest bei 0,88 und für die hier interessierenden Faktoren zwischen 0,79 bis 0,86 liegen. Man kann daher insgesamt davon ausgehen, dass die Retest-Reliabilitäten wie beim WIT praktisch brauchbar sind. Der alternativ hier in Frage kommende Intelligenzstrukturtest 2000 in der revidierten Form (IST 2000-R) hat leider keine Angaben zur Retest-Reliabilität.

Verschiedenste Aspekte der Gültigkeit des WIT sind in zahlreichen Studien an entsprechenden Stichproben erfolgreich geprüft worden. Da die Berufe Krankenpfleger und Altenpfleger in ihrem Anforderungsprofil relativ ähnlich sind, besonders hinsichtlich der Anforderungen an die Intelligenz, sind die in der Handanweisung zum WIT (Jäger u. Althoff 1983, S. 36) aufgeführten Korrelationen zwischen WIT-Untertests und Ausbildungserfolg als Krankenpfleger hier von Bedeutung.

Mit dem Untertest »Eingekleidete Rechenaufgaben« (ER) können wir zugleich prüfen, ob die Probandin die notwendigen Rechenkenntnisse für eine Umschulung zur Altenpflegerin mitbringt. Wir sparen damit die Auswahl eines speziellen Rechentests, der bei der vorliegenden Fragestellung keine weiterreichenden Informationen verspricht.

Die Rechtschreibkenntnisse der Probandin können wir mit dem Rechtschreibtest (RT) von Kersting u. Althoff (2004) prüfen. Dieser Rechtschreibtest zeichnet sich insgesamt durch eine sorgfältige Konstruktion und im Unterschied zu anderen Rechtschreibtests, die für Erwachsene in Frage kommen, durch Angaben zur Konstruktvalidität aus. Geprüft werden nur solche Wörter, die nach der alten wie der neuen Rechtschreibregelung gleich geschrieben werden. Hierin sehen wir bei dieser Fragestellung einen Vorteil für die praktische Aussagekraft. Nur bei einem als unterdurchschnittlich zu klassifizierenden Ergebnis sehen wir in der Umschulung größere Probleme auf die Probandin zukommen.

Wir sehen es als nicht sinnvoll an, den Einsatz eines Fragebogens zur Erfassung von Gewissenhaftigkeit und emotionaler Stabilität von vornherein einzuplanen, denn Fragebögen sind von jedem, der sie verstehen kann, bei entsprechender Zielsetzung auch verzerrt zu beantworten.

Sollte das entscheidungsorientierte Gespräch keine für die Fragestellung hinreichenden Informationen über die beiden erwähnten Persönlichkeitsmerkmale erbringen, und sollte sich darüber hinaus dabei zeigen, dass Frau H. zu einer unverzerrten Selbstdarstellung bereit ist, so wollen wir ihr das NEO-Fünf-Faktoren-Inventar (NEO-FFI) von Borkenau u. Ostendorf (2003) vorlegen. Der Einsatz des NEO-Persönlichkeitsinventars nach Costa u. McCrae, revidierte Fassung (NEO-PI-R) von Ostendorf u. Angleitner (2004), erscheint uns aufgrund des Umfangs (240 Items) als übermäßig aufwändig, da bei der vorliegenden Fragestellung die Ausprägung der Facetten der zu erhebenden Merkmale nicht von Bedeutung sind, sondern nur die gobalen Schätzungen für zwei der fünf Merkmale, nämlich Gewissenhaftigkeit und emotionale Stabilität.

11.4 Darstellung der standardisierten Verfahren im Gutachten

Bei der Beschreibung des realisierten Untersuchungsplans im Gutachten stellen wir die verwendeten standardisierten Verfahren dar:

Wilde-Intelligenztest 2 mit den ausgewählten Faktoren:
- Sprachliches Denken: Die Fähigkeit, mit sprachlichen Konzepten umzugehen, wobei Wortschatz, Sprachverständnis und sprachlogisches Denken eine Rolle spielen.
- Rechnerisches Denken: Die Fähigkeit, einfache Rechenoperationen der Addition, Subtraktion, Multiplikation und Division korrekt auszuführen. Beim rechnerischen Denken geht es nicht um komplexere Fähigkeiten, die dem schlussfolgerndem Denken zugeordnet sind.
- Schlussfolgerndes Denken: Die Fähigkeit, bestimmte Regeln zu erkennen und bei der Vorhersage des nächstfolgenden Elements anzuwenden.

RT-Rechtschreibungstest. Im Untersuchungsplan eines Gutachtens stellen wir die tatsächlich zur Gewinnung diagnostischer Informationen verwendeten Verfahren dar. Die Überlegungen, die zu dieser Auswahl von Verfahren geführt haben, beschreiben wir nicht, da sie (1) sehr umfangreich sein können und (2) die Gutachtenleser i.d.R. überfordern bzw. nicht interessieren. Auf Nachfrage erläutern wir diese Überlegungen in allen gewünschten Einzelheiten.

Im Folgenden beschreiben wir den Wilde-Intelligenztest, die ausgewählten Untertests und den Rechtschreibtest so, wie diese Beschreibungen in das Gutachten eingehen:

Der Wilde-Intelligenztest (WIT) kann zur Erfassung wichtiger Teilbereiche der Intelligenz wie auch der allgemeinen Intelligenz verwendet werden. Allgemeine Intelligenz ist dabei der Durchschnitt der Leistungen in den Teilbereichen.

Die verwendeten Untertests beschreiben die Testautoren (Kersting, persönliche Mitteilung 26.09.06):

GW: Gleiche Wortbedeutungen: Zu einem vorgegebenen Wort ist aus fünf anderen Wörtern das sinnähnlichste herauszusuchen. (Verbales Denken)

AL: Analogien: Auf der linken Seite eines Gleichheitszeichens sind zwei Wörter vorgegeben, die in einer bestimmten Beziehung zueinander stehen, auf der rechten Seite ein Wort. Von fünf Wahlwörtern ist dasjenige auszuwählen, das auf der rechten Seite des Gleichheitszeichens eine analoge Beziehung herstellt. (Verbales Denken, Schlussfolgerndes Denken)

GR: Grundrechnen: Zu Rechenaufgaben der vier Grundrechenarten sind auf dem Antwortbogen die Ziffern der Lösungen durchzustreichen. (Rechnerisches Denken)

ER: Eingekleidete Rechenaufgaben: Verbal eingekleidete Rechenaufgaben sind vorgegeben und auf dem Antwortbogen die Ziffern der Lösungen einzutragen. (Rechnerisches Denken)

ZR: Zahlenreihen: Vorgegeben ist eine Folge von Zahlen, die nach einer Regel aufgebaut ist; auf dem Antwortbogen sind die Ziffern der Zahl durchzustreichen, die als nächstes Glied der Reihe folgen müsste. (Schlussfolgerndes Denken)

In den Untertests »Grundrechnen« (GR) und »Eingekleidete Rechenaufgaben« (ER) des WIT sind Aufgaben zu lösen, bei denen Rechenkenntnisse verlangt werden, die für die Umschulung zur Altenpflegerin und bei der Arbeit als Altenpflegerin von Bedeutung sein können. Daher wurden die Untertest GR und ER des WIT auch zur Prüfung der notwendigen Rechenkenntnisse verwendet.

Im RT-Rechtschreibungstest von Kersting u. Althoff (2004) müssen in Lückentexten nach Diktat Wörter in freigelassene Textstellen eingefügt werden.

Entscheidungsorientierte Gesprächsführung

12.1 Definition – 86

12.2 Ziele verschiedener Gesprächsformen – 86

12.3 Leitfaden für das entscheidungs-orientierte Gespräch – 87

12.4 Funktionen von Leitfäden – 88

12.5 Merkmale von Leitfäden – 89

12.6 Grobaufbau eines Leitfadens – 90

12.7 Feinaufbau eines Leitfadens – 92

12.8 Merkmale günstiger Fragen – 92

12.9 Ungünstige Fragen – 94

12.10 Grad der Offenheit einer Frage – 95

12.11 Grad der Direktheit einer Frage – 96

12.12 Vorbedingungen für die Durchführung entscheidungsorientierter Gespräche – 96

12.13 Bedingungen für ein erfolgreiches diagnostisches Gespräch – 97

12.1 Definition

> **Definition**
>
> **Was ist ein entscheidungsorientiertes Gespräch?**
> Ein entscheidungsorientiertes Gespräch ist ein Gespräch, das zur Vorbereitung von möglichst zufriedenstellenden Entscheidungen nach Kriterien der psychologischen Wissenschaft geplant, durchgeführt und ausgewertet wird.

Ein entscheidungsorientiertes Gespräch dient der Vorbereitung von Entscheidungen. Damit die Entscheidenden später ihre Vorgehensweise bei der Entscheidung nicht bereuen müssen, versuchen sie, möglichst alle wichtigen Informationen in angemessener Weise zu berücksichtigen. Diese Informationen können oft nur im Gespräch erhoben werden.

Psychologische Gutachter, die entscheidungsorientiert arbeiten, werden bei der Bearbeitung einer diagnostischen Fragestellung die notwendigen Gespräche nach den Kriterien der psychologischen Wissenschaft planen, durchführen und auswerten.

Es gibt seit Jahrzehnten zahlreiche Untersuchungen in der Psychologie, die alle belegen, dass ungeplante und nicht oder schlecht vorbereitete Gespräche fehlerhafte und verzerrte Informationen zur Folge haben. Solche Gespräche sind, auch wenn so genannte Experten sie durchführen, nicht auf dem Stand der psychologischen Wissenschaft.

Zusammenfassend schließen wir aus der Literatur, dass entscheidungsorientierte Gespräche sorgfältig zu planen und vorzubereiten sind. Dies bedeutet, dass alle notwendigen Einzelüberlegungen in einen ausführlichen Leitfaden für das Gespräch einmünden. Dieser Leitfaden wird außerdem so aufgebaut, dass er möglichst übersichtlich ist und die Gesprächsführung sich immer daran orientieren kann.

Bei der Durchführung entscheidungsorientierter Gespräche werden Leitfäden als Hilfsmittel verwendet. Zusätzlich versuchen entscheidungsorientiert arbeitende Psychologen, während der Gespräche ihr Verhalten nach Kriterien auszurichten, die sich in der psychologischen Wissenschaft nachweislich als nützlich erwiesen haben (vgl. ▶ 12.12 und ▶ 12.13).

Die Auswertung entscheidungsorientierter Gespräche und die schriftliche und mündliche Darstellung der Gesprächsergebnisse erfolgen ebenfalls nach wissenschaftlich begründeten Kriterien und Regeln (vgl. ▶ 17.4, ▶ 17.5, ▶ 17.6).

Weiter unten werden wir auf die von uns verwendeten Kriterien und Regeln für die entscheidungsorientierte Gesprächsführung näher eingehen. Bevor wir dies tun, wollen wir entscheidungsorientierte Gespräche von anderen Formen des Gesprächs abgrenzen.

12.2 Ziele verschiedener Gesprächsformen

> **Merke**
>
> Ziel entscheidungsorientierter Gespräche ist es, möglichst vollständig und unverzerrt die Informationen zu erheben, die für zufriedenstellende Entscheidungen nützlich sind.
> Ein entscheidungsorientiertes Gespräch verfolgt folgende Ziele nicht
> — Informieren der Öffentlichkeit wie in Interviews für Presse, Rundfunk und Fernsehen,
> — Beeinflussung des Gegenübers wie in Verhör und Verhandlung,
> — Lehren wie in Unterricht, in Anweisungen und Unterweisungen,
> — Auseinandersetzung wie in Diskussionen, Debatten oder Zank,
> — Unterhaltung wie an Theke, Stammtisch oder in Pausen,
> — Therapie und Beratung.

Entscheidungsorientierte Gespräche haben mit anderen Formen von Gesprächen vieles gemeinsam. Die Aufzählung dieser Gemeinsamkeiten ist aber weniger hilfreich für das Führen von Gesprächen, als dass man über wesentliche Unterschiede Bescheid weiß. Von allen möglichen Unterschieden wollen wir hier die Unterschiede in den Zielsetzungen ansprechen, denn aus den Zielen von Gesprächen folgen unterschiedliche Vorgehensweisen. In entscheidungsorientierten Gesprächen sollen die Informationen möglichst vollständig und unverzerrt erhoben werden, die für zufriedenstellende Entscheidungen nützlich sind.

Entscheidungsorientierte Gespräche verfolgen nicht das Ziel, die Öffentlichkeit zu informieren, wie dies in Interviews für Presse, Rundfunk und Fernsehen der Fall ist. Zwar könnten diese Interviews sehr an Qualität gewinnen, wenn eine Reihe von Merkmalen der entscheidungsorientierten Gesprächsführung dabei mehr beachtet würden; doch selbst wenn dies der Fall wäre, blieben die prinzipiellen Unterschiede in der Zielsetzung erhalten.

In vielen Gesprächen ist es das oberste Ziel eines der beiden Gesprächspartner, den anderen in einer bestimmten Richtung zu beeinflussen. Dieses Ziel verfolgt die entscheidungsorientierte Gesprächsführung nicht, weil es mit einer möglichst vollständigen und unverzerrten Darstellung von Informationen unvereinbar ist.

Probanden äußern zwar immer wieder spontan in oder nach entscheidungsorientierten Gesprächen, dass sie nun bestimmte Sachverhalte besser verstünden. Dies ist jedoch nur ein willkommener, aber unbeabsichtigter Nebeneffekt. In der entscheidungsorientierten Gesprächsführung ist es kein Ziel, die Probanden zu belehren. Zwar bekommen sie alle notwendigen Informationen, die sie brauchen, um alles bei der Begutachtung richtig verstehen zu können, doch werden sie in nichts ausgebildet.

In entscheidungsorientierten Gesprächen geht es nicht darum, Standpunkte zu klären oder einander von irgendetwas zu überzeugen wie in Diskussionen, Debatten oder beim Zank. Merken Psychologen, dass sie in solche Arten der Gesprächsführung verfallen, so können sie daran sicher erkennen, dass sie nicht mehr entscheidungsorientiert arbeiten.

Diagnostische Gespräche können daran kranken, dass nicht nur in der Aufwärmphase, sondern auch im weiteren Verlauf sich sehr viel »unterhalten« wird. Damit meinen wir den Austausch von Informationen, die mit der eigentlichen Zielsetzung, wie sie in der Fragestellung vorgegeben ist, nichts mehr oder nur noch sehr am Rande zu tun haben. Solche Unterhaltungen wie an der Theke, am Stammtisch oder in Pausen haben dort ihren Wert, wo sie hingehören. In diagnostischen Gesprächen ermüden sie nur und lenken vom Thema ab.

Entscheidungsorientierte Gespräche können therapeutische Effekte haben oder führen durch das systematische Vorgehen zu Einsichten, die auch in Beratungen angestrebt werden. Diese Nebeneffekte sind willkommen, werden aber nicht angestrebt. In Therapien und Beratungen soll Menschen geholfen werden, Verhaltensprobleme zu lösen. Dies setzt immer voraus, dass zunächst diagnostiziert wurde, worin diese Probleme bestehen und welche Bedingungen sie bewirken. Jede verantwortungsbewusste Therapie und Beratung bedarf einer zutreffenden Diagnose als Grundlage. Dafür sind in jeder Diagnostik entscheidungsorientierte Gespräche unverzichtbar.

12.3 Leitfaden für das entscheidungsorientierte Gespräch

> **Definition**
>
> Ein Leitfaden für ein entscheidungsorientiertes Gespräch ist ein vollständiger, konkret ausformulierter Plan für die Durchführung eines Gesprächs. Er ist kein Fragebogen.

Ein Leitfaden ist das wichtigste Hilfsmittel für ein fachgerechtes entscheidungsorientiertes Gespräch. Weiter unten werden wir darstellen, wozu ein Leitfaden im Einzelnen dient. Die Durchführung eines guten entscheidungsorientierten Gesprächs ist eine derartig komplexe Aufgabe, dass sie auch von Experten nicht vollständig und zufriedenstellend bewältigt werden kann, wenn dabei kein Leitfaden benutzt wird.

Die meisten Anfänger in Gesprächsführung halten die Ausformulierung eines Leitfadens zunächst für überflüssig. Doch die Erfahrung, dass sie sich nach kurzer Zeit im ungeplanten und nicht vorbereiteten Gespräch sehr hilflos fühlen, belehrt sie eines besseren.

Die nächste Schwierigkeit besteht in der konkreten Ausformulierung aller notwendigen Fragen. Hierzu bedarf es der Umstrukturierung des bei Psychologen vorhandenen Grundlagenwissens aus den verschiedensten Bereichen der Psychologie. Dabei hat sich die Verwendung unserer Verhaltensgleichung bei der Auswahl von Variablen für die Themen des Gesprächs als sehr hilfreich erwiesen.

Bei jeder Variablen muss festgelegt werden, an welchen Verhaltensweisen man ihre Ausprägung festmachen will. Dabei ist immer darauf zu achten, dass geprüft wird, wie oft sich bestimmte Verhaltensmuster in anderen Situationen wiederfinden und über welche Zeiträume hinweg dies zu beobachten ist. Ferner sind die Bedingungen herauszuarbeiten, unter denen sich bestimmte Verhaltensweisen zeigen können.

Diese Vorplanungen sind dann unter Beachtung der Regeln für entscheidungsorientierte Gesprächsführung in Fragen und Abfolgen von Fragen umzusetzen. Dabei ist der Leitfaden so zu gestalten, dass er dem Psychologen die Arbeit erleichtert und dem Probanden ermöglicht, so weit es geht, unverzerrt zu berichten.

In Leitfäden werden aber nicht nur die Fragen, sondern auch alles andere, was im Gespräch angesprochen werden muss, konkret ausformuliert. Hierunter fassen wir z. B. Einleitungen, Überleitungen, Zusammenfassungen. Diese konkrete schriftliche Ausformulierung wird von Anfängern oft als überflüssig erachtet. In Übungen merken sie dann aber sehr schnell, dass sie unter Gesprächsbedingungen schlechter formulieren können als bei der Planung.

Leitfäden werden sehr oft als Fragebögen missverstanden, da angenommen wird, sie dienten dem starren Abfragen. Das Gegenteil ist der Fall! Allerdings bedarf es einiger Übung, einen Leitfaden so zu gestalten, dass er genau das flexible Instrument ist, das er sein muss.

Wenden wir uns zunächst den Funktionen von Leitfäden, dann ihren Merkmalen sowie dem Grob- und Feinaufbau von Leitfäden zu. Auf das Kernstück jedes Leitfadens, die Fragen, gehen wir danach ein. Abschließend werden wir uns mit den Voraussetzungen für erfolgreiche Gespräche beschäftigen und Hinweise für ihre Verwirklichung geben.

12.4 Funktionen von Leitfäden

Funktionen von Leitfäden

1. Für das Gespräch:
   - Möglichst vollständige, unverzerrte,
   - objektive, zuverlässige und gültige Erhebung von Informationen.
2. Für die Probanden:
   - Bericht über Verhalten und Erleben,
   - wird von den geistigen und emotionalen Anforderungen her leichter,
   - sie können von sich aus Beobachtungen einbringen,
   - sie haben eine Grundlage für spätere Beobachtungen,
   - Hilfen bei Entscheidungen
3. Für den Gutachter:
   - geistige und emotionale Entlastung,
   - höhere Flexibilität,
   - weniger Fehler und Verzerrungen bei der Urteilsbildung.

Ein entscheidungsorientiertes Gespräch dauert i.d.R. zwischen 45 und 90 Minuten, je nach Komplexität der Fragestellung. In dieser Zeit spricht vorwiegend der Proband. Die Aufgabe des Psychologen besteht darin, den Bericht des Probanden mit möglichst wenig Worten zu steuern. Zu diesem Zweck müssen dem Psychologen alle anzusprechenden Themen und die möglichen Fragen dazu jederzeit gegenwärtig sein. Dies ist nur mit Unterstützung eines Leitfadens möglich. Während eines Gesprächs sind fortwährend Entscheidungen darüber zu treffen, ob der Bericht zu einem Thema vollständig ist, ob der Proband weitererzählen soll oder ob er sofort oder später um ergänzende Informationen gebeten werden soll. In dem Leitfaden können alle vollständig besprochenen Themen abgehakt werden, sodass am Ende des Gesprächs anhand des Leitfadens geprüft werden kann, ob alle vorgesehenen Themen hinreichend ausführlich besprochen worden sind.

Leitfäden, die nach den Regeln der entscheidungsorientierten Gesprächsführung entwickelt wurden, sind die beste Gewähr dafür, dass in den Gesprächen alle wichtigen Gesichtspunkte angesprochen werden, d. h., dass Informationen unverzerrt erhoben werden. Dies ist eine notwendige Voraussetzung dafür, dass diese Informationen zu möglichst fehlerfreien und unverzerrten diagnostischen Urteilen weiterverarbeitet werden können.

Sollen verschiedene Psychologen in Gesprächen vergleichbare Informationen erheben, so kann dies nur gelingen, wenn sie denselben Leitfaden verwenden. Denn nur wenn der Arbeitsplan bei verschiedenen Personen gleich ist, kann ein ähnliches Arbeitsergebnis erwartet werden. Die Verwendung desselben Leitfadens ist also eine notwendige, wenn auch noch keine hinreichende Bedingung für intersubjektiv übereinstimmende, also objektiv und zuverlässig gewonnene Gesprächsergebnisse.

Die Gültigkeit von Gesprächsinformationen lässt sich durch verschiedene Merkmale des Berichts i.d.R. leicht feststellen. Vorausgesetzt, dass der Psychologe vom Probanden immer konkretes Verhalten und Erleben in genau beschriebenen Situationen und Bedingungen schildern lässt, fallen ungültige Berichte durch ihre Widersprüchlichkeit auf. Erfundene Berichte sind unkonkret und häufig klischeehaft, vor allem fehlen ihnen aber die Details, die nur jemand berichten kann, der etwas wirklich erlebt hat.

Leitfäden ermöglichen es dem Psychologen, sich flexibel auf den Probanden einzustellen, denn es entlastet den Diagnostiker geistig und gefühlsmäßig sehr, wenn er sicher sein kann, dass er keine wichtige Frage vergessen kann und jederzeit im Gespräch weiß, was schon besprochen wurde und was noch zu besprechen ist.

Da in entscheidungsorientierten Gesprächen immer nur konkretes Verhalten und Erleben zu schildern ist, sind die Äußerungen als indirekte Verhaltensbeobachtungen zu betrachten. Der Proband berichtet, was er beobachtet hat. In vielen diagnostischen Situationen hat der Proband das interessierende Verhalten bisher noch nicht hinreichend beobachtet. Dies kann z. B. der Fall sein, wenn Eltern, Erzieher oder Lehrer Kinder beobachten sollen. Die Probanden haben dann die Aufgabe, bestimmte Ausschnitte des Verhaltens so zu beobachten, dass sie dies beim nächsten Gespräch konkret darstellen können. Die Beobachtungsanweisungen kann der Psychologe aus dem Leitfaden ableiten.

Der Auftraggeber ist häufig auch der Proband. Bei für ihn schwierigen Entscheidungen hilft es ihm, wenn im Gespräch systematisch alle wichtigen Gesichtspunkte besprochen werden. Dieses Vorgehen ist aber nur dann möglich, wenn vorher wirklich sorgfältig geplant wurde, d. h. ein Leitfaden formuliert wurde. Damit sind Leitfäden sowohl für den Auftraggeber und Probanden als auch für den Gutachter eine unverzichtbare Entscheidungshilfe.

12.5 Merkmale von Leitfäden

> **Merke**
>
> Leitfäden für entscheidungsorientierte Gespräche sind
> - an der Fragestellung und den davon abgeleiteten Psychologischen Fragen ausgerichtet,
> - auf gesicherte Anforderungen gegründet,
> - am Verhältnis von Kosten und Nutzen ausgerichtet sowie
> - praktikabel gestaltet.

Das Oberziel jeder psychologischen Begutachtung ist die Beantwortung der Fragestellung. Wir richten daher die Leitfäden für entscheidungsorientierte Gespräche immer an diesem Oberziel aus. Dies bedeutet, dass wir nur solche Informationen erheben, die der Beantwortung der Fragestellung und der von ihr abgeleiteten Psychologischen Fragen dienen.

Bei der entscheidungsorientierten Planung von Gesprächen zu verschiedenen Fragestellungen gibt es keine Fragen, die wir routinemäßig stellen. Schematische Anamneseleitfäden und jedes andere schematische und damit im Einzelfall nur z. T. begründete Vorgehen sind mit entscheidungsorientierten Gesprächen unvereinbar. In einem solchen Gespräch kommen grundsätzlich nur solche Fragen vor, die in einem wohlbegründeten Zusammenhang zur Fragestellung und den daraus abgeleiteten Psychologischen Fragen stehen.

Fragen in entscheidungsorientierten Gesprächen sind nur dann gut begründet, wenn sie sich auf Anforderungen beziehen, die ihrerseits möglichst gut abgesichert sind. Wir haben weiter oben dargestellt, dass bei jeder diagnostischen Fragestellung, gleichgültig aus welchem Bereich sie kommt, bei jeder der sich bietenden Alternativen an die Probanden unterschiedliche Anforderungen gestellt werden. Nur wenn diese Anforderungen eindeutig beschrieben sind, kann in Gesprächen geprüft werden, wie weit Probanden ihnen entsprechen.

So wie sich die gesamte Planung und Durchführung einer psychologischen Untersuchung an dem Verhältnis von Kosten und Nutzen ausrichtet, so tut es auch die der entscheidungsorientierten Gespräche. Wir verwenden nur solche Fragen, von denen wir uns nützliche Informationen für die diagnostischen Entscheidungen versprechen. Damit scheiden Gesprächsteile aus, die nichts oder zu wenig von dem bieten, was für die Beantwortung der Fragestellung nützlich ist.

Da Leitfäden Werkzeuge sind, müssen sie sich möglichst einfach handhaben lassen. Damit dies möglich ist, empfiehlt es sich, zuerst die Langform des Leitfadens mit allen notwendigen Einzelheiten zu formulieren. Dies schließt ein, dass man sich über die Länge der einzelnen Gesprächsabschnitte klar wird. Zumindest der Psychologe muss während des Gesprächs jederzeit wissen, in welchem Abschnitt seines Plans er sich befindet. Günstig ist es, wenn auch der Proband klar erkennen kann, wie das Gespräch gegliedert ist.

Die Langform eines Leitfadens schreiben wir uns in möglichst übersichtlicher Weise auf und heben die wichtigen Punkte optisch hervor. Dies allein reicht in der Praxis i.d.R. jedoch nicht aus, da die Langform mehrere Seiten umfasst. Deshalb machen wir uns zusätzlich auf ein bis zwei Seiten eine möglichst übersichtliche Kurzform, die alle wichtigen Gliederungspunkte enthält.

Im Gespräch behält man mit Hilfe der Kurzform des Leitfadens den Überblick, die Langform hilft dann in besonders schwierigen Abschnitten des Gesprächs, die passenden Worte zu finden. Dabei muss man nicht die Fragen wörtlich ablesen. Schlecht geplante Gespräche sind in erster Linie an den hohen Redeanteilen des Psychologen und ihren unpassend formulierten Fragen zu erkennen.

12.6 Grobaufbau eines Leitfadens

Grobaufbau eines Leitfadens

1. Einleitungsteil:
   - Begrüßen und Vorstellen,
   - Erklären der Ziele, Fragestellung und der Vorgehensweise (Themen, Dauer, Pausen),
   - Einverständnis zur Aufnahme mit Tonträger oder Video,
   - Darstellung des Problems aus der Sicht des Probanden.
2. Je ein Abschnitt zu jeder ausgewählten Variablen:
   - Am Beginn eines Abschnitts wird der Zweck des Vorgehens erklärt.
   - Am Ende eines Abschnitts werden die wichtigen Informationen zusammengefasst.
3. Schlussteil:
   - Möglichkeit für den Interviewten, etwas zu ergänzen,
   - Rückmeldung des Interviewten zum Gespräch.
   - weiteres Vorgehen erläutern
   - Kontaktmöglichkeiten zum Interviewer,
   - wenn nötig, Unterhaltung über emotional neutrales Thema,
   - Verabschiedung.

Mit der Begrüßung und Vorstellung ist immer ein Gesprächsabschnitt verbunden, in dem man sich gegenseitig etwas kennen lernt und aufeinander einstellt. Hierbei ist es für den weiteren Verlauf des Gesprächs entscheidend, dass der Psychologe auf die momentane Situation des Probanden eingeht. Dabei können durchaus Dinge besprochen werden, die mit der Fragestellung nichts zu tun haben, denn erst müssen die Gesprächspartner in einer »alltäglichen Unterhaltung« zueinander Kontakt finden.

Von der Fragestellung ausgehend stellen wir die Ziele des Gesprächs und die Vorgehensweise dar. Es ist wichtig, dass für die Probanden klar wird, welche Bedeutung das Gespräch für die Beantwortung der Fragestellung hat. Damit erhöht sich die Bereitschaft des Probanden zur Mitarbeit. Ebenfalls motivierend ist es, wenn man einen Überblick über die zu besprechenden Themen gibt, die ungefähre Dauer des Gesprächs bekanntgibt und Möglichkeiten für Pausen einräumt.

Viele Psychologen, i.d.R. nicht die Probanden, haben eine große Scheu, ihre Gespräche auf Tonträger oder gar auf Video aufzuzeichnen. Dabei scheinen zwei Gründe im Vordergrund zu stehen: Die eigene auf Tonträger aufgezeichnete Stimme hört sich nämlich für jeden Menschen anders an, als er sie selbst erlebt. Diese »andere« Stimme findet fast jeder unangenehm. Weiter hört und sieht der der Psychologe die eigenen Fehler beim Abspielen in aller Deutlichkeit. Probanden hingegen haben bei einer angemessenen Erklärung gegen eine Tonträgeraufnahme meistens nichts einzuwenden. Lehnen sie diese jedoch ab, so diktieren wir unmittelbar nach dem Gespräch möglichst alle Informationen auf Tonträger und benutzen dabei den Leitfaden als Gliederung und Erinnerungshilfe, ferner stützen wir uns dann auch auf handschriftliche Notizen. Videoaufnahmen von Gesprächen können zusätzliche Informationen über das gesprächsbegleitende nonverbale Verhalten (Gestik, Mimik, Motorik) erbringen, die diagnostisch hilfreich sind. Die Art der Aufzeichnung hat sich jedoch auch an Kosten-Nutzen-Gesichtspunkten zu orientieren.

Selbstverständlich ist vor einer Tonträger- oder Videoaufzeichnung immer das Einverständnis des Probanden einzuholen. Ohne dieses Einverständnis ist eine solche Aufzeichnung nicht gestattet. Eine heimliche Aufzeichnung entspräche weder dem geltenden Recht noch der partnerschaftlichen Grundeinstellung zum Probanden. Aus Sicht des Probanden ist hier anzumerken, dass er nur bei einer Tonträgeraufnahme sicher sein kann, dass alle seine Äußerungen maximal objektiv aufgezeichnet werden und er nur so eine Chance hat, sich gegen eine verzerrte oder gar falsche Gesprächsauswertung wenden zu können.

Am Beginn jeden Abschnitts erklären wir den Probanden kurz und zutreffend die Zielsetzung des folgenden Gesprächsteils. Dies festigt die Bereitschaft zur Mitarbeit. Die Zusammenfassung der wichtigen Informationen am Ende eines Abschnitts informiert den Probanden darüber, wie wir ihn verstanden haben und gibt ihm zugleich die Möglichkeit, Missverständnisse aufzuklären oder die Informationen zu ergänzen.

Als Standardaufbau eines entscheidungsorientierten Gesprächs empfiehlt es sich, zunächst den Probanden das darstellen zu lassen, was für ihn mit der Fragestellung angesprochen ist, und dann nach den ausgewählten kritischen Situationen vorzugehen. Im Hinblick auf die Fragestellung sind kritische Situationen solche, in denen Unterschiede zwischen Personen, die sie gut bewältigen, und solchen, die sie weniger gut bewältigen, gut zu beschreiben sind. In kritischen Situationen muss sich nichts Dramatisches ereignen, vielmehr kann man an ihnen erkennen, wie das Verhalten in für die Beantwortung der Fragestellung wichtigen Situationen aussieht, z. B. wie ein Schüler, um dessen schlechte Schulleistungen es geht, seine Hausaufgaben macht. Die Reihenfolge der verschiedenen Bereiche ist dabei nicht beliebig. Bestimmte Themen lassen sich nämlich erst später im Gespräch zufriedenstellend besprechen. Bei anderen drängen die Probanden danach, auf diese zuerst einzugehen.

Den Abschluss entscheidungsorientierter Gespräche können indirekte Fragen darstellen, die für viele Zwecke nützliche Informationen bringen, z. B. die Schilderung eines konkreten oder typischen oder idealen Tagesablaufs oder Wochenendes. Am Beginn eines Gesprächs stoßen solche Fragen leicht auf Unverständnis und Misstrauen.

Am Ende eines Interviews bietet es sich an, dem Interviewten noch einmal die Möglichkeit zu geben, etwas zu ergänzen, ihn Rückmeldung zum Interview geben zu lassen und ihm zu erklären, wie es nun im diagnostischen Prozess weiter geht. Hilfreich für den Interviewten kann es auch sein, dass man ihm sagt, wie er Kontakt zum Interviewer aufnehmen kann, wenn er dies möchte, weil ihm z. B. noch etwas Wichtiges eingefallen ist. Abschließend kann der Interviewer auf ein emotional neutrales Thema zu sprechen kommen, falls dies erforderlich erscheint, damit er den Interviewten in einer guten Verfassung verabschieden kann.

12.7 Feinaufbau eines Leitfadens

> **Merke**
>
> Beim Feinaufbau eines Leitfadens ist auf Folgendes zu achten:
> 1. Ausdruck:
>   - einfaches, klares, genaues Deutsch,
>   - keine Fremdwörter und Fachausdrücke,
>   - kurze, zutreffende, verständliche Erklärungen.
> 2. Untergliederung:
>   - notwendige längere Erklärungen im Dialog und nicht als Vortrag,
>   - Fragen und Aufforderungen in sachnotwendiger Reihenfolge.
> 3. Art der Fragen und Aufforderungen:
>   - nach konkretem individuellem Verhalten,
>   - »günstige« statt »ungünstige« Fragen,
>   - angemessen offene Fragen,
>   - angemessen direkte Fragen.

Beim Feinaufbau eines Leitfadens ist bei allen Formulierungen auf ein einfaches, klares und genaues Deutsch zu achten. Viele Psychologen stehen ebenso wie Probanden mit einer akademischen Ausbildung hier vor besonderen Schwierigkeiten. Eine Sprache ohne Fremdwörter und Fachausdrücke wird als beschämend ungebildet erlebt. Die meisten Missverständnisse kommen in Gesprächen jedoch daher, dass anstelle konkreter und anschaulicher Beschreibungen unangemessen abstrakte Begriffe verwendet werden.

In Gesprächen kommt es darauf an, dass die notwendigen Erklärungen für Probanden kurz, zutreffend und verständlich sind. Hierfür erweist es sich wieder als außerordentlich hilfreich, wenn man sich alle vorsehbar notwendigen Erklärungen vor dem Gespräch in Ruhe überlegt und als Teil des Leitfadens niederschreibt.

Am Beginn eines entscheidungsorientierten Gesprächs sind mehrere Erklärungen erforderlich. Diese sollte man nicht in Art eines kleinen Vortrages vorsehen, sondern sie so planen, dass sie den Probanden im Gespräch, d. h. in Fragen und Antworten, vermittelt werden können. Dies bedarf nach unseren Erfahrungen, wie die anderen Teile der entscheidungsorientierten Gesprächsführung, besonderer Übung.

Die Reihenfolge der Fragen zu einem Bereich ist nicht beliebig. Sie hängt in erster Linie vom Ziel des Gesprächs ab. Daneben sind aber eine Reihe von psychologischen Bedingungen zu beachten, damit Probanden die gewünschten Informationen in einer brauchbaren Form darstellen können. Weiter unten werden wir auf diese Bedingungen näher eingehen.

Nur die Schilderung konkreten individuellen Verhaltens bietet die Informationen, die wir für eine nützliche Diagnostik brauchen. Wir fordern daher unsere Gesprächspartner immer dazu auf, uns das Verhalten so zu schildern, dass wir es so konkret »wie in einem Film« vor uns sehen können. Dies gelingt den meisten Probanden nach wenigen Minuten sehr leicht. Bei entscheidungsorientierten Gesprächen gibt es günstige und ungünstige Arten von Fragen. »Ungünstige« Fragen können in vielen Bereichen zu völlig unbrauchbaren Ergebnissen führen. Wir werden daher weiter unten auf günstige wie ungünstige Arten von Fragen näher eingehen. Danach werden wir uns mit dem Grad der Offenheit und dem Ausmaß der Direktheit von Fragen beschäftigen.

12.8 Merkmale günstiger Fragen

> **Merke**
>
> »Günstig« sind Fragen und Aufforderungen, die
> 1. inhaltlich
>   - sich immer auf konkretes individuelles Verhalten beziehen,
>   - immer in einem eindeutigen Bezugsrahmen stehen,
>   - nur einen Aspekt ansprechen;
> 2. im Ausdruck
>   - möglichst kurz und treffend sind,
>   - nicht suggestiv sind,
>   - neutral sind hinsichtlich der Bewertung des erfragten Verhaltens;
> 3. als Hilfe
>   - den Kontext als Gedächtnisstütze verwenden,
>   - Wörter und Redewendungen verwenden, die möglichst wenig emotional geladen sind,
>   - zutreffend formuliert werden, auch wenn sie dem Psychologen peinlich sind.

12.8 · Merkmale günstiger Fragen

Unser Vorgehen in der Diagnostik ist immer am Verhalten orientiert, welches von außen oder durch den Probanden selbst beobachtet werden kann. Solche Verhaltensbeobachtungen bieten eine besser prüfbare Grundlage für diagnostische Urteile als abstrakte Verhaltensbeschreibungen wie Beeigenschaftungen von Personen. Aussagen über Eigenschaften von Menschen können am Ende von diagnostischen Untersuchungen stehen. In Gesprächen muss jedoch zunächst beschrieben werden, wie sich jemand in bestimmten Situationen verhält. Erst dann lässt sich nachvollziehen, ob den beschriebenen Personen bestimmte Eigenschaften zukommen oder nicht.

Verhalten zu schildern fällt Gesprächspartnern dann leichter, wenn der Bezugsrahmen klar ist, innerhalb dessen danach gefragt wird. Wenn wir ein neues Thema im Gespräch ansprechen, erklären wir daher kurz dessen Zielsetzung innerhalb des Gesprächs und die Inhalte.

Probanden können leichter antworten, wenn sie nur nach einem einzigen Sachverhalt gefragt werden. Verstößt der Interviewer gegen dieses Prinzip des »einen Gedankens« (Cannell u. Kahn 1968) und spricht in einer Frage mehreres an, so ist für den Probanden nicht klar, auf welchen Teil der Frage er antworten soll, oder er vergisst, einen Teil zu beantworten. In beiden Fällen muss dann doch korrekt nachgefragt werden, oder es fehlen entscheidende Informationen.

Der Proband soll im entscheidungsorientierten Gespräch über beobachtetes Verhalten und Erleben berichten. Die Fragen und Aufforderungen des Psychologen sollen diesen Bericht leiten und nur so viel unterbrechen, wie es im Sinne der Fragestellung erforderlich ist. Möglichst kurze und treffende Formulierungen dienen diesem Zweck i. Allg. am besten.

Fragen in Gesprächen sind *suggestiv*, wenn die vom Interviewer »erwünschte« Antwort aus der Frage erkennbar ist, weil mindestens eine der folgenden Bedingungen erfüllt ist:
1. Vorausgeschickte Informationen verdeutlichen die erwünschte Antwort.
2. In der Frage ist bereits eine Bewertung des erfragten Verhaltens enthalten.
3. Es wird etwas als gegeben vorausgesetzt, was nicht vorausgesetzt werden kann, weil es auch anders (gewesen) sein kann.
4. Antwortalternativen werden unvollständig aufgezählt.
5. Bei vollständigen Antwortalternativen oder bei »Ja-Nein«-Antworten ist eine der Antworten für den Interviewten näher liegend.
6. Es sind Hinweis gebende Füllwörter wie »sicher«, »etwa« usw. enthalten.

Die Gefahr, suggestiv zu fragen, wird vielfach unterschätzt, da die Suggestion so subtil sein kann, dass der Fragende sie nicht bemerkt, der Proband aber sehr wohl darauf reagiert. Wird gar eine Reihe von Suggestivfragen verwendet, so kann dies ganze Gespräche verzerren. Vor solchen schwerwiegenden Interviewerfehlern kann man sich nur bewahren, wenn man nach entsprechendem Training sorgfältig ausgearbeitete Leitfäden verwendet.

Günstige Fragen in Gesprächen zeichnen sich weiter dadurch aus, dass sie dem Probanden die Erinnerung erleichtern. Eine Möglichkeit besteht darin, die Fragen so zu gestalten, dass sie den Kontext eines Verhaltens wieder aktivieren. Hierzu müssen Psychologen entweder aus Erfahrung wissen, wie bestimmte Ereignisse ins Gedächtnis übernommen werden, oder die Fragen müssen so gehalten sein, dass die Probanden aufgefordert werden, sich erst einmal an den Kontext zu erinnern, in dem etwas geschehen ist.

Emotional geladene Wörter und Redewendungen in diagnostischen Fragen kann ein Proband als sehr treffend erleben, aber auch als sehr unpassend. Da man dies bei der Formulierung von Leitfäden nicht vorhersehen kann, verwenden wir solche Bestandteile von Fragen nach Möglichkeit nicht. Das heißt jedoch nicht, dass Gefühle nicht beachtet werden: Indem sich der Psychologe im Gespräch für die erlebten Gefühle des Gesprächspartners offen hält, kann er sie genauer erfassen und angemessener darauf reagieren.

Es kann vorkommen, dass Psychologen für die Fragestellung notwendige Fragen, die sie persönlich als peinlich erleben, vermeiden oder unzutreffend formulieren, auch dann noch, wenn sie die »Schere im Kopf« bemerken. Die dahinter stehenden Ängste müssen für angemessene Bearbeitungen von Fragestellungen überwunden werden. Eine sorgfältige Gesprächsvorbereitung (= Leitfadenentwicklung) ist hierfür unabdingbar; darüber hinaus bedarf es systematischer Ausbildung und regelmäßiger kollegialer Supervision.

Für die Gesprächsführung in der Eignungsdiagnostik steht für die Rückmeldung das Diagnoseinstrument zur Erfassung der Interviewerkompetenz in der Personalauswahl (DIPA) zur Verfügung (Strobel 2004). Mit dem DIPA kann ein Interviewer sein eigenes oder fremdes Interviewerverhalten in einem Interview oder einer Reihe von Interviews anhand von 147 Items detailliert beurteilen. Interviewexperten aus der Praxis haben im Delphi-Verfahren die Angemessenheit der beschriebenen Verhaltensweisen beurteilt. Damit steht ein objektiver Maßstab aus der Praxis für Interviewerverhalten in Eignungsinterviews zur Verfügung. Auf diese Weise lässt sich der konkrete Entwicklungsbearf erkennen, und bei erfahrenen Interviewern wird deutlich, wo sie nachlässig geworden sind. Durch regelmäßige Selbst- oder Fremdrückmeldung mittels DIPA kann die Qualität von Eignungsinterviews gesichert und können die Kosten für wiederholte Trainings gespart werden.

12.9 Ungünstige Fragen

> **Merke**
>
> - In ungünstigen Fragen wird
>   - nach »vernünftigen« Gründen gefragt (Warum...? Wieso...? Welches sind die Gründe...?) und
>   - nach hypothetischem Verhalten gefragt, d. h. vermutetem Verhalten in unbekannten Situationen.
> - Informativere Alternative:
>   - Fühlen, Denken, Handeln in erlebten Situationen und
>   - Erwartungen und Überzeugungen zu zukünftigen Situationen schildern lassen.

Mit Fragen, die mit »warum«, »wieso«, »weshalb« oder »welches sind die Gründe« beginnen, wird versucht, die Motivation von Menschen zu einem bestimmten Verhalten zu erfragen. Solche Fragen richten sich nicht auf Verhalten und Erleben, sondern verlangen vom Probanden, Kausalattributionen zu äußern. Solche Ursachenzuschreibungen sind jedoch keine Berichte über beobachtetes Verhalten. Somit geben sie keine Auskunft über die verhaltensleitenden Bedingungen in bestimmten Situationen, sondern nur über später erdachte Erklärungen für das relevante Verhalten. Solche Kausalattributionen werden häufig, auch von Psychologen, mit den motivationalen Bedingungen für ein Verhalten verwechselt. Falls Kausalattributionen bei einer Fragestellung von Bedeutung sind, dann fragen wir danach, wie sich der Proband ein bestimmtes Verhalten erklärt. Solche Erklärungen können für die weitere Bearbeitung einer Fragestellung von Bedeutung sein, da Menschen ihre Ursachenzuschreibungen meist für zutreffend halten und sich entsprechend verhalten. Die wirklichen Bedingungen für ein gezeigtes Verhalten können jedoch völlig andere sein, als in den Kausalattributionen geäußert werden.

Fragen nach »warum«, »wieso«, »weshalb«, »was sind die Gründe« suggerieren zudem, dass nur »vernünftige« Gründe als Antwort erwünscht sind. Dies kann man an vielen Gesprächsbeispielen zeigen. Die meisten Probanden fühlen sich gehemmt, bei solchen Fragen einen Verlauf zu schildern, in dem Gefühle eine wichtige oder die überwiegende Rolle spielen, vielmehr fühlen sie sich verpflichtet, etwas »Vernünftiges« zu äußern.

Darüber hinaus zeigt die Alltagserfahrung, dass Fragen nach den vernünftigen Gründen für Verhalten häufig mit der Absicht des Tadels oder im Streit eingesetzt werden. So werden im Alltag Fragen nach Begründungen für Verhalten häufig gestellt, wenn jemand einen anderen für sein Verhalten tadeln will. Wenn man weiß, dass der andere aus einem Gefühl heraus gehandelt hat, meint man, ihn so zur Angabe von »vernünftigen« Begründungen zwingen zu können. Gelingt dies, so kann man ihm im Gegenzug klarmachen, dass alle geäußerten Begründungen falsch sind.

Probanden tun sich wesentlich leichter, wenn der Psychologe sie bittet, einen bestimmten Hergang konkret zu schildern, also das zu beschreiben, was sie getan, gedacht und gefühlt haben. Dabei können sie alles darstellen, auch das, was »unvernünftig« war. Solche Schilderungen enthalten dann auch Überlegungen, die im alltäglichen Sinne »vernünftig« sein können. Beschreibungen von inneren und äußeren Vorgängen enthalten mehr zutreffende Informationen über die Motivation als Antworten auf Fragen nach Gründen.

Viele Psychologen beschreiben in einer Frage bestimmte Situationen und wollen dann hören, wie sich die Probanden in solchen verhalten würden. Solche Fragen verlangen von dem Probanden, dass er sowohl alle wichtigen Bedingungen einer solchen Situation kennt und angemessen einschätzen kann, als auch, dass er sich selbst so genau kennt, dass er einschätzen kann, wie er diesen Bedingungen entsprechen kann. Dies kann bestenfalls dann der Fall sein, wenn jemand derartige oder sehr ähnliche Situationen bereits erlebt hat. Daher ist es in jedem Fall günstiger, diese erlebte Situation direkt schildern zu lassen. Befragt man einen Probanden nach vermutetem Verhalten in für ihn unbekannten Situationen, also nach hypothetischem Verhalten, so ist dies immer eine intellektuelle und emotionale Überforderung des Probanden. Wie soll sich jemand, auch noch unter Zeitdruck, alle wichtigen Situationsbedingungen angemessen vorstellen können und sich außerdem in Sekunden angemessene eigene Verhaltensweisen überlegen, für die Menschen in der Realität Stunden, Tage oder mehr Zeit haben?

Bei den Variablen, die bei der Beantwortung einer Fragestellung zu beachten sind, haben wir Überzeugungen und Erwartungen als zentrale motivationale Konstrukte vorgestellt. Überzeugungen beziehen sich auf die Ziele, die Normen, die jemand als für sich verbindlich erlebt, die jeweils wichtigen Ausschnitte aus dem Selbstbild wie auch situationsspezifische Vorstellungen. Eine Erwartung ist eine Vorstellung, die ein Individuum von einem möglichen zukünftigen Ereignis hat. An Erwartungen ist zu erkennen, was jemand über einen bestimmten Bereich weiß, wie er bestimmte mögliche zukünftige Ereignisse bewertet und welche Gefühle er damit verknüpft. Die Erwartungen und Überzeugungen, die Menschen mit verschiedenen sich ihnen bietenden Verhaltensmöglichkeiten verbinden, gestatten nachweislich gute Verhaltensvorhersagen (vgl. z. B. Westhoff 1985; Westhoff u. Halbach-Suarez 1989).

Erwartungen und Überzeugungen als handlungsleitende Kognitionen können umso realistischer sein, je besser der Proband eine bestimmte Situation kennt. Hat er sie selbst schon erlebt, dann kann man ihn bitten, sein Verhalten und Erleben in dieser Situation zu schildern. Das ist der psychologisch-diagnostisch günstigste Fall. Konnte er andere in einer solchen Situation beobachten oder zusätzlich auch mit ihnen darüber sprechen, dann wird er sich u. U. recht gut vorstellen können, wie er sich in dieser Situation verhalten würde. Am schwierigsten ist es jedoch, sich eine Situation vorzustellen, die man nur vom Hörensagen oder gar nicht kennt. Hier ist dann auch mit den wenigsten Erwartungen zu rechnen, die zudem wenig konkret und wenig realistisch sind. Die so gewonnenen Erwartungen sind am wenigsten gut brauchbar für die Prognose zukünftigen Verhaltens.

12.10 Grad der Offenheit einer Frage

> **Definition**
>
> **Grad der Offenheit einer Frage**
> Eine Frage ist umso offener, je weniger durch sie die Art zu antworten festgelegt wird. Offene Fragen können genaue Fragen sein.
> Fragen in einem entscheidungsorientierten Gespräch sind, von begründeten Ausnahmen abgesehen, offene Fragen.

Bei offenen Fragen ist nicht festgelegt, wie die Gesprächspartner antworten sollen. Bei geschlossenen Fragen können sie im Extremfall nur mit einem Wort wie »ja« oder »nein« antworten. In Persönlichkeitsfragebögen und den meisten sonstigen Fragebögen wird bis auf seltene Ausnahmen eine solche geschlossene Art von Fragen verwendet.

Offene Fragen sind nicht ungenau oder vage. Sie können vielmehr so formuliert werden, dass die Probanden sehr genau wissen, worüber sie erzählen sollen, nur die Art, wie sie berichten, wird durch die Art zu fragen nicht festgelegt. Probanden bevorzugen offene Fragen, weil sie reden können, wie sie wollen. Offene Fragen sind daher am Anfang eines neuen Gesprächsabschnitts besonders hilfreich, weil der Psychologe da noch nicht viel über das Verhalten des Probanden in dem angesprochenen Bereich weiß. In einem Abschnitt eines entscheidungsorientierten Gesprächs geht es i.d.R. entweder um eine konkrete Situation, die es zu explorieren gilt oder um eine psychologische Variable. In beiden Fällen lassen wir den Probanden mit Hilfe einer offenen Frage oder Aufforderung darüber berichten. Interessieren hier ganz bestimmte Ausschnitte daraus näher, so verwenden wir auch dann wieder eine offene Frage, die sich nur auf diesen Ausschnitt bezieht. Auch wenn im Anschluss daran eine noch differenziertere Betrachtung notwendig ist, also ein Ausschnitt des Ausschnitts näher zu betrachten ist, so verwenden wir auch dazu immer offene Fragen. Grundsätzlich sind die Fragen in einem entscheidungsorientierten Gespräch, von begründeten Ausnahmen wie Filterfragen abgesehen, offene Fragen. Filterfragen setzt man ein, um zu erfahren, ob ein Proband in einem bestimmten Bereich Erfahrungen sammeln konnte. Wenn dies nicht der Fall ist, dann entfällt ein Teil des Leitfadens, der für den Fall vorbereitet ist, dass der Proband bestimmte Erfahrungen gemacht hat, beispielsweise ein bestimmtes Praktikum.

Mit geschlossenen Fragen werden im entscheidungsorientierten Gespräch nur ganz gezielt Informationen abgefragt, bei denen offene Fragen zu unnötig langen Berichten führen würden. Es hängt also von den Zielen eines geplanten und dem tatsächlichen Gesprächsverlauf ab, welcher Grad der Offenheit von Fragen und Aufforderungen weiterführt.

12.11 Grad der Direktheit einer Frage

> **Definition**
>
> **Grad der Direktheit einer Frage**
> Je leichter zu erkennen ist, worauf eine Frage abzielt, umso direkter ist sie. Je indirekter eine Frage ist, umso mehr Aspekte des Verhaltens und Erlebens sind in einem bestimmten Bereich zu schildern.
> Der Grad der Direktheit einer Frage wird gewählt nach
> – der Art der Wissensrepräsentation beim Gesprächspartner,
> – der Art der zu äußernden Inhalte,
> – dem Ziel der Frage im Gesamtablauf des Gesprächs.

Je leichter der Proband erkennen kann, auf welche Einzelheiten eine Frage abzielt, um so direkter ist sie. Je indirekter eine Frage ist, umso weniger wird in ihr ausgedrückt, welche Aspekte in einem bestimmten Verhaltensbereich interessieren. Der Proband ist dadurch aufgefordert, alles das zu erzählen, was er für berichtenswert hält.

Der Grad der Direktheit einer Frage hängt davon ab, wie das erfragte Verhalten beim Probanden repräsentiert ist. Vieles ist auf direkte Fragen hin nicht oder nur schlecht zu erinnern. Fordert man den Probanden dagegen durch eine entsprechende indirekte Frage auf, einen bestimmten Ablauf oder eine Entwicklung zu schildern, so kann er Einzelheiten berichten, die ihm auf direkte Fragen hin nicht einfallen.

Bei bestimmten Inhalten fällt es dem Probanden schwer, frei darüber zu sprechen, weil sie sich auf sozial missbilligtes Verhalten, emotional belastende Ereignisse oder motivational schwierige Situationen beziehen. Hier sind indirekte Fragen häufig eine unverzichtbare Einstiegshilfe.

Nicht zuletzt hängt der Grad der Direktheit einer Frage von den Zielen eines zu planenden oder laufenden Gesprächs ab. Auf bestimmte indirekte Fragen, z. B. solche nach »peinlichen« Inhalten, sind erst dann informative Antworten zu erwarten, wenn der Proband in einem längeren Gespräch erfahren hat, dass er offen und vertrauensvoll sprechen kann.

12.12 Vorbedingungen für die Durchführung entscheidungsorientierter Gespräche

> **Merke**
>
> **Vorbedingungen für die Durchführung entscheidungsorientierter Gespräche**
> – Gesprächsbereitschaft.
> – Erwartungen an das Gespräch und die Beteiligten sind möglichst zutreffend und vollständig.
> – Jeder Gesprächsteilnehmer hinterfragt selbstkritisch die Bewertungen seiner Erwartungen.
> – Jeder Gesprächsteilnehmer ist angemessen auf das Gespräch vorbereitet.

Für alle Interviews ist die zentrale Vorbedingung, dass der zu Interviewende zu dem Gespräch bereit ist. Um diese Gesprächsbereitschaft zu erreichen, stellt der Psychologe seine mit dem Gespräch angestrebten Ziele dar und erklärt und begründet seine Vorgehensweise so, dass der Proband zutreffende Erwartungen an das Gespräch ausbilden kann. Dies ist die Grundlage für Gesprächsbereitschaft und diese muss vor dem Beginn des entscheidungsorientierten Gesprächs entwickelt worden sein.

Bei der Vorbereitung von Gesprächen liegen in aller Regel schon einige Informationen über den Gesprächspartner vor. Der Psychologe stellt sich auf dieser Grundlage vor, wie sich der Proband verhalten wird. Solche vorgestellten Verhaltensweisen bewertet jeder als mehr oder weniger angenehm oder unangenehm, als sympathisch oder unsympathisch.

Diese Bewertungen der Erwartungen bei der Vorbereitung des Gesprächs nehmen wir zum Anlass, darüber nachzudenken, was wir an dem Gesprächspartner anziehend und was wir abstoßend finden. Dies hängt immer mit unseren eigenen Zielen und persönlichen Wertesystemen zusammen. Erst wenn uns dies bewusst ist, können wir mit den Gefühlen umgehen, die unsere Erwartungen begleiten. Wir achten dabei gleichermaßen auf positiv wie negativ bewertete Erwartungen, denn bleibt eine Bewertungsrichtung unreflektiert, kann sie die Einstellung zu dem Gesprächspartner verzerren.

Eine angemessene Gesprächsvorbereitung bedeutet also eine intellektuelle Leistung und zugleich eine Bearbeitung eigener Gefühle, die mit Erwartungen verbunden sind. Diese Gefühle werden von den Zielen und Wertvorstellungen ausgelöst, die von diesen Erwartungen angesprochen werden. Nur wenn diese intellektuellen, emotionalen und motivationalen Voraussetzungen für ein Gespräch aufseiten des Psychologen gegeben sind, kann der soziale Kontakt vor und während des Gesprächs im Sinne des Gesprächsziels zum Erfolg führen.

Häufig nehmen Interviewer von sich an, sie seien ihren Gesprächspartnern gegenüber »neutral« eingestellt. Wie jedoch die umfangreiche Literatur zur Personwahrnehmung, zu Vorurteilen und Stereotypen oder impliziten Persönlichkeitstheorien zeigt, gibt es keine globale neutrale Voreinstellung.

Das oben skizzierte Vorgehen bietet die Chance, sich Gesprächspartnern gegenüber möglichst fair einzustellen.

12.13 Bedingungen für ein erfolgreiches diagnostisches Gespräch

> **Merke**
>
> **Bedingungen für ein erfolgreiches diagnostisches Gespräch**
> 1. Die oben dargestellten Vorbedingungen für ein entscheidungsorientiertes Gespräch sind möglichst weitgehend gegeben.
> 2. Zeitliche Aspekte werden angemessen berücksichtigt.
> 3. Die Umgebung ist für das Gespräch günstig gestaltet.
> 4. Die Gesprächspartner stellen sich aufeinander ein hinsichtlich ihrer
>   – momentanen emotionalen Situation,
>   – Motivationslage,
>   – sozialen Beziehungen,
>   – kognitiven Fähigkeiten,
>   – körperlichen Besonderheiten.
> 5. Die Techniken der Gesprächsführung werden richtig eingesetzt.

Die oben skizzierten Voraussetzungen für entscheidungsorientierte Gespräche müssen möglichst weitgehend gegeben sein, wenn solche Gespräche alle Seiten zufriedenstellen sollen. Neben der Vorbereitung der Partner und der Leitfäden für Gespräche bestimmen auch die zeitlichen Rahmenbedingungen eines Gesprächs seinen Erfolg ganz wesentlich mit.

Die Wahl eines für alle Beteiligten günstigen Termins ist eine Bedingung, die i.d.R. erfüllt wird. Schwierigkeiten gibt es jedoch häufig mit der Bestimmung des zeitlichen Rahmens, weil hier zu wenig Zeit für das Kennenlernen und das Verabschieden vorgesehen wird. Diese informellen Gesprächsanteile sind aber für die Zufriedenheit mit diagnostischen Gesprächen wichtig. Nicht zu knapp bemessene Zeit ermöglicht es auch eher, pünktlich zu sein und so die Stimmung der Partner nicht unnötig zu belasten.

Störungen der Gespräche sollten durch eine entsprechende Gestaltung der Umgebung ausgeschlossen werden. Eine angenehme Umgebung für Gespräche zeichnet sich u. a. dadurch aus, dass die Gesprächspartner bequem sitzen und sich beim Sprechen anschauen können. Eine für alle gut ablesbare Uhr hilft, die eingeplanten Zeiten einzuhalten.

Alle Teilnehmer an Gesprächen sollten sich vorstellen und ihre Aufgaben kurz erklären, sodass die sozialen Beziehungen vor allem für den Probanden eindeutig klar sind. Der Interviewer erklärt dem Probanden auch, wozu der Leitfaden dient. Dann kann der Interviewer sich während des Gesprächs ausdrücklich auf diesen Leitfaden beziehen: Der Proband erkennt daran, dass der Interviewer die Fragestellung ernst nimmt und sich auf das Gespräch vorbereitet hat. Gut lesbare Namensschilder erleichtern die Gespräche ebenso wie Erfrischungen.

Ein Gespräch kann nur dann zufriedenstellend beginnen, wenn sich die Partner auf die momentane emotionale Situation des anderen einstellen und diese in ihrem Verhalten berücksichtigen. Vom Psychologen muss dies verlangt werden, von Gesprächspartnern kann man es weder erwarten noch gar verlangen. Durch die Besprechung der gegenseitigen Erwartungen und Ziele können sich die Partner motivational aufeinander einstellen.

Für Berichte über konkretes Verhalten und Erleben genügt die Umgangssprache. Sie eignet sich deshalb gut, weil der Proband dann so sprechen kann, wie er es gewohnt ist. Probleme können sich nur da ergeben, wo der Psychologe die Mundart eines Probanden nicht versteht. Im Extremfall wird man den Gutachtenauftrag zurückgeben müssen, denn es ist unverantwortlich, ein Gutachten zu erstatten, wenn man den Gesprächspartner nicht oder nur zum Teil verstehen kann, aus dem Gespräch aber die entscheidenden Informationen gewonnen werden müssen.

Zu den Bedingungen für ein erfolgreiches Gespräch gehört nicht zuletzt, dass die Partner in jeder psychologischen Untersuchung und in jedem Gespräch die gegenseitigen körperlichen Besonderheiten berücksichtigen. Eine Fülle möglicher Störungen können Gespräche behindern. Als Beispiele seien hier akute oder chronische Schmerzen oder auch Hör- und Sehstörungen genannt. Diese körperlichen Bedingungen berücksichtigen wir, soweit sie aus den Unterlagen bekannt sind oder aus ihnen darauf geschlossen werden kann, schon bei der Planung. Im Vorgespräch oder auch durch eine aufmerksame Verhaltensbeobachtung während des Gesprächs versuchen wir, auf körperliche Besonderheiten Rücksicht zu nehmen.

Verbale und nonverbale Verstärker, wie sie vielfach in der Fachliteratur beschrieben sind, setzen wir ein, um den Prozess des Berichtens beim Probanden zu fördern. Hierzu gehören beispielsweise kurze Äußerungen wie »hm« und »ja«, Kopfnicken oder Veränderungen der Körperhaltung. Dabei ist darauf zu achten, dass nicht auch unerwünschtes Verhalten wie z. B. Abschweifen vom Thema, verstärkt wird. Das Gespräch führt bei derartigem Interviewerverhalten immer weiter vom Ziel ab. Eine Möglichkeit, unerwünschtes Verhalten im Gespräch zu löschen, wäre das Aussetzen aller Verstärker. Schneller wirkt jedoch der direkte anschauliche Hinweis durch den Psychologen, welche Inhalte in welcher Darstellungsweise vom Probanden erwartet werden. Es versteht sich von selbst, dass solche Aufforderungen und Hinweise dem Probanden in einer Form gegeben werden, die ihn als Partner anerkennt und ihn keinesfalls verletzt.

Teil II des Untersuchungsplans zur eignungsdiagnostischen Beispielfragestellung

13.1 Leitfaden zum entscheidungsorientierten Gespräch – 100

13.2 Auswahl der teil- und nichtstandardisierten Verfahren – 103

13.3 Darstellung der teil- und nichtstandardisierten Verfahren im Gutachten – 104

Wir greifen hier die eignungsdiagnostische Fragestellung aus Kapitel 6 wieder auf und zeigen, wie teil- und nichtstandardisierte Verfahren im Untersuchungsplan nach den Regeln der entscheidungsorientierten Diagnostik ausgewählt, bearbeitet und dargestellt werden.

13.1 Leitfaden zum entscheidungsorientierten Gespräch

Leitfaden zum entscheidungsorientierten Gespräch zu:
- Entscheidungsverhalten,
- Erwartungen an Umschulung und Beruf,
- Interessen, Ziele, Wünsche,
- Lernen (Hinweise auf Intelligenz),
- Arbeitsstil,
- emotionale Belastbarkeit und Umgang mit emotionalen Belastungen,
- körperliche Belastbarkeit,
- Umgang mit anderen (soziale Bedingungen).

Wir wollen nun die Langform eines Leitfadens für ein entscheidungsorientiertes Gespräch zu unserer Beispielfragestellung vorstellen. Begrüßung, Vorstellung, den informellen Gesprächseinstieg und die Bitte um Genehmigung zur Tonbandaufnahme führen wir hier nicht auf. Das Stichwort »Zusammenfassung« steht immer dafür, dass im Interview an dieser Stelle die wesentlichen Informationen zum gerade besprochenen Thema vom Interviewer zusammengefasst werden, sodass die Probandin etwas korrigieren oder ergänzen könnte.

Den nun folgenden Leitfaden stellen wir im Gutachten nicht dar. Es würde dadurch bei den Gutachtenlesern der falsche Eindruck erweckt, dass die Fragen in der dargestellten Form und Reihenfolge gestellt worden seien. Weiter unten zeigen wir, in welcher Form das entscheidungsorientierte Gespräch in den Untersuchungsplan eingeht.

1 Entscheidungsverhalten

Der Entschluss, sich zur Altenpflegerin umschulen zu lassen und später in diesem Beruf zu arbeiten, hat wichtige und langfristige Folgen. Wir sollten daher über die hierbei wichtigen Bereiche sprechen.

1.1 Schildern Sie bitte einmal, wie Sie zu dem Entschluss gekommen sind, sich zur Altenpflegerin umschulen zu lassen.
1.2 Welche anderen Möglichkeiten haben Sie bedacht?
1.3 Inwieweit haben Sie sich informiert?
1.4 Woher haben Sie Informationen bekommen?
1.5 Wie wichtig waren die Informationen für Sie?
1.6 Haben Sie mit anderen darüber gesprochen, wie Sie sich entscheiden sollen?
1.7 Wenn ja: Mit wem?
1.8 Was meinte er/ sie?
1.9 Was bedeutete das für Sie?
1.10 Welche Vorteile sind für Sie mit den zur Wahl stehenden Möglichkeiten verbunden?
1.11 Welche Nachteile?
1.12 Welche Folgen hat Ihre Wahl für Sie?
1.13 Was war bei Ihrer Wahl wichtig?
1.14 Wie stellen Sie sich Ihre berufliche Zukunft vor?

Zusammenfassung

2 Erwartungen an Umschulung und Beruf

Kommen wir jetzt einmal dazu, was für Sie während der Umschulung und für die spätere Berufstätigkeit wichtig sein wird.

2.1 Wie stellen Sie sich die Umschulung vor?
2.2 Was wird nach Ihren Vorstellungen an der Umschulung schön sein?
2.3 Was wird weniger schön sein?
2.4 Was wird Ihnen beim Lernen eher leicht fallen?
2.5 Was wird Ihnen beim Lernen eher schwer fallen?
2.6 Wo werden Sie die Umschulung machen können?
2.7 Wie sieht die Umschulung aus? Wie läuft sie ab?
2.8 Was müssen Sie in der Umschulung lernen?
2.9 Wie sieht das bei Ihnen mit Praktika aus?
2.10 Wie wollen Sie Ihre Ausbildung finanzieren?
2.11 Wie können Sie die Schule erreichen?
2.12 In welchen Bereichen können Sie später arbeiten?

▼

13.1 · Leitfaden zum entscheidungsorientierten Gespräch

2.13 In welchen möchten Sie arbeiten?
2.14 Was finden Sie daran gut?
2.15 Was finden Sie daran nicht so gut?
2.16 Wo können Sie Arbeit finden?

Zusammenfassung

3 Interessen, Ziele, Wünsche

Jetzt wollen wir darüber sprechen, was alles für Sie am Beruf der Altenpflegerin wichtig ist.

3.1 Was ist für Sie am Beruf der Altenpflegerin wichtig?
3.2 Was interessiert Sie daran?
3.3 Was finden Sie an der Pflege alter Menschen gut?
3.4 Was finden Sie an der Pflege alter Menschen nicht so gut?

Zusammenfassung

4 Lernen (Hinweise auf Intelligenz und Arbeitsstil)

Bei der Umschulung müssen Sie nach längerer Pause wieder die Schulbank drücken und lernen.

4.1 Wie stellen Sie sich vor, dass das sein wird?
4.2 Wenn Sie einmal an Ihre Schulzeit und Ausbildung zurückdenken, was hat Ihnen daran gefallen?
4.3 Was hat Ihnen daran weniger gefallen?
4.4 Welche Fächer lagen Ihnen?
4.5 Was gefiel Ihnen daran?
4.6 Was gefiel Ihnen daran weniger?
4.7 Welche Fächer lagen Ihnen weniger?
4.8 Was gefiel Ihnen daran weniger?
4.9 Was gefiel Ihnen daran vielleicht doch?

Zusammenfassung

4.10 Was gefiel Ihnen an Ihrer Ausbildung?
4.11 Was gefiel Ihnen daran weniger?
4.12 Haben Sie sich auf Klassenarbeiten vorbereitet?
4.13 Wie war das bei Prüfungen?
4.14 Wie haben Sie Ihre Hausaufgaben gemacht?
4.15 Was fiel Ihnen dabei leicht?
4.16 Was fiel Ihnen weniger leicht?
4.17 Wieviel Zeit haben Sie dafür aufgewendet?

Zusammenfassung

▼

5 Arbeitsstil

Bei einer Umschulung und einer späteren Berufstätigkeit müssten zusätzlich Haushalt und Kinder versorgt werden. Dabei spielt die Art und Weise, wie man arbeitet, eine wichtige Rolle.

5.1 Welche Arbeiten fallen für Sie an?
5.2 Welche Arbeiten gefallen Ihnen?
5.3 Was finden Sie daran gut?
5.4 Was finden Sie daran vielleicht auch nicht so gut?
5.5 Welche Arbeiten gefallen Ihnen weniger?
5.6 Was finden Sie daran nicht so gut?
5.7 Was finden Sie daran vielleicht doch auch gut?
5.8 Welche Arbeiten fallen Ihnen leicht?
5.9 Wie kommt das?
5.10 Welche Arbeiten fallen Ihnen schwer?
5.11 Woran liegt das?
5.12 Wie ist das bei Ihnen, wenn Sie etwas tun müssen, was Ihnen nicht liegt?

Zusammenfassung

5.13 Wie bewältigen Sie umfangreiche Arbeiten?
5.14 Gehen Sie nach einem Plan vor?
5.15 Wenn ja: Wie machen Sie den Plan?
5.16 Wie sieht der Plan aus?
5.17 Inwieweit halten Sie sich an den Plan?
5.18 Wenn nein: Wie gehen Sie vor?

Zusammenfassung

5.19 Wo tauchen Probleme bei Ihrer Arbeit auf?
5.20 Wie lösen Sie diese?
5.21 Wie ist das für Sie, wenn Sie unter Zeitdruck arbeiten müssen?
5.22 Wie verhalten Sie sich dann?

Zusammenfassung

5.23 Bei welchen Gelegenheiten arbeiten Sie mit anderen zusammen?
5.24 Was finden Sie daran gut?
5.25 Was finden Sie daran weniger gut?
5.26 Wann arbeiten Sie allein?
5.27 Was finden Sie daran gut?
5.28 Was finden Sie daran weniger gut?

Zusammenfassung

5.29 Wann können Sie sich gut auf eine Arbeit konzentrieren?

▼

5.30 Wann können Sie sich weniger gut auf eine Arbeit konzentrieren?

5.31 Wie lange arbeiten Sie konzentriert an einem Stück?

5.32 Wann machen Sie Pausen?

5.33 Wie lange machen Sie Pausen?

5.34 Was machen Sie in den Pausen?

5.35 Wann sind Sie mit Ihrer Arbeit zufrieden?

5.36 Wann sind Sie mit Ihrer Arbeit weniger zufrieden?

Zusammenfassung

6 Emotionale Belastbarkeit und Umgang mit emotionalen Belastungen

6.1 Wie ist das für Sie, wenn Sie unter Zeitdruck arbeiten müssen?

6.2 Wie gehen Sie dann vor?

6.3 Wie verhält sich dann Ihr Mann?

6.4 Wie ist das für Sie, wenn eines Ihrer Kinder krank ist?

6.5 Was tun Sie, um damit fertig zu werden?

6.6 Wie verhält sich dann Ihr Mann?

6.7 Haben Sie persönliche Erfahrungen mit kranken Menschen, die Ihnen fremd sind?

6.8 Wenn ja: Welche? Wie sehen die aus? Wie ist das für Sie?

6.9 Wenn nein: Wie stellen Sie sich den täglichen Umgang mit Kranken und Pflegebedürftigen vor?

6.10 Haben Sie Erfahrungen mit Sterbenden?

6.11 Wenn ja: Welche? Wie sehen die aus? Wie war das für Sie?

6.12 Wenn nein: Wie wird das nach Ihrer Vorstellung für Sie sein, wenn Sie mit Sterbenden zu tun haben?

6.13 Haben Sie Erfahrungen mit (geistig/ körperlich) behinderten alten Menschen?

6.14 Wenn ja: Welche? Wie sahen die aus?

6.15 Wenn nein: Wie stellen Sie sich den täglichen Umgang mit (geistig/ körperlich) behinderten alten Menschen vor?

6.16 Neben diesen Belastungen im Beruf werden Sie auch Haushalt und Kinder zumindest mitzuversorgen haben. Wie wollen Sie diese Belastung bewältigen?

6.17 Was meint Ihr Mann dazu?

6.18 Was meint Ihre Familie dazu?

6.19 Was meint die Familie ihres Mannes dazu?

6.20 Was meinen Ihre Bekannten/ Freunde dazu?

Zusammenfassung

6.21 Nachdem wir nun eine Reihe von nicht einfachen Situationen besprochen haben: Wie schätzen Sie sich selbst ein: Wie belastbar sind Sie in solchen Situationen insgesamt?

6.22 Wie werden Sie da von anderen eingeschätzt?

7 Körperliche Belastbarkeit

Die Tätigkeit einer Altenpflegerin ist körperlich anstrengend.

7.1 Wie sieht es mit Ihrer Gesundheit aus?

7.2 Welche Krankheiten hatten Sie bisher?

7.3 Sind davon Beeinträchtigungen zurückgeblieben? Wenn ja: welche?

7.4 Hatten Sie schon mal einen Unfall? Wenn ja: Sind davon Beeinträchtigungen zurückgeblieben? Wenn ja: welche?

7.5 Haben Sie Probleme mit Herz oder Kreislauf? Wenn ja: welche?

7.6 Haben Sie Schwierigkeiten mit der Atmung? Wenn ja: welche?

7.7 Haben Sie Schwierigkeiten mit den Füßen? Wenn ja: welche?

7.8 Haben Sie Schwierigkeiten mit den Beinen? Wenn ja: welche?

7.9 Haben Sie Schwierigkeiten mit den Händen? Wenn ja: welche?

7.10 Haben Sie Schwierigkeiten mit den Armen? Wenn ja: welche?

7.11 Haben Sie Schwierigkeiten mit dem Rücken? Wenn ja: welche?

7.12 Sind Sie gegen etwas allergisch? Wenn ja: wogegen?

7.13 Haben Sie sonst irgendwelche körperlichen Besonderheiten, die wir bei Ihrem neuen Beruf beachten müssen? Wenn ja: welche?

7.14 Rauchen Sie? Wenn ja: bei welchen Gelegenheiten? Wieviel?

7.15 Trinken Sie Alkohol? Wenn ja: bei welchen Gelegenheiten? Wieviel?

7.16 Welche Medikamente nehmen Sie?

7.17 Was tun Sie für sich?

Zusammenfassung

8 Umgang mit anderen (soziale Bedingungen)

Als Altenpflegerin haben Sie viel mit anderen Menschen zu tun. Das kann schön, manchmal aber auch schwierig sein.

8.1 Wie kommen Sie denn im Allgemeinen mit anderen aus?
8.2 Mit welcher Art von Menschen gehen Sie gerne um?
8.3 Was gefällt Ihnen daran?
8.4 Wie gehen Sie auf solche Menschen zu?
8.5 Mit welcher Art von Menschen haben Sie nicht so gerne zu tun?
8.6 Was ist Ihnen daran unangenehm?
8.7 Wie gehen Sie mit solchen Menschen um?

Zusammenfassung

8.8 Was finden Sie schön am Umgang mit anderen?
8.9 Was stört Sie am Umgang mit anderen?
8.10 Was ist Ihnen wichtig im Umgang mit anderen?
8.11 Was ist Ihnen nicht so wichtig im Umgang mit anderen?

Zusammenfassung

8.12 Welche Menschen sind für Sie in Ihrem Leben wichtig?
8.13 Was wird sich für diese durch Ihre Umschulung und Berufstätigkeit ändern?
8.14 Was finden Sie daran gut?
8.15 Was finden Sie daran nicht so gut?
8.16 Was finden diese daran gut?
8.17 Was finden diese daran nicht so gut?
8.18 Haben Sie Erfahrung im Umgang mit alten Menschen?
8.19 Wenn ja: welche?
8.20 Wenn nein: Woher wissen Sie, dass Sie mit alten Menschen umgehen können?
8.21 Haben Sie Erfahrung im Umgang mit pflegebedürftigen alten Menschen? Wenn ja: welche?
8.22 Wie zeigt es sich, dass Sie mit alten Menschen umgehen können?

Zusammenfassung

8.23 Wir haben jetzt viele Einzelheiten besprochen. Schauen wir sie uns einmal im Zusammenhang an.
8.24 Bitte schildern Sie einmal einen Arbeitstag, wie er zzt. bei Ihnen üblich ist, z. B. den Tag gestern.

▼

8.25 Wie sieht bei Ihnen zzt. ein Wochenende aus, z. B. das letzte?
8.26 Wie stellen Sie sich den Verlauf eines Arbeitstages vor, wenn Sie die Umschulung machen?
8.27 Wie stellen Sie sich ein Wochenende vor, wenn Sie die Umschulung machen?
8.28 Wie stellen Sie sich einen Arbeitstag vor, wenn Sie als Altenpflegerin arbeiten?
8.29 Wie stellen Sie sich ein Wochenende vor, wenn Sie als Altenpflegerin arbeiten?

Zusammenfassung

13.2 Auswahl der teil- und nichtstandardisierten Verfahren

Für die Fragestellung ausgewählte teil- und nichtstandardisierte Verfahren
− Entscheidungsorientiertes Gespräch,
− Verhaltensbeobachtung,
− Schulzeugnisse,
− Arbeitszeugnis.

Entscheidungsorientiertes Gespräch. Das entscheidungsorientierte Gespräch – ein teilstandardisiertes Verfahren – ist bei fast allen psychologisch-diagnostischen Fragestellungen die Quelle für die meisten Informationen. So ist es auch bei unserer Fragestellung. Dieser Aufgabe kann ein Gespräch allerdings nur dann gerecht werden, wenn es nach den oben dargestellten Prinzipien geplant, durchgeführt und ausgewertet wird.

Verhaltensbeobachtung. Weiter oben haben wir dargestellt, dass es zur Sicherung gültiger Testinformationen notwendig ist, das Verhalten der Probanden kurz vor, während und nach einem Test zu beobachten. Dies gilt nicht nur für Tests und Fragebögen, sondern für alle Teile einer psychologischen Untersuchung. Manche entscheidende Information drücken Probanden z. B. im Gespräch durch Gestik und Mimik aus. Während der gesamten Untersuchung beobachten wir daher immer das Verhalten unserer Partner, registrieren es und verwenden diese Informationen einer nicht standardisierten Beobachtung mit der gebotenen Vorsicht bei der Beantwortung der Psychologischen Fragen im Befund.

Schulzeugnisse als Quelle für diagnostische Informationen werden vielfach abgelehnt, da sie als wenig aussagekräftig gelten. Wenn man jedoch mit dem Probanden darüber spricht, wie – aus seiner Sicht – die Beurteilungen im Zeugnis zustandegekommen sind, kann die Gültigkeit der Noten angemessen eingeschätzt werden.

Schulzeugnisse. Nach Möglichkeit bitten wir um mehrere Zeugnisse aus einem relevanten Ausschnitt der Schulzeit. In der Regel werden das die letzten drei oder vier Zeugnisse sein. Wir besprechen mit den Probanden, wie es zu gleichbleibenden oder sich verändernden Noten gekommen ist.

Arbeitszeugnisse. Arbeitszeugnisse können für die psychologische Diagnostik wichtige Informationen enthalten. Voraussetzung ist hier allerdings, dass der Diagnostiker weiß, wie Arbeitszeugnisse zu schreiben und zu verstehen sind. Viele Arbeitszeugnisse geben jedoch keine diagnostisch verwertbaren Informationen. Hier bemühen wir uns um die notwendigen Erläuterungen durch den Probanden und ggf. sein Einverständnis für eine Rückfrage beim Aussteller eines Zeugnisses.

13.3 Darstellung der teil- und nichtstandardisierten Verfahren im Gutachten

Bei der Beschreibung des realisierten Untersuchungsplanes im Gutachten stellen wir die teil- und nichtstandardisierten Verfahren dar:
- Entscheidungsorientiertes Gespräch,
- Verhaltensbeobachtung,
- Schulzeugnisse,
- Arbeitszeugnis.

Im Folgenden beschreiben wir das entscheidungsorientierte Gespräch, die nichtstandardisierte Verhaltensbeobachtung, die Schulzeugnisse und das Arbeitszeugnis so, wie dies im Gutachten erscheint.

Mit der Probandin wurde ein entscheidungsorientiertes Gespräch geführt, das die Informationen aus den folgenden Bereichen liefern sollte, die bei der anstehenden Entscheidung von Bedeutung sind:
- Entscheidungsverhalten,
- Motivation zum Beruf,
- Motivation zur Umschulung,
- Lernen,
- emotionale Belastbarkeit und Umgang mit emotionalen Belastungen,
- körperliche Belastbarkeit,
- soziale Bedingungen.

Während der gesamten Untersuchung und aller Gespräche wurde das Verhalten der Probandin beobachtet, um ihr Erleben der Untersuchungssituation bei der Beurteilung der Ergebnisse angemessen berücksichtigen zu können. Ferner können hierbei Informationen über folgende Teilbereiche gesammelt werden:
- allgemeine Intelligenz,
- Kontaktfähigkeit,
- Sprachverständnis,
- Sprachverhalten,
- emotionale Belastbarkeit.

Frau H.s Schulzeugnisse aus den beiden letzten Hauptschuljahren sowie alle Zeugnisse der gewerblichen Schule aus der Zeit ihrer Ausbildung wurden, zusammen mit ihren Kommentaren dazu, herangezogen zur Beurteilung:
- ihrer allgemeinen Intelligenz,
- ihrer Kenntnisse im Schreiben und Rechnen,
- ihrer Interessen.

Das Arbeitszeugnis von Frau H. über die Zeit ihrer Ausbildung diente, zusammen mit ihren Kommentaren dazu, zur Beurteilung:
- ihres Arbeitsstils,
- ihrer Kontaktfähigkeit,
- ihrer Zusammenarbeit mit anderen,
- ihres Durchsetzungsvermögens,
- ihres Sprachverhaltens,
- ihrer emotionalen Belastbarkeit und ihres Umgangs mit emotionalen Belastungen.

Personwahrnehmung und diagnostisches Urteil

14.1 Personwahrnehmung im Alltag und diagnostisches Urteil – 106

14.2 Bedeutung sozialpsychologischer Forschungen zur Personwahrnehmung – 107

14.3 Individuelle Unterschiede beim diagnostischen Urteilen – 108

14.1 Personwahrnehmung im Alltag und diagnostisches Urteil

> **Definition**
>
> Entscheidungsorientiertes psychologisches Diagnostizieren unterscheidet sich von der Wahrnehmung anderer im Alltag durch
> - die Ziele,
> - die spezielle Planung und Vorbereitung,
> - die wissenschaftlichen Methoden der Informationsgewinnung,
> - die schrittweise, wissenschaftlich begründete Auswertung der Informationen,
> - die nachvollziehbare Art der Kombination von Informationen zu wohlbegründeten Entscheidungen.

Im Alltag nehmen Nichtpsychologen wie Psychologen ständig andere Menschen wahr und bilden sich aufgrund ihrer Eindrücke Urteile, die dann ihr Verhalten mitbestimmen (Kanning 1999). Diese Urteilsbildung funktioniert im Alltag meist recht zufriedenstellend. In schwierigen Situationen jedoch ist dieser sog. gesunde Menschenverstand überfordert. Meist handelt es sich dann um Entscheidungen, von denen viel für das weitere Leben eines einzelnen oder mehrerer Menschen abhängt.

Unsicherheit kommt auf, wenn man andere nur aufgrund von alltäglichen Eindrücken beraten soll, z. B. bei der Wahl einer geeigneten Schulform, Ausbildung, Umschulung, bei Störungen des Verhaltens und Erlebens, in den verschiedenen Bereichen der Rechtsprechung oder des Justizvollzuges. Jeder weiß aus dem Alltag, wie leicht bloße Eindrucksurteile falsch oder verzerrt sein können. Hier kann die entscheidungsorientierte psychologische Diagnostik helfen, die Fehler zu vermeiden und die Verzerrungen zu verringern, die im Alltag leicht zu Fehlurteilen über andere führen.

Die alltägliche Wahrnehmung und Beurteilung anderer geht im Unterschied zur entscheidungsorientierten psychologischen Diagnostik nicht von einer sorgfältig formulierten Fragestellung aus. Wer jedoch ein psychologisches Gutachten in Auftrag gibt, bemüht sich – im Zweifelsfall nach Rücksprache mit dem Psychologen – schon die Fragestellung so zu formulieren, dass seine Ziele dabei angemessen berücksichtigt werden. Das heißt, schon der erste Schritt wird viel besser überlegt, als es im Alltag allgemein der Fall sein kann.

Die Psychologie stellt umfangreiches Wissen für die Planung und Vorbereitung diagnostischer Untersuchungen zur Verfügung. Dieses Wissen steht im Alltag nicht jederzeit zur Verfügung. Daher werden Eindrücke im Alltag in aller Regel unsystematisch gewonnen und die darauf gegründeten Urteile über andere mehr oder weniger verzerrt. Weiter oben haben wir ausführlich beschrieben, wie wir in der entscheidungsorientierten Planung des diagnostischen Handelns vorgehen, um Informationen systematisch zu sammeln.

Im Unterschied zum Alltag stehen den Psychologen eine Reihe sehr wirksamer Methoden zur Verfügung, mit denen sie wichtige diagnostische Informationen gewinnen können. Nicht nur Tests und Fragebögen können hier eingesetzt werden, sondern vor allem die entscheidungsorientierte Gesprächsführung und die systematische Beobachtung des Verhaltens.

Große Schwierigkeiten macht es im Alltag, die bei einer Entscheidung wichtigen Informationen von den unwichtigen zu trennen. Manches wird im Alltag als wichtige Information angesehen, das aber nachweislich in einem bestimmten Zusammenhang unbedeutend oder gar irreführend ist. Hier kann das in der Psychologie vorhandene Wissen dazu genutzt werden, um aus den vielen Informationen diejenigen herauszufiltern, die bei einer Fragestellung zu beachten sind. Dieser Filtervorgang kann im Unterschied zum Alltag schrittweise geschehen, weil das notwendige Wissen und die dafür erforderliche Zeit zur Verfügung stehen.

Eindrücke von anderen werden im Alltag meist recht schnell und ohne Reflexion des dabei verwendeten Vorgehens gebildet, z. B. aufgrund des »ersten Eindrucks«, den ein anderer Mensch auf einen selbst macht. Diese Fehlerquelle wird in der entscheidungsorientierten psychologischen Diagnostik dadurch ausgeschaltet, dass die Informationen zu einer psychologischen Frage systematisch zusammengetragen werden. Diese Informationen werden ferner nach einer Entscheidungsregel kombiniert, die der Fragestellung nachweisbar angemessen ist. Hierbei kann der psychologische Diagnostiker auf ein breites Wissen aus der psychologischen Entscheidungsforschung zugreifen. Dort werden nämlich u. a. Entscheidungsregeln beschrieben und ihre Merkmale untersucht.

14.2 Bedeutung sozialpsychologischer Forschungen zur Personwahrnehmung

> **Personwahrnehmung als Gegenstand sozialpsychologischer Forschung**
> 1. Ziele: Beschreibung und Erklärung der Prozesse bei der Wahrnehmung und Beurteilung anderer Menschen.
> 2. Vorgehen: Vergleich von objektiv gültigen Urteilen über andere mit subjektiven Beschreibungen derselben Personen.
> 3. Ergebnisse: Beschreibung und Erklärung von Nichtübereinstimmungen zwischen objektiv gültigen und subjektiven Urteilen über andere.
> 4. Bedeutung für die psychologische Diagnostik: Das Wissen über Urteilsfehler und -tendenzen ermöglicht es, Vorgehensweisen zu entwickeln, die es gestatten, Urteilsfehler zu vermeiden und Urteilsverzerrungen zu verringern.

Sozialpsychologische Forschungen zur Personwahrnehmung wollen die Prozesse beschreiben und erklären, die bei der Wahrnehmung und Beurteilung anderer Menschen ablaufen. Aufgrund dieser Wahrnehmungen und Beurteilungen werden im Alltag oft weitreichende Aussagen über andere gemacht. Die Forschungen zur Personwahrnehmung geben Hinweise, welche Urteilsfehler und -tendenzen bei der Beurteilung anderer wirken können. Einen Überblick über die Forschungsergebnisse zur Personwahrnehmung geben z. B. Preiser (1979) und Kanning (1999).

Bei der Erforschung der Personwahrnehmung geht man häufig von objektiv gültigen Urteilen oder Aussagen über Menschen aus und vergleicht diese Aussagen mit solchen, die Versuchsteilnehmer unter bestimmten experimentellen Bedingungen abgeben. Meist werden dabei nicht die Personen selbst vorgestellt, sondern nur Beschreibungen ihres Verhaltens und Erlebens. Darin kann man einerseits eine Schwäche dieser Forschungen sehen, weil im Alltag die meisten Urteile über andere nach persönlichen Beobachtungen und nicht nach Beschreibungen durch Dritte gefällt werden. Andererseits haben diese Forschungen für alle diejenigen Bereiche besondere Bedeutung, in denen Urteile über andere ganz oder teilweise aufgrund von schriftlich oder mündlich übermittelten Informationen gefällt werden.

Vielfältige sozialpsychologische Forschungen zur Personwahrnehmung liefern Beschreibungen der Urteilsfehler und -tendenzen, die sich aus dem Vergleich objektiv gültiger und subjektiver Urteile ergeben. Weiterhin konnte man durch theoretisch fundierte Experimente erklären, unter welchen Bedingungen man mit welchen Fehlern und Verzerrungen zu rechnen hat.

Schriftlich und mündlich übermittelte, d. h. indirekte Informationen, über andere liegen im Alltag häufig als erste vor und bestimmen so unsere Erwartungen an die beschriebenen Personen. Bei wichtigen Entscheidungen über Personen spielen solche indirekten Informationen meist eine zentrale Rolle. Dies ist bei allen Entscheidungen in der Schule, der Aus- und Weiterbildung, bei juristischen Entscheidungen, Entscheidungen im Personalbereich und meist bei Problemen mit gestörtem Verhalten und Erleben der Fall.

Eines der wichtigsten Anliegen der psychologischen Diagnostik besteht darin, zutreffende und möglichst wenig verzerrte Informationen zu gewinnen und diese in einer objektiven und angemessenen Weise zu diagnostischen Aussagen zu kombinieren. Dazu reicht es aber nicht aus, die Urteilsfehler und -tendenzen zu kennen. Es müssen Vorgehensweisen beschrieben und erprobt werden, die helfen können, diese Fehler zu vermeiden und Verzerrungen so gering wie möglich werden zu lassen.

Weiter unten werden wir die Urteilsfehler und -tendenzen beschreiben, die nach unseren Erfahrungen in der psychologischen Diagnostik von Bedeutung sind. Ferner werden wir darstellen, wie sich nach unseren Erfahrungen Urteilsfehler vermeiden und Verzerrungen diagnostischer Urteile minimieren lassen. Zuvor wollen wir jedoch darauf eingehen, ob es eine allgemeine Fähigkeit zur richtigen Einschätzung anderer Personen gibt oder ob bestimmte Menschen wenigstens in bestimmten Bereichen zu besonders zutreffenden Beurteilungen in der Lage sind.

14.3 Individuelle Unterschiede beim diagnostischen Urteilen

> **Merke**
>
> Individuelle Unterschiede beim diagnostischen Urteilen
> - beruhen nicht auf einer allgemeinen Fähigkeit zur richtigen Einschätzung anderer Menschen.
> - hängen nur bei spezifischen Inhalten, Methoden und Objekten mit Persönlichkeitsmerkmalen zusammen.
> - entstehen durch Wissens- und Trainingsunterschiede.

Aufgrund alltäglicher Beobachtungen gewinnen viele von sich selbst oder anderen den Eindruck, Menschen besonders gut und zutreffend einschätzen zu können. Daraus wird häufig abgeleitet, dass es »geborene« Diagnostiker oder eine allgemeine Fähigkeit zur richtigen Einschätzung anderer Menschen gibt. Diese Schlussfolgerung wird jedoch von den vorliegenden empirischen Untersuchungen nicht unterstützt.

Es kommt vor, dass bestimmte Menschen andere in umschriebenen Verhaltensbereichen immer wieder beurteilen und zugleich Rückmeldung darüber bekommen, ob ihre Urteile objektiv zutrafen oder nicht. In solchen Situationen kann sich ein situationsbezogenes Expertentum in der Einschätzung anderer entwickeln. Hinweise darauf, dass solche Menschen auch in anderen Klassen von Situationen ein eher zutreffendes Urteil über andere äußern, gibt es jedoch nicht.

Wenn es schon keine allgemeine Fähigkeit zur richtigen Beurteilung anderer Menschen gibt, so könnte man doch vermuten, dass die Ausprägung bestimmter Persönlichkeitsmerkmale für richtige Personbeurteilungen wichtig sein können. Aber auch hier gibt es keine regelhaften Zusammenhänge. Vielmehr ist festzuhalten, dass bisher nur Zusammenhänge zwischen Persönlichkeitsmerkmalen und spezifischen Inhalten, Methoden und Objekten (z. B. Individuen oder Gruppen) nachgewiesen werden konnten. Ein zusammenfassender Bericht über die einschlägigen theoretischen Überlegungen und die empirische Forschung zum hier angesprochenen Themenbereich findet sich im Sammelreferat von Lüer u. Kluck (1983).

Was sich in alltäglichen Situationen der Beurteilung anderer Menschen schon erkennen ließ, wird für die systematische Beurteilung durch psychologische Diagnostiker bestätigt. Für die zutreffende Beurteilung anderer Menschen unter einer bestimmten Klasse von Fragestellungen ist erforderlich:
1. Alltagswissen,
2. theoretisches, methodisches und inhaltliches Grundlagenwissen,
3. theoretische Kenntnisse in psychologischer Diagnostik,
4. Training des Beurteilungsverhaltens mit Rückmeldung über individuelle Stärken und Schwächen.

Zusätzlich kann kontrollierte Berufserfahrung in einem bestimmten Bereich der psychologischen Diagnostik eine effiziente Bearbeitung einer Fragestellung aus diesem Bereich unterstützen.

Fehler und Verzerrungen im Prozess der diagnostischen Urteilsbildung

15.1 Zur Darstellung der Fehler und Verzerrungen im Prozess – 110

15.2 Fehler und Verzerrungen bei Psychologischen Fragen – 110

15.3 Fehler und Verzerrungen der Urteilsbildung bei der Planung diagnostischer Untersuchungen – 113

15.4 Fehler und Verzerrungen der Urteilsbildung bei der Darstellung der Untersuchungsergebnisse – 114

15.5 Fehler und Verzerrungen der Urteilsbildung im Befund – 114
15.5.1 Fehler und Verzerrungen der Urteilsbildung im Befund, die allgemein zu beobachten sind – 114
15.5.2 Fehler und Verzerrungen der Urteilsbildung im Befund, die durch die Persönlichkeit des Diagnostikers bedingt sind – 116

15.1 Zur Darstellung der Fehler und Verzerrungen im Prozess

> **Merke**
>
> Fehler und Verzerrungen im Prozess der diagnostischen Urteilsbildung
> 1. werden beschrieben in
>   - sozialpsychologischen Arbeiten zur Personwahrnehmung,
>   - der psychologischen Entscheidungsforschung,
>   - Arbeiten zur diagnostischen Urteilsbildung,
> 2. können in der Praxis schwerwiegende negative Folgen haben,
> 3. werden hier für die Phasen der diagnostischen Urteilsbildung dargestellt, in denen sie die wichtigsten Folgen haben.

Wir werden in diesem Kapitel die Urteilsverzerrungen und -fehler beschreiben, die im Prozess der diagnostischen Urteilsbildung wichtig sein können. Beschreibungen solcher Urteilsverzerrungen finden sich in den sozialpsychologischen Arbeiten zur Personwahrnehmung und der psychologischen Entscheidungsforschung. Wir stellen davon hier nur die Urteilsfehler und -verzerrungen dar, die nach unseren Beobachtungen im Prozess der diagnostischen Urteilsbildung von Bedeutung sind.

Viele Urteilsfehler und -verzerrungen können sehr früh im diagnostischen Urteilsprozess und auch danach immer wieder auftreten. Andere Fehler und Verzerrungen des Urteils können nur in bestimmten Phasen des diagnostischen Prozesses eine Rolle spielen. Die Folgen solcher Fehler und Verzerrungen im Prozess der diagnostischen Urteilsbildung können äußerst schwerwiegend sein. Gutachter können zu völlig unangemessenen Schlussfolgerungen kommen und so die Entscheidungsträger zu Entscheidungen verleiten, die für die Betroffenen langandauernde negative Folgen haben können.

Im Folgenden schildern wir die praktisch bedeutsamen Fehler und Verzerrungen jeweils für die Phasen im Ablauf des diagnostischen Urteilsprozesses, in denen sie nach unseren Beobachtungen die gravierendsten Folgen haben können.

15.2 Fehler und Verzerrungen bei Psychologischen Fragen

> **Merke**
>
> Bei der Übersetzung der Fragestellung in Psychologische Fragen können Fehler und Verzerrungen auftreten durch:
> - soziale Stereotype,
> - implizite Persönlichkeitstheorien,
> - unangemessene Urteilsheuristiken,
> - mangelnde kognitive Komplexität,
> - Prozesse des sozialen Hypothesentestens.

Unter einem sozialen Stereotyp versteht man ein Bündel typischer Eigenschaften von Mitgliedern einer sozialen Einheit wie z. B. einer Gruppe, einer Schicht, einem Volk, das bei diesen erwartet wird. Diese erwarteten Eigenschaften können bei einem Mitglied einer solchen sozialen Einheit mehr oder weniger gegeben sein. Diese stereotypen Vorstellungen von anderen dienen im Alltag dazu, dass sich Menschen schnell, sicher und i.d.R. angemessen verhalten können. In ungewöhnlichen Situationen können sie jedoch zu schwerwiegenden Irrtümern führen.

Ein Beispiel mag dies verdeutlichen: Die Trennung oder Scheidung von Eltern ist für ihre Kinder immer eine problematische Situation. Dieses Problem kann mehr oder weniger erfolgreich gelöst und von den Kindern bewältigt werden. Häufig haben Kinder in Folge einer solchen Trennungssituation auch in anderen Bereichen ihres Lebens Schwierigkeiten, z. B. in der Schule. Wird ein solches Kind wegen der Schulschwierigkeiten bei Psychologen vorgestellt, so wird als Erklärung oft direkt mitgeliefert, dass die Eltern sich gerade scheiden lassen.

Würden Psychologen in solchen Situationen ihren Blick nur auf die familiären Bedingungen richten, unter denen ein Kind lebt, so könnten ihnen die u. U. wirklich wichtigen Bedingungen für die Schulschwierigkeiten entgehen. Schwierigkeiten in der Schule können jedoch unterschiedlich bedingt sein, z. B. durch Über- oder Unterforderung des Kindes, falsche Erwartungen des Kindes, seine Ziele und Wünsche, die dem Erfolg in einer bestimmten Schule entgegenstehen, soziale Diskriminierung. Alle diese Bedingungen können neben den emotionalen Schwierigkeiten wegen der Trennung der Eltern bestehen und können auch ohne diese Komplikation weiter bestehen bleiben. Die emotionale Auseinandersetzung mit der Trennung der Eltern ist eben nur eine unter vielen möglichen Bedingungen für Schulschwierigkeiten.

Die Hilfen bei Konzentrationsproblemen in den Klassen 5 bis 10 von Westhoff et al. (1990) geben dem Lehrer in dieser oben beschriebenen Weise die Möglichkeit, die entscheidenden Bedingungen für das unerwünschte Verhalten zusammen mit dem Schüler zu beschreiben und gemeinsam systematisch nach Lösungen zu suchen. Ist dieser Versuch nicht erfolgreich und muss der Psychologe eingeschaltet werden, so kann dieser auf die von Westhoff (1991, 1992a,b, 1993) beschriebene entscheidungsorientierte diagnostische Untersuchungsstrategie bei Konzentrationsproblemen zurückgreifen. Eine Zusammenfassung dieser Strategien findet sich bei Westhoff u. Hagemeister (2005).

Jeder Mensch hat seine eigenen Vorstellungen über den Zusammenhang zwischen den Merkmalen des Verhaltens und Erlebens von Menschen, dies ist seine implizite Persönlichkeitstheorie. Diese implizite Persönlichkeitstheorie erweist sich im Alltag als mehr oder weniger hilfreich, wenn es um das Verständnis anderer geht. In bestimmten Äußerungen wird ein Bruchteil einer solchen impliziten Persönlichkeitstheorie deutlich: »Wer lügt, der stiehlt.« »Wer intelligent ist, der ist auch kreativ.« »Extravertierte sind nicht empfindlich.«

Richten sich Psychologen in der Diagnostik nach ihrer – unzutreffenden – impliziten Persönlichkeitstheorie, so übersehen sie wichtige Bedingungen, die zur Beschreibung, Erklärung und Vorhersage individuellen Verhaltens von Bedeutung sind. Sie übertragen dann eine Fragestellung nur unvollständig in Psychologische Fragen. Fehlende Psychologische Fragen führen zu einer unvollständigen Informationsgewinnung und u. U. zu völlig unzutreffenden Aussagen im Befund des psychologischen Gutachtens. Voreingenommenheiten dieser Art, wie auch stereotype Annahmen über Zusammenhänge von Merkmalen und Bedingungen menschlichen Verhaltens, können die Selbstbestätigungsneigung einseitiger Hypothesen verstärken; dies wird weiter unten ausführlicher dargestellt.

In der psychologischen Entscheidungsforschung wurden eine Reihe von Entscheidungsheuristiken beschrieben und untersucht (Kahneman u. Tversky 2000). Unter einer Entscheidungsheuristik versteht man eine Regel, nach der sich Personen bei Entscheidungen richten. Dabei wurde das Augenmerk zunächst darauf gerichtet, dass solche Regeln bei schriftlich dargebotenen Entscheidungen in nicht vertrauten Kontexten zu unangemessenen Aussagen führen können.

Die sog. Repräsentativitätsheuristik besagt für die diagnostische Arbeit im Wesentlichen das Gleiche wie das soziale Stereotyp: Ein bestimmtes Merkmal wird für das Verhalten von bestimmten Mitgliedern einer sozialen Einheit als repräsentativer oder typischer oder wahrscheinlicher gehalten.

Origineller ist die Verfügbarkeitsheuristik. Danach kann es vorkommen, dass Urteiler ein bestimmtes Verhalten für wahrscheinlicher halten, weil sie es sich leichter vorstellen können. Beim Diagnostizieren besteht die Gefahr, dass man vertrautere Informationen, das sind eben solche, die man besser verfügbar hat, für wichtiger und für wahrscheinlicher hält. Verzerrungen entsprechend der Verfügbarkeitsheuristik können aufgrund von Alltagserfahrungen, Berufserfahrungen und Vorlieben für bestimmte Theorien und Ansätze in der Psychologie zustande kommen. Dies alles kann wiederum dazu führen, dass bei der Planung der systematischen Diagnostik nicht alle erforderlichen Psychologischen Fragen formuliert und aufgrund gültiger und möglichst vollständiger diagnostischer Informationen beantwortet werden.

Bei den Urteilsheuristiken wird auch die Verwendung ungerechtfertigter Kausalannahmen beschrieben: Bei der Bearbeitung diagnostischer Fragestellungen handelt es sich um einen Spezialfall einer impliziten Persönlichkeitstheorie.

In der Psychologie stehen sich zwei verschiedene Auffassungen von »kognitiver Komplexität« oder »kognitiver Strukturiertheit« gegenüber: (1) Sie wird als Persönlichkeitsmerkmal oder (2) als bereichsspezifisches Merkmal individueller Informationsverarbeitung gesehen. Die zweite Auffassung betont, dass Individuen nicht generell mehr oder weniger »kognitiv komplex« sind, sondern dass es von dem jeweiligen Bereich abhängt, ob sie Informationen in mehr oder weniger kognitiv komplexer Art und Weise verarbeiten können. Hinsichtlich der Wahrnehmung und Beurteilung von Menschen lässt sich eindeutig festhalten, dass die vorliegenden empirischen Informationen für die zweite Auffassung sprechen.

Am Konstrukt kognitive Komplexität unterscheidet man drei Aspekte: (1) die Diskriminationsfähigkeit, (2) die Differenziertheit und (3) die Integriertheit. Die Diskriminationsfähigkeit ist um so höher, je feiner ein Beurteiler auf einer Beurteilungsdimension unterscheiden kann. Bei der Formulierung Psychologischer Fragen und im weiteren Verlauf des Prozesses der diagnostischen Urteilsbildung besteht ein Problem darin, einen der Fragestellung angemessenen Grad der Diskriminierung zu finden. Ein Gutachten wird nicht umso besser, je mehr Unterscheidungen bei einem einzelnen Merkmal gemacht werden. Als Beispiel sei hier darauf hingewiesen, dass Tests feinere Unterscheidungen in den Wertpunkten machen, als im Gutachten begründet und verwendet werden können. Weiter oben sind wir bereits mehrfach auf die vertretbaren Klassifikationen bei der Einzelfalldiagnostik eingegangen.

Differenziertheit meint die Fähigkeit eines Beurteilers, zwischen verschiedenen Merkmalen und Bedingungen mehr oder weniger gut unterscheiden zu können. Die meisten Schwierigkeiten mit sog. Widersprüchen in Berichten über individuelles Verhalten beruhen darauf, dass Urteiler nicht hinreichend differenzieren. Es ist oft von entscheidender Bedeutung, dass die Situationen wirklich sorgfältig verglichen werden, in denen angeblich widersprüchliches Verhalten gezeigt wird. Dabei stellt sich i.d.R. heraus, dass unterschiedliches Verhalten auf Unterschiede in den Situationen zurückzuführen ist. Solche mangelnde Differenziertheit im Urteil ist nach unseren Beobachtungen meist auf unzureichendes Wissen zurückzuführen.

Unzureichende Differenzierung kann im gesamten Prozess der diagnostischen Urteilsbildung zu beobachten sein. Je früher sie jedoch eintritt, umso zahlreicher und schwerwiegender sind die Folgen. Werden wichtige Aspekte an Personen oder Situationen bei der Übersetzung der Fragestellung in Psychologische Fragen übersehen, so wirkt sich dieser Mangel, wenn er nicht zwischenzeitlich erkannt und behoben wird, bis in den Befund hinein aus.

Mit zunehmender Integriertheit sind Menschen besser in der Lage, Beziehungen zwischen Merkmalen von Beobachtungsobjekten zu erkennen und auszudrücken. Dieser Aspekt der kognitiven Komplexität, die Integriertheit, ist schon in der Planungsphase des diagnostischen Prozesses wichtig. Denn bei der Auswahl der relevanten Variablen muss über ihre Beziehung zueinander und vor allem ihre Bedeutung für das zu erklärende bzw. vorherzusagende Verhalten nachgedacht werden. Hierbei ist ein fundiertes psychologisches Wissen die unabdingbare Voraussetzung.

Bei der Integration von diagnostischen Informationen im Befund können eine Reihe von Bedingungen dazu führen, dass Diagnostiker wichtige Informationen ausklammern oder nicht angemessen berücksichtigen; darauf werden wir weiter unten noch eingehen. Gegen diese Fehler und Verzerrungen in der diagnostischen Urteilsbildung wirken eine Erweiterung des Wissens und ein systematisches individuelles Training im Diagnostizieren. Auch die von uns bisher vorgeschlagenen Vorgehensweisen dienen dazu, solche Fehler und Verzerrungen zu vermeiden bzw. zu verringern.

Die gutachterliche Beurteilung von diagnostischen Daten, also die Erstellung des Befundes eines Gutachtens, kann geradezu als Prototyp einer Situation des »Testens sozialer Hypothesen« angesehen werden, da der Gutachter hier Annahmen über mögliche Zustände oder Beziehungen des Probanden macht. Der Prozess dieses Testens läuft grundsätzlich genau so ab wie das oben beschriebene wissenschaftliche Hypothesentesten (Trope u. Liberman 1996).

Umfangreiche Forschung hat inzwischen gezeigt, dass es bei diesem Hypothesentesten nicht nur zu unsystematischen Fehlern kommt, sondern dass hierbei unter bestimmten Bedingungen eine Reihe von Mechanismen wirken, die systematisch die Bestätigung einer Hypothese begünstigen und ihre Ablehnung unwahrscheinlich machen. Solche Selbstbestätigungsmechanismen haben Schulz-Hardt u. Köhnken (2000) gefunden in kognitiven Prozessen, einer konfirmatorischen Teststrategie und in motivationalen Prozessen. Als beteiligte kognitive Prozesse führen sie an:

- eine Überschätzung der A-priori-Wahrscheinlichkeit der Hypothese,
- eine selektive Speicherung und/ oder ein selektiver Abruf von solchen Daten, welche die Hypothese stützen,

- uneindeutige Daten werden hypothesenkonsistent interpretiert,
- stärkere Reaktion auf das Auftreten als auf das Ausbleiben bestimmter Daten (»affirmation bias«).

Eine konfirmatorische Teststrategie ignoriert Alternativhypothesen, die mögliche Fehlerhaftigkeit von Informationen und die Basisrate.

Unter motivationalen Aspekten wirkt es sich selbstbestätigend auf eine Hypothese aus, wenn für ihre Zurückweisung eine höhere Schwelle angesetzt wird als für ihre Bestätigung; Voreingenommenheiten wie z. B. die oben beschriebenen, verstärken dabei eine schon bestehende Selbstbestätigungsneigung der Hypothese.

Mit wachsender Überzeugtheit von der Richtigkeit einer in dieser Weise konfirmatorisch getesteten Hypothese steigt wiederum der Ausprägungsgrad der beschriebenen Selbstbestätigungsmechanismen, sodass es immer unwahrscheinlicher wird, dass die Hypothese an entgegenstehenden Daten scheitert: So entsteht ein sich selbst aufrecht erhaltender Kreislauf zwischen hypothesenkonformer Informationssuche, ebensolcher Datenerhebung und entsprechender Beurteilung.

Die hier beschriebenen Prozesse laufen i.d.R. nicht bewusst ab; auch Gutachter sind davor nicht sicher. Um so wichtiger ist es, Strategien zu entwickeln, um die daraus entstehenden Beurteilungsfehler möglichst gering zu halten. Solche Möglichkeiten werden im Kapitel 16 beschrieben.

15.3 Fehler und Verzerrungen der Urteilsbildung bei der Planung diagnostischer Untersuchungen

> **Merke**
>
> Fehler und Verzerrungen im Untersuchungsplan können sein: Die Absicht, möglichst viele Informationen zu gewinnen
> - ohne Berücksichtigung ihrer Gültigkeit,
> - ohne Berücksichtigung des Kosten-Nutzen-Verhältnisses.

Mit der Erhöhung der Anzahl der Informationen steigt, vor allem bei Anfängern, die subjektive Sicherheit, mit der diagnostische Aussagen gemacht werden. Dabei nimmt mit der Sicherheit nicht unbedingt die Richtigkeit des Urteils zu. Dies ist nur nach langjähriger kontrollierter Praxis zu erwarten, und auch dann in nur in sehr mäßigem Umfang.

Häufig wird bei der Planung des diagnostischen Vorgehens nicht genügend berücksichtigt, dass nur mit systematisch gewonnenen Informationen, die bei einer vorliegenden Fragestellung gültig sind, auch angemessene Antworten auf die Psychologischen Fragen zu erwarten sind. Es wird irrtümlich angenommen, dass dies umso besser gelingt, je mehr Informationen man über einen Probanden hat. Wenige gültige Informationen sind jedoch eine größere Hilfe als viele Informationen, die für eine bestimmte Fragestellung irrelevant sind.

Bei jeder Informationsquelle, die man beim weiteren diagnostischen Vorgehen berücksichtigen will, stellt sich auch in der Einzelfalldiagnostik die Frage nach der Nützlichkeit dieser Quelle. Nur bei einem vertretbaren Kosten-Nutzen-Verhältnis berücksichtigen wir eine weitere Informationsquelle. Dies gilt nicht nur für Tests und Fragebogen, sondern für jede andere Informationsquelle wie Verhaltensbeobachtung und Gespräch sowie für die Einbeziehung weiterer Personen, die Auskunft über den Probanden geben können. Neben diesen psychologischen Überlegungen sind natürlich immer auch die entsprechenden rechtlichen Rahmenbedingungen psychologischen Handelns zu beachten.

Es ist dabei seltener zu entscheiden, ob man eine bestimmte Informationsquelle überhaupt berücksichtigt, sondern viel häufiger, in welchem Umfang. So ist die Verwendung mehrerer Tests zur Erfassung des gleichen Merkmals unökonomisch im Vergleich zu der Verwendung des bei dieser Fragestellung besten Verfahrens. Weiter ist es in Gesprächen wichtig, dass sie nicht möglichst lange dauern und somit möglichst viel Information ergeben, sondern dass sie in vertretbarer Zeit die entscheidenden Informationen erbringen.

Generell vergleichen wir das Ergebnis bei jeder möglichen Informationsquelle mit den Informationen, die aufgrund eines bereits verwirklichten

Untersuchungsplans noch zusätzlich zu erwarten sind. Dabei stellt sich heraus, ob neben weiteren Kosten von bestimmbarer Größe auch mit weiterem Nutzen gerechnet werden kann. Nur wenn der Nutzen die Kosten übersteigt, ist die zusätzliche bzw. weitergehende Berücksichtigung einer Informationsquelle angezeigt.

Diese Kosten-Nutzen-Überlegungen dürfen jedoch nicht dazu führen, dass nur nach solchen Informationen gesucht wird, die aufgrund einer einseitig formulierten Hypothese zu erwarten sind. Vielmehr müssen die Bedingungen der Diagnostik so sein, dass auch erwartungskonträre Daten auftreten können. Bei der späteren Gewichtung aller Ergebnisse im Befund ist darauf zu achten, dass die Aussagekraft hypothesenkonformer Informationen nicht überschätzt wird (s. o.).

15.4 Fehler und Verzerrungen der Urteilsbildung bei der Darstellung der Untersuchungsergebnisse

> **Merke**
>
> Urteile bei Diagnostikern können verfälscht werden durch Verteilungsfehler wie:
> - »Milde-« und »Strenge«-Fehler,
> - Neigung zu »mittleren« oder »extremen« Formulierungen,
> - »Konservatismus«,
> - Schwellenphänomene.

Besonders bei der Auswertung quantitativer Verfahren wie Tests und Fragebogen sind in der Literatur einige mögliche Fehler in der diagnostischen Urteilsbildung beschrieben. Preiser (1979) hat diese Fehler zusammenfassend als »Verteilungsfehler« bezeichnet, weil sie sich auf die Verbalisierung von relativen Positionen in Verteilungen beziehen.

Aus der Schule kennt jeder Lehrer, die eher »milde«, oder andere, die eher »streng« beurteilen. Gemeint ist damit, dass bei gleicher objektiver Leistung diese als zu gut oder zu schlecht beurteilt wird. Diese Tendenzen gibt es aber nicht nur bei der Verbalisierung von Ergebnissen in Tests und Fragebogen, sondern auch bei der Darstellung von Verhaltensbeobachtungen und Gesprächsergebnissen. Gerade bei den nicht- oder teilstandardisierten Verfahren können sich Milde- bzw. Strengefehler besonders leicht einschleichen und schwer zu erkennen sein.

Sowohl eine Neigung zu »mittleren« als auch eine zu »extremen« Formulierungen bei der Beschreibung individuellen Verhaltens kann zu verzerrten und falschen Urteilen über andere Menschen führen. Bei der Darstellung der Ergebnisse von psychologischen Untersuchungen können beide Neigungen schwerwiegende negative Folgen haben, weil sie Diagnostiker und Gutachtenleser zu unangemessenen Urteilen über Probanden führen.

Unter »Konservatismus« versteht man die Neigung, extreme Werte nicht so extrem einzuschätzen und zu verbalisieren, wie sie objektiv sind. Andererseits werden bei Diagnostikern auch Tendenzen zu »mittleren« Urteilen beobachtet; diese können sich nicht nur auf die Beurteilung von Extremwerten, sondern auch auf die Beurteilung aller Ausprägungen eines Merkmals auswirken.

Aus der Wahrnehmungspsychologie ist bekannt, dass die Reizintensität bestimmte Schwellen überschreiten muss, damit ein Individuum feststellen kann, dass ein Reiz vorhanden ist oder er sich geändert hat. Ein entsprechendes Schwellenphänomen gilt für die Wahrnehmung von Merkmalen individuellen Verhaltens. Geringe Merkmalsausprägungen oder geringe Merkmalsänderungen können, obwohl sie diagnostisch bedeutsam sind, übersehen werden.

15.5 Fehler und Verzerrungen der Urteilsbildung im Befund

15.5.1 Fehler und Verzerrungen der Urteilsbildung im Befund, die allgemein zu beobachten sind

> **Merke**
>
> Allgemein im Befund zu beobachtende Fehler und Verzerrungen der Urteilsbildung können sein:
> 1. die bisher beschriebenen Fehler und Verzerrungen oder deren Auswirkungen,
> ▼

2. zusätzlich:
   – Hofeffekt,
   – Reihenfolgeeffekte,
   – unpassendes Adaptionsniveau,
   – Tendenz zu einem konsistenten Bild,
   – Attribuierungen.

Alle bisher beschriebenen Fehler oder Verzerrungen der Urteilsbildung können entweder im Befund eines Gutachtens wieder zu beobachten sein, oder diese früheren Fehler und Verzerrungen wirken sich durch ihre Folgen indirekt auf den Befund aus. Als Beispiel möge hier genügen, dass notwendige Psychologische Fragen im Befund nicht beantwortet werden können, wenn der Diagnostiker sie aufgrund seiner impliziten Persönlichkeitstheorie gar nicht erst formuliert hatte.

Sehr bekannt sind Untersuchungsergebnisse, die nachweisen, dass ein bestimmtes Eigenschaftswort, z. B. intelligent, in Kombination mit einer Reihe anderer Eigenschaftswörter bei den Lesern ein anderes Bild der beschriebenen Person entstehen lässt, als wenn dieselben Eigenschaftswörter mit »unintelligent« kombiniert werden. Durch bestimmte Eigenschaftswörter können also verzerrte Eindrücke hervorgerufen werden »Hof«-Effekt. Um solche Verzerrungen zu vermeiden, beschreiben wir das konkrete Verhalten von Personen in bestimmten Situationen, die wir zu Klassen zusammenfassen. Damit kann man Eigenschaftswörter und die mit ihrer Verwendung im Gutachten verbundenen Schwierigkeiten weitgehend vermeiden.

Aus vielen Untersuchungen ist bekannt, dass Menschen Informationen besser behalten, die an einer hervorgehobenen Stelle dargeboten werden. Solche markanten Stellen sind z. B. der Anfang und das Ende einer Reihe von Informationen (»primacy-« bzw. »recency-effect«). Um solche Effekte möglichst gering zu halten, gliedern wir Gutachten auf eine möglichst übersichtliche und gut nachvollziehbare Weise. Dabei stellen die Psychologischen Fragen eine sehr hilfreiche Grobgliederung dar. Weiter hilft es den Lesern der Gutachten, wenn sie die Informationen und Gedanken zu jeder Psychologischen Frage Schritt für Schritt nachvollziehen können, sie also jeweils den Weg zu einer Entscheidung lückenlos aufgewiesen sehen.

In Analogie zur Wahrnehmung kann man auch bei der Verarbeitung verbal dargebotener Informationen von einem bestimmten Adaptationsniveau ausgehen. Dies kann der Fragestellung angemessen oder zu empfindlich oder zu wenig empfindlich »eingestellt« sein. Im ersten Fall werden relativ kleine Unterschiede als bemerkenswert angesehen, die in Wirklichkeit keine diagnostische Bedeutung haben. Im zweiten Fall werden Informationen über relativ große Unterschiede vernachlässigt, obwohl sie von diagnostischer Bedeutung sind.

Relativ oft ist in Gutachten zu beobachten, dass eine Neigung besteht, ein möglichst konsistentes Bild vom Verhalten eines Probanden zu entwerfen, obwohl im Untersuchungsbericht widersprüchliche Informationen zu finden sind. Man kann darin einen Spezialfall der »Tendenz zur guten Gestalt« sehen. Das ist die Neigung, Fehlendes an einem Bild zu ergänzen oder Störendes zu übersehen. Diese Tendenz zum konsistenten Bild kann sich besonders bei Gutachtern bemerkbar machen, die ein »Persönlichkeitsbild« des Probanden erstellen wollen. Doch auch bei dem von uns vorgeschlagenen entscheidungsorientierten Vorgehen kann sich diese Tendenz vor allem dann auswirken, wenn nicht unsere weiter unten dargestellten Prinzipien zur Minimierung von Fehlern und Verzerrungen in der diagnostischen Urteilsbildung beachtet werden.

Aus der Sozialpsychologie ist wohlbekannt, dass Menschen dazu neigen, anderen ganz bestimmte Verhaltensweisen zuzuschreiben, d. h. zu attribuieren, die sie nicht mit konkreten Informationen, sondern nur mit nicht näher beschreibbaren Eindrücken oder Vermutungen belegen können. Solche Attribuierungen können auch in psychologischen Gutachten vorkommen und sind dann schwere Fehler. Jede Aussage in einem Gutachten muss hinreichend durch konkrete gültige Beobachtungen belegt oder logisch richtig abgeleitet sein, wenn alle Leser die Entscheidungen im Gutachten Schritt für Schritt nachvollziehen können sollen.

Begründete Aussagen, die empirisch noch nicht geprüft sind, können in Gutachten als Grundlage für neue Psychologische Fragen dienen und eine möglicherweise notwendige Fortführung des diagnostischen Prozesses anregen. Dazu ist es notwendig, dass sie entsprechend formuliert sind und nicht mit gesicherten Aussagen verwechselt werden können.

15.5.2 Fehler und Verzerrungen der Urteilsbildung im Befund, die durch die Persönlichkeit des Diagnostikers bedingt sind

> **Merke**
>
> Durch die Persönlichkeit des Diagnostikers bedingte Fehler und Verzerrungen in der Urteilsbildung können sein:
> 1. Sensitivierung bzw. Wahrnehmungsabwehr,
> 2. Interaktionsfehler:
>   – vermutete Ähnlichkeit,
>   – Kontrastfehler,
>   – Übertragungsfehler,
>   – Verfolgen unangemessener eigener Ziele und Wertvorstellungen.

Situationen, die ein Individuum als bedrohlich erlebt, kann es sehr unterschiedlich wahrnehmen. Es gibt ein Kontinuum an möglichen Verhaltensweisen von einer besonders intensiven Beschäftigung mit etwas Bedrohlichem, der Sensitivierung, über eine angemessene Wahrnehmung und Auseinandersetzung bis dahin, sich möglichst wenig mit einer bedrohlichen Situation auseinanderzusetzen, der Wahrnehmungsabwehr.

Für Diagnostiker können nach der Übernahme einer Fragestellung Situationen entstehen, die sie als bedrohlich erleben. Entsprechend ihrer bevorzugten Verhaltensweise gegenüber solchen Situationen können dann aus sensitivem wie aus abwehrendem Verhalten Verzerrungen und Fehler in der Diagnostik folgen. Im Befund kann dann eine besonders intensive Auseinandersetzung mit relativ harmlosen Situationen ebenso zu unangemessenen Schlussfolgerungen führen wie die Abwehr der Erkenntnis, dass eine Situation wirklich besondere Gefahren enthält.

Bestimmte Urteilstendenzen sind in persönlichen Erfahrungen der Diagnostiker im Umgang mit anderen Menschen bedingt. Preiser (1979) nennt sie deshalb Interaktionsfehler. So können Diagnostiker im Laufe des diagnostischen Prozesses den Eindruck bekommen, dass ihnen bestimmte Probanden sehr ähnlich sind. Dies kann dazu führen, dass nicht mehr die erforderlichen Informationen erhoben oder berücksichtigt werden. Vielmehr wird aus der wahrgenommenen Ähnlichkeit zwischen sich und den Probanden fälschlich geschlossen, dass bei den Probanden sich die entscheidenden Merkmale und Bedingungen genauso darstellen wie im eigenen Leben.

Unter dem Kontrastfehler versteht man die Neigung, bei anderen mehr oder weniger unzutreffend das Gegenteil der eigenen Verhaltensweisen wahrzunehmen. Diese Tendenz kann bei Diagnostikern während und nach den diagnostischen Untersuchungen wirken. Im Befund kann der Kontrastfehler dann zu schwerwiegenden Verzerrungen in den Aussagen führen.

Mit dem Übertragungsfehler ist die Tendenz gemeint, bei anderen fälschlich Verhaltensweisen wahrzunehmen, weil diese Personen ähnlich erlebt werden wie frühere Interaktionspartner. Solche Interaktionspartner können die eigenen Eltern gewesen sein – dies wird z. B. im Konzept der Übertragung von Freud angenommen –, es können aber auch alle anderen Menschen sein, die der Diagnostiker als beeindruckend erlebt hat.

Über die verschiedenen Ziele diagnostischen Arbeitens wird in der psychologischen Fachliteratur seit langem diskutiert. Jeder Diagnostiker verfolgt bei seiner Arbeit auch persönliche Ziele. Wenn seine persönlichen Ziele und die vorgegebenen Ziele des Diagnostizierens übereinstimmen, so kann dies den diagnostischen Prozess fördern. Verfolgen Diagnostiker ihre persönlichen Ziele entgegen den durch die Fragestellung vorgegebenen, so können daraus schwerwiegende Fehler resultieren.

Beachten Diagnostiker nicht die berechtigten Interessen aller am diagnostischen Prozess Beteiligten, so haben sie die wichtigsten Ziele aus den Augen verloren, denn das wissenschaftlich fundierte Diagnostizieren folgt aus dem Bestreben, alle wichtigen Gesichtspunkte in einer Entscheidungssituation zu beachten.

Diagnostiker können mehr oder weniger absichtlich ihre Wertvorstellungen zum Maßstab des Verhaltens ihrer Probanden machen. Dies kann der

Fall sein, wenn ihnen empirisch gesichertes Wissen über die Bedeutung bestimmter Merkmale und Verhaltensbedingungen fehlt oder wenn sie ihrer persönlichen Weltsicht zum Durchbruch verhelfen wollen. Beide Situationen sind mit wissenschaftlich fundiertem Diagnostizieren unvereinbar.

Ein großes Problem besteht darin, die eigenen Ziele und Wertvorstellungen zu erkennen und relativieren zu können. Hier kann es helfen, sich als Diagnostiker sorgfältig selbst zu beobachten und sich immer zu fragen, welche Situation oder welche Verhaltensweisen man angenehm, sympathisch und »vernünftig« bzw. unangenehm, unsympathisch und »unvernünftig« findet. Wenn uns etwas positiv oder negativ erscheint, dann fragen wir uns, was uns daran gefällt bzw. stört. Auf diese Weise versuchen wir bei jedem Fall zu erkennen, welche unserer persönlichen Ziele und Wertvorstellungen angesprochen sind.

Auch kollegiale Supervision kann hierbei helfen, eigene »blinde Flecken« oder bevorzugte »Fallen« zu erkennen. Systematisches fallspezifisches Gutachtertraining kann darüber hinaus dazu befähigen, daraus die Konsequenzen für das eigene Diagnostizieren zu ziehen.

Vergleicht man die Wertvorstellungen von Menschen, die unter verschiedenen sozialen Bedingungen leben, so findet man sehr schnell heraus, wie persönlich bzw. schichtspezifisch diese sind. Daher sehen wir uns verpflichtet, möglichst nur wissenschaftliche Forschungsergebnisse als Maßstab von Beurteilungen zu verwenden, um Probanden möglichst unabhängig von ihrer Schichtzugehörigkeit gerecht werden zu können.

Möglichkeiten zur Minimierung von Fehlern und Verzerrungen in der diagnostischen Urteilsbildung

16.1 Erweiterung des Wissens – 120

16.2 Ausgangsbedingungen – 121

16.3 Verknüpfen von Aussagen – 122

16.4 Entscheidungskriterien – 122

16.5 Beeigenschaften von Menschen? – 123
16.5.1 Vier Arten der Verhaltensbeschreibung – 123
16.5.2 Merkmale von Persönlichkeitseigenschaften – 123

16.6 Entwickeln dokumentierter Untersuchungspläne – 124

16.1 Erweiterung des Wissens

> **Merke**
>
> Fehler und Verzerrungen können minimiert werden durch:
> - Erwerb relevanten Wissens in den psychologischen Grundlagenfächern,
> - Erwerb relevanten Wissens in psychologischer Diagnostik,
> - Erwerb des spezifischen Wissens im Bereich der gutachterlichen Tätigkeit,
> - fallspezifisches individuelles Gutachtertraining.

Diagnostische Urteilsbildung ist im Unterschied zur sozialen Wahrnehmung ein steuerbarer Prozess. Das heißt, alle Schritte im diagnostischen Prozess können durchschaubar und nachvollziehbar gemacht werden. Wenn ein Gutachten alle seine Aufgaben erfüllen soll, so müssen alle Aussagen begründet und Schritt für Schritt nachvollziehbar gestaltet sein.

Eine zentrale Voraussetzung dafür, dass ein Gutachten auf dem Stand der Wissenschaft erstellt werden kann, sehen wir darin, dass Gutachter in den psychologischen Grundlagenfächern auf dem neuesten Stand sind. Diese erforderlichen Grundkenntnisse können auch nicht durch lange Berufserfahrung ausgeglichen werden.

In der psychologischen Diagnostik haben viele Variablen keine einheitliche Defintion mit einer Facettierung der darunter zu verstehenden Verhaltensweisen. Westhoff et al. (2007) haben für »Gewissenhaftigkeit«, »emotionale Belastbarkeit« und »Umgang mit emotionalen Belastungen« den aktuellen Forschungsstand in jeweils einem übersichtlichen Kategoriensystem aufbereitet. Diese Kategoriensysteme können das Diagnostizieren wesentlich erleichtern und verbessern, da umfangreiche Recherchen entfallen und man diese Variablen und ihre Facetten im gesamten diagnostischen Prozess einfacher und korrekter verwenden kann. Solche Kategoriensysteme wären für jede psychologische Variable zu entwickeln, um Diagnostiker von der mittlerweile sehr aufwändigen Suche nach den sehr weit verstreuten Grundlageninformationen zu entbinden.

Es wird von Fachgutachtern zu Recht erwartet, dass sie die neuesten Entwicklungen in der psychologischen Diagnostik nicht nur kennen, sondern auch in ihrer Bedeutung für das praktische Diagnostizieren abschätzen können. Gutachter stehen darüber hinaus in der Pflicht, neue Entwicklungen nicht nur theoretisch nachzuvollziehen, sondern sie auch praktisch umsetzen zu können.

Von nicht zu unterschätzender Bedeutung ist das spezifische Wissen von Gutachtern in dem Bereich, auf den sie sich gutachterlich spezialisiert haben. Hier kann man von Fachgutachtern ebenfalls erwarten, dass sie die relevanten Informationen aus den jeweiligen Nachbarwissenschaften kennen und berücksichtigen. Dies sind für Fragestellungen in der forensischen Psychologie z.B. die Rechtswissenschaften und die forensische Psychiatrie, in der Arbeits-, Betriebs- und Organisationspsychologie u.a. die Betriebswirtschaftslehre, in der Schulpsychologie beispielsweise die Pädagogik, in der klinischen Psychologie unabdingbar die Psychiatrie.

In der Literatur gibt es eine Reihe von Hinweisen darauf, dass erst eine kontrollierte Ausbildung von Gutachtern deren individuelle Fehler- und Urteilstendenzen minimieren kann. Bei einer solchen Ausbildung hat es sich bewährt, dass mehrere Psychologen zu Übungszwecken dieselbe Gutachtenfragestellung anhand bereits erhobener Informationen bearbeiten.

Sie können an einer solchen Übungsfragestellung die gesamte Planung und wesentliche Schritte der Datenerhebung üben. Die Ausbildungsleiter können im Rollenspiel die Probanden und die weiteren evtl. zu befragenden Personen spielen. Auswertung und Darstellung der Ergebnisse können diskutiert werden; ein Vergleich der verschiedenen Gutachten zeigt sehr leicht, wo die Stärken und Schwächen in den Befundteilen der Gutachten liegen.

Wir wollen im Folgenden auf Regeln zur Minimierung von Fehlern und Verzerrungen in der diagnostischen Urteilsbildung eingehen, die sich in der Ausbildung von psychologischen Gutachtern bewährt haben. Fehler, die auf mangelndem Wissen beruhen, lassen sich durch die Beachtung dieser Regeln naturgemäß nicht vermeiden.

Alle im Folgenden dargestellten Regeln haben wir weiter oben schon an den Stellen vorgestellt, wo dies inhaltlich notwendig war. Im Folgenden wollen wir sie hier der Übersichtlichkeit wegen zusammenfassend darstellen.

16.2 Ausgangsbedingungen

> **Merke**
>
> Zur Minimierung von Fehlern und Verzerrungen in der diagnostischen Urteilsbildung müssen folgende Ausgangsbedingungen beachtet werden:
> 1. Zu allen bei einer Fragestellung relevanten Variablen werden Psychologische Fragen (Hypothesen) formuliert.
> 2. Zu jeder Positiv-Annahme versucht der Gutachter, zumindest gedanklich und soweit dies möglich ist, auch die entsprechende Gegenhypothese zu formulieren
> 3. Konkrete Verhaltensweisen, Gewohnheiten oder Persönlichkeitsmerkmale werden beschrieben, erklärt oder vorhergesagt.
> 4. Alle Aussagen, die sich auf individuelles Verhalten beziehen, werden mit systematisch gewonnenen Beobachtungen belegt.
> 5. Es wurde auch nach solchen Informationen gesucht, die den Positiv-Annahmen widersprechen.

Grundlage jeden wissenschaftlichen Arbeitens ist ein hypothesengeleitetes Vorgehen, dies gilt demnach auch für eine wissenschaftliche Begutachtung. Für Gutachter und Leser von Gutachten machen die Hypothesen deutlich, welche Gesichtspunkte der Fragestellung einer eigenen Betrachtung bedürfen. Wie diagnostische Hypothesen (= Psychologische Fragen) formuliert werden können, damit sie den Lesern das Verständnis erleichtern, haben wir weiter oben dargestellt.

Damit Hypothesen nicht nur konfirmatorisch getestet werden, muss für jedes Ergebnis danach gefragt werden, wie es zu erklären wäre, wenn die vorher formulierte Hypothese nicht zutreffen würde. Bei einer derart kritischen Grundhaltung treten die in Kapitel 15 beschriebenen Selbstbestätigungsmechanismen in wesentlich geringerem Maße auf.

Selbstbestätigungstendenzen können weiterhin durch die bewusste Abwägung von erwartungkonformen und hypothesenkonträren Informationen verringert werden: Hypothesenkonforme Daten werden ohne einen solchen expliziten Gewichtungsprozess in ihrer Aussagekraft eher überschätzt (Oswald 1993).

In psychologischen Gutachten geht es immer darum, Verhalten zu beschreiben, zu erklären oder vorherzusagen. Dabei ist zu unterscheiden, ob es sich um konkrete Verhaltensweisen in bestimmten Situationen oder um Gewohnheiten oder um Persönlichkeitsmerkmale handelt.

Konkrete Verhaltensweisen in bestimmten Situationen stellen dabei die kleinste Einheit dar, mit der wir uns beschäftigen. Von einer Gewohnheit oder gewohnheitsmäßigem Verhalten sprechen wir dann, wenn ein Mensch konkrete Verhaltensweisen in einer bestimmten Klasse von Situationen immer wieder zeigt bzw. gezeigt hat.

Aus der Fragestellung geht hervor, ob vorrangig konkretes Verhalten in einer Situation oder in erster Linie gewohnheitsmäßiges Verhalten in Klassen von Situationen zu untersuchen ist.

Von einem Persönlichkeitsmerkmal sprechen wir dann, wenn mehrere Gewohnheiten immer wieder in ähnlicher Ausprägung zusammen vorkommen und es sich dabei um Verhalten handelt, hinsichtlich dessen sich jeder Mensch einstufen lässt. Bekannte Beispiele für Persönlichkeitsmerkmale sind Intelligenz oder emotionale Belastbarkeit.

Ein weiteres unverzichtbares Kennzeichen wissenschaftlichen Arbeitens ist das systematische Vorgehen. Dies bedeutet:
1. Wissenschaftler planen sorgfältig, d.h. auf dem neuesten Stand ihrer Wissenschaft, wie sie notwendige Informationen erheben wollen und bereiten alles dafür Notwendige vor.
2. Während sie die Informationen möglichst ohne Fehler und Verzerrungen erheben, halten sie sich an diesen Plan oder registrieren, wann und aus welchen Gründen sie davon abweichen mussten.
3. Sie werten die Informationen entsprechend ihrem Plan aus und betrachten über den Plan hinausgehend erhobene Informationen als mögliche Grundlage für neue Hypothesen, die sie systematisch prüfen werden.

16.3 Verknüpfen von Aussagen

> **Merke**
>
> Zur Minimierung von Fehlern und Verzerrungen in der diagnostischen Urteilsbildung helfen folgende Regeln zur Verknüpfung von Aussagen:
> 1. Aussagen werden nach den Regeln der Logik zueinander in Beziehung gesetzt.
> 2. Ableitungen von Aussagen aus anderen Aussagen werden schrittweise und vollständig dargestellt.
> 3. Bei Abstraktionen werden alle dazugehörigen Überlegungen ins Gutachten geschrieben.

Damit Leser ein Gutachten verwenden können, müssen sie alle Wörter in der Weise verstehen, wie sie vom Gutachter gemeint sind. Dazu ist es hilfreich, wenn Gutachter statt Fremdwörter deutsche Wörter verwenden und evtl. notwendige Fachwörter kurz und verständlich erklären.

Die Sätze eines Gutachtens können wahr oder falsch sein. Sie können zu weiterführenden Aussagen miteinander verknüpft werden. Dabei müssen die Regeln der formalen Logik beachtet werden. Das bedeutet, dass, abgesehen vom Inhalt, ein Gutachter z. B. nicht über eine Person etwas aussagen und gleichzeitig das Gegenteil behaupten kann. Er muss also Aussagen in seinem Gutachten formal korrekt miteinander verknüpfen.

Formallogische Fehler tauchen in Gutachten i.d.R. als eine Folge mangelnder sprachlicher Genauigkeit auf. Es soll daher hier keine Einführung in die formale Logik gegeben werden, dazu gibt es eine Reihe von Lehrtexten. Vielmehr wollen wir es hier mit dem Hinweis auf die Regeln der formalen Logik und einem mit ihrer Beachtung verbundenen korrekten Sprachgebrauch genügen lassen.

Werden Aussagen in einem Gutachten gemacht, die von anderen Aussagen abgeleitet werden, so zeichnet sich wissenschaftliches Argumentieren dadurch aus, dass alle dabei notwendigen Gedanken schrittweise und in verständlicher Form niedergeschrieben sind. Ist es doch ein Merkmal jedes geäußerten wissenschaftlichen Gedankenganges, dass er von anderen nachvollzogen werden kann.

Gleiches gilt für Abstraktionen. Wird in einem psychologischen Gutachten abstrahiert, so heißt das, dass der Gutachter die Gemeinsamkeiten bestimmter Verhaltensweisen oder Situationen beschreibt und dabei deutlich macht, dass die Unterschiede zwischen diesen Verhaltensweisen oder Situationen bei der vorliegenden Fragestellung nicht von Bedeutung sind.

16.4 Entscheidungskriterien

> **Merke**
>
> Zur Minimierung von Fehlern und Verzerrungen in der diagnostischen Urteilsbildung helfen folgende Kriterien für Entscheidungen:
> 1. Bei Aussagen über Zusammenhänge zwischen Variablen werden Art und Stärke des Zusammenhangs berücksichtigt.
> 2. Es werden nur solche Aussagen gemacht, die in einem begründeten Zusammenhang mit der Fragestellung stehen.
> 3. Der Prozess der Entscheidung über diagnostische Hypothesen wird bei einem vorher festgelegten Kosten-Nutzen-Verhältnis abgebrochen.

Eine nicht überschaubare Fülle von Variablen beeinflusst das individuelle Verhalten. Wollen wir in einem psychologischen Gutachten Verhalten erklären oder vorhersagen, so müssen wir die Variablen auswählen, die eine möglichst gute Erklärung oder Vorhersage ermöglichen. Um solche Prädiktoren auswählen zu können, berücksichtigen wir die empirisch gewonnenen Informationen über die Art und die Stärke des Zusammenhangs zwischen Variablen individuellen Verhaltens und diesen Prädiktoren.

Bei der Erstellung eines psychologischen Gutachtens erhält der Gutachter oft für ihn persönlich oder für andere »interessante« Informationen, die aber nichts mit der Fragestellung zu tun haben. Solche Informationen verwenden wir in Gutachten nicht, da sie nicht systematisch, d. h. planvoll, gewonnen wurden und in keinem begründeten Zusammenhang mit der Fragestellung stehen.

Es ist immer nützlich, sich bei der Planung von diagnostischen Maßnahmen darüber klar zu werden, was sie kosten und was sie nützen. Jeder erfahrene Diagnostiker setzt sich bei einer Fragestellung eine Grenze für seine Bemühungen. Wir empfehlen hier, diese Grenzziehung ganz bewusst und absichtlich schon bei der Planung vorzusehen. Anderenfalls kann es geschehen, dass der Gutachter bestimmte Informationsquellen entgegen ihrer tatsächlichen Bedeutung zu wenig beachtet, vor allem solche, die einer (von ihm einseitig formulierten) Hypothese widersprechen.

16.5 Beeigenschaften von Menschen?

16.5.1 Vier Arten der Verhaltensbeschreibung

> **Definition**
>
> Die vier Arten der Verhaltensbeschreibung sind:
> 1. verbaler Modus,
> 2. adverbialer Modus,
> 3. adjektivischer Modus,
> 4. substantivischer Modus.

Mit Graumann (1960, S. 90ff.) unterscheiden wir vier Arten der Verhaltensbeschreibung. Im verbalen Modus wird nur beschrieben, was jemand tut, nicht aber, wie er es tut, z. B. »Martin klopft an«. Im adverbialen Modus hingegen wird zusätzlich angegeben, wie jemand etwas tut, z. B. »Martin klopft leise (laut, kurz) an«.

In Gutachten verwenden wir den rein verbalen Modus sehr selten, sondern meist den adverbialen Modus. Der rein verbale Modus nimmt nämlich relativ viel Raum bei der Verhaltensbeschreibung ein. Der adverbiale Modus verlangt andererseits vom Gutachter, dass er die Art und Weise, in der etwas geschieht, bzw. die Umstände, unter denen etwas geschieht, korrekt beschreibt, und zwar auch so verständlich, dass die Leser des Gutachtens sich möglichst zutreffend das vorstellen können, was er beschreiben wollte.

Im adjektivischen Modus kennzeichnet der Gutachter jemanden durch Eigenschaftswörter, z. B. »Martin ist ein aktiver Mensch«. Hier ist dann nicht mehr von konkretem Verhalten die Rede, vielmehr wird hier unausgesprochen die Information mitgeliefert, dass jemand früher, heute und in Zukunft, bei allen möglichen Gelegenheiten ein Verhalten zeigt, das der Gutachter mit einem bestimmten Eigenschaftswort bezeichnet.

Der adjektivische Modus der Verhaltensbeschreibung birgt die große Gefahr, dass der Gutachter mehr über einen Menschen sagt, als er aufgrund der von ihm erhobenen Informationen aussagen kann. Die so beschriebenen Personen verwahren sich oft gegen solche zu Unrecht verallgemeinernden Aussagen. Adjektivische Beschreibungen von Personen sind in unseren Gutachten denn auch die Ausnahme. Wir verwenden sie nur, wenn wir völlig sicher sind, dass wir alle hierzu notwendigen Informationen erhoben und bedacht haben.

Beim substantivischen Modus kennzeichnet der Gutachter einen Menschen durch Substantive, die er ihm zuschreibt, z. B. »Martins Aktivität hilft ihm...«. Dieser substantivische Modus der Beschreibung eines Menschen birgt die gleichen Gefahren und Schwierigkeiten wie der adjektivische Modus. Zusätzlich wird der irreführende Eindruck erweckt, dass die Persönlichkeit eines Menschen aus Einzelteilen besteht, die gleichsam ein Eigenleben führen. Dies kann man beispielsweise am Gebrauch der tiefenpsychologischen Begriffe »Es«, »Ich« und »Über-Ich« in der Literatur und im Alltag beobachten.

16.5.2 Merkmale von Persönlichkeitseigenschaften

> **Definition**
>
> Persönlichkeitseigenschaften haben folgende Merkmale:
> 1. Konsistenz oder Generalität,
> 2. Stabilität,
> 3. Universalität.

Von einer Persönlichkeitseigenschaft sprechen wir nur dann, wenn eine Person eine bestimmte Art des Verhaltens in verschiedenen Klassen von Situationen zeigt; ihr Verhalten ist in diesen Situationen also von der Art her gleich oder ähnlich, d. h. es ist konsistent bzw. es tritt generell auf.

Eine Persönlichkeitseigenschaft ist weiter dadurch gekennzeichnet, dass sie in ihrer Ausprägung über einen längeren Zeitraum hinweg gleich, d. h. stabil, bleibt. Deshalb sind Intelligenz und emotionale Belastbarkeit beispielsweise Persönlichkeitsmerkmale, nicht aber Stimmungen.

Von der Stabilität unterscheiden wir die Änderbarkeit von Verhaltensweisen. Ein Verhalten kann sehr stabil sein, aber trotzdem leicht zu ändern, z. B. können Analphabeten durch geeigneten Unterricht Schreiben und Lesen lernen. Ohne einen solchen Unterricht bleibt ihr Verhalten, nicht Schreiben und Lesen zu können, stabil und unverändert. Ein Persönlichkeitsmerkmal ist in um so höherem Maße änderbar, je stärker es in seiner Ausprägung durch geeignete Maßnahmen tatsächlich verändert werden kann. In Klauer (2001) finden sich Beschreibungen von Trainings, die sich als wirksam erwiesen haben zur Änderung von kognitiven Merkmalen.

Die Stabilität von Verhaltensweisen kann also durch die Stabilität von Lebensumständen bedingt sein. Als Gutachter achten wir immer darauf, ob und wenn ja, unter welchen Bedingungen sich bisher stabiles Verhalten ändern könnte.

Zur Bezeichnung von Persönlichkeitsmerkmalen eignen sich nur solche Begriffe, die zur Beschreibung von Menschen allgemein geeignet sind und nicht nur einen einzigen oder wenige Menschen in seinem Verhalten beschreiben. Solche Bezeichnungen für Persönlichkeitsmerkmale kann man also universell und nicht nur singulär verwenden. Wird das Verhalten einer jungen Frau dadurch beschrieben, dass es gewirkt habe »wie ein junger Frühlingsmorgen«, so ist diese Beschreibung nicht als Persönlichkeitsmerkmal geeignet.

Der große Vorteil von dokumentierten Untersuchungsplänen besteht darin, dass man sie immer wieder verwenden kann. Die meisten Diagnostiker beschäftigen sich zudem mit einer kleineren Auswahl von diagnostischen Fragestellungen, sodass sich schnell ein Bestand an Untersuchungsplänen entwickeln lässt, die man von dann an nur noch aktualisieren muss. Besonders günstig ist es, wenn mehrere Diagnostiker gemeinsam solche Untersuchungspläne entwickeln, anwenden und aufgrund ihrer Erfahrungen und neuer Forschungsergebnisse aktualisieren. Es wäre eine große Arbeitserleichterung für sich neu einarbeitende Diagnostiker, wenn sie solche Untersuchungspläne auch in der Fachliteratur finden könnten.

Innerhalb einer solchen Untersuchungsstrategie haben dann auch Tests und Fragebögen ihren Stellenwert. Zudem lässt sich jede neue Untersuchungsstrategie auf ihre Nützlichkeit hin untersuchen. Dabei sollte sie wenigstens der vorher praktizierten Entscheidungsstrategie (= A-priori-Strategie), gemessen am Verhältnis von Kosten und Nutzen, überlegen sein.

16.6 Entwickeln dokumentierter Untersuchungspläne

> **Merke**
>
> Dokumentierte Untersuchungspläne
> - lassen sich bei der gleichen Fragestellung wieder verwenden.
> - können leicht aktualisiert werden.
> - können zur Hilfe für andere werden.
> - können evaluiert werden.

Auswerten von Verhaltensbeobachtungen

17.1 Arten von Verhaltens-beobachtungen – 126

17.2 Auswerten von Tests – 127

17.3 Darstellen von Testergebnissen – 128

17.4 Entscheidungsorientierte Gespräche: Auswerten – 129

17.5 Gesprächsergebnisse: Darstellen – 130

17.6 Die Aussageweise bei der Darstellung von Gesprächsergebnissen – 131

17.1 Arten von Verhaltensbeobachtungen

> **Merke**
>
> Verhaltensbeobachtungen können sein:
> 1. direkt und in standardisierter Umgebung,
> 2. direkt, in natürlicher Umgebung und mehr oder weniger geplant,
> 3. indirekt und mehr oder weniger standardisiert.

Psychologische Diagnostik wird häufig in erster Linie als Testdiagnostik missverstanden. Ein Test ermöglicht die standardisierte Beobachtung individuellen Verhaltens. Hier sind die Aufgaben bzw. Fragen an den Probanden ebenso festgelegt wie die ihm möglichen Klassen von Antworten und Reaktionen. Daneben schreiben Testautoren in den Handanweisungen vor, wie ihr Test durchzuführen und auszuwerten ist. Weiter oben haben wir beschrieben, dass nach wissenschaftlichen Maßstäben diesen Empfehlungen der Testautoren nicht mehr zu folgen ist, wenn neue wissenschaftliche Erkenntnisse dies nahelegen.

Neben Tests gibt es in der Psychologie jedoch seit langem eine Reihe von anderen standardisierten Situationen zur Beobachtung individuellen Verhaltens. Arbeitsproben können z. B. sehr stark standardisiert werden. Aus diesen Arbeitsproben hat sich das Assessment Center, vor allem bei der Auswahl und Entwicklung von Führungskräften, als eine eigene Gruppe diagnostischer Verfahren entwickelt, die sehr stark standardisiert sein können (vgl. z. B. Fisseni u. Preusser 2007; Wottawa u. Hossiep 1997).

Die Beobachtung individuellen Verhaltens in einer standardisierten Umgebung und mit standardisierten »Aufgaben« hat sich jedoch auch in ganz anderen Bereichen der psychologischen Diagnostik als außerordentlich nützlich erwiesen. Beispiele finden sich ebenfalls in der Familiendiagnostik, so für die Beobachtung des Bindungsverhaltens von Kleinkindern (Ainsworths »Fremde Situation« von Ainsworth et al. (1978); Weiterentwicklungen dieses diagnostischen Systems sind beschrieben bei Solomon u. George 1999) oder der FIT-KIT von Sturzbecher u. Freytag (2000) als regelspielbasiertes Befragungsinstrument für Kinder über die von ihnen erlebte Interaktionsqualität in der Familie.

Bei vielen Fragestellungen ist es unbedingt erforderlich, die Probanden in ihrer natürlichen Umgebung zu beobachten. Hiervor schrecken nach unseren Erfahrungen viele Psychologen häufig unberechtigterweise zurück. Sie befürchten zu Unrecht, dass sie dort keine brauchbaren Beobachtungen machen könnten.

Weiter oben sind wir schon auf die zu beachtenden Merkmale diagnostischer Informationsquellen eingegangen. Hier soll deshalb nur noch einmal festgehalten werden, dass Menschen manche Verhaltensweisen in einem anderen Ausmaß als gewöhnlich zeigen (quantitativer Aspekt), wenn sie sich beobachtet fühlen. »Völlig anders« als sonst (qualitativer Aspekt) können sie sich aber auch dann nicht verhalten, weil ihnen i.d.R. keine anderen Verhaltensmuster zur Verfügung stehen.

Auch Beobachtungen in der natürlichen Umgebung planen wir so weit wie möglich, d. h. wir benutzen einen Beobachtungsplan. Solche geplanten Beobachtungen in der natürlichen Umgebung nennen wir teilstandardisierte Beobachtungen, weil das Verhalten des Beobachters durch den Plan festgelegt ist, der zu Beobachtende hingegen kann und soll sich möglichst so wie für ihn üblich verhalten.

Selbstverständlich beobachten wir in der natürlichen Umgebung auch solche Verhaltensweisen, die für die Fragestellung wichtig, aber in unserem Beobachtungsplan nicht vorgesehen sind. Bei guter Planung ist dies jedoch die Ausnahme. Solche teilstandardisierten Beobachtungen haben den Vorteil, dass alle fehlerhaften Beobachtungen, die auf mangelhafter Planung und Vorbereitung beruhen, weitestgehend vermieden werden können.

Bei den meisten Fragestellungen, die in der Praxis vorkommen, finden wir diagnostisch wichtige Informationen in indirekten Beobachtungen. Unter indirekten Beobachtungen verstehen wir solche, die von anderen Personen, also nicht von dem begutachtenden Psychologen, vorgenommen wurden.

Indirekte Beobachtungen können als schriftliche Äußerungen eines Beobachters vorliegen. Dies ist z. B. bei Zeugnissen, Beurteilungen oder Berichten über den Probanden der Fall. Menschen können sich mündlich über Verhalten äußern, das sie bei sich selbst oder bei anderen beobachtet haben, beides bezeichnen wir ebenfalls als indirekte Beobachtungen.

Wesentlich für die diagnostische Verwendbarkeit indirekter Verhaltensbeobachtungen ist es, dass dabei konkretes Verhalten geschildert wird. »Beeigenschaften« von Menschen ist keine Schilderung konkreten Verhaltens. Beschreibung liegt nur dann vor, wenn der Beobachter im verbalen oder adverbialen Modus über Verhalten berichtet. Äußerungen im adjektivischen oder substantivischen Modus bedürfen immer der Konkretisierung, da Beobachter Eigenschaftswörter i.d.R. für psychologisch-diagnostische Zwecke in unangemessener Weise verwenden: d. h. es ist nicht sicher, ob alle oben erläuterten Merkmale von Persönlichkeitseigenschaften auch wirklich gegeben sind.

17.2 Auswerten von Tests

> **Merke**
>
> Die Testauswertung wird bestimmt durch:
> 1. Fragestellung,
> 2. Hypothesen,
> 3. Stand der Wissenschaft.

Tests sind Werkzeuge, deren Anwendung davon abhängt, was man mit ihnen erreichen will. Entsprechend der vom Auftraggeber übernommenen Fragestellung wählen wir unsere psychologisch-diagnostischen Werkzeuge aus, zu denen auch Tests gehören. Die Kriterien, nach denen wir im Einzelfall Tests auswählen, haben wir weiter oben dargestellt.

Aus der Fragestellung leiten wir Hypothesen ab, die wir der besseren Verständlichkeit wegen als Psychologische Fragen formulieren. Die ausgewählten Tests sollen uns helfen, über die Hypothesen zu entscheiden, d. h., die Psychologischen Fragen zu beantworten.

Die Vorschläge eines Testautors in der Handanweisung zu seinem Test prüfen wir schon bei der Planung der diagnostischen Untersuchung darauf, wie weit sie für die Beantwortung der Fragestellung und der von ihr abgeleiteten Psychologischen Fragen dienlich sind. Bei der Auswertung und Interpretation eines Tests verwenden wir alle Informationen, welche die wissenschaftliche Literatur zur Auswertung von Tests gibt.

Auf einige Überlegungen zur psychometrischen Einzelfalldiagnostik (Huber 1973; Lienert u. Raatz 1994) wollen wir hier deshalb nachdrücklich hinweisen, weil in der Praxis hier oft grobe Fehler bei der Auswertung und Interpretation von Tests gemacht werden, die schwerwiegende Folgen für die Probanden haben.

Um ein Testergebnis angemessen klassifizieren zu können, muss man mindestens den Vertrauensbereich für den wahren Testwert des Probanden bestimmen.

Unterschiede zwischen Tests bzw. Subtests oder Subtestgruppen eines Profils können durch die jeweiligen Messfehler bedingt sein. Dies muss daher zufallskritisch geprüft werden. Der optische Eindruck, den ein Profil vermittelt, oder der wahrgenommene Unterschied in der Größe von Zahlen können nämlich kein objektives Kriterium sein. Entsprechendes gilt auch für den Fall, dass man ein Profil mit einem anderen, sei es ein Individual- oder ein Referenzprofil, vergleichen will.

Hageböck (1991) hat in seinem PC-Programm PSYMEDIA die Vorschläge von Huber (1973) zur zufallskritischen Einzelfalldiagnostik bedienerfreundlich umgesetzt. Zusätzlich zu den Prozeduren von Huber bietet das PC-Programm CASE123 von Willmes u. Guillot (1990) auch neuere teststatistische Entwicklungen dem Nutzer komfortabel an. Im Internet findet unter dem Stichwort *DiagnosticCalc* kostenloses und benutzerfreundliche Software für die zufallskritische Einzelfalldiagnostik.

Die vom Probanden erzielten Punktwerte können als unterdurchschnittlich, durchschnittlich oder überdurchschnittlich klassifiziert werden. Aufgrund der Grenzen der Messgenauigkeit jedes Tests geben wir im Ergebnisteil des Gutachtens jedoch nicht die vom Probanden erzielten Punktwerte an. Wir berechnen vielmehr den Bereich, in dem mit 90-prozentiger Wahrscheinlichkeit der Wert des Probanden liegt.

Dieser Bereich kann eine Klassifikationsgrenze einschließen. Wir verwenden daher fünf

Klassifikationen für den Bereich, in dem mit 90-prozentiger Wahrscheinlichkeit der wahre Wert eines Probanden liegt: (1) unterdurchschnittlich, (2) unterdurchschnittlich bis durchschnittlich, (3) durchschnittlich, (4) durchschnittlich bis überdurchschnittlich, (5) überdurchschnittlich. Alle weiteren verbalen Abstufungen erschweren nach unseren Erfahrungen Nichtpsychologen unnötig das Verständnis. Bei jedem Test verwenden wir immer nur diese aufgeführten Klassifikationen und keine anderen, um den Lesern das Verstehen und Behalten zu erleichtern. In Kapitel 10 haben wir die folgende Anweisung für die Klassifikation schon vorgestellt. Sie ist hier zur Erleichterung für den Leser noch einmal wiedergegeben:

Die Verteilung von Testwerten besteht aus drei Bereichen:
- »unterdurchschnittlich«: Werte kleiner als Mittelwert minus eine Standardabweichung,
- »durchschnittlich«: Werte von Mittelwert minus eine Standardabweichung bis Mittelwert plus eine Standardabweichung einschließlich der Grenzen (beim IQ sind also 85 und 115 »durchschnittlich«),
- »überdurchschnittlich«: Werte größer als Mittelwert plus eine Standardabweichung.

Zur *Klassifikation eines Testwertes* bestimmt man die Lage der linken und rechten Grenze des Konfidenzintervalls (KI) des wahren Testwerts.

Untere Grenze des KI	obere Grenze des KI	Klassifikation des Testwertes als
unterdurchschnittlich	unterdurchschnittlich	unterdurchschnittlich
unterdurchschnittlich	durchschnittlich	unterdurchschnittlich bis durchschnittlich
durchschnittlich	durchschnittlich	durchschnittlich
durchschnittlich	überdurchschnittlich	durchschnittlich bis überdurchschnittlich
überdurchschnittlich	überdurchschnittlich	überdurchschnittlich

Reicht ein Konfidenzintervall für den wahren Wert von unter M−SD bis über M+SD, so hat ein Test keine brauchbare Information geliefert, denn im Bereich von »unterdurchschnittlich bis überdurchschnittlich« liegt jeder mögliche Testwert.

Die Punktwerte zu den einzelnen Tests stellen wir zusammen mit den notwendigen Berechnungen zur zufallskritischen Absicherung der Ergebnisse im Anhang des Gutachtens dar. Dies geschieht in einer für Diplom-Psychologen nachvollziehbaren Weise, denn es würde ein Gutachten sprengen, wenn wir alle notwendigen Berechnungen im Anhang für Nichtpsychologen verständlich darstellen würden. Dieser Teil des Gutachtens entfällt also nicht einfach, sondern auch die zufallskritische Einzelfallauswertung kann prinzipiell, d. h. zumindest von Sachverständigen, nachgeprüft werden.

Die für die zufallskritische Einzelfallauswertung notwendigen Angaben finden wir nicht nur in der Handanweisung eines Tests, sondern auch in der einschlägigen Fachliteratur, die sich auf die dem Test zugrunde liegende Theorie oder auf den Test selbst bezieht. Eine zentrale Rolle spielen dabei Angaben zur Zuverlässigkeit (Messgenauigkeit) des Tests. Häufig geben die Testautoren nicht nur einen Reliabilitätskoeffizienten an. Hier wählen wir nicht einfach den mit dem höchsten Wert aus, sondern wir entscheiden uns für den, der für das zu erfassende Konstrukt am angemessensten ist (vgl. hierzu ▶ Kap. 9.5, ▶ Kap. 9.5.1 und ▶ Kap. 9.5.2).

17.3 Darstellen von Testergebnissen

> **Merke**
>
> Zur Darstellung von Testergebnissen gehören:
> 1. Verhaltensbeobachtung,
> 2. Relativierung auf den Test,
> 3. Relativierung auf den Untersuchungszeitpunkt,
> 4. Relativierung auf die Vergleichsstichprobe.

Bevor wir im Ergebnisteil des Gutachtens die Ergebnisse eines Tests oder anderer Verfahren berichten, stellen wir das Verhalten dar, das wir während der Durchführung des Verfahrens beobachtet haben und das für die Beantwortung der Fragestellung wichtig ist.

Verhaltensbeobachtungen, die sich außerhalb der Beschäftigung mit speziellen Verfahren wie Tests und Gesprächen ergeben, berichten wir ebenfalls im Ergebnisteil des Gutachtens. Auch hier berichten wir nur solche Beobachtungen, die etwas zur Beantwortung der Fragestellung beitragen.

Im Befundteil eines Gutachtens tragen wir aus allen Informationsquellen die Informationen zusammen, die zur Beantwortung einer der eingangs formulierten Psychologischen Fragen helfen können. Dabei kann es vorkommen, dass die einzelnen Informationen widersprüchlich sind oder zumindest so erscheinen. Solche Widersprüche greifen wir im Befund auf und erklären sie wissenschaftlich fundiert, was bis auf ganz seltene Ausnahmen möglich ist. Bleiben Widersprüche bestehen, so erläutern wir im Befund, wie wir sie im Hinblick auf die Fragestellung beurteilen.

Damit nun die Gutachtenleser nicht verwirrt werden, berichten wir die Ergebnisse der einzelnen Verfahren im Ergebnisteil eines Gutachtens, der dem Befundteil vorangeht, verfahrensweise, d. h. nach Verfahren getrennt.

Um Missverständnissen vorzubeugen, machen wir im Ergebnisteil noch keine endgültigen Aussagen über die untersuchte Person. Diesen Aufschub erreichen wir dadurch, dass wir immer nur berichten, welches Ergebnis der Proband in einem bestimmten Test bei der Untersuchung erzielt hat und wie wir dieses im Vergleich zu einer Stichprobe, zu der auch der Proband gehören könnte, klassifizieren.

Wir sagen im Ergebnisteil des Gutachtens also nicht (!): »Frau H. ist unterdurchschnittlich bis durchschnittlich intelligent.« Sondern: »Frau H. erzielte im Wilde-Intelligenztest 2 einen Wert für die allgemeine Intelligenz, der im Vergleich zu Personen ihres Alters als unterdurchschnittlich bis durchschnittlich zu bezeichnen ist.«

An diesem Beispiel wird deutlich, dass wir noch keine endgültige Aussage über die allgemeine Intelligenz von Frau H. machen. Es kann ja sein, dass die Ergebnisse der Verhaltensbeobachtung dafür sprechen, dass besondere Umstände dazu geführt haben, dass Frau H. dieses Ergebnis erzielte. Weiter können Informationen aus anderen Informationsquellen über andere intellektuelle Leistungen von Frau H. dafür sprechen, dass ihre allgemeine Intelligenz durch den Test unterschätzt wurde.

Vor allem ist aber wichtig, dass es in der entscheidungsorientierten Diagnostik nicht darum geht, ein »Bild« von einem Menschen zu entwerfen, vielmehr wollen wir möglichst zufriedenstellende Entscheidungen vorbereiten helfen. Im eignungsdiagnostischen Beispielfall ist also die eingangs formulierte Psychologische Frage zu beantworten, ob die allgemeine Intelligenz von Frau H. für eine Umschulung zur Altenpflegerin ausreicht. Diese Psychologische Frage können wir erst dann beantworten, wenn alle Informationen über Frau H.s allgemeine Intelligenz vorliegen und wir sie gegeneinander abwägend berücksichtigen können.

Durch den Gebrauch des Präteritums in der Ergebnisdarstellung machen wir deutlich, dass dieses Ergebnis zu einem bestimmten Zeitpunkt erzielt wurde und dass es noch keine abschließende Aussage ist. Die endgültige Antwort auf unsere Psychologischen Fragen formulieren wir im Befundteil nämlich im Präsens. Im Präsens teilen wir dem Leser des Gutachtens also das mit, was eine Psychologische Frage abschließend beantwortet.

Auch mit der Relativierung auf vergleichbare Personen betonen wir, dass dieses Ergebnis nur verstanden werden kann im Vergleich zu anderen. Die von uns verwendeten fünf Klassifikationen (1) »unterdurchschnittlich«, (2) »unterdurchschnittlich bis durchschnittlich«, (3) »durchschnittlich«, (4) »durchschnittlich bis überdurchschnittlich« und (5) »überdurchschnittlich« orientieren sich auch von der Wortwahl her immer am Durchschnitt der Vergleichsgruppe, die wir immer angeben, damit der Leser unsere Vorgehensweise in jedem Schritt nachvollziehen kann.

17.4 Entscheidungsorientierte Gespräche: Auswerten

> **Merke**
>
> Die Auswertung von Gesprächsergebnissen hat
> 1. zur Beantwortung der Fragestellung beizutragen,
> 2. sich an den Psychologischen Fragen auszurichten.

Weiter oben haben wir dargestellt, wie wir entscheidungsorientierte Gespräche planen und durchführen. Um sie möglichst objektiv auswerten zu können, zeichnen wir sie mit dem vorher eingeholten Einverständnis der Gesprächspartner auf. Ist dies in ganz seltenen Fällen nicht der Fall, so werten wir sie unmittelbar im Anschluss an das Gespräch aus. Dabei diktieren wir alle Informationen auf Tonband, an die wir uns anhand des Leitfadens und unserer schriftlichen stichwortartigen Notizen erinnern können. Die spätere Auswertung dieses Tonbandprotokolls erfolgt dann nach den gleichen Regeln, die wir nun für die Tonbandaufnahmen von entscheidungsorientierten Gesprächen schildern werden.

Bei jeder Aussage des Probanden stellen wir uns zunächst die Frage, ob sie in irgendeinem Zusammenhang mit der Fragestellung steht. Können wir diese Frage bejahen, so nehmen wir diese Aussage auf und bearbeiten sie weiter.

Wir fragen uns dann, zu welchen der Psychologischen Fragen, die wir aus der Fragestellung abgeleitet haben, eine bestimmte Aussage dazu eine Information gibt. Wir notieren diese Aussage dann bei den entsprechenden Psychologischen Fragen. Wenn eine Aussage Informationen zu mehreren Psychologischen Fragen enthält, notieren wir sie bei allen berührten Psychologischen Fragen.

Dadurch können wir sicherstellen, dass wir alle Informationen aus einem Gespräch herausfiltern, die bei der Beantwortung der Fragestellung helfen können. Zugleich vermeiden wir damit, dass wir Informationen berücksichtigen, die mit der Fragestellung und den zu beantwortenden Psychologischen Fragen nichts zu tun haben.

Auf diese Art und Weise werten wir allerdings nicht nur entscheidungsorientierte Gespräche aus, sondern auch sonstige schriftliche und mündliche Informationen über den Probanden. Dabei stellt sich sehr häufig heraus, dass solche Informationen für die psychologische Diagnostik nur begrenzt zu gebrauchen sind, da die interessierenden Verhaltensweisen und die Bedingungen, unter denen sie zu beobachten waren, nicht konkret genug dargestellt sind.

Auch direkte Verhaltensbeobachtungen werten wir entsprechend dem Vorgehen bei indirekten Verhaltensbeobachtungen wie Gesprächen aus.

17.5 Gesprächsergebnisse: Darstellen

> **Merke**
>
> Die Darstellung von Gesprächsergebnissen im Gutachten muss
> 1. richtig sein,
> 2. sprachlich korrekt sein,
> 3. die Leser des Gutachtens beachten.

Zu allererst ist von jeder Darstellung von Gesprächsergebnissen zu fordern, dass sie die Informationen aus einem Gespräch richtig wiedergibt. Dabei muss immer deutlich sein, wer was in welchem Zusammenhang geäußert hat. Weiter stellen wir auch die Bedingungen dar, unter denen unsere Gesprächspartner bestimmte Beobachtungen gemacht haben.

Hier wird deutlich, wie nützlich es ist, Gespräche als indirekte Verhaltensbeobachtungen zu planen, durchzuführen und auszuwerten. Bei der Darstellung der Gesprächsergebnisse können wir dann nämlich individuelles Verhalten in bestimmten Situationen konkret schildern.

Der adverbiale Modus der Verhaltensbeschreibung hilft den Lesern, eine Gesprächsauswertung möglichst gut zu verstehen. Gesprächspartner fühlen ihre Äußerungen dadurch eher richtig verstanden und wiedergegeben. Abstrahierende Darstellungen im adjektivischen oder substantivischen Modus führen leicht zu Missverständnissen bei den Lesern des Gutachtens.

Wie alle anderen Ergebnisse im Ergebnisteil eines Gutachtens stellen wir die Gesprächsergebnisse ebenfalls im Präteritum dar. Mit dieser zeitlichen Relativierung wollen wir auch hier deutlich machen, dass es sich um Beobachtungen zu einem bestimmten Zeitpunkt handelt und noch nicht um endgültige Aussagen.

Von entscheidender Bedeutung bei der Darstellung von Gesprächsergebnissen ist ferner, dass immer deutlich ist, von wem eine bestimmte Information stammt. Die Informationsquelle ist also immer wieder anzugeben, wir verweisen meist am Anfang eines jeden Abschnitts darauf, wessen Informationen wir berichten. Zugleich stellen wir alle Gesprächsergebnisse in der indirekten Rede dar.

Die korrekte indirekte Rede ist nach unseren Beobachtungen für die meisten Psychologen zunächst ein Problem. Daher wollen wir weiter unten in einem kurzen Exkurs auf die Aussageweisen bei der Darstellung von Gesprächsinformationen eingehen.

Manche Psychologen versuchen, die Schwierigkeiten mit der Darstellung von Gesprächsergebnissen dadurch zu umgehen, dass sie möglichst viel wörtlich zitieren. Erfahrungsgemäß sprechen wir aber alle etwas anders, als wir schreiben. So ist auch niemand glücklich darüber, seine im Gespräch nicht störenden aber verunglückten Formulierungen schwarz auf weiß zu sehen.

Wörtliche Zitate aus Gesprächen verwenden wir nur dann, wenn sie etwas für die Fragestellung wichtiges knapp und treffend darstellen. Zu umfangreiche wörtliche Zitate enthalten i.d.R. Informationen, die für die Fragestellung wenig oder keine Bedeutung haben. Die Aufgabe des Gutachters ist es jedoch, den Leser nicht durch solche irrelevanten Informationen zu verwirren, sondern nur die für die Fragestellung bedeutsamen Inhalte wiederzugeben. Dies führt dazu, dass wir eher selten wörtlich zitieren.

Unter rechtlichen Gesichtspunkten verbietet es sich ebenfalls, Informationen, die nicht zur Fragestellung gehören, weiterzugeben: Für Psychologen gilt für alle derartigen Informationen Schweigepflicht.

Bei allen Formulierungen beachten wir, wer das Gutachten lesen wird. Neben dem Auftraggeber sind dies auch i.d.R. die Probanden oder ihre Angehörigen. Wir benutzen daher möglichst nur deutsche Wörter, die nicht zu ungebräuchlich sind. Fremdwörter sind meist überflüssig.

Insgesamt bemühen wir uns um einen verbalen Stil und vermeiden einen substantivischen Stil. Im substantivischen Stil wandelt der Schreiber Verben in Substantive um und bildet die Sätze dann mit Hilfsverben wie haben und sein. Häufig verwenden Schreiber den substantivischen Stil und das Passiv. Dabei entfällt oft eine Aussage darüber, wer der Handelnde in einem Satz ist. Das kann in psychologischen Gutachten jedoch zu Missverständnissen und Rückfragen führen.

Wenn wir Gesprächsergebnisse darstellen, so fragen wir uns bei jedem Satz, wie er wohl bei den Lesern ankommt. Damit meinen wir nicht nur, wie sie ihn verstehen, sondern auch, wie sie sich dabei fühlen. Es geht uns dann nicht darum, harte Wahrheiten zu verschweigen oder zu beschönigen. Wir bemühen uns jedoch um eine faire Darstellungsweise.

Eine faire Darstellungsweise von Gesprächsinformationen zeichnet sich dadurch aus, dass wir Beobachtungen möglichst wenig wertend wiedergeben. Dies erreicht man dadurch, dass man keine allgemeinen Aussagen macht, sondern sie immer nur im Hinblick auf die in der Fragestellung angesprochenen Umstände macht. Um festzustellen, ob eine Formulierung negativ bewertend wirkt, fragen wir uns: Wie würden wir uns fühlen, wenn wir so unser eigenes Verhalten oder das Verhalten von Menschen, die uns nahestehen, beschrieben sähen? Unangemessen positive Formulierungen vermeiden wir, indem wir uns überlegen, ob wir beim Leser nicht zu hohe Erwartungen an den Probanden entstehen lassen.

17.6 Die Aussageweise bei der Darstellung von Gesprächsergebnissen

> **Merke**
>
> Als Aussageweise (Modus) bei der Darstellung von Gesprächsergebnissen in der indirekten Rede ist
> 1. der Indikativ fast immer unangebracht,
> 2. die entsprechend richtige Konjunktivform (I oder II) zu verwenden.

In psychologischen Gutachten ist es extrem wichtig, dass jeder Leser eine nur berichtete Aussage von einer Aussage des Psychologen selbst klar trennen kann. Daher müssen Gesprächsergebnisse in der indirekten Rede dargestellt werden, oder es muss durch die Angabe der Informationsquelle jederzeit sichergestellt sein, woher eine Aussage stammt.

Die sprachliche Form der indirekten Rede ist i.d.R. der Konjunktiv I. In der indirekten Rede ist es in jedem Fall unangemessen, Gesprächsergebnisse im Indikativ darzustellen. Im Alltag wird häufig fälschlich der Konjunktiv II in der indirekten Rede verwendet. Dies kann in psychologischen Gutachten zu schwerwiegenden Missverständnissen führen. Der Konjunktiv II ist zu verwenden, wenn ausgesagt werden soll, dass etwas nicht der Fall ist oder nur unter bestimmten Bedingungen.

Wenn z. B. Frau H. gesagt hätte: »Ich finde eine Arbeitsstelle«, dann wären folgende Ergebnisdarstellungen falsch: (1) Frau H. findet eine Arbeitsstelle. (2) Frau H. sagte, sie fände eine Arbeitsstelle. Richtig wäre: Frau H. sagte, sie finde eine Arbeitsstelle.

18

Ergebnisdarstellung zum eignungsdiagnostischen Beispielfall

Wir greifen hier die eignungsdiagnostische Fragestellung aus Kapitel 6 wieder auf, zu der wir in den Kapiteln 11 und 13 den Untersuchungsplan dargestellt haben, und zeigen nun an diesem Beispiel, wie die Ergebnisse von standardisierten sowie teil- und nichtstandardisierte Verfahren im Gutachten nach den Regeln der entscheidungsorientierten Diagnostik dargestellt werden.

> **Merke**
>
> Unter dem Gliederungspunkt »Ergebnisse« stellen wir im Gutachten dar:
> - pro Informationsquelle
> - alle Informationen, die wir im Befund zur Beantwortung der Fragestellung verwenden, und beachten dabei
> - alle die weiter oben beschriebenen Regeln zur Darstellung von Informationen im Ergebnisteil eines Gutachtens.

Im Folgenden greifen wir unsere Beispielfragestellung wieder auf und stellen die Informationen hierzu so dar, wie wir es in einem Gutachten für angemessen halten. Weiter oben haben wir die Regeln aufgeführt und begründet, die wir dabei beachten. Im Folgenden führen wir also keine neuen Überlegungen ein, sondern illustrieren unser Vorgehen.

Da bei der gewählten Fragestellung keine Akten vorlagen, die psychologisch bedeutsame Informationen hätten enthalten können, muss in unserem Beispiel der Untergliederungspunkt »Aktenanalyse unter psychologischen Gesichtspunkten« entfallen.

Das NEO-FFI, dessen Verwendung im Sinne einer sequenziellen Untersuchungsstrategie hier u. U. für sinnvoll gehalten wurde (vgl. ▶ Kap. 11), wurde nicht durchgeführt: Die Ergebnisse des entscheidungsorientierten Gesprächs erlaubten eine für die Beantwortung der Fragestellung hinreichend genaue Beurteilung des Ausprägungsgrades der Persönlichkeitsmerkmale Gewissenhaftigkeit und emotionale Belastbarkeit bei Frau H.. Unter Kosten-Nutzen-Gesichtspunkten wurde daher im vorliegenden Fall auf ein weiteres diagnostisches Verfahren verzichtet.

4. Eignungsdiagnostischer Beispielfall: 4 Ergebnisse

Am xx.yy.20zz zwischen 8.00 und 12.00 Uhr testete der Unterzeichner des Gutachtens Frau H. im Institut für Psychologie der TU Dresden mit den angegebenen psychologischen Tests und führte anschließend mit ihr ein entscheidungsorientiertes Gespräch.

4.1 Wilde-Intelligenztest 2 (WIT-2)

Frau H. meinte zu Beginn der Untersuchung spontan, dass sie es gut finde, dass auch ein Intelligenztest gemacht werde. So wisse sie dann auch selbst, ob sie sich in dieser Hinsicht richtig einschätze. Sie habe etwas Sorge, dass der Test schlechter als erwartet ausfallen könne, denn sie habe so etwas noch nie gemacht und kenne sich da nicht aus. Bekannte hätten ihr erzählt, dass diese Tests sehr anstrengend seien.

Bei der Durchführung des Tests hörte Frau H. aufmerksam zu und verstand alle Anweisungen sofort. Nach dem Test bedauerte sie, dass sie nicht die Zeit gehabt habe, alle Aufgaben zu versuchen, sie habe das »alles sehr interessant« gefunden.

Frau H. wurde mit den Untertests des WIT-2 getestet, die eine Einschätzung der Intelligenz-Faktoren verbales Denken, rechnerisches Denken und schlussfolgerndes Denken sowie der allgemeinen Intelligenz ermöglichen, indem die Werte der erstgenannten drei Bereiche gemittelt werden.

Frau H. erreichte in den drei geprüften Intelligenz-Faktoren im WIT-2 eine Leistung, die im Vergleich mit Personen ihres Alters als durchschnittlich zu bezeichnen ist. Der Mittelwert dieser Werte kann als ein Maß für die allgemeine Intelligenz gelten. Frau H. erzielte im WIT-2 einen Gesamtwert, der im Vergleich mit Personen ihres Alters als durchschnittlich zu bezeichnen ist.

4.2 RT-Rechtschreibungstest

Beim Rechtschreibtest schrieb Frau H. die in den Text einzusetzenden Wörter flüssig und in einer gut leserlichen Schrift.

Frau H. erzielte im RT einen Wert für Rechtschreibkenntnisse, der im Vergleich zu Personen ihres Alters als durchschnittlich zu bezeichnen ist.

4.3 Entscheidungsorientiertes Gespräch mit Frau H.

Frau H. zeigte sich erstaunt darüber, dass der Untersucher »nur« für das Gespräch mit ihr einen Leitfaden erstellt hatte. Sie begrüßte dies und fand auch die Aufzeichnung des Gesprächs auf Tonband sehr gut. So etwas hätten diejenigen Bekannten, die schon einmal von Psychologen untersucht worden seien, nicht berichtet. Sie finde das aber gut, ein Gespräch so zu führen. Am Ende des Gesprächs von etwa einer Stunde Dauer stellte sie fest, dass sie bis jetzt noch mit niemandem so lange und so gründlich über ihre Umschulung gesprochen habe. Sie wisse jetzt viel genauer, was dabei wichtig sei.

Frau H. erzählte auf die an sie gerichteten Fragen frei und ungezwungen, was sie dazu zu berichten hatte. Sie antwortete ohne zu zögern und ging auf alles ein, wonach sie der Untersucher fragte. Sie drückte sich dabei immer verständlich aus, und ihre Aussprache war sehr gut zu verstehen. Frau H. sprach ein korrektes Hochdeutsch mit Dresdner Dialektfärbung. Im Gespräch berichtete sie, dass sie den Dresdner Dialekt sehr gut beherrsche, da sie mit ihren Großeltern, die sie in den letzten Jahren gepflegt habe, sich immer nur in der Dresdner Mundart unterhalten habe. Sie habe festgestellt, dass dies vor allem für ältere Menschen »ein Stück Heimat« bedeute.

4.3.1 Entscheidungsverhalten; Erwartungen an Umschulung und Beruf

Auf die Frage, wie sie zu dem Entschluss gekommen sei, sich zur Altenpflegerin umschulen zu lassen und später in diesem Beruf zu arbeiten, berichtete Frau H., sie sei im Gespräch mit Bekannten auf diese Möglichkeit hingewiesen worden. Sie habe in den letzten beiden Jahren ihre Großeltern mütterlicherseits gepflegt, die beide über ein Jahr bettlägerig gewesen seien. Ihre Großeltern hätten fünf Häuser weiter in der gleichen Straße wie sie gelebt.

Sie habe schon länger darüber nachgedacht, wie sie selbst Geld verdienen könne. Doch bisher sei alles nicht möglich gewesen, weil sie mit ihren drei Kindern und den pflegebedürftigen Großeltern so viel Arbeit gehabt habe. Sie gehe gern mit anderen Menschen um, deshalb habe sie nach der Schule auch eine Lehre als Verkäuferin begonnen. Bei der Arbeit als Verkäuferin habe sie sich dann aber häufig gelangweilt, außerdem seien Kunden oft unverschämt gewesen.

Die Pflege ihrer Großeltern sei zwar sehr anstrengend gewesen, aber sie habe diese Arbeit als sinnvoll erlebt. Ihre Großeltern seien ihr immer sehr dankbar für alles gewesen, was sie für sie getan habe.

Über andere Berufe, in denen sie auch mit Menschen umzugehen hätte, habe sie noch nicht nachgedacht. Die Vorstellung, alte Menschen zu pflegen, sei für sie bisher die einzige gewesen, die für sie wirklich in Frage gekommen sei.

Sie habe häufiger mit einer Bekannten über deren Arbeit als Altenpflegerin in einem Altersheim gesprochen. Von ihr wisse sie auch, wie die Umschulung aussehe und was da auf sie zukomme. Diese Bekannte habe selbst eine Umschulung zur Altenpflegerin vor etwa vier Jahren abgeschlossen und arbeite seitdem in diesem Beruf. Aufgrund dieser Gespräche glaube sie auch, sich richtig vorstellen zu können, was auf sie als Altenpflegerin zukomme.

4.3.2 Interessen, Ziele, Wünsche

Frau H. berichtete, dass sie es als wichtig ansehe, einen eigenen Beruf zu haben, selbst auch Geld zu verdienen, und damit schon heute anzufangen und nicht erst später, wenn die Kinder aus dem Haus seien. Sie habe das bei einigen ihr bekannten Frauen erlebt, dass diese sich sehr schwer getan hätten, wieder in einen Beruf hineinzufinden.

Frau H. berichtete, dass sie noch nicht so genau wisse, wie die Umschulung für sie sein werde, denn ihre Bekannte habe die Umschulung in einer anderen Schule gemacht, als die, die jetzt für sie in Frage komme. Da müsse sie sich noch informieren.

Sie freue sich darauf, in der Umschulung mit anderen zusammen zu sein und einen sie interessierenden Stoff lernen zu dürfen. Was sie in den Fächern im Einzelnen lernen müsse, wisse sie noch nicht so genau, aber sie sei sicher, dass sie das alles mit ihrer Begeisterung für den Beruf schaffen könne.

Von ihrer Straße führe eine Buslinie direkt zu der Schule, sodass sie nur zwanzig Minuten für eine Fahrt brauche. Sie gehe fest davon aus, dass ihre Umschulung zur Altenpflegerin gefördert werde, denn solche würden doch immer mehr gebraucht, da es immer mehr alte Menschen gebe.

Frau H. berichtete weiter, dass sie eine Zusage für eine Vorpraktikumsstelle habe, bei einer weiteren Stelle habe sie sich beworben. Dort habe man ihr sofort gesagt, das dürfte eigentlich kein Problem sein. Sie erwarte jeden Tag die schriftliche Zusage.

4.3.3 Lernen

Frau H. berichtete, das Lernen sei ihr nicht immer leicht gefallen. Wenn sie ein Fach nicht interessiert habe, dann habe sie die Arbeit dafür so lange wie möglich vor sich hergeschoben. In solchen Fächern habe sie dann auch schon mal Ärger mit den Lehrerinnen und Lehrern gehabt. Am Ende der Schulzeit habe sie nur noch ein Ziel gehabt: »Raus aus der Schule!« Auch zu Beginn ihrer Lehre als Verkäuferin habe sie sich kaum für die Berufsschule interessiert, da sei sie lieber tanzen gegangen als zu lernen.

In dieser Zeit habe sie dann ihren heutigen Mann kennengelernt. Sie hätten dann früh geheiratet, weil sie mit dem Ältesten schwanger gewesen sei. Sie habe damals deswegen auch die Lehre als Verkäuferin abgebrochen. Die Schwangerschaft sei ihr ganz recht gewesen, denn so habe sie die Ausbildung nicht zu Ende machen müssen. In der Berufsschule habe sie zudem damals schon große Lücken im Fachwissen gehabt. Sie habe diese dann im dritten Lehrjahr eigentlich aufarbeiten wollen, so wie es die meisten anderen auch gemacht hätten, doch eine eigene Familie sei damals für sie viel verlockender gewesen.

In der Hauptschule und auch in der Berufsschule habe sie immer nur das Nötigste gemacht und trotzdem in den meisten Fächern »Drei oder mal eine Vier« gehabt. Mehrere Lehrerinnen und Lehrer hätten sie damals darauf hingewiesen, dass sie wesentlich besser sein könnte, wenn sie mehr für die Schule arbeiten würde.

Frau H. meinte von sich aus, dass ihr bisheriges Verhalten dafür spreche, dass sie »keine Lust« zum Lernen habe. In der Vergangenheit sei das sicher richtig gewesen, da sie nicht gesehen habe, wofür ihre Anstrengung gut sein solle. In den letzten Jahren habe sie, nicht zuletzt durch die Erziehung ihrer eigenen Kinder, erlebt, wie wichtig es sei, etwas zu lernen, und zwar möglichst gründlich. Sie sei stolz auf ihre beiden Ältesten, die in der Realschule und in der Grundschule recht gut mitkämen, ohne dass sie sich besonders um sie kümmern müsse. Das sei auch ein Ansporn für sie selbst, ihre Ausbildung zur Altenpflegerin möglichst ernst zu nehmen.

4.3.4 Arbeitsstil

Frau H. berichtete, dass es ihr nichts ausmache, wenn sie viel arbeiten müsse. Sie habe dann vielmehr das Gefühl, wirklich gebraucht zu werden. Seit dem Tod ihrer Großeltern, die sie gepflegt habe, langweile sie sich öfter, weil der Haushalt und die Kinder sie bei weitem nicht auslasteten. Die Jüngste gehe jetzt in den Kindergarten, sodass sie vormittags viel freie Zeit habe.

Bisher habe sie im Haushalt und in der Familie alle Arbeiten zur Zufriedenheit aller bewältigen können. Früher, als sie noch in der Lehre gewesen sei, habe es sie sehr gestört, wenn sie zu wenig zu tun gehabt habe.

Bei umfangreichen Arbeiten gehe sie »immer nach einem System« vor, denn ansonsten mache es ihr keinen Spaß, wenn immer wieder etwas umgeplant werden müsse, nur weil man sich vorher zu wenig Gedanken gemacht habe. Sie habe in dieser Hinsicht schon einigen Bekannten auf deren Bitten hin ihr System erklärt, wie sie den Haushalt und die übrigen Arbeiten organisiere. Manches hätten diese Bekannten dann davon übernommen, aber sie habe den Eindruck, dass diese teilweise das umständliche Arbeiten liebten und gar nicht viel schneller werden wollten, weil sie nicht mehr wüssten, was sie mit sich dann anfangen sollten.

Wenn sie einmal unter Zeitdruck gerate, dann überlege sie sich, was unbedingt zuerst gemacht werden müsse. Sie stelle dann alles andere zurück, auch wenn es sie störe, angefangene Arbeiten nicht zügig zu Ende bringen zu können.

Mit der Zusammenarbeit mit anderen habe sie nur innerhalb der Familie Erfahrung, denn ihre Schwiegermutter und ihre Schwester hätten ihr bei der Pflege und Betreuung der bettlägerigen Großeltern geholfen. So etwas sei nicht in allen Punkten mit einer beruflichen Zusammenarbeit zu vergleichen. Doch habe sie immer dafür gesorgt, dass am Wochenende ein Plan für die nächste Woche vereinbart wurde, damit immer jemand da gewesen sei, der sich um die Großeltern habe kümmern können.

Die bisher von ihr zu erledigenden Arbeiten habe sie gerne getan, sie könne sich nur vorstellen, dass es sie sehr stören würde, wenn andere über die Arbeit, die zu tun sei, stöhnten und schimpften. Dafür habe sie wenig Verständnis. Sie selbst arbeite immer so lange, bis sie ein vorher gesetztes Ziel erreicht habe. Das sei meist so nach ein bis zwei Stunden der Fall. Dann gönne sie sich eine Pause von fünf bis zehn Minuten und freue sich an dem, was sie bis dahin geleistet habe.

Wenn sie den Eindruck habe, dass eine Arbeit nicht so gut geworden sei, dann könne sie auch »schon mal Fünf gerade sein lassen«. Wenn es jedoch etwas Wichtiges sei wie z.B. bei der Pflege der Großeltern, dann habe sie ihre Arbeit nachgebessert. Sie halte es nämlich für eine Zumutung für Pflegebedürftige, wenn sie unnötig Unbequemlichkeiten ertragen müssten.

4.3.5 Emotionale Belastbarkeit und Umgang mit emotionalen Belastungen

Frau H. schilderte, sie sei bisher mit allen schwierigen Situationen gut zurechtgekommen. Natürlich sei es immer etwas Besonderes, wenn jemand in der Familie krank sei. In solchen Situationen rücke die Familie besonders eng zusammen und jeder gebe sein Bestes. Zum Glück hätten sie aber auch nicht so sehr viel mit Krankheiten zu tun. Sie beschrieb dann, dass zwar alle Kinder die üblichen Kinderkrankheiten gehabt hätten und ihr Mann zweimal wegen eines Betriebsunfalls für mehrere Wochen krank geschrieben worden sei. Das sei aber, so meinte sie, nichts Ungewöhnliches. Man habe eigentlich immer absehen können, wann alles wieder überstanden sei.

Sie habe schon immer gut mit Menschen, besonders mit alten, umgehen können. So sei es für die ganze Großfamilie selbstverständlich gewesen, dass sie die kranken Großeltern gepflegt habe. Frau H. schilderte eine Reihe von Beispielen, die zeigten, dass sie in schwierigen Situationen wie längeren Krankheiten und dem sich über Monate hinziehenden Sterben ihrer Großmutter immer die Ruhe bewahrt habe. Die ganze Familie habe sich immer gewundert, wie sie mit der ganzen Arbeit und den nervlichen Belastungen so gut fertig geworden sei.

Die bei der Pflege älterer und besonders bettlägeriger Menschen zu verrichtenden Arbeiten seien sicher nicht immer angenehm oder leicht, aber es müsse sich doch jemand um die alten Menschen kümmern, auch wenn sie einem zwischendurch auf die Nerven gehen könnten.

Frau H. räumte ein, dass sie mit kranken alten Menschen, die ihr fremd seien, bisher kaum eigene Erfahrungen habe. Sie wisse von vielen Berichten ihrer Bekannten, dass es nicht immer einfach sei, mit solchen Menschen umzugehen. Auch den Umgang mit Sterbenden kenne sie nur aus ihrer eigenen Familie. Sie meinte, es komme darauf an, wie man zum Sterben alter Menschen eingestellt sei. Für sie sei das etwas ganz Natürliches, aber sie sei sich klar darüber, dass es für viele Menschen einfach eine Katastrophe sei.

Frau H. sah die Doppelbelastung durch die Umschulung bzw. die spätere Berufstätigkeit und die Familie zwar als gegeben an; sie meinte jedoch, dass sie damit gut fertig werden könne. Sie könne sich nicht vorstellen, dass das mehr Arbeit sei als die zusätzliche Pflege ihrer bettlägerigen Großeltern im letzten Jahr. Und das habe sie ja auch ohne besondere Schwierigkeiten bewältigt.

4.3.6 Körperliche Belastbarkeit

Frau H. berichtete, dass sie nie ernstlich krank gewesen sei. Nur bei den Entbindungen habe sie jeweils im Krankenhaus gelegen. Sie habe keinerlei Beschwerden, auch nicht, wenn sie sich anstrenge. Als sie ihre Großeltern gepflegt habe, habe sie keine körperlichen Probleme gehabt, obwohl der Großvater mit 170 Pfund ein großer, schwerer Mann gewesen sei.

Frau H. erklärte, dass sie keinerlei Medikamente brauche. Sie rauche nicht. Bei Feiern oder wenn sie einmal in der Woche mit ihrem Mann zusammen in ihre Stammkneipe gehe, dann trinke sie drei bis vier kleine Glas Bier am Abend. Mehr würde ihr auch nicht schmecken.

4.3.7 Umgang mit anderen

Frau H. meinte, sie komme im Allgemeinen mit allen Menschen gut zurecht. Schwierigkeiten habe sie mit Menschen, die sie herablassend oder bevormundend behandelten. Solchen Personen gehe sie lieber aus dem Weg. Wenn sich Auseinandersetzungen nicht vermeiden ließen, dann suche sie das offene Gespräch. Dabei könne sie auch Kritik an ihrem eigenen Verhalten anhören. Anschließend überlege sie sich dann, was davon berechtigt sei. Manche Kritik habe sie eingesehen und ihr Verhalten daraufhin geändert.

Es störe sie sehr, wenn Leute nicht den Mut hätten, offen ihre Meinung zu sagen. Aber sie habe gelernt, dass man das nicht erzwingen könne. Sie sei da in den letzten Jahren vorsichtiger geworden und rechne damit, dass Menschen sich öffentlich anders verhielten, als sie sich privat äußerten.

Frau H. führte aus, dass ihre eigene Familie und die Verwandtschaft besonders wichtig für sie seien. Hier fühle sie sich anerkannt, und sie sei auch immer unterstützt worden, wenn es nötig gewesen sei. Alle fänden ihre Pläne gut, und es sei dann auch in der Familie und Verwandtschaft selbstverständlich, dass man sich gegenseitig helfe.

Sie gehe davon aus, dass ihre Schwiegermutter ihr bei der Versorgung der Kinder auch weiter helfen werde. Dieses Problem habe sich zudem dadurch verkleinert, dass die Jüngste nun in den Kindergarten gehe. Der Kindergarten habe auch einen Hort, sodass ihre Tochter dort den ganzen Tag versorgt sei. Die beiden Größeren kämen ganz gut allein zurecht, das habe sie in der letzten Zeit immer wieder feststellen können.

Frau H. berichtete, ihr Mann unterstütze sie in ihren Plänen, denn es komme so ja auch erheblich mehr Geld in die Familienkasse. Gerade im letzten Jahr habe er notgedrungen manche Einkäufe und Arbeiten im Haushalt mit übernehmen müssen. Er habe zwar manchmal gemurrt, aber letzten Endes habe er eingesehen, dass es nötig sei.

Die Familien fänden ihre Pläne gut, auch die Bekannten und Freunde hätten alle gemeint, dass das Vorhaben ganz vernünftig sei, denn man müsse ja auch an später denken. In wenigen Jahren seien die Kinder sowieso aus dem Haus und sie sei viel zu aktiv, um die Hände in den Schoß legen zu können. Viele hätten auch darauf hingewiesen, dass sie so später eine eigene Rente bekommen könnte, was sie selbst auch wichtig finde.

Die Bekannten und Freunde, mit denen sie über ihre Pläne gesprochen habe, hätten zwar auch gemeint, dass sie sich da viel Arbeit zumute, aber alle seien ganz zuversichtlich, dass sie das schaffen könne. Diese Unterstützung durch die Familie, die Freunde und die Bekannten bestätige sie in ihren Plänen.

Bei der Besprechung eines konkreten Tageslaufs bzw. Wochenendes heute und eines möglichen Tageslaufs bzw. Wochenendes während der Umschulung bzw. der Berufstätigkeit als Altenpflegerin stellte sich heraus, dass Frau H. konkrete und realistische Vorstellungen von ihrem zukünftigen Alltag entwickelt hatte. Sie konnte alle wichtigen Gesichtspunkte berücksichtigen und darstellen, wie sie den verschiedenen Anforderungen in Familie, Umschulung und Beruf entsprechen wolle. Dabei beachtete sie auch außergewöhnliche Situationen wie eine mögliche Erkrankung eines Familienmitglieds.

4.4 Allgemeine Verhaltensbeobachtung

Frau H. erschien pünktlich zum vereinbarten Untersuchungstermin. In der Besprechung zur Vorbereitung auf die anstehenden Untersuchungen hörte sie interessiert zu und fragte zu wichtigen Gesichtspunkten der Untersuchungen nach. Alle Anweisungen verstand sie sofort und führte sie richtig aus.

Frau H. ist 28 Jahre alt, etwa 1,75 m groß und wirkte gepflegt. Sie machte einen sportlichen Eindruck und bewegte sich ruhig und sicher.

4.5 Zeugnisse

Frau H. legte die Originale ihrer Zeugnisse aus den beiden letzten Hauptschuljahren und der Berufsschule vor. Die Noten waren meist »befriedigend« und in wechselnden Fächern manchmal »ausreichend«.

Befund

19.1 Ziele des Diagnostikers im Befund – 140

19.2 Vorgehen des Diagnostikers im Befund – 140

19.3 Empfehlungen und Vorschläge im Gutachten – 142

19.4 Formulierungen im Befund – 142

19.1 Ziele des Diagnostikers im Befund

> **Merke**
>
> Der Diagnostiker verfolgt im Befund folgende Ziele:
> 1. Er beantwortet die Psychologischen Fragen und damit die Fragestellung(en), aus denen er sie abgeleitet hat.
> 2. Er beachtet die Leser des Gutachtens.
> 3. Er berücksichtigt angemessen die Interessen aller Beteiligten.

Im Befund beantworten wir die vom Auftraggeber übernommene(n) Fragestellung(en). Wenn Teile einer Fragestellung grundsätzlich nicht zu beantworten sind, so erklären wir im Gutachten wissenschaftlich begründet, warum dies so ist.

Die Fragestellung haben wir zu Beginn der Planung der Begutachtung in Psychologische Fragen aufgelöst. Im Befundteil beantworten wir nun diese Psychologischen Fragen, indem wir alle im Ergebnisteil angeführten Informationen verwenden.

Damit ein Gutachten seinen Zweck möglichst gut erfüllt, beachten wir bei allen Formulierungen die möglichen Leser des Gutachtens. Dabei denken wir immer daran, dass Gutachten häufig, über den aktuellen Anlass zur Begutachtung hinaus, einen Menschen ein Stück seines Lebens begleiten und immer wieder einmal als Informationsquelle herangezogen werden.

Wir beschränken unsere Aussagen daher immer auf die zu beantwortende Fragestellung und verwenden dabei nur Informationen über konkretes Verhalten. Abstrahierende Aussagen machen wir nur, nachdem wir das konkrete Verhalten beschrieben haben, auf das sie sich beziehen. Für die Beantwortung der Fragestellung unnötig verallgemeinernde Aussagen vermeiden wir. Solche verallgemeinernden Aussagen werden nämlich später häufig in anderen Zusammenhängen herangezogen, um über den Begutachteten zu entscheiden.

Unnötig verallgemeinernde Aussagen über Begutachtete wirken häufig wie Etiketten, die sie nicht wieder loswerden. Geht man bei späteren Entscheidungen über den Begutachteten von solchen Etiketten aus, so ist damit einer Fülle von Fehlern und Verzerrungen in der diagnostischen Urteilsbildung Tür und Tor geöffnet. Weiter oben haben wir diese Urteilsfehler und Verzerrungstendenzen beschrieben. Wir gestalten den Befund eines Gutachtens deshalb so, dass Personen, die das Gutachten später noch einmal verwenden, nicht zu Fehlurteilen verleitet werden.

19.2 Vorgehen des Diagnostikers im Befund

> **Merke**
>
> Im Befund
> 1. stellen wir alle Informationen zu jeder Psychologischen Frage zusammen und kombinieren sie zu einer Antwort.
> 2. gehen wir auf Widersprüche zwischen Informationen ein.
> 3. berücksichtigen wir bei jeder Variablen ihre Stabilität, Änderbarkeit und Kompensierbarkeit.
> 4. stellen wir Schritt für Schritt dar, wie wir zu unseren Entscheidungen kommen.

Im Befund stellen wir alle Informationen zu jeder Psychologischen Frage zusammen, die wir eingangs aus der Fragestellung abgeleitet haben. Dabei verwenden wir nur die Informationen, die im Ergebnisteil des Gutachtens aufgeführt sind.

Sollten wir seit der Auswertung der verschiedenen Informationsquellen und der Darstellung der Informationen im Ergebnisteil weitere Informationen erhalten haben, die für die Beantwortung der Fragestellung wichtig sind, so tragen wir sie zuerst an den entsprechenden Stellen im Ergebnisteil des Gutachtens nach. Auf diese Weise stellen wir sicher, dass wir alle verwendeten Informationen im Ergebnisteil berichten.

Grundsätzlich führen wir alle Informationen (= direkte und indirekte Verhaltensbeobachtungen) im Befund an und geben immer an, woher sie stammen und wann sie gewonnen wurden. Dies geschieht in der Regel dadurch, dass wir die Informationen so, wie sie im Ergebnisteil des

19.2 · Vorgehen des Diagnostikers im Befund

Gutachtens dargestellt sind, im Befund wieder aufführen. Da dies bei mehreren langen Gesprächen allerdings zu Befundteilen führen würde, die für die Leser zu wenig übersichtlich sind, fassen wir das Wesentliche aus den Gesprächen dann zusammen. Dabei geben wir in Klammern allerdings immer an, auf welchen Seiten des Gutachtens die ausführliche Darstellung dieses Gesprächsteils zu finden ist.

Zu jeder Psychologischen Frage gibt es i.d.R. Informationen aus verschiedenen Informationsquellen. Dies kann bedeuten, dass die Informationen nicht die gleiche Aussagekraft haben. Wir gewichten die Informationen einmal nach ihrer Bedeutung für die Fragestellung, und zwar so, dass alle Leser des Gutachtens unsere Gewichtung nachvollziehen können.

Darüber hinaus beziehen wir die »Qualität« der vorliegenden Daten in die Gewichtung ein: Informationen z. B. über die allgemeine Intelligenz, die wir bei der psychologischen Untersuchung mit einem Intelligenztest gewonnen haben, welcher der Fragestellung und den Eigenheiten des Probanden möglichst gut entsprach, gewichten wir höher als nichtstandardisierte Beobachtungen, die ebenfalls Auskunft über die allgemeine Intelligenz des Probanden geben.

Es kann vorkommen, dass sich bei einer Psychologischen Frage die Informationen aus verschiedenen Informationsquellen widersprechen oder es zumindest auf den ersten Blick so aussieht. Solche tatsächlichen oder vermeintlichen Widersprüche zwischen Informationen diskutieren wir im Befund.

Tatsächliche Widersprüche zwischen Informationen kommen nach unseren Erfahrungen sehr selten vor. Wenn dies aber so ist, dann diskutieren wir die Bedeutung dieser widersprüchlichen Informationen für die jeweilige Psychologische Frage und die übergeordnete Fragestellung.

Vieles von dem, was in einem Gutachten als widersprüchlich erlebt wird, beruht auf einer nicht ausreichenden Differenzierung der zu beachtenden Bedingungen, unter denen ein bestimmtes Verhalten zu beobachten war. Um dies zu vermeiden, geben wir die psychologisch notwendigen Informationen, damit die Leser des Gutachtens in der erforderlichen Weise differenzieren können.

Jede Psychologische Frage bezieht sich auf mindestens eine Variable. Bei unseren Aussagen über diese Variablen berücksichtigen wir immer ihre Stabilität, Änderbarkeit und Kompensierbarkeit.

Um eine Fragestellung befriedigend beantworten zu können, geben wir an, seit wann eine Variable eine bestimmte Ausprägung hat und wie lange dies voraussichtlich so bleiben wird. Manche Variablen kann man mit bestimmten Maßnahmen ändern, z. B. durch Unterricht, Beratung oder Therapie. Auf solche Möglichkeiten und ihre Erfolgsaussichten gehen wir immer dann ein, wenn dies von der Fragestellung her notwendig ist.

Abhängig von der Fragestellung muss die Möglichkeit berücksichtigt werden, dass die extreme (zu hohe oder zu geringe) Ausprägung einer Variablen durch die Ausprägung einer anderen Variablen kompensiert, d. h. ausgeglichen werden kann. So kann z. B. eine Minderbegabung durch Fleiß teilweise ausgeglichen werden. Es bleibt in einem solchen Fall immer abzuschätzen, ob ein möglicher Ausgleich für die Erfüllung der Anforderungen ausreicht.

Die Gewichtung der für die Beantwortung einer Psychologischen Frage bedeutsamen Informationen bei ihrer Kombination, die Beurteilung von Variablen nach Stabilität, Änderbarkeit und Kompensierbarkeit stellen jeweils Entscheidungen dar, die wir als Gutachter zu treffen haben. Alle diese Entscheidungen müssen die Leser eines Gutachtens Schritt für Schritt nachvollziehen können, damit sie das Gutachten bei ihrer Entscheidung berücksichtigen können.

Zur Beantwortung einer diagnostischen Fragestellung kann es erforderlich sein, den aktuellen Stand des psychologischen Wissens im Befund darzustellen. Diese Informationen vermitteln wir in einer allgemein verständlichen kurzen und prägnanten Form und geben zugleich, wie in jeder wissenschaftlichen Arbeit, die benutzte Literatur an, damit es den Gutachtenlesern möglich ist, unsere Ausführungen zu prüfen.

19.3 Empfehlungen und Vorschläge im Gutachten

> **Merke**
>
> Bei Empfehlungen und Vorschlägen beschreiben wir
> 1. die sich anbietenden Verhaltensmöglichkeiten,
> 2. die Bedingungen für ihre Verwirklichung,
> 3. die damit zu erreichenden Ziele,
> 4. die möglichen Folgen jeder beschriebenen Verhaltensmöglichkeit.
>
> Empfehlungen und Vorschläge können im Gutachten
> 1. zur Fragestellung gehören,
> 2. notwendig werden,
> 3. unangemessen sein;
> 4. im Befund stehen oder ein eigener Gliederungspunkt sein.

Manche Fragestellungen enthalten nicht nur den Auftrag, zu diagnostizieren, sondern sie verlangen Empfehlungen oder Vorschläge für das weitere Vorgehen. Solche Empfehlungen leiten wir immer aus den Antworten auf die Psychologischen Fragen ab. Dabei beschreiben wir (1) die sich anbietenden Verhaltensmöglichkeiten, (2) die Bedingungen für ihre Verwirklichung, (3) die damit zu erreichenden Ziele und (4) die möglichen Folgen jeder beschriebenen Verhaltensmöglichkeit.

Nach dem Grundverständnis der entscheidungsorientierten Diagnostik bereiten wir aus psychologischer Sicht Entscheidungen möglichst gut vor, damit die Entscheidenden sich möglichst zufriedenstellend entscheiden können. Ein Gutachten ist also eine Hilfestellung zu einer eigenverantwortlichen Entscheidung.

Entsprechend unserem Grundgesetz kann niemand, auch kein Gutachter, einem mündigen Erwachsenen seine Entscheidungen abnehmen. Wir können den Entscheidenden bei seiner Entscheidung auf ein umfangreiches psychologisches Fachwissen aufbauend möglichst gut beraten. Das ist unser Auftrag bei einem Gutachten.

Empfehlungen oder Vorschläge von Gutachtern können aber auch unangemessen sein, z. B. dann, wenn ein psychologischer Gutachter sich in einem forensischen Gutachten über nur vom Richter zu beurteilende Probleme äußert. Mit einer gutachterlichen Äußerung, in der die »Beweiswürdigung« vorweggenommen wird, überschreitet der Gutachter seinen Auftrag. Dies kann dazu führen, dass zumindest Teile des Gutachtens vor Gericht nicht verwertbar sind (Ulrich 2007; Eisenberg 2002; Salzgeber 2001). Ein Psychologe kann sich selbst vor solchen Pannen bewahren, wenn er sich zunächst erkundigt, welches genau sein Gutachtenauftrag ist. Hier hilft die vertrauensvolle und offene Frage an den Auftraggeber, bevor man einen Gutachtenauftrag übernimmt bzw. dann, wenn während der Begutachtung Zweifel auftauchen.

Es kann sich durch Erkenntnisse während der Begutachtung als notwendig erweisen, den Auftraggeber im Gutachten auf mögliche Sachverhalte hinzuweisen, die noch weiter abzuklären sind. Wir können dann begründet vorschlagen, z. B. bestimmte medizinische Untersuchungen vornehmen zu lassen.

Empfehlungen und Vorschläge können, je nach Fragestellung, entweder im Befund eines Gutachtens am sinnvollsten sein oder besser unter einem eigenen Gliederungspunkt aufgeführt werden. Dies entscheiden wir jeweils von Fall zu Fall. Für Empfehlungen an den entsprechenden Stellen im Befund spricht, dass so häufig der Begründungszusammenhang für den Leser besser zu sehen ist. Allerdings muss man dann darauf achten, dass alle für den Vorschlag oder die Empfehlung wichtigen Informationen im Befund schon aufgeführt sind, denn es widerspricht der Nachvollziehbarkeit eines Gutachtens, wenn zum Verständnis notwendige Informationen erst nach einem Vorschlag oder einer Empfehlung geäußert werden.

19.4 Formulierungen im Befund

> **Merke**
>
> Es hilft dem Leser, wenn ein Befund
> 1. sprachlich gut zu verstehen ist.
> 2. in der richtigen Zeitform steht.
> 3. in den angemessenen Aussageformen (Modi) ausgedrückt ist.
> 4. möglichst wertneutral formuliert ist.

19.4 · Formulierungen im Befund

Klare und eindeutige Formulierungen erleichtern es dem Leser, den Befund zu verstehen. Wir vermeiden Fremdwörter und Fachjargon. Wo Fachbegriffe notwendig sind, erklären wir sie. Da längere Sätze schlechter zu verstehen sind als kurze, bevorzugen wir kürzere Sätze. Komplizierte Satzkonstruktionen führen leichter zu Missverständnissen, deshalb bevorzugen wir im Gutachten einfach gebaute Sätze.

Viele Psychologen sehen in ihrer Fachsprache und möglichst komplizierter Ausdrucksweise einen Beweis ihrer fachlichen Kompetenz. Nach unseren Erfahrungen sehen das Nichtpsychologen jedoch völlig anders. Sie sind Psychologen immer dafür dankbar, wenn sie sich verständlich ausdrücken. Fachliche Kompetenz zeigt sich nach unserem Verständnis an den Inhalten und nicht an einer unnötig komplizierten Ausdrucksweise.

Die Psychologischen Fragen verwenden wir als Gliederung des Befundes. Zu jeder Psychologischen Frage berichten wir zuerst alle Informationen aus allen Informationsquellen. Diesen Berichtteil formulieren wir in der gleichen Form wie im Ergebnisteil des Gutachtens. Das heißt, wir behalten die Relativierungen auf die Informationsquelle, Zeitpunkt und ggf. die Vergleichsstichprobe bei; alles, was in der indirekten Rede steht, übernehmen wir auch so, ausgenommen sehr lange Gespräche oder Verhaltensbeobachtungen. Diese stellen wir in zusammengefasster Weise dar, geben aber zu jeder Aussage in Klammern an, auf welchen Seiten des Gutachtens die ausführliche Auswertung zu finden ist.

Alle unsere Überlegungen, Schlussfolgerungen und Entscheidungen drücken wir im Präsens aus. Durch das Präsens wird deutlich, dass jetzt der Gutachter Stellung bezieht und zu endgültigen Aussagen kommt.

Als Aussageweise (Modus) kommt für die Überlegungen, Schlussfolgerungen und Entscheidungen nur der Indikativ in Frage, allerdings ohne (!) modale Färbung.

Modale Färbungen sind im Befund möglich durch (1) Adverbien wie »sicherlich« und »zweifellos«; (2) modale Wortgruppen wie »m. E.« und »meiner Meinung nach«; (3) bestimmte Verben im übergeordneten Satz wie »ich vermute«. Solche Versicherungen und Beteuerungen werden in der Regel dann verwendet, wenn die erforderlichen Belege für die Aussage fehlen. Daraus ergibt sich, dass solche modalen Färbungen im Befund des psychologischen Gutachtens unpassend sind, vielmehr ist jede Aussage durch hinreichende Beobachtungen zu belegen. Für die Formulierung des Befundes gelten darüber hinaus alle Ausführungen, die wir weiter oben zur Auswertung von Gesprächen gemacht haben.

Der Gutachter soll in seinem Gutachten nicht seine private Meinung äußern, sondern er soll wissenschaftlich fundiert bei wichtigen Entscheidungen beraten. Dabei soll er nicht vermuten und spekulieren, sondern das bei der Entscheidung nützliche Fachwissen in verständlicher Form einbringen.

Ein möglichst sachlich formulierter Befund erleichtert den Lesern des Gutachtens eine sachliche Beschäftigung mit den dargestellten Informationen.

Befund zum Beispielfall

> **Merke**
>
> Unter dem Gliederungspunkt »Befund«
> 1. beantworten wir die von der Fragestellung abgeleiteten Psychologischen Fragen (= Hypothesen),
> 2. beantworten wir die Fragestellung und
> 3. geben wir ggf. Empfehlungen oder machen Vorschläge.

Wir zeigen nun an der Beispielfragestellung aus Kapitel 6, zu der wir in den Kapiteln 11 und 13 den Untersuchungsplan und Kapitel 18 die Ergebnisse dargestellt haben, wie ein Befund in seiner ausführlichen Form dargestellt werden kann.

Wir verwenden im Befund die eingangs formulierten Psychologischen Fragen als Gliederung. Bei insgesamt mehr als fünf Psychologischen Fragen gruppieren wir diese nach einer für die Leser sinnvollen übergeordneten Gliederung.

Im Befund führen wir alle Informationen aus dem Ergebnisteil wieder auf, denn im Ergebnisteil sind ja alle die Informationen zusammengestellt, die für die Beantwortung der Fragestellung wichtig sind und keine weiteren. Im Ergebnisteil des Gutachtens sind die Informationen nach Verfahren geordnet dargestellt. Im Befund stellen wir alle Informationen aus allen Informationsquellen zu einer Psychologischen Frage zusammen.

5. Befund

Im Befund wird die Fragestellung des Gutachtens beantwortet. Dazu werden zu jeder Psychologischen Frage alle Informationen zusammengetragen, die im Ergebnisteil des Gutachtens nach Informationsquellen geordnet dargestellt sind. Die Informationen werden kommentiert, und jede einzelne Psychologische Frage wird beantwortet.

5.1 Psychologische Fragen zu motivationalen Bedingungen

5.1.1 Erwartungen und Entscheidungsverhalten

Frau H. berichtete, dass sie im Gespräch mit Bekannten auf die Möglichkeit hingewiesen worden sei, sich zur Altenpflegerin umschulen lassen zu können. Sie habe in den letzten beiden Jahren ihre Großeltern mütterlicherseits gepflegt.

Sie habe schon länger darüber nachgedacht, wie sie selbst Geld verdienen könne. Doch bisher sei alles nicht möglich gewesen, weil sie mit ihren drei Kindern und den pflegebedürftigen Großeltern so viel Arbeit gehabt habe. Sie gehe gern mit anderen Menschen um, deshalb habe sie nach der Schule auch eine Lehre als Verkäuferin begonnen. Bei der Arbeit als Verkäuferin habe sie sich dann aber häufig gelangweilt, außerdem seien Kunden oft unverschämt gewesen.

Die Pflege ihrer Großeltern sei zwar sehr anstrengend gewesen, aber sie habe diese Arbeit als sinnvoll erlebt.

Über andere Berufe, in denen sie auch mit Menschen umzugehen hätte, habe sie noch nicht nachgedacht.

Sie habe häufiger mit einer Bekannten, die als Altenpflegerin in einem Altersheim arbeite, über deren Arbeit gesprochen. Von ihr wisse sie auch, wie die Umschulung aussehe und was da auf sie zukomme.

Frau H. hat sich bisher nicht mit anderen Berufen beschäftigt, in denen sie auch mit Menschen umzugehen hätte. Sie erlebt die Arbeit als Altenpflegerin als sinnvoll und kann dies aufgrund ihrer Erfahrungen bei der Pflege ihrer Großeltern und den Berichten einer Bekannten, die als Altenpflegerin arbeitet, angemessen für sich selbst beurteilen. Betrachtet man Frau H.s Erwartungen, so ist sie also für eine Umschulung als Altenpflegerin geeignet. Sie hat sich allerdings noch nicht über andere Berufe informiert, in denen sie auch Menschen zu pflegen hätte. Dies könnte sie noch tun, bevor sie sich endgültig entscheidet. Insgesamt sprechen Frau H.s Erwartungen und ihr Entscheidungsverhalten dafür, dass sie ihr Ziel der Umschulung zur Altenpflegerin erreichen kann.

5.1.2 Interessen, Ziele und Wünsche

Zum Beruf. Frau H. berichtete, dass sie es als wichtig ansehe, einen eigenen Beruf zu haben, selbst auch Geld zu verdienen und damit schon heute anzufangen und nicht erst später, wenn die Kinder aus dem Haus seien. Sie habe das bei einigen ihr bekannten Frauen erlebt, dass diese sich sehr schwer getan hätten, wieder in einen Beruf hineinzufinden.

Sie habe schon immer gut mit Menschen, besonders mit alten, umgehen können. So sei es für die ganze Großfamilie selbstverständlich gewesen, dass sie die kranken Großeltern pflegte. Frau H. schilderte eine Reihe von Beispielen, die zeigten, dass sie in schwierigen Situationen wie längeren Krankheiten und dem sich über Monate hinziehenden Sterben ihrer Großmutter immer die Ruhe bewahrt habe. Die ganze Familie habe sich immer gewundert, wie sie mit der ganzen Arbeit und den nervlichen Belastungen so gut fertig geworden sei.

Die bei der Pflege älterer und besonders bettlägeriger Menschen zu verrichtenden Arbeiten seien nicht immer angenehm oder leicht, aber es müsse sich doch jemand um die alten Menschen kümmern, auch wenn sie einem zwischendurch auf die Nerven gehen könnten.

Außerhalb der Familie habe sie bisher keine Erfahrung im Umgang mit der Pflege alter Menschen sammeln können. Diese wolle sie aber demnächst in den Vorpraktika machen, die vor Beginn der Ausbildung zur Altenpflegerin nachzuweisen seien. Sie sei aber sicher, dass sie sich durch die Gespräche mit der ihr bekannten Altenpflegerin richtig vorstellen könne, was von ihr in diesem Beruf erwartet werde.

Obwohl Frau H. bislang keine Erfahrungen in der Pflege alter Menschen außerhalb der Familie sammeln konnte, ist davon auszugehen, dass der Beruf der Altenpflegerin den Interessen von Frau H. entspricht. Sie kann sich in diesem Beruf für sie wichtige Wünsche erfüllen und persönlich wichtige Ziele verfolgen. Ihre beruflichen Interessen sprechen für eine Umschulung zur Altenpflegerin.

Zur Umschulung. Frau H. berichtete, dass sie noch nicht so genau wisse, wie die Umschulung für sie sein werde, denn ihre Bekannte habe die Umschulung in einer anderen Schule gemacht als der, die jetzt für sie in Frage komme, da müsse sie sich noch informieren.

Sie freue sich darauf, in der Umschulung mit anderen zusammen zu sein und einen sie interessierenden Stoff lernen zu dürfen. Was sie in den Fächern im Einzelnen lernen müsse, wisse sie noch nicht so genau, aber sie sei sicher, dass sie das alles mit ihrer Begeisterung für den Beruf schaffen könne.

Von ihrer Straße führe eine Buslinie direkt zu der Schule, so dass sie nur zwanzig Minuten für eine Fahrt brauche.

Frau H. berichtete weiter, dass sie eine Zusage für eine Vorpraktikumsstelle habe, bei einer weiteren Stelle habe sie sich beworben. Dort habe man ihr sofort gesagt, dass das eigentlich kein Problem sein dürfte. Sie erwarte jeden Tag die schriftliche Zusage.

Sie gehe fest davon aus, dass ihre Umschulung zur Altenpflegerin gefördert werde, denn solche würden doch immer mehr gebraucht, da es immer mehr alte Menschen gebe.

Frau H. weiß noch nicht in allen Einzelheiten über die Umschulung Bescheid. Sie hat sich jedoch so weit informiert, dass sie sich ein hinreichend klares Bild von der Umschulung machen kann. Sie hat sich bereits erfolgreich um Stellen für die erforderlichen Vorpraktika beworben. Frau H. ist also nicht nur an der späteren Berufstätigkeit als Altenpflegerin interessiert, sondern auch an der dafür erforderlichen Umschulung.

5.2 Psychologische Fragen zu intellektuellen Bedingungen

5.2.1 Allgemeine Intelligenz

In der Besprechung zur Vorbereitung auf die anstehenden Untersuchungen hörte Frau H. interessiert zu und fragte zu wichtigen Gesichtspunkten der Untersuchungen nach. Alle Anweisungen verstand sie sofort und führte sie richtig aus.

Frau H. meinte zu Beginn der Untersuchung mit dem Wilde-Intelligenztest (WIT) spontan, dass sie es gut finde, dass auch ein Intelligenztest gemacht werde. So wisse sie dann auch selbst, ob sie sich in dieser Hinsicht richtig einschätze. Sie habe etwas Sorge, dass der Test schlechter als erwartet ausfallen könne, denn sie habe so etwas noch nie gemacht und kenne sich da nicht aus. Bekannte hätten ihr erzählt, dass diese Tests sehr anstrengend seien.

Nach dem Test bedauerte sie, dass sie nicht die Zeit gehabt habe, alle Aufgaben zu versuchen, sie habe das »alles sehr interessant« gefunden.

Frau H. legte die Originale ihrer Zeugnisse aus den beiden letzten Hauptschuljahren und der Berufsschule vor. Die Noten waren meist »befriedigend« und in wechselnden Fächern manchmal »ausreichend«.

Frau H. berichtete, dass ihr das Lernen nicht immer leicht gefallen sei. Wenn sie ein Fach nicht interessiert habe, dann habe sie die Arbeit dafür so lange wie möglich vor sich hergeschoben. In solchen Fächern habe sie dann auch schon mal Ärger mit den Lehrerinnen und Lehrern gehabt. In der Hauptschule und auch in der Berufsschule habe sie immer nur das Nötigste gemacht und trotzdem in den meisten Fächern »Drei oder mal eine Vier« gehabt. Mehrere Lehrerinnen und Lehrer hätten sie damals darauf hingewiesen, dass sie wesentlich besser sein könne, wenn sie mehr für die Schule arbeite. In den letzten Jahren habe sie, nicht zuletzt durch die Erziehung ihrer eigenen Kinder, erlebt, wie wichtig es sei, etwas zu lernen, und zwar möglichst gründlich. Das sei ein Ansporn für sie selbst, ihre Ausbildung zur Altenpflegerin möglichst ernst zu nehmen.

Frau H. wurde mit dem Wilde-Intelligenztest 2 (WIT-2) getestet. Frau H. erzielte in den getesteten Intelligenzfaktoren »verbales Denken«, rechnerisches Denken« und »schlussfolgerndes Denken« Leistungen, die im Vergleich mit Personen ihres Alters als durchschnittlich zu bezeichnen sind. Der Mittelwert dieser Werte kann als ein Maß für die Allgemeine Intelligenz gelten. Frau H. erzielte im WIT-2 einen Gesamtwert, der im Vergleich mit Personen ihres Alters als durchschnittlich zu bezeichnen ist.

Bei umfangreichen Arbeiten gehe sie »immer nach einem System« vor, denn ansonsten mache es ihr keinen Spaß, wenn immer wieder etwas umgeplant werden müsse, nur weil man sich vorher zu wenig Gedanken gemacht habe. Sie habe in dieser Hinsicht schon einigen Bekannten auf deren Bitten hin ihr System erklärt, wie sie den Haushalt und die übrigen Arbeiten organisiere. Manches hätten diese Bekannten dann davon übernommen.

Wenn sie einmal unter Zeitdruck gerate, dann überlege sie sich, was unbedingt zuerst gemacht werden müsse. Sie stelle dann alles andere zurück, auch wenn es sie störe, angefangene Arbeiten nicht zügig zu Ende bringen zu können.

Alle Beobachtungen zu Frau H.s Verhalten in der Untersuchungssituation, die Ergebnisse des Intelligenztests, ihre Zeugnisse sowie die Schilderungen des eigenen Verhaltens in ausgewählten Klassen von Situationen weisen in dieselbe Richtung: Frau H. ist ausreichend intelligent, um mit Aussicht auf Erfolg zur Altenpflegerin umgeschult werden zu können und später in diesem Beruf zu arbeiten.

5.2.2 Arbeitsstil

Frau H. berichtete, dass es ihr nichts ausmache, wenn sie viel arbeiten müsse. Sie habe dann vielmehr das Gefühl, wirklich gebraucht zu werden: Seit dem Tod ihrer Großeltern langweile sie sich öfter, weil der Haushalt und die Kinder sie bei weitem nicht auslasteten. Die Jüngste gehe jetzt in den Kindergarten, sodass sie vormittags viel freie Zeit habe.

Bisher habe sie im Haushalt und in der Familie alle Arbeiten zur Zufriedenheit aller bewältigen können. Früher, als sie noch in der Lehre gewesen sei, habe es sie sehr gestört, wenn sie zu wenig zu tun gehabt habe.

Bei umfangreichen Arbeiten gehe sie »immer nach einem System« vor, denn ansonsten mache es ihr keinen Spaß, wenn immer wieder etwas umgeplant werden müsse, nur weil man sich vorher zu wenig Gedanken gemacht habe.

Wenn sie einmal unter Zeitdruck gerate, dann überlege sie sich, was unbedingt zuerst gemacht werden müsse. Sie stelle dann alles andere zurück, auch wenn es sie störe, angefangene Arbeiten nicht zügig zu Ende bringen zu können.

Mit der Zusammenarbeit mit anderen habe sie nur innerhalb der Familie Erfahrung, denn ihre Schwiegermutter und ihre Schwester hätten ihr bei der Pflege und Betreuung der bettlägerigen Großeltern geholfen. So etwas sei nicht in allen Punkten mit einer beruflichen Zusammenarbeit zu vergleichen. Doch habe sie immer dafür gesorgt, dass am Wochenende ein Plan für die nächste Woche vereinbart wurde, damit immer jemand da gewesen sei, der sich um die Großeltern habe kümmern können.

Die bisher von ihr zu erledigenden Arbeiten habe sie gerne getan, sie könne sich nur vorstellen, dass es sie sehr stören würde, wenn andere über die Arbeit, die zu tun sei, stöhnten und schimpften. Dafür habe sie wenig Verständnis. Sie selbst arbeite immer so lange, bis sie ein vorher gesetztes Ziel erreicht habe. Das sei meist so nach ein bis zwei Stunden der Fall. Dann gönne sie sich eine Pause von fünf bis zehn Minuten und freue sich an dem, was sie bis dahin geleistet habe. Wenn sie den Eindruck habe, dass eine Arbeit nicht so gut geworden sei, dann könne sie auch »schon mal Fünf gerade sein lassen«. Wenn es jedoch etwas Wichtiges sei wie z. B. bei der Pflege der Großeltern, dann habe sie ihre Arbeit nachgebessert.

Alle diese Darstellungen sprechen dafür, dass Frau H.s gewohnheitsmäßige Art zu arbeiten, d.h. ihr Arbeitsstil, in allen wesentlichen Punkten den Anforderungen entspricht, welche die Umschulung zur Altenpflegerin und die spätere Tätigkeit in diesem Beruf an sie richten werden.

5.2.3 Kenntnisse in der Rechtschreibung und im Rechnen

Beim Rechtschreibungstest schrieb Frau H. die in den Text einzusetzenden Wörter flüssig und in einer gut leserlichen Schrift.

Frau H. erzielte im RT-Rechtschreibungstest einen Wert, der im Vergleich zu Personen ihres Alters als durchschnittlich zu bezeichnen ist.

Frau H. legte die Originale ihrer Zeugnisse aus den beiden letzten Hauptschuljahren und der Berufsschule vor. Die Noten waren in Deutsch und Mathematik immer und sonst meist »befriedigend« und in wechselnden Fächern manchmal »ausreichend«. Gleiches berichtete Frau H. im entscheidungsorientierten Gespräch. Diese Noten wie auch die Leistungen im Rechtschreibungstest sprechen dafür, dass Frau H. über ausreichende Rechtschreibkenntnisse für die Umschulung zur Altenpflegerin und eine spätere Tätigkeit in diesem Beruf verfügt.

Frau H. berichtete, und dies bestätigen die vorgelegten Zeugnisse, dass ihre Leistungen in Mathematik in Haupt- und Berufsschule zumeist als befriedigend benotet wurden. Im Intelligenzfaktor »rechnerisches Denken« des WIT-2 erzielte sie eine Leistung, die im Vergleich mit Personen ihres Alters als durchschnittlich zu bezeichnen ist.

Alle diese Informationen sprechen dafür, dass Frau H. für die Umschulung zur Altenpflegerin und eine spätere Tätigkeit in diesem Beruf über ausreichende Rechtschreib- und Rechenkenntnisse verfügt.

5.3 Psychologische Fragen zu sozialen Bedingungen

5.3.1 Umgang mit anderen und Unterstützung durch andere

Frau H. erschien pünktlich zum vereinbarten Untersuchungstermin. In der Besprechung zur Vorbereitung auf die anstehenden Untersuchungen hörte sie interessiert zu und fragte zu wichtigen Gesichtspunkten der Untersuchungen nach. Sie erzählte auf die an sie gerichteten Fragen frei und ungezwungen, was sie dazu zu berichten hatte. Sie antwortete ohne zu zögern und ging auf alles ein, wonach sie der Untersucher fragte. Sie drückte sich dabei immer verständlich aus, und ihre Aussprache war sehr gut zu verstehen. Frau H. sprach ein korrektes Hochdeutsch mit Dresdner Dialektfärbung.

Sie habe schon immer gut mit Menschen, besonders mit alten, umgehen können. Frau H. schilderte eine Reihe von Beispielen, die zeigten, dass sie in schwierigen Situationen wie längeren Krankheiten und dem sich über Monate hinziehenden Sterben ihrer Großmutter immer die Ruhe bewahrt habe.

Außerhalb der Familie habe sie bisher keine Erfahrung im Umgang mit der Pflege alter Menschen sammeln können. Sie wisse jedoch von vielen Berichten ihrer Bekannten, dass es nicht immer einfach sei, mit solchen Menschen umzugehen. Auch den Umgang mit Sterbenden kenne sie nur aus ihrer eigenen Familie. Sie meinte, es komme darauf an, wie man zum Sterben alter Menschen eingestellt sei. Für sie sei das etwas ganz Natürliches, aber sie sei sich klar darüber, dass es für viele Menschen einfach eine Katastrophe sei.

Sie freue sich darauf, in der Umschulung mit anderen zusammen zu sein.

In der Schule habe sie einige Male Ärger mit den Lehrern gehabt, da sie Arbeiten für Fächer, für die sie sich nicht interessiert habe, immer vor sich hergeschoben habe.

Frau H. berichtete, sie habe Bekannten auf deren Bitten hin ihr System der Arbeitsorganisation erklärt; manches hätten diese dann auch übernommen.

Mit der Zusammenarbeit mit anderen habe sie nur innerhalb der Familie Erfahrung, denn ihre Schwiegermutter und ihre Schwester hätten ihr bei der Pflege und Betreuung der bettlägerigen Großeltern geholfen. So etwas sei nicht in allen Punkten mit einer beruflichen Zusammenarbeit zu vergleichen.

Die bisher von ihr zu erledigenden Arbeiten habe sie gerne getan, sie könne sich nur vorstellen, dass es sie sehr stören würde, wenn andere über die Arbeit, die zu tun sei, stöhnten und schimpften. Dafür habe sie wenig Verständnis. Sie selbst arbeite immer so lange, bis sie ein vorher gesetztes Ziel erreicht habe.

Frau H. führte aus, dass ihre eigene Familie und die Verwandtschaft besonders wichtig für sie seien. Sie berichtete, ihr Mann unterstütze sie in ihren Plänen, denn es komme so ja auch erheblich mehr Geld in die Familienkasse. Gerade im letzten Jahr habe er notgedrungen manche Einkäufe und Arbeiten im Haushalt mit übernehmen müssen. Er habe zwar manchmal gemurrt, aber letzten Endes habe er eingesehen, dass es nötig sei.

Die Familien fänden ihre Pläne gut, auch die Bekannten und Freunde hätten alle gemeint, dass das Vorhaben ganz vernünftig sei, denn man müsse ja auch an später denken. Obwohl sie sich mit der Umschulung viel Arbeit zumute, seien alle ganz zuversichtlich, dass sie es schaffen werde.

Sie gehe daher davon aus, dass ihre Schwiegermutter ihr bei der Versorgung der Kinder auch weiter helfen werde. Dieses Problem habe sich zudem dadurch verkleinert, dass die Jüngste nun in den Kindergarten gehe. Der Kindergarten habe auch einen Hort, so dass ihre Tochter dort den ganzen Tag versorgt sei. Die beiden Größeren kämen ganz gut allein zurecht, das habe sie in der letzten Zeit immer wieder feststellen können. Ihr Mann, ihre Schwiegermutter und ihre übrige Familie wollten sie wie bisher bei ihren Plänen unterstützen und hätten ihre eigene Zuversicht bestätigt, auch mit der bevorstehenden größeren Belastung fertig zu werden.

Frau H. berichtete, dass sie i. Allg. mit allen Menschen gut zurechtkomme. Frau H. erklärte, sie habe Schwierigkeiten mit Menschen, die sie herablassend oder bevormundend behandelten. Solchen Personen gehe sie lieber aus dem Weg. Wenn sich Auseinandersetzungen nicht vermeiden ließen, dann suche sie das offene Gespräch. Dabei könne sie auch Kritik an ihrem eigenen Verhalten anhören. Anschließend überlege sie sich dann, was davon berechtigt sei. Manche Kritik habe sie eingesehen und ihr Verhalten daraufhin geändert.

Es störe sie sehr, wenn Leute nicht den Mut hätten, offen ihre Meinung zu sagen. Aber sie habe gelernt, dass man das nicht erzwingen könne. Sie sei da in den letzten Jahren vorsichtiger geworden und rechne damit, dass Menschen sich öffentlich anders verhielten, als sie sich privat äußerten.

Wenn auch Frau H. in dem Beruf der Altenpflegerin noch keine Erfahrungen im Umgang mit ihr fremden Menschen hat, so weisen doch alle bisher vorliegenden Informationen darauf hin, dass sie sich im Kreis der Verwandten, Freunde und Bekannten in ihrem Umgang mit anderen anerkannt und bestätigt fühlt. Diese für sie wichtigen Personen unterstützen ihre Pläne; dies kann wesentlich zu ihrer Verwirklichung beitragen.

Der Umgang mit den zu pflegenden alten Menschen wird ihr eher leicht fallen, da sie gerne und nach ihren Darstellungen auch sehr geschickt mit alten Menschen umzugehen versteht.

Auf die Untersuchungssituation konnte Frau H. sich immer angemessen einstellen. Darüber, wie sie mit Vorgesetzten und Behörden umgehen kann, kann aufgrund der vorliegenden Informationen nichts gesagt werden. Es liegen aber auch keine Informationen vor, die hier auf zukünftige Schwierigkeiten hinweisen würden, die im Wesentlichen durch Frau H.s gewohnheitsmäßiges Verhalten im Umgang mit anderen bedingt wären.

5.3.2 Sprachverständnis und Sprachverhalten

Während der gesamten psychologischen Untersuchung verstand Frau H. alle Anweisungen sofort und führte sie richtig aus.

Frau H. erzielte im Intelligenzfaktor »verbales Denken« eine Leistung, die im Vergleich mit Personen ihres Alters als durchschnittlich zu bezeichnen ist.

Frau H. erzählte im entscheidungsorientierten Gespräch auf die an sie gerichteten Fragen frei und ungezwungen, was sie dazu zu berichten hatte. Sie antwortete ohne zu zögern und ging auf alles ein, wonach der Gutachter fragte. Sie drückte sich dabei immer verständlich aus, und ihre Aussprache war sehr gut zu verstehen. Frau H. sprach ein korrektes Hochdeutsch mit Dresdner Dialektfärbung.

Frau H.s Verhalten während der psychologischen Untersuchung, ihre Testergebnisse und ihre Schilderungen sprechen dafür, dass Frau H. sich klar ausdrücken kann. Damit erfüllt sie eine wichtige Voraussetzung für eine erfolgreiche Umschulung zur Altenpflegerin. Da sie außer Hochdeutsch auch den Dresdner Dialekt sprechen kann, wird sie sich mit vielen zu pflegenden älteren Menschen aus der Region Dresden besonders gut verstehen.

5.3.3 Praktische Erfahrungen in der Altenpflege

Frau H. berichtete, sie habe zwei Jahre lang ihre Großeltern gepflegt. Das sei zwar sehr anstrengend gewesen, aber sie habe diese Arbeit als sinnvoll erlebt. Ihre Großeltern seien ihr immer sehr dankbar für alles gewesen, was sie für sie getan habe.

Sie habe schon immer gut mit Menschen, besonders mit alten, umgehen können. So sei es für die ganze Großfamilie selbstverständlich gewesen, dass sie die kranken Großeltern pflegte. Frau H. schilderte eine Reihe von Beispielen, die zeigten, dass sie in schwierigen Situationen, wie längeren Krankheiten und dem sich über Monate hinziehenden Sterben ihrer Großmutter, immer die Ruhe bewahrt habe.

Sie habe häufiger mit einer Bekannten über deren Arbeit gesprochen, die als Altenpflegerin in einem Altersheim arbeite. Von dieser wisse sie, dass die bei der Pflege älterer, bettlägeriger Menschen zu verrichtenden Arbeiten nicht immer angenehm oder leicht seien, aber es müsse sich doch jemand um die alten Menschen kümmern, auch wenn sie einem zwischendurch auf die Nerven gehen könnten.

Außerhalb der Familie habe sie bisher keine Erfahrung im Umgang mit der Pflege alter Menschen sammeln können. Auch den Umgang mit Sterbenden kenne sie nur aus ihrer eigenen Familie. Sie meinte, es komme darauf an, wie man zum Sterben alter Menschen eingestellt sei. Für sie sei das etwas ganz Natürliches, aber sie sei sich klar darüber, dass es für viele Menschen einfach eine Katastrophe sei.

Erfahrungen damit wolle sie demnächst in den Vorpraktika machen, die vor Beginn der Ausbildung zur Altenpflegerin nachzuweisen seien. Sie sei aber sicher, dass sie sich durch die Gespräche mit der ihr bekannten Altenpflegerin richtig vorstellen könne, was auf sie als Altenpflegerin zukomme.

Frau H. hat umfangreiche Erfahrung in der Altenpflege innerhalb ihrer Familie, nicht aber in der Pflege ihr fremder alter Menschen. Darüber hat sie sich bisher nur durch die Berichte einer Bekannten informiert, die als Altenpflegerin in einem Altersheim arbeitet. Frau H. hat sich nach ihren Darstellungen erfolgreich um Stellen für die beiden erforderlichen Vorpraktika beworben. Da Frau H. bereits Pflegeerfahrungen mit alten Menschen hat und sie sich schon gründlich darüber informiert hat, was als Altenpflegerin von ihr erwartet wird, ist nicht damit zu rechnen, dass sich durch diese Vorpraktika Frau H.s Bild vom Beruf der Altenpflegerin so sehr ändern wird, dass sie dieses Berufsziel nicht weiter verfolgen wird.

5.4 Psychologische Fragen zur emotionalen und körperlichen Belastbarkeit

5.4.1 Emotionale Belastbarkeit und Umgang mit emotionalen Belastungen

Frau H. schilderte eine Reihe von Beispielen, die zeigten, dass sie in schwierigen Situationen wie längeren Krankheiten und dem sich über Monate hinziehenden Sterben ihrer Großmutter immer die Ruhe bewahrt habe. Die ganze Familie habe sich immer gewundert, wie sie mit der ganzen Arbeit und den nervlichen Belastungen so gut fertig geworden sei.

Die bei der Pflege älterer und besonders bettlägeriger Menschen zu verrichtenden Arbeiten seien nicht immer angenehm oder leicht, aber es müsse sich doch jemand um die alten Menschen kümmern, auch wenn sie einem zwischendurch auf die Nerven gehen könnten.

Frau H. berichtete, dass es ihr nichts ausmache, wenn sie viel arbeiten müsse. Sie habe dann vielmehr das Gefühl, wirklich gebraucht zu werden.

Bisher habe sie im Haushalt und in der Familie alle Arbeiten zur Zufriedenheit aller bewältigen können. Früher, als sie noch in der Lehre gewesen sei, habe es sie sehr gestört, wenn sie zu wenig zu tun gehabt habe.

Wenn sie einmal unter Zeitdruck gerate, dann überlege sie sich, was unbedingt zuerst gemacht werden müsse. Sie stelle dann alles andere zurück, auch wenn es sie störe, angefangene Arbeiten nicht zügig zu Ende bringen zu können.

Die bisher von ihr zu erledigenden Arbeiten habe sie gerne getan, sie könne sich nur vorstellen, dass es sie sehr stören würde, wenn andere über die Arbeit, die zu tun sei, stöhnten und schimpften. Dafür habe sie wenig Verständnis.

Wenn sie den Eindruck habe, dass eine Arbeit nicht so gut geworden sei, dann könne sie auch »schon mal Fünf gerade sein lassen«. Wenn es jedoch etwas Wichtiges sei wie z. B. bei der Pflege der Großeltern, dann habe sie ihre Arbeit nachgebessert.

Frau H. schilderte, dass sie bisher mit allen schwierigen Situationen gut zurechtgekommen sei. Natürlich sei es immer etwas Besonderes, wenn jemand in der Familie krank sei. In solchen Situationen rücke die Familie besonders eng zusammen und jeder gebe sein Bestes. Zum Glück hätten sie aber auch nicht so sehr viel mit Krankheiten zu tun. Sie beschrieb dann, dass zwar alle Kinder die üblichen Kinderkrankheiten gehabt hätten und ihr Mann zweimal wegen eines Betriebsunfalls für mehrere Wochen krankgeschrieben worden sei. Das sei aber, so meinte sie, nichts Ungewöhnliches. Man habe eigentlich immer absehen können, wann alles wieder überstanden sei.

Frau H. räumte ein, dass sie mit kranken alten Menschen, die ihr fremd seien, bisher kaum eigene Erfahrungen habe. Sie wisse von vielen Berichten ihrer Bekannten, dass es nicht immer einfach sei, mit solchen Menschen umzugehen. Auch den Umgang mit Sterbenden kenne sie nur aus ihrer eigenen Familie. Sie meinte, es komme darauf an, wie man zum Sterben alter Menschen eingestellt sei. Für sie sei das etwas ganz Natürliches, aber sie sei sich klar darüber, dass es für viele Menschen einfach eine Katastrophe sei.

Frau H. sah die Doppelbelastung durch die Umschulung bzw. die spätere Berufstätigkeit und die Familie zwar als gegeben an, sie meinte jedoch, dass sie damit gut fertig werden könne. Sie könne sich nicht vorstellen, dass das mehr Arbeit sei, als die zusätzliche Pflege ihrer bettlägerigen Großeltern im letzten Jahr. Und das habe sie ja auch ohne besondere Schwierigkeiten bewältigt.

Schwierigkeiten habe sie mit Menschen, die sie herablassend oder bevormundend behandelten. Solchen Personen gehe sie lieber aus dem Weg. Wenn sich Auseinandersetzungen nicht vermeiden ließen, dann suche sie das offene Gespräch. Dabei könne sie auch Kritik an ihrem eigenen Verhalten anhören. Anschließend überlege sie sich dann, was davon berechtigt sei. Manche Kritik habe sie eingesehen und ihr Verhalten daraufhin geändert.

Es störe sie sehr, wenn Leute nicht den Mut hätten, offen ihre Meinung zu sagen. Aber sie habe gelernt, dass man das nicht erzwingen könne. Sie sei da in den letzten Jahren vorsichtiger geworden und rechne damit, dass Menschen sich öffentlich anders verhielten, als sie sich privat äußerten.

Frau H. beschreibt sich selbst als emotional belastbar; so sehen sie nach ihren Ausführungen auch ihre Familie, ihre Verwandten, Freunde und Bekannten. In schwierigen Zeiten hat sie zudem nach ihren Schilderungen auch immer mit wirksamer Unterstützung dieser Menschen rechnen können. Dies alles spricht dafür, dass Frau H. sowohl den emotionalen Belastungen der Umschulung als auch denen der späteren Berufstätigkeit als Altenpflegerin gewachsen sein wird.

5.4.2 Körperliche Belastbarkeit

Frau H. ist 28 Jahre alt, etwa 1,75 m groß und wirkte gepflegt. Sie machte einen sportlichen Eindruck und bewegte sich ruhig und sicher.

Frau H. berichtete, dass sie nie ernstlich krank gewesen sei. Nur bei den Entbindungen habe sie jeweils im Krankenhaus gelegen. Sie habe keinerlei Beschwerden, auch nicht, wenn sie sich anstrenge. Als sie ihre Großeltern gepflegt habe, habe sie keine körperlichen Probleme gehabt.

Frau H. berichtete, dass sie keinerlei Medikamente brauche. Sie rauche nicht, bei Feiern oder wenn sie einmal in der Woche mit ihrem Mann zusammen in ihre Stammkneipe gehe, dann trinke sie einige Glas Bier am Abend.

Nach diesen Informationen erfüllt Frau H. alle körperlichen Voraussetzungen, um die Umschulung zur Altenpflegerin erfolgreich zu absolvieren und anschließend diesen Beruf erfolgreich auszuüben.

5.5 Abschließende Stellungnahme zur Fragestellung

Frau H.s Erwartungen sprechen dafür, dass sie ihr Ziel der Umschulung zur Altenpflegerin erreichen kann. Sie hat sich allerdings noch nicht über andere Berufe informiert, in denen sie auch Menschen zu pflegen hätte. Dies könnte sie noch tun, bevor sie sich endgültig entscheidet. Eine Umschulung zur Altenpflegerin und die Arbeit in diesem Beruf entspricht voll ihren beruflichen Interessen.

Ihre allgemeine Intelligenz, ihr Arbeitsstil sowie ihre Rechtschreib- und Rechenkenntnisse entsprechen den Anforderungen, die an eine Altenpflegerin gestellt werden. Auch hinsichtlich der sozialen Unterstützung, die Frau H. erhält, und hinsichtlich ihres Umgangs mit anderen ist davon auszugehen, dass sie die Umschulung abschließen und danach erfolgreich als Altenpflegerin arbeiten wird. Aufgrund von Frau H.s Verhalten in der Untersuchungssituation und da keine sonstigen gegenteiligen Informationen vorliegen, ist davon auszugehen, dass Frau H. auch mit Vorgesetzten und Behörden angemessen umgehen kann.

Frau H. verfügt über ausreichend praktische Fertigkeiten in der Pflege alter Menschen, sie ist körperlich dafür geeignet und auch den emotionalen Belastungen sowohl der Umschulung als auch des Berufes der Altenpflegerin gewachsen.

Aus all diesen Informationen kann man insgesamt schließen, dass eine Umschulung als Altenpflegerin für Frau H. in Frage kommt. Sie kann sowohl diese Umschulung abschließen als auch danach erfolgreich als Altenpflegerin arbeiten. Zusätzlich könnte geprüft werden, ob es möglicherweise einen anderen Beruf gibt, an den Frau H. bislang nicht gedacht hat, der ähnliche Anforderungen stellt, der Frau H. auch gefällt und vielleicht andere, bisher nicht bedachte Vorteile bringt.

Beispielgutachten aus der Rechtspsychologie

21.1 Psychologische Begutachtung zu Fragen des Sorgerechts und der Umgangsregelung im familienrechtlichen Verfahren – 156
21.1.1 Einführung – 156
21.1.2 Gutachten – 160

21.2 Psychologische Begutachtung der Glaubhaftigkeit einer Zeugenaussage – 199
21.2.1 Einführung – 199
21.2.2 Gutachten – 201

21.1 Psychologische Begutachtung zu Fragen des Sorgerechts und der Umgangsregelung im familienrechtlichen Verfahren

21.1.1 Einführung

Psychologische Sachverständigen-Gutachten zu familienrechtlichen Fragestellungen wurden auch vor der Reform des Kindschaftsrechts von 1998 ausschließlich dann eingeholt, wenn die Eltern hoch zerstritten waren im Hinblick auf Belange gemeinsamer Kinder und dem Familienrichter die eigene Sachkunde als Beurteilungsgrundlage nicht ausreichte. Dies betraf über Jahre hinweg konstant 2–5% der Ehescheidungen, von denen minderjährige Kinder betroffen waren. Diese Voraussetzungen haben sich auch nach der Reform nicht geändert. Geändert hat sich seitdem jedoch, dass die Familien, in denen heute ein familiengerichtlicher Gutachter eingeschaltet wird, häufiger als früher Beratungen, Mediationen oder andere Vermittlungsversuche hinter sich haben, die jedoch gescheitert sind: Die Begutachtung wird vom Familienrichter oder auch von den Beteiligten als das letzte Mittel zu einer möglichen Lösung der Probleme im Kampf um das Kind in der nachehelichen Auseinandersetzung gesehen.

Oberste Leitlinie für familienrechtliche Entscheidungen ist nach wie vor das Kindeswohl. Soll diese Idealnorm nicht zur Leerformel verkommen, so ist in jedem einzelnen Fall zu fragen, welche Bedingungen (äußere Lebensbedingungen, individuell-psychologisch und sozialpsychologisch fördernde Bedingungen) ein individuelles Kind mit seinen vorhandenen Bindungen, seinen Fähigkeiten, seinen Stärken und Schwächen, Vorlieben und Abneigungen langfristig benötigt, um ein psychisch möglichst wenig beeinträchtigtes Leben führen zu können. Solche Bedingungen kann der Sachverständige aufgrund der ihm bekannten einschlägigen Forschungsergebnisse aufzeigen; er kann mit psychologisch-diagnostischen Mitteln prüfen, welche fördernden oder hemmenden Bedingungen im Einzelfall vorliegen, er kann diese aktuell vorhandenen Bedingungen im Licht der Forschungsergebnisse gewichten und prognostisch beurteilen. Diese prognostische Gewichtung jedoch ausschließlich auf den jeweils aktuellen Ist-Zustand zu stützen, ginge an der tatsächlichen psychischen Situation der Beteiligten und an deren Möglichkeiten vorbei: Wie in den vorhergehenden Kapiteln dieses Buches aufgezeigt, ist der Gutachter nun vielmehr gefragt, aufgrund seines – wissenschaftlich begründeten – Änderungswissens zu eruieren, über welche Ressourcen zur (Wieder-)Übernahme der vollen elterlichen Verantwortung und zur Verwirklichung des Wohls des gemeinsamen Kindes Eltern verfügen, auch wenn sie aktuell aufgrund der emotionalen Krise der Trennung darin behindert sind. In diesem Zusammenhang gehört es nach der Kindschaftsrechtsreform nun auch explizit zu den Aufgaben des Gutachters, den Eltern die aktuellen und langfristigen (psychischen) Bedürfnisse sowie die jeweiligen Entwicklungschancen und -risiken ihres Kindes bewusst zu machen; darauf aufbauend, kann (muss, soll) der Sachverständige durch geeignete Maßnahmen und Hilfestellungen dazu beitragen, die Eltern (wieder) zu einer Kommunikation, die erneut zu Konsens und Kooperation hinsichtlich der Belange des Kindes führen sollte, zu befähigen.

Diese entwicklungsorientierte Konzeption von Begutachtung und Diagnostik als Prozess auch für familienrechtliche Begutachtungen wird z. B. bei Westhoff et al. (2000) ausführlich beschrieben; unter dem Begriff der Interventionsdiagnostik gehen z. B. Schade u. Friedrich (1998) auf einzelne dafür geeignete Zielsetzungen und Vorgehensweisen ein.

Geht man vom reinen Wortlaut des Gesetzes in § 1671, Abs. (2), Satz 2 des BGB aus (BGB, 59. Aufl., 2007), so hätte der Sachverständige auch nach der Reform immer noch eine Frage zu beantworten, die genau genommen wissenschaftlich begründet nicht zu entscheiden ist: Welche Lösung der Sorgerechtsfrage oder der Umgangsregelung für ein individuelles Kind in einer spezifischen Situation und für einen langen Zeitraum am besten ist, kann nicht vorausgesehen werden, da weder der Gutachter noch irgendein anderer der Beteiligten am Verfahren alle Bedingungen, die sich auf die weitere Entwicklung des Kindes in der Zukunft auswirken werden, vorhersehen kann.

Der Sachverständige kann jedoch mit Hilfe des diagnostischen Prozesses in der Arbeit mit der Familie aufzeigen, welche Chancen und Risiken

21.1 · Psychologische Begutachtung zu Fragen des Sorgerechts

für diese weitere Entwicklung des Kindes mit den unterschiedlichen Lebensbedingungen verbunden sind, d. h., welche äußeren Lebensbedingungen und welche psychologischen Einflüsse sich in Zukunft auf das Kind mit hoher Wahrscheinlichkeit fördernd oder hemmend auswirken werden, oder welche Bedingungen, z. B. im Verhalten beider Elternteile, sich in welcher Weise ändern müssen, um weiteren Schaden von dem jeweiligen Kind abzuwenden. Internationale und nationale Forschungen belegen jedoch, dass »in aller Regel … die Trennung der Eltern für das Kind die zentrale Belastung oder sogar einen pathogenen Faktor dar«(stellt) (Erg. d. A.), was durch ein bestimmtes – jeweils auf den Einzelfall zugeschnittenes – Sorgerechtsmodell allenfalls zu mindern, nicht aber aus der Welt zu schaffen ist (Balloff u. Walter 1991, S. 21; im gleichen Sinne: Ergebnisse der Längsschnittstudie von Wallerstein et al. 2001). Neueste Forschungsergebnisse belegen darüber hinaus, dass es vor allem das (anhaltend) hohe Konfliktniveau zwischen den Eltern ist, das sich langfristig negativ auf die Entwicklung in vielen Bereichen des Verhaltens und Erlebens des Kindes auswirkt (für eine Übersicht: Walper u. Gerhard 2003; Kindler u. Reinhold 2007). Daraus ergibt sich, dass der psychologische Sachverständige mit wissenschaftlich begründeten Mitteln, die ihm aufgrund seiner Fach-und Sachkenntnis zur Verfügung stehen, auch dazu beitragen soll, mit den Eltern Ansätze zur Verringerung dieses Konfliktniveaus zu erarbeiten und nach Möglichkeit in Gang zu setzen. Dies wird jedoch auch weiterhin in vielen Fällen nicht gelingen.

Nach wie vor erwartet der Richter von einem Gutachten:

- Hilfe für eine Entscheidung – wenn sie denn notwendig wird – über und für die Gestaltung von Sorgerechts- und Umgangsregelungen nach Trennung und Scheidung von Eltern. Dies gilt nicht nur dann, wenn einem Elternteil die alleinige elterliche Sorge zugesprochen wird, sondern auch dann, wenn beide Eltern die gemeinsame elterliche Sorge beibehalten, z. B. in Bezug auf die Bereiche der Alltagssorge. Dies gilt gleichermaßen für ehelich geborene Kinder und für solche, deren Eltern nicht miteinander verheiratet waren.
- Hilfe für evtl. notwendige Entscheidungen über Entzug oder Teilentzug der elterlichen Sorge für einen oder beide Elternteile in Fällen von Vernachlässigung, Misshandlung oder sexuellem Missbrauch von Kindern in Familien, deren Eltern nicht getrennt oder geschieden sind (§§ 1666, 1666a BGB).
- Hilfe bei Entscheidungen über Namenserteilung/Namensänderungen für Kinder, z. B. nach Wiederheirat eines Elternteils. Aufgrund der veränderten Realitäten durch die immer häufiger auftretenden Konstellationen so genannter Patchwork-Familien ist zu erwarten, dass diese Art von Fragestellung in Zukunft auch als gutachterliche Fragestellung häufiger auftreten kann als bisher.

Der Familienrichter fordert neben diesen Entscheidungshilfen vom Sachverständigen immer häufiger Befriedungsbemühungen explizit an. Diesen Anforderungen versucht der Sachverständige durch eine oben bereits erwähnte interventionsdiagnostische Strategie nachzukommen (weitere Erläuterungen dazu s. u.; Balloff 2004; Schade u. Friedrich 1998).

Das Bemühen darum, Bedingungen für die Verwirklichung von Kindeswohl aufzufinden, hat zu einem in der Gesetzgebung und in der Rechtsprechung entwickelten Anforderungsprofil geführt, das, aufgrund natur- und sozialwissenschaftlicher Forschungsergebnisse, einige wesentliche Merkmale für die Annäherung an das Wohl des Kindes im oben erläuterten Sinn aufführt.

Auf dieses, auch als Kindeswohlkriterien bezeichnetes Bündel von Bedingungen, soll im Folgenden kurz eingegangen werden (ausführliche Darstellungen dazu s. z. B. bei Fthenakis et al. 1982; Salzgeber 2001; Westhoff et al. 2000).

Kriterien dafür, was dem Kindeswohl dient, ergeben sich aus den Erkenntnissen psychobiologischer (ethologischer), entwicklungs-, sozial- und klinisch-psychologischer, pädagogischer wie auch soziologischer Forschungen: Zu berücksichtigen sind Bedingungen, die sich nach diesen Ergebnissen bisher als für die weitere kurzfristige und evtl. langfristige Entwicklung von Kindern als förderlich bzw. als risikobehaftet gezeigt haben.

Als förderlich für eine psychisch gesunde Entwicklung von Kindern wird z. B. aufgrund der

Ergebnisse der Bindungsforschung (Bowlby 1975; Spangler u. Zimmermann 1995; Grossmann u. Grossmann 1998; Schwabe-Höllein et al. 2001) angenommen, dass es von äußerst großer Bedeutung ist, dass ein Kind in den ersten Lebensjahren sichere Bindungen an mindestens eine Person entwickeln kann. Dies gelingt dann, wenn es mindestens eine Betreuungsperson gibt, die in der Lage ist, feinfühlig auf die (geäußerten) körperlichen, psychischen und sozialen Bedürfnisse des Kindes zu reagieren und diese in jeweils angemessener Weise zu befriedigen (s. dazu die Forschungen von Ainsworth, z. B. 1978); solche Bedürfnisse beziehen sich auf Nahrung, Wärme, Gesundheit, emotionale Zuwendung, Sicherheit in Belastungssituationen, Kommunikation, soziale Kontakte, Unterstützung von Neugierverhalten und explorativem Verhalten der Umgebung. Die Entwicklung sicherer Bindungen in den frühen Lebensjahren bilden u.a. die Grundlage für eine spätere Bindungsfähigkeit des Kindes an weitere Personen, z. B. auch in Partnerschaften im Erwachsenenalter: Die Entwicklung von Bindungen ist daher als lebenslanger Prozess anzusehen (Ainsworth 1991).

Bindungen wie auch Beziehungen anderer Qualität (z. B. Freundschaften) benötigen, um sich entwickeln zu können, ein Mindestmaß an zeitlicher Kontinuität im Kontakt mit den Personen, zu denen diese Beziehungen entstehen sollen. Eine Kontinuität der Betreuung ist seit den frühen Ergebnissen von René Spitz (1945) zum Hospitalismus-Syndrom bei Kindern, die eine solche nicht erleben konnten, als unabdingbar notwendig für eine psychisch gesunde, altersgemäße Entwicklung des Kindes bekannt.

Die Kontinuität der Umgebung für das Kind tritt daher demgegenüber in einem frühen Lebensalter in ihrer Bedeutung für seine Entwicklung zurück gegenüber der Aufrechterhaltung von Bedingungen, in denen eine Kontinuität der Betreuung gewährleistet ist. Wenn das Kind später seinen Aktionsradius über die Familie und einige freundschaftliche Beziehungen hinaus erweitert hat und erst recht, wenn die allmähliche Ablösung aus frühen Abhängigkeiten als Entwicklungsaufgabe ansteht, kann die Umgebungskontinuität an Bedeutung für das subjektive Wohlbefinden und das objektive Wohl des Kindes zunehmen. Nach einer Trennung der Eltern können die vertraute Umgebung und die außerfamiliären Einbindungen (z. B. Schule, Freundeskreis, Ausübung eines Hobbies) ein hohes Maß an Stabilität bieten und so zur emotionalen Sicherheit des Kindes beitragen, trotz der Belastung, die es durch den Verlust eines Elternteils erlebt.

Wird in einer familiengerichtlichen Auseinandersetzung eine richterliche Entscheidung über die Belange des Kindes notwendig, so soll auch der wirkliche Kindeswille als Kriterium eine wichtige Rolle spielen. Ausgangspunkt für diese Forderung ist die Betrachtungsweise des Kindes als Subjekt innerhalb des Trennungsprozesses der Eltern, dessen spezifische Sichtweise in die Entscheidung einbezogen werden soll. Psychologisch gesehen kann als Grundlage dafür angesehen werden, dass sich im Willen des Kindes, den es auf verschiedenen Verhaltensebenen kundtun kann, die Art seiner Bindungen äußert: Unter dieser Annahme würde das Kind sich für diejenigen Bedingungen entscheiden, von denen es aufgrund seiner bisherigen Erfahrungen erwartet, dass diese seine elementaren Bedürfnisse am ehesten befriedigen werden. Dies gilt jedoch nur dann, wenn das Kind in seinen Präferenzen nicht einseitig (negativ) wertend beeinflusst wurde. Die Erkundung des Kindeswillens darf hier jedoch nicht dahingehend missverstanden werden, dass das Kind zu einer Entscheidung zwischen Vater oder Mutter animiert oder gar gezwungen werden dürfte: Ein solches Vorgehen wäre ethisch völlig indiskutabel. Da Kinder aufgrund ihrer existenziellen Abhängigkeit von der äußeren und emotionalen Fürsorge beider Elternteile i.d.R. beide Elternteile lieben, dürfen sie nicht dazu angehalten werden, sich für einen Elternteil zu entscheiden: Dies würde implizit die Entscheidung gegen den anderen Elternteil bedeuten. Dem Kind auf diesem Weg die Entscheidung über seine zukünftigen Lebensbedingungen zu überlassen, wäre darüber hinaus auch insofern nicht zu verantworten, als das Kind die Folgen, die eine bestimmte Wahl für seine zukünftige Entwicklung haben kann, noch nicht überblicken und insofern nicht beurteilen kann, was ihm nützen bzw. was ihm schaden wird.

Auf der anderen Seite dürfte es, zumal bei älteren Kindern oder Jugendlichen, wenig erfolgreich sein, ihren Lebensmittelpunkt bei demjenigen Elternteil zu bestimmen, den das Kind als Erziehungsperson völlig ablehnt: Erziehung kann nur dann erfolgreich sein, wenn das Kind erzieherischen Einflüssen gegenüber offen ist; eine derartige Erziehungswilligkeit des Kindes oder Jugendlichen muss die Erziehungsfähigkeit der jeweiligen Erziehungsperson(en) ergänzen (Ell 1990, S. 41). Anderenfalls ist ein Scheitern aller Erziehungsbemühungen vorprogrammiert und damit auch die Chance zum Aufbau oder der Aufrechterhaltung einer positiven Beziehung zu den Eltern bzw. zu mindestens einem Elternteil vertan. Bei älteren Kindern und Jugendlichen kann dies bis hin zu einer erheblichen (Selbst-) Gefährdung durch Weglaufen o. ä. und damit zu einer Gefährdung des Kindeswohls führen: »es gibt ... kein Kindeswohl gegen den Kindeswillen« (Ell 1990, S. 59).

Um also auch derartige Fehlzuordnungen zu vermeiden, ist es notwendig, die Vorstellungen und Bedürfnisse des Kindes, um das die Eltern sich streiten, und deren psychologische Grundlagen zu erkunden. Dies bezieht sich auch auf Fragen der Gestaltung des Umgangsrechts des nicht-betreuenden Elternteils.

Als weiterer Anhaltspunkt auf dem Weg zur Verwirklichung des Kindeswohls wird ein Bündel von Verhaltensweisen, Motiven, Einstellungen und Emotionen von Eltern genannt, das häufig unter den Begriffen der Elterlichkeit oder auch Erziehungsfähigkeit/ Förderungskompetenz zusammengefasst wird. Diese vielfältigen Erwartungen an verantwortliche Eltern stehen nach der Kindschaftsrechtsreform im Vordergrund der Überlegungen dazu, wie das Kindeswohl trotz der Trennung der Eltern am besten gewahrt bzw. hergestellt werden kann.

Dieser Anspruch an den Sachverständigen wird unter dem Stichwort der Interventionsdiagnostik behandelt (s. dazu z. B. Schade u. Friedrich 1998; ähnlich Rohmann 1998, 2000; Salzgeber 1998; Balloff 1994). Hierzu sei (erneut) angemerkt, dass jede Form der systematischen Diagnostik bereits eine Form der Intervention darstellt. Durch die Systematik bei der Erfassung der subjektiven Problemdarstellungen wie auch der systematischen Beobachtung der Konfliktäußerungen und der Beziehungen der Beteiligten werden neue, veränderte und verändernde Bedingungen für die Reflexionen der Beteiligten, für ihre Kommunikation und ihre Interaktionen gesetzt. Es kommt gar nicht so selten vor, dass die Nachfrage in der Exploration nach einer bestimmten Handlung, einem Gefühl oder einem Gedanken bei einem beteiligten Familienmitglied eine diesbezügliche erhöhte Aufmerksamkeit oder, zumindest punktuell, einen Perspektivwechsel in Gang setzt. In einigen Fällen kann dies dazu führen, dass ein Elternteil einlenkt und es doch noch zu einem übereinstimmenden Vorschlag der Eltern kommt. Das Gutachten würde dann durch einen Bericht über diesen Vorschlag an das Gericht abgeschlossen.

Im oben genannten Konzept ist der Begriff der Intervention jedoch umfassender gemeint: Diagnostisch geprüft werden – im Hinblick auf eine mögliche Verwirklichung von Kindeswohl – die Kooperationsfähigkeit der Eltern, ihre diesbezügliche Lernfähigkeit und ihre Lernbereitschaft, bisherige Einstellungen, Meinungen und Verhaltensweisen, vor allem gegenüber dem früheren Partner, aber auch u. U. gegenüber dem Kind, zu verändern. Im neuen Kindschaftsrecht wurde nunmehr die gesetzliche Grundlage dafür geschaffen, dass der Gutachter auch explizit beauftragt werden kann, die Eltern in ihrer Lernbereitschaft und Kooperationsfähigkeit im Sinne des Kindeswohls zu unterstützen. Dazu kann er mit geeigneten Methoden ihre Fähigkeit zu konstruktivem Konfliktverhalten, ihre Kooperationsfähigkeit und ihre Kooperationsbereitschaft aktivieren und mit den Eltern nach Konsensmöglichkeiten suchen. Vermittlungsversuche sowie Anleitungen und Stützung von konkreten, von den Eltern selbst unternommenen Veränderungsschritten können nun explizit auch als Gutachtenauftrag formuliert werden, das Verfahren kann ggf. bis zur Erreichung bestimmter Ziele in begrenzter Zeit ausgesetzt werden. Bei dieser Aufgabe kann der Gutachter sich verschiedener Techniken z. B. aus der Familientherapie, der Mediation oder aus dem Kommunikationstraining bedienen. Damit kann er – in wesentlich höherem Maße als bisher – systematisch konkrete Veränderungsschritte in Gang setzen, sie auf ihren Erfolg hin überprüfen und, falls notwendig, entsprechend modifizieren. Diese Schritte können jeweils durch den Gutachter diagnostisch begleitet und prognostisch im Hinblick auf eine Verbesserung der Bedingungen für das Kindeswohl bewertet werden. Hier zeigt sich, dass das in diesem Buch vorgestellte Modell der entscheidungsorientierten Diagnostik als rekursives Begutachtungsmodell auch den nunmehr erweiterten Anforderungen einer Interventionsdiagnostik entspricht (Westhoff et al. 2000; Balloff 1998; Rohmann 1998, 2000).

Im folgenden Beispielgutachten werden die hier dargestellten Aspekte mit einbezogen.

21.1.2 Gutachten

Titelblatt	Inhalt		Seite
(Briefkopf des Sachverständigen)	I.	**Fragestellung des Amtsgerichts H.**	
	II.	**Psychologische Fragen**	
Psychologisches Gutachten in der Familiensache	III.	**Aktenauszug unter psychologischen Gesichtspunkten**	
	IV.	**Untersuchungsmethoden**	
V. /. V.	V.	**Ergebnisse der psychologischen Untersuchungen**	
	1.	Anknüpfungstatsachen	
Az xx F yy/00	2.	Psychodiagnostische Gespräche mit beiden Elternteilen	
	2.1	Psychodiagnostisches Einzelgespräch mit Herrn V.	
beim Amtsgericht H.	2.2	Psychodiagnostische Einzelgespräch mit Frau V.	
	3.	Diagnostik mit Kristina V.	
B., den xx 09. 2004	3.1	Psychodiagnostischer Erstkontakt in der Wohnung von Frau V.	
	3.2	Interaktionsbeobachtung von Kristina mit ihrer Mutter in der Praxis	
	3.3	Psychodiagnostisches Einzelgespräch mit Kristina V.	
	3.4	Ergebnisse des Family Relations Test (FRT) mit Kristina	
	4.	Informatorische Gespräche	
	4.1	Mit Frau T., der jetzigen Ehefrau des Vaters von Kristina	
	4.2	Mit Frau G. (Jugendamt), incl. Berichte über den begleiteten Umgang	
	VI.	**Psychologischer Befund**	
	1.	Kristinas Bindungen und emotionale Beziehungen zur Mutter	
	2.	Erziehungsverhalten und Bindungstoleranz von Frau V.	
	3.	Kristinas Bindungen und emotionale Beziehungen zum Vater	
	4.	Erziehungsverhalten und Bindungstoleranz von Herrn V.	
	5.	Kindeswille	
	6.	Kristinas Beziehungen zu weiteren wichtigen Bezugspersonen	
	6.1	Zur zweiten Ehefrau von Herrn V. und deren Kindern	
	6.2	Zu Familienangehörigen der Mutter	
	7.	Entwicklungschancen Kristinas unter den verschiedenen Lebensbedingungen	
	7.1	Im Haushalt der Mutter	
	7.2	Im Haushalt des Vaters	
	VII.	**Beantwortung der gerichtlichen Fragestellung**	
	VIII.	**Im Gutachten verwendete Literatur**	

21.1 · Psychologische Begutachtung zu Fragen des Sorgerechts

Im folgenden Beispielgutachten werden die einzelnen Entscheidungsschritte über den gesamten Prozess der Begutachtung hinweg deutlich gemacht. Die entsprechenden Überlegungen und Kommentare sind kursiv gedruckt.

Aufgrund des Beschlusses des Amtsgerichts H. (Familiengericht) vom TT.09.2003 erstatte ich in der Familiensache V. / V. das folgende psychologische Gutachten.

Informationen zu den beteiligten Personen

Diese kurzen Informationen sollen zur Orientierung des Gutachtenlesers dienen, und ihm vorstellen, um welche Personen es im Gutachten in erster Linie geht; im späteren Verlauf können hier weitere, für die Beteiligten psychologische bedeutsame Personen hinzukommen.

(aus den Gerichtsakten beim Amtsgericht H., Familiengericht, Az xx F yy/03):Vater: Herr V.
Wohnung: (Anschrift in K.)
Mutter: Frau V.
(Anschrift in K., anderer Ortsteil als der Vater)
Kind: Kristina V., geb. TT.06.1997
wohnhaft bei ihrer Mutter

I. Fragestellung des Amtsgerichts H.

Die Fragestellungen des Amtsgerichts an die Sachverständige lauten:
Es »soll ein kinderpsychologisches Gutachten zu folgenden Fragen eingeholt werden:
1. Entspricht es dem Wohle des Kindes Kristina, die durch gerichtliche genehmigte Vereinbarung der Eltern vom TT.MM.2002 (Bl. zzz.) geregelten Umgangskontakte des Kindes mit dem Antragsteller auszusetzen; bejahendenfalls für welche Dauer?
2. Ist zu erwarten, dass die Aufhebung der gemeinsamen elterlichen Sorge für das Kind Kristina und die Übertragung der elterlichen Sorge auf den Antragsteller allein dem Wohle des Kindes am besten entspricht: Ist insbesondere der Antragsteller geeigneter, die Erziehung des Kindes sicherzustellen, und sollte Kristina auf längere Sicht ihren Lebensmittelpunkt im Haushalt des Antragstellers haben?« (Bl. zzz.)

Diese gerichtliche Fragestellung zeigt deutlich die Maximen, die bei familiengerichtlichen Entscheidungen zum Umgangs- und Sorgerecht seit der Kindschaftsrechtsreform explizit gelten sollen:
- *Kontakte zwischen dem Elternteil, bei dem es nicht lebt, und seinem Kind dienen i.d.R. dem Kindeswohl; sie sind daher nur dann – und i.d.R. auch nur für eine befristete Dauer – auszusetzen, wenn solche Kontakte dem Kind ausdrücklich schaden,*
- *das gemeinsame Sorgerecht beider Eltern nach der Trennung soll nach Möglichkeit aufrechterhalten bleiben, da dies dem Kindeswohl i.d.R. am besten dient. Nur bei Gefahr für die weitere Entwicklung des Kindes und beim Risiko einer Schädigung darf das »staatliche Wächteramt« in der Person des Familienrichters hier eingreifen und z. B. einem Elternteil allein die elterliche Sorge übertragen. Der Richter hat bei Streitigkeiten zwischen den Eltern über den ständigen Wohnort des Kindes (Lebensmittelpunkt) auch über diesen zu entscheiden (Aufenthaltsbestimmungsrecht als Teilbereich der elterlichen Sorge).*

Für den psychologischen Gutachter enthalten diese gerichtlichen Fragestellungen zwei problematische Anforderungen:

Psychologische Kriterien dazu, nach welchem Zeitraum Vater-Kind-Kontakte, die vorher womöglich als kindeswohlschädlich angesehen wurden und dies evtl. nicht mehr sind, gibt es nicht: Aufgrund psychologischer Erkenntnisse können lediglich Bedingungen aufgezeigt werden, die sich ändern müssen, damit eine (weitere) Schädigung durch das Fehlen von Kontakten nicht mehr wahrscheinlich ist (s. dazu Kindler 2007).

Der Wortlaut der Fragestellung verlangt darüber hinaus vom Gutachter, Aussagen darüber zu machen, welche Regelung der elterlichen Sorge »dem Wohle des Kindes am besten entspricht«: Der Richter zitiert hierbei Fragestellung den einschlägigen Gesetzestext § 1671 BGB (59. Aufl., 2007):
»(1) Leben Eltern, denen die elterliche Sorge gemeinsam zusteht, nicht nur vorübergehend getrennt, so kann jeder Elternteil beantragen, dass ihm das Familiengericht die elterliche Sorge oder einen Teil der elterlichen Sorge allein überträgt.
(2) Dem Antrag ist stattzugeben, soweit

1. ....
2. zu erwarten ist, dass die Aufhebung der gemeinsamen Sorge und die Übertragung auf den Antragsteller dem Wohl des Kindes am besten entspricht.
(3) ......«.

Streng genommen ist eine solche Frage logisch korrekt grundsätzlich nicht zu beantworten, da auch bei der Verwirklichung sehr guter Lebens-, Erziehungs- und Betreuungsbedingungen immer noch bessere denkbar sind. Darüber hinaus müssen Voraussagen über die zukünftige Entwicklung von Kindern immer unter Unsicherheitsbedingungen getroffen werden, da viele Determinanten dieser Entwicklung unbekannt bleiben müssen. Es kann also bei der Bearbeitung dieser Fragestellung nur um eine Annäherung an das Besten-Ideal zur Verwirklichung von Kriterien des Kindeswohls gehen.

Aufgrund dieser Probleme der so formulierten Fragestellung des Gerichts zeigt sich an diesem Punkt im Prozess der Begutachtung die Notwendigkeit, dass der Gutachter explizit über die Annahme oder die Ablehnung des Auftrags entscheiden muss: Ohne weitere Rücksprache mit dem auftraggebenden Richter müsste er die Bearbeitung der Fragestellung als »mit psychologischen Mitteln nicht beantwortbar« ablehnen. Er kann aber auch diese Probleme dem Richter mitteilen; dieser kann seine Fragen dann so umformulieren, dass seine Zielsetzung erhalten bleibt und gleichzeitig eine sachverständige Beantwortung aufgrund psychologisch-wissenschaftlicher Erkenntnisse möglich wird.

Möglicherweise möchte der Richter aber auch bei seiner Formulierung bleiben, weil er sich durch das Zitieren des Gesetzestextes sicher fühlt, aus juristischer Sicht eine fehlerfreie Frage gestellt zu haben. Häufig ergibt sich bei Rückfragen, dass der Richter seine Ziele durch die vom Gutachter vorgeschlagenen Psychologischen Fragen vertreten sieht.

II. Psychologische Fragen

Aus der Fragestellung des Gerichts wurden folgende psychologisch-diagnostische Fragen (= Hypothesen) abgeleitet:

Zunächst können aus der gerichtlichen Fragestellung, auch ohne nähere Kenntnis der Besonderheiten der Fallakten (als A-priori-Informationen), einige grundlegende Hypothesen abgeleitet werden, welche sich auf die weiter oben dargestellten allgemeinen Kindeswohlkriterien beziehen und die bei derartigen familienrechtlichen Fragestellungen immer zu prüfen sind:

Kriterien: Bindungen und Beziehungen des Kindes, Betreuungskontinuität

1. Welcher Art sind die Bindung (i. S. v. Bowlby 1982; s. bei Spangler u. Zimmermann 2004) und die sonstigen Beziehungen von Kristina zu Herrn V.? Wie haben sich diese Bindung und diese Beziehungen bis heute entwickelt?
2. Welcher Art sind die Bindung und die sonstigen Beziehungen von Kristina zu ihrer Mutter? Wie haben sich diese Bindung und diese Beziehungen bis heute entwickelt?
3. Gibt es weitere Personen, die für Kristinas Erleben wichtig sind? Welche Rolle spielen diese für Kristina?

Kriterien: Förderung, Umgebungskontinuität, Entwicklungsstand des Kindes

4. Wie haben beide Eltern bisher ihre Erziehungsaufgaben erfüllt (gemeinsam und jeder in seinem Bereich)? Wie zeigen beide Eltern ihre elterliche Erziehungsbereitschaft sowie ihre Erziehungs- und Förderungskompetenz gegenüber Kristina?
5. Wie stellt sich die Mutter/der Vater die weitere Betreuung und Erziehung von Kristina vor?

(subjektiv wahrgenommene Erziehungsfähigkeit)

6. Welche körperlichen, geistigen, psychischen und sozialen Entwicklungsmöglichkeiten sind für Kristina unter den jeweils verschiedenen Lebensbedingungen (bei der Mutter mit bzw. ohne Kontakte zum Vater/beim Vater) zu erwarten?

(durch den Gutachter beurteilbare Erziehungsfähigkeit)

Kriterium: Wille des Kindes

Zum Sorgerecht, zum zukünftigen Lebensmittelpunkt:
7. Wie stellt sich Kristina ihr zukünftiges Leben vor?

(Umgebung, Personen, passive Erziehungsbereitschaft)

Zu einer Umgangsregelung:

8. Wie und unter welchen Bedingungen sollen nach Kristinas Wunsch zukünftig Kontakte zu ihrem Vater stattfinden?

Ressourcen der Eltern zur Verwirklichung des Kindeswohls:
Bindungstoleranz:

9. Welches sind die Vorstellungen des Vaters/der Mutter in Bezug auf die weitere Entwicklung der Beziehung von Kristina zum jeweils anderen Elternteil?

Änderungsbereitschaft, Änderungsfähigkeit:

10. Über welche Fähigkeit und Bereitschaft zur Lösung von Problemen und Konflikten in Bezug auf den Umgang mit dem früheren Partner und in Bezug auf das Kind Kristina verfügen beide Elternteile?
11. Welche Fähigkeit und Bereitschaft zur Kommunikation, zur Kooperation und zu Kompromissen zum Wohl ihrer Tochter zeigen beide Elternteile von Kristina?
12. Welche Art von Hilfen könnten zu einer Verbesserung der elterlichen Kommunikation, der Konfliktlösungsfähigkeit sowie der Kooperationsfähigkeit der Eltern im Sinne des Kindes beitragen?

Bevor nun die Untersuchungsstrategie für den vorliegenden Beispielfall entwickelt wird, sollen die Ergebnisse der Aktenanalyse unter psychologischen Gesichtspunkten dargestellt werden. Die dort vorhandenen Informationen können in mehrfacher Hinsicht für die weitere Fallbearbeitung nützlich sein:

- *Es kann sich zeigen, dass weitere, völlig neue Hypothesen notwendig werden oder dass die vorher formulierten allgemeinen Hypothesen differenziert werden müssen.*
- *Bei der nachfolgenden Untersuchungsplanung können Doppeluntersuchungen, d. h. solche, die keinen Informationszuwachs erwarten lassen, vermieden werden (Anwendung der Ergebnisse vorhergehender Untersuchungen zu der Fragestellung einer A-priori-Strategie, s. Kap. 8).*
- *Die bereits vorhandenen Informationen können später als Grundlage für einen späteren Vergleich*

mit den vom Gutachter neu erhobenen Daten verglichen werden. So können z. B. Entwicklungen und Veränderungen der Beteiligten zwischen zwei verschiedenen Zeitpunkten aufgezeigt werden, unterschiedliche Blickwinkel verschiedener Beurteiler können deutlich werden, oder es können sich (un/auflösbare) Widersprüche ergeben.

III. Aktenauszug unter psychologischen Gesichtspunkten (Anknüpfungstatsachen aus Az xx F yy/03 sowie Az xx F yy/00)

Der Aktenauszug wird hier in chronologischer Reihenfolge dargestellt, damit die Beziehungs- und Konfliktentwicklung nachvollzogen werden kann.

Wie bereits angedeutet ging der hier vorliegenden Sorgerechtsstreitigkeit ein Umgangsrechtsverfahren voraus. Für die vorliegende Fragestellung relevante Auszüge aus diesem Verfahren werden im Folgenden ebenfalls unter psychologischen Gesichtspunkten an der passenden Stelle zusammengefasst.

Herr und Frau V. heirateten am xx.05.1997. Ihre gemeinsame Tochter Kristina kam am 09.06.1997 zur Welt. Am xx.04.2000 trennte sich das Paar, die Scheidung wurde am xx.08.2002 rechtskräftig. Kristina lebte nach der Trennung bei ihrer Mutter. Das gemeinsame Sorgerecht wurde beibehalten. Probleme bzgl. der Umgangsregelung seien von Anfang an aufgetreten (s. u., Az xx F yy/00).

Am xx.04.2003 beantragte Herr V., vertreten durch Frau Rechtsanwältin R., das alleinige Sorgerecht für seine Tochter Kristina. Er begründet seinen Antrag damit, dass seine frühere Frau trotz gemeinsamer Vereinbarung im Umgangsrechtsverfahren die Kontakte zwischen Vater und Tochter behindere. Sie sei »nicht in der Lage, die gemeinsame elterliche Sorge über Kristina gewissenhaft auszuüben« und sie sei »nicht erziehungsfähig«. Als Beleg führte er vier Termine an, an denen Kristina ohne oder mit zweifelhaften Begründungen von seiner Frau nicht zu den Umgangskontakten gelassen worden sei. Seine Angaben hinsichtlich der mangelnden Kooperationsbereitschaft seiner Frau und ihrer Unfähigkeit, die Beziehung zwischen Vater und Tochter zu fördern, stützte Herr V. durch Angaben des Jugendamtes und durch das Sachverständigengutachten, das im Umgangsrechtsverfahren durch

Frau Dr. A. erstellt worden war (Bl. 1-7, vgl. auch Bl. 38). Zudem führte Herr V. innerhalb des Umgangsrechtsverfahrens am xx.05.2003 an, dass seine Tochter sich nicht von ihm verabschieden könne, wenn er sie nach Hause bringe, weil sie Angst vor ihrer Mutter habe. Frau V. sage ihrer Tochter, dass ihr Vater wertlos sei und fordere das Mädchen auf, alle Fotos von ihm zu zerschneiden. Darüber hinaus müsse Kristina ihren Angaben nach seine Geschenke vor der Mutter verstecken und er dürfe sie nicht im Kindergarten besuchen kommen. Herr V. betonte, dass er es für wenig entwicklungsfördernd halte, wenn Frau V. ihre 6-jährige Tochter »ständig« auf dem Arm trage (Bl. 152-160).

Hinsichtlich seiner eigenen, derzeitigen Lebensbedingungen gab Herr V. an, dass er mit seiner langjährigen Lebensgefährtin, Frau T., deren zwei Töchtern (9 und 12 Jahre) und ihrem gemeinsamen Sohn (15 Monate) zusammenlebe. Kristina sei gern bei ihm und habe »guten Kontakt« zu seiner Lebensgefährtin, die für die tägliche Betreuung des Kindes während seiner Arbeitszeit sorgen wolle. Seit dem xx.06.2003 habe er zudem eine größere Wohnung (5 Zimmer, insgesamt 106,21 qm) gemietet, die auch räumlich genügend Platz für ein weiteres Kind biete (Bl. 3, 5).

In einem Schriftsatz vom xx.08.2003 verwies Herr V. zudem darauf, dass nicht Kristina sich weigere, ihren Vater zu besuchen, sondern Frau V. dies unterbinde, indem sie ihrerseits das Kind unter Druck setze. Seine Tochter sage ihm beispielsweise, dass es ein Geheimnis bleiben müsse, dass es ihr beim Vater so gut gefalle. Der Mutter sage sie, dass es beim Papa nicht schön gewesen sei (Bl. 36-38, vgl. Bl. 45).

Während der Sitzung des Amtsgerichts H. vom xx.08.2003 bestärkte Herr V. seine Sicht der Situation, indem er zusätzlich anführte, dass Kristina immer gern über Nacht bei ihm geblieben sei, dass er sie aber bei der Übergabe in Gegenwart der Mutter nicht mehr habe anfassen dürfen. Im Gespräch mit dem Gericht war Herr V. zunächst nicht zu gemeinsamen Erziehungsberatungsgesprächen mit seiner Ex-Frau bereit, nach kurzer Zeit lenkte er jedoch ein (Bl. 45, 47-48).

Frau V. beantragte am xx.06.2003 durch ihren Anwalt, Herrn D., die Zurückweisung des Antrags vom xx.04.2003. Als Begründung führte Frau V. an, dass die Umgangskontakte nicht dem Kindeswohl entsprächen und dass der Vater nicht im Sinne des Kindeswohls handele, wenn er Kristina durch »psychischen Druck« zum Umgang zwinge. Vor den Besuchskontakten habe Kristina »panische Angstanfälle« bekommen, sie werde »hysterisch und aggressiv« und habe sich geweigert, zum Vater zu gehen. Auch im Kindergarten habe man bemerkt, dass Kristina erhebliche Schwierigkeiten habe, seit sie zu den Übernachtungsbesuchen beim Vater gezwungen werde. Als Beleg führte Frau V. einen Bericht des Kindergartens an, aus dem hervorgeht, dass Kristina im ersten Halbjahr 2003 »Entwicklungsrückschritte« gemacht habe (Bl. 22, vgl. S. 5). Trotz dieser Reaktionen habe Frau V. immer versucht, positiv auf das Kind einzuwirken, doch Kristina wolle bei ihrer Mutter bleiben und auch bei ihrer Mutter wohnen. Frau V. stellte darüber hinaus die guten sozialen Beziehungen und die angeblich guten räumlichen Bedingungen bei Herrn V. infrage (Bl. 19-21).

In der Sitzung des Amtsgerichts H. vom xx.08.2003 betonte Frau V., dass erst mit den Übernachtungsbesuchen die Probleme bei Kristina angefangen hätten und dass sie nicht gewillt sei, das Kind zum Umgang mit dem Vater zu zwingen. Grundsätzlich sei sie jedoch bereit, bei einer positiven Gestaltung der Umgangskontakte mitzuwirken. Gefragt nach der Umsetzung der durch die Sachverständige Frau Dr. A. im Gutachten vom xx.11.2001 angeregten therapeutischen Maßnahmen, erklärte Frau V., dass sie sich und ihre Tochter bei mehreren Einrichtungen vorgestellt habe. Dort sei sie wiederholt darauf verwiesen worden, dass auch Herr V. seine Zustimmung zu einer Therapie geben müsse (Bl. 42-46).

Das Jugendamt des Kreises M., vertreten durch Frau G., betonte in der Sitzung des Amtsgerichts H. vom xx.08.2003, dass Frau V. – trotz ihrer Aussage, dass erst die Übernachtungsbesuche bei Kristina zu Verhaltensauffälligkeiten geführt hätten – nicht bereit gewesen sei, Besuche ohne Übernachtung zuzulassen. Innerhalb der Gespräche mit dem Jugendamt habe sie den Eindruck vermittelt, dass sie nicht an einer Einigung interessiert sei. Frau G. war außerdem überzeugt, dass die Ablehnung Kristinas gegenüber ihrem Vater letztlich den Willen der Mutter und deren Haltung gegenüber dem Kind ausdrücke. Sie betonte, dass es in jedem Fall die Pflicht

21.1 · Psychologische Begutachtung zu Fragen des Sorgerechts

der sorgeberechtigten Mutter sei, Umgangskontakte zu gestalten (Bl. 42-46). Abschließend unterbreitete sie Frau V. und dem Gericht das Angebot, Frau V. in eine Erziehungsberatung zu integrieren, wenn diese einen Antrag auf Hilfe zur Erziehung stelle. Frau V. erklärte sich damit einverstanden (Bl. 45-46).

Frau J., die Verfahrenspflegerin, berichtete in derselben Sitzung des Amtsgerichts, dass Kristina ihr gegenüber mitgeteilt habe, dass sie nicht mehr zum Vater wolle. Begründet habe das Mädchen diesen Wunsch nicht (Bl. 43-44).

Im ihrem Beschluss vom xx.09.2003 verfügte Frau Richterin C. zum einen die Einholung eines psychologischen Sachverständigengutachtens hinsichtlich der Sorge- und Umgangsrechtsfragestellung und zum anderen die Wiederaufnahme wöchentlicher begleiteter Umgangskontakte im evangelischen Verein für Jugend- und Familienhilfe e.V. (Bl. 52).

Im Umgangsrechtsverfahren beantragte Herr V. am xx.09.2000 14-tägige Umgangskontakte mit seiner Tochter Kristina sowie Ferien- und Feiertagsaufenthalte. Als Begründung führte der Vater an, dass die außergerichtlichen Bemühungen zur Regelung des Umgangsrechts gescheitert seien und dass Herr V. Kristina seit seinem Auszug nicht mehr bei sich gehabt habe (Bl. 1-2). Er habe damals eingewilligt, sich sechs Wochen nicht zu melden, damit Frau V. Kristina die Trennung der Eltern erklären könne. Nach Ablauf dieser Frist habe seine Frau jedoch die Herausgabe des Kindes »als Strafe« verweigert (Bl. 1-2, Bl. 32). Auch in der Sitzung vom xx.07.2001 führte Herrn V. an, dass seine Frau nicht nur Telefonate zum Geburtstag nicht annehme, sondern auch die Geschenke für Kristina im Vorjahr zurückgegeben habe. Seinen Vorschlag, ihr ein Handy für Kristina zur Verfügung zu stellen, lehnte Frau V. ab (Bl. 31, 32). Hinsichtlich des Problems des Einnässens seiner Tochter verwies Herr V. in einem Schriftsatz vom xx.05.2001 auf die behandelnde Kinderärztin. Diese habe ihm mitgeteilt, dass das Einnässen von Kristina nicht auf seine Person zurückzuführen sei (Bl. 19).

Frau V. beantragte am xx.09.2000 die Zurückweisung des väterlichen Antrags auf Regelung des Umgangsrechts und begründete dies mit dem bisher fehlenden Interesse des Vaters an seiner Tochter; er habe sich nach der Trennung nicht gekümmert und auch innerhalb der Ehe habe er mit Kristina »nichts anzufangen gewusst«. Er übe nur Druck auf das Kind aus, anstatt auf dessen Interessen Rücksicht zu nehmen und sehe in der Forderung des Umgangsrechts eine Möglichkeit, Frau V. zu schikanieren. Außerdem betonte sie, dass sich der Kontakt zwischen ihr und ihrem Ehemann »außerordentlich schwierig, um nicht zu sagen unmöglich« gestalte (Bl. 4-6). Innerhalb der Sitzung vom xx.07.2001 betonte Frau V. außerdem, dass sie keine Notwendigkeit darin sehe, ihrem früheren Ehemann ihre neue Adresse mitzuteilen (Bl. 31). Als weiteres Argument führte Frau V. an, dass ihre Tochter wieder einnässe. Um ein altersbedingtes Problem handele es sich dabei jedoch nicht, sondern vielmehr um die Folge der Vater-Kind-Interaktionen (Bl. 4-6, vgl. Bl. 17, Bl. 30-31 »Was ist Kristina, wenn Du zum Vater mußt ...« (...) dann sage sie, dass sie »dann in die Hose mache«). In einem Schreiben vom xx.06.2001 fügte Frau V. Schlafstörungen von Kristina als weitere Verhaltensauffälligkeit infolge der Besuchskontakte hinzu. Die Mutter gab zudem an, dass der problemlose Ablauf der begleiteten Umgangskontakte ausschließlich auf ihre Anwesenheit im Nachbarraum zurückzuführen sei. Von sich aus frage das Kind nie nach seinem Vater oder nach Besuchen (Bl. 23-26).

Am xx.03.2001 beantragte Frau V. die Scheidung und die alleinige elterliche Sorge für Kristina. Sie sah sich selbst als einzige Vertrauensperson ihrer Tochter, sprach von einer »Entfremdungssituation« in der Vater-Kind-Beziehung und wies außerdem auf die mangelnde Konsensfähigkeit auf der Paarebene hin (Bl. 47). Herr V. stellte seinerseits am xx.03.2001 einen Antrag auf Ehescheidung, sprach sich jedoch für den Erhalt des gemeinsamen Sorgerechts aus.

Aus einem Schreiben des Kreisjugendamtes M. vom xx.01.2001 geht hervor, dass beide Eltern probeweise mit einem betreuten Umgang einverstanden seien (Bl. 15). Einem weiteren Bericht vom xx.04.2001 ist zu entnehmen, dass drei Kontakte stattgefunden hätten und dass diese nahezu problemlos verlaufen seien (Bl. 16-17).

Innerhalb der Sitzung vom xx.07.2001 ergänzte Frau S., die die Kontakte begleitet hatte, dass Kristina beim ersten Kontakt etwas zurückhaltend gewesen sei, sich jedoch bald auf ein Spiel mit dem Vater habe einlassen können. Der zweite Kontakt habe zunächst mit einer verbalen Verweigerung des Kindes begonnen, als Herr V. ihr jedoch die Jacke ausgezogen habe, habe sie, ohne den Kontakt zur Mutter zu suchen, mit dem Vater gespielt. Bei dem abschließenden Elterngespräch am xx.04.2001 sei Kristina aus eigenem Antrieb zum Vater gegangen und habe sich auf dessen Schoß gesetzt. Frau V. sei es sichtlich schwer gefallen, den Kontakt ihrer Tochter zum Vater zuzulassen (Bl. 30, vgl. Bl. 17). Innerhalb des Jugendamtsberichts wurde zudem darauf verwiesen, dass Frau V. das Gespräch vorzeitig abgebrochen habe (Bl. 16-17).

Nach Anhörung aller Parteien, des Jugendamtes und des Kindesschutzbundes wurde im Anschluss an die Sitzung des Familiengerichts vom xx.07.2001 die Einholung eines Sachverständigengutachtens beschlossen. Zudem wurde vereinbart, weiterhin begleitete Besuchskontakte durchzuführen (Bl. 34).

Das am xx.11.2001 vorliegende Gutachten kam zu der Auffassung, dass Besuchskontakte zwischen Kristina und ihrem Vater sich nicht nur positiv auf das Kindeswohl auswirkten, sondern zur psychischen Stabilisierung des Kindes unerlässlich seien. Frau Dr. A. wies darauf hin, dass die Vater-Kind-Bindung tragfähig sei, während sich zwischen Mutter und Tochter ein unsicher-ambivalentes Bindungsverhalten zeige. Die Sachverständige führte dies in erster Linie auf die Schwankungen im psychischen Wohlbefinden und damit verbunden auch im Erziehungsverhalten der Mutter zurück. Sie empfahl daher nicht nur Erziehungsberatungsgespräche, sondern auch eine therapeutische Intervention für Frau V.. Ihrer Ansicht nach richte sich Kristina aufgrund dieser Erziehungserfahrungen ganz stark nach den Wünschen der Mutter, sodass sich im Verhalten von Kristina in erster Linie der mütterliche Wille widerspiegele (Bl. 43-81, insb. Bl. 52-55).

Im Anschluss an die Sitzung vom xx.05.2002 wurde am xx.06.2002 zwischen Herrn und Frau V. unter Vermittlung des Gerichts eine neue Umgangsregelung getroffen, die es Herrn V. ab dem xx.11.2002 ermöglichen sollte, seine Tochter alle 14 Tage von samstags 10.00 Uhr bis sonntags 14.00 Uhr zu sich zu nehmen. Diese Regelung solle »langsam anlaufen«. Die Übergaben sollten (entgegen deren Wünschen: vgl. Bl. 137-138) bei Frau V. erfolgen. Außerdem einigten sich die Parteien im Falle einer Zuwiderhandlung auf ein Zwangsgeld (Bl. 143-145).

Am xx.04.2003 beantragte Herr V. die Festsetzung eines Zwangsgeldes gegen seine Ex-Frau, weil diese wiederholt die Besuchswochenenden vereitelt habe. In einem Schreiben vom xx.05.2003 begründete er dies wie folgt: Zum Teil habe Frau V. Kristina krank gemeldet, zum Teil habe sie gesagt oder das Kind sagen lassen, dass es nicht wolle, und manchmal habe sie ihm die Tür gar nicht aufgemacht. Außerdem gab er an, dass Kristina mehrfach noch im Schlafanzug gewesen sei und dass er sie nicht gegen ihren Willen vom Arm der Mutter gezogen habe, sondern Kristina freiwillig zu ihm gekommen sei. Als sie einmal angefangen habe zu weinen, sei dies erst erfolgt, als ihre Mutter laut und »hysterisch« geschrieen habe (Bl. 146, 152-160).

Frau V. entgegnete den Anschuldigungen hinsichtlich der nicht eingehaltenen Umgangsregelung in einem Schriftsatz vom xx.05.2003, dass sie sich ab sofort nicht mehr verpflichtet fühle, ihre Tochter zum Vater zu geben, da die Besuche nicht dem Kindeswillen entsprächen. Kristina weigere sich beharrlich, wenn sie zum Vater solle. Zudem habe eine schulärztliche Untersuchung ergeben, dass Kristinas Einschulung um ein Jahr zurückgestellt werden solle, obwohl die Prognosen noch im Dezember 2002 positiv gewesen seien. Frau V. berief sich dabei auf Frau Dr. N., die Kristinas »Verhaltensweisen« auf die »Problemsituation« zurückführe (Bl. 147-149).

Außerdem führte sie am xx.06.2003 einen Bericht des Kindergartens an (Bl. 163-164).

Aus diesem Bericht der Kindertagesstätte St. Anton geht hervor, dass Kristina V. die Einrichtung seit dem xx.05.2001 besuche. In der Eingewöhnungszeit habe es häufig Probleme gegeben, da Kristina sehr aggressiv auf andere Erwachsene reagiert habe. Dies sei aber zunehmend besser geworden. Kristina sei ein in allen Bereichen – sozial, emotional, kognitiv, sprachlich und motorisch – gut entwickeltes Kind. Der Kontakt zu Mutter sei stets liebevoll. Seit Anfang 2003 hätten mehrere Erzieherinnen deutliche Entwicklungsrückschritte bei Kristina bemerkt. Sie habe sich zurückgezogen, habe wenig gelacht, habe Angebote abgelehnt und im Rollenspiel Streitszenen der Eltern imitiert. Gemeinsam mit der Mutter hätten sich die Erzieher daher darauf geeinigt, Kristina noch ein Jahr in den Kindergarten gehen zu lassen (Bl. 165-166).

Bereits innerhalb dieses Verfahrens verwies der Rechtsbeistand des Herrn V. wiederholt auf das Sorgerechtsverfahren (Az xx F yy/03), auf das oben bereits detailliert Bezug genommen wurde.

Aus diesen Vorinformationen lassen sich zusätzlich zu den oben dargestellten folgende fallspezifische Psychologische Fragen ableiten:

13. Wie kam es zu einem Kontaktabbruch zwischen Kristina und ihrem Vater?

Diese Frage wird hier im Hypothesenteil zunächst nicht weiter spezifiziert: In diesem frühen Stadium des Begutachtungsprozesses muss der Blick für alle möglichen Bedingungen für den Kontaktabbruch noch offen gehalten werden, damit die Datenerhebung im nächsten Schritt nicht von Vorabannahmen bestimmt wird, zu denen dann nur noch solche Informationen gesammelt werden, die geeignet sind, diese Annahmen zu unterstützen (zur Problematik der Voreinstellung des Diagnostikers s. **Kap. 15***).*

So können z. B. ungünstige Verläufe von Übergabesituationen, das Miterleben von Auseinandersetzungen zwischen den Eltern, eigene (möglicherweise negative) Erfahrungen Kristinas mit ihrem Vater bzw. in seiner Umgebung, unangemessene Formen oder Zeitplanung für Kontakte oder auch mögliche Einflüsse von Dritten (und nicht nur der Mutter!) Bedingungsbündel sein, die zu einem Kontaktabbruch geführt haben.

14. Zeigt Kristina (zum Zeitpunkt der Begutachtung) Verhaltensauffälligkeiten oder Auffälligkeiten in ihrer Entwicklung? Wenn ja: Welche? In welchem Zusammenhang sind sie erstmalig aufgetreten? Was wurde bisher unternommen, um sie zu beseitigen?

Auch diese Frage ist absichtlich allgemein gehalten, um nicht vorschnell etwaige Auffälligkeiten in der Entwicklung oder im Verhalten des Kindes einseitig in einen Zusammenhang mit den elterlichen Konflikten und/ oder mit den Kontakten mit dem Vater zu bringen: Möglicherweise sind solche Auffälligkeiten (wenn sie denn hier zu diagnostizieren sind) auch völlig anderen Ursprungs.

IV. Untersuchungsmethoden

Bei der Beschreibung der Untersuchungsmethoden muss der Bezug zu den oben aufgeführten Hypothesen deutlich werden. Um dies zu erreichen, werden bei den Explorationen die jeweiligen Themen genannt und bei den Verhaltens- und Interaktionsbeobachtungen die jeweiligen Aspekte, unter denen das Verhalten bzw. die Interaktionen beobachtet werden sollen. Werden dazu bestimmte standardisierte Beobachtungssyteme oder –schemata benutzt, so müssen diese hier genannt werden.

1. Einige für die Beantwortung der Fragestellung wichtige Informationen wurden der Gerichtsakte (Az xx F yy/00) entnommen. Diese wurden unter psychologischen Gesichtspunkten zusammengefasst und weiter oben bereits dargestellt.
2. Mit den verschiedenen Beteiligten wurden systematische psychodiagnostische Einzelgespräche (Explorationen) geführt:
2.1. Mit Herrn V. zu folgenden Themen:
   – Kristinas Entwicklung und ihre gegenwärtige psychische und physische Situation
   – die Beziehungen und deren Entwicklung zwischen Herrn V. und Kristina
   – die Beziehungen und deren Entwicklungen zwischen Frau V. und Kristina
   – das Erziehungsverhalten von Herrn V.
   – das Erziehungsverhalten von Frau V. aus Sicht des Vaters
   – die Paarbeziehung und die Trennungsgeschichte des Ehepaars V.
   – Besuchskontakte von Kristina seit der Trennung und deren Verlauf
   – Einstellungen hinsichtlich Kooperation und Kommunikation mit dem anderen Elternteil
   – Zukunftsvorstellungen bzgl. der Umgangskontakte und der Lebenssituation von Kristina
2.2. Mit Frau V. wurden die gleichen Themen, bezogen auf ihre Person und bzgl. des Vaters aus ihrer Sicht besprochen.
3. Diagnostik mit Kristina V. (Gespräche und Interaktionsbeobachtungen):
   Kristina wurde zu folgenden Themen befragt:

- Ihre frühere und gegenwärtige emotionale Beziehung zu ihrer Mutter
- Ihre frühere und gegenwärtige emotionale Beziehung zu ihrem Vater
- Ihre früheren emotionalen Beziehungen zu Frau T., der Lebensgefährtin ihres Vaters und zu deren Kindern
- Ihre emotionalen Beziehung zu anderen, für sie wichtigen Bezugspersonen
- Ihr Erleben der derzeitigen und früheren Umgangskontakte mit Herrn V.
- Ihr Erleben der Kontakte zwischen Mutter und Vater sowie der Einfluss diese Erlebens auf ihr Verhalten, ihre Gedanken und ihre Gefühle
- Ihr alltägliches Leben im Haushalt der Mutter (Alltag, Umgebung, Aktivitäten, soziale Kontakte)
- Ihre Ängste und Sorgen
- Ihre Hoffnungen, Wünsche und Befürchtungen bzgl. der zukünftigen Lebenssituation und der Umgangskontakte

Diese Themen wurden während der Durchführung des FRT, im Gespräch und beim Spielen mit Kristina allein, ohne die Anwesenheit Dritter, besprochen.

4. Interaktionsbeobachtungen
4.1 Psychodiagnostischer Erstkontakt
Bei einem Hausbesuch bei Frau V., der unter anderem dem Kennenlernen von Kristina dienen sollte, wurde das Verhalten von Kristina in der Interaktion mit Frau V. systematisch unter den folgenden Aspekten beobachtet:
- der Entwicklungsstand und mögliche Verhaltensauffälligkeiten von Kristina
- das Erziehungsverhalten der Mutter
- die Beziehung zwischen Kristina und ihrer Mutter

Diese Aspekte können weiter differenziert werden: Hierbei wurden v.a. die folgenden beziehungs- bzw. bindungsrelevanten Verhaltensmerkmale geprüft (s. Tausch u. Tausch 1998; Spangler u. Zimmermann 2002):
- *Flüssigkeit des Dialogs*
- *»Verzahnung« der Interaktion*
- *Balance von Nähe und Distanz beider Interaktionspartner*
- *Angemessenheit der Reaktion der Mutter auf Bedürfnisäußerungen des Kindes*
- *Ausgewogenheit von Unterstützung und Lenkung des Kindes durch die Mutter einerseits und Anregung zur Selbstständigkeit andererseits*
- *Grad der Gehemmtheit/ Anspannung bzw. der Spontaneität/Entspannung in der Beziehung*
- *verbal geäußerte positive und negative Emotionen sowohl des Kindes als auch der Mutter.*

4.2 Die Beobachtung des Verhalten von Kristina in der Interaktion mit Herrn V., die unter den entsprechenden Gesichtspunkten erfolgen sollte, konnte aufgrund der wiederholten massiven Weigerung von Kristina im Rahmen der Begutachtung nicht durchgeführt werden.
4.3 Bei einem Hausbesuch bei Herrn V. wurde das Verhalten von Herrn V. in der Interaktion mit seinem Sohn Peter systematisch beobachtet, um beurteilen zu können, inwieweit Herr V. grundsätzlich in der Lage ist, kindliche Bedürfnisse wahrzunehmen und angemessen darauf zu reagieren.
5. Die Art und Intensität von Kristinas Gefühlsbeziehungen zu Personen in ihrer Umgebung wurden mit dem Family Relations Test (FRT von Bene u. Anthony 1957, rev. 1985; dt. Bearbeitung von Flämig u. Wörner 1977) untersucht. Nachdem Kristina schematisch gezeichnete Figurendarstellungen als Familienangehörige ausgewählt hatten, sollte sie ihnen Aussagen zuordnen. Diese Aussagen beziehen sich auf Einstellungen und Gefühle, die das jeweilige Kind diesen Personen gegenüber hat und die es von diesen Personen erlebt. Der FRT ermöglicht es Kindern, Einstellungen und Gefühle auszudrücken, die sie zwar bewusst erleben, die in Worte zu fassen ihnen jedoch schwer fällt.

Dieses Verfahren wurde ausgewählt, da es sich in der Längsschnittstudie von Schmidt-Denter u. Beelmann (1997) (s. auch Beelmann u. Schmidt-Denter 2001) »als ein sensibles Verfahren zur Erfassung des kindlichen Erlebens der sozial-emotionalen Beziehungen in Trennungs-Scheidungsfamilien erwiesen hat.« (Beelmann u. Schmidt-Denter 2001, S. 89).

Kristina gehört zu der Altersgruppe, für die das Verfahren entwickelt wurde.

Im vorliegenden Fall wurden die Zuordnungen, die Kristina beim FRT vornahm, als Grundlage benutzt, um weitergehende und detaillierte Fragen an Kristina zu stellen; eine Auswertung des FRT mit Normenvergleich ist unter dieser Anwendungsform dann selbstverständlich nicht mehr möglich. Beurteilt werden vielmehr die Ergebnisse auf der Ebene der einzelnen Aussagen.

Die Themen der Explorationen und der systematischen Beobachtungen zeigen, dass die wesentlichen Informationen zu den Hypothesen (und damit zur Fragestellung des Gerichts) mit Hilfe dieser Verfahren erhoben werden können. Für die Anwendung weiterer Verfahren, z. B. Tests oder Fragebögen, ergab sich aus den Vorinformationen in der Akte keine Notwendigkeit.

Zeitplan der diagnostischen Untersuchungen:

xx.10.2003: Entscheidungsorientiertes Gespräch mit Herrn V. in der Praxis des Gutachters (Dauer: 1 3/4 Stunden).

xx.10.2003: Systematische Verhaltensbeobachtungen Kristinas sowie der Interaktion von Frau V. und ihrer Tochter während des Hausbesuchs bei Frau V. in K. (Dauer: 1 1/2 Stunden).

yy.12.2003: Gespräch mit Frau V. und Kristina u.a. über den weiteren Verlauf der Begutachtung, da Frau V. Kristina entgegen der Einladung zum entscheidungsorientierten Elterngespräch mitgebracht hatte (Dauer: 1 Stunde), im Anschluss daran: Systematische Verhaltensbeobachtung, Exploration und testpsychologische Untersuchung mit Kristina V. in der Praxis des Gutachters (Dauer: 2 Stunden).

zz.01.2004: Entscheidungsorientiertes Gespräch mit Frau V. in der Praxis des Gutachters (Dauer: 2 Stunden).

aa.08.2004: Systematische Verhaltensbeobachtung der Interaktion von Vater und Sohn sowie ein informatorisches Gespräch mit Frau V. während eines Hausbesuchs bei Herrn V. und seiner Familie in K. (Dauer: 1,5 Stunden).

bb.09.2004: Informatorisches Gespräch mit Frau G. vom Jugendamt M.

An allen Terminen nahm Frau Diplom-Psychologin F. teil. Außerdem arbeitete die Kollegin mit bei der Auswertung der Ergebnisse und bei der Ausarbeitung des schriftlichen Gutachtens.

V. Ergebnisse der psychologischen Untersuchungen

Die Gliederung der folgenden Ergebnisdarstellung des Gutachtens wurde nach den beteiligten Personen (Eltern – Kind – weitere Personen) vorgenommen (Die Datenerhebungsphase erstreckte sich im vorliegenden Fall aus vielerlei Gründen über mehrere Monate). Möglich sind auch andere Strukturen der Darstellung wie zeitliche Reihenfolge (z. B., um Entwicklungen während der Begutachtungszeit deutlich zu machen) oder nach Art der Erhebungsmethoden (z. B. standardisierte/teilstandardisierte Verfahren/ Informationen von Dritten). Es sollte die für den jeweiligen Einzelfall angemessenste Gliederung benutzt werden.

Die Ergebnisse der Explorationen sind thematisch anhand der Hypothesen geordnet (s. Kap. 17.4). Hypothesenbezogene Stichworte sind fett gedruckt.

1. Anknüpfungstatsachen

Diese wurden bereits unter III. dargestellt.

2. Psychodiagnostische Gespräche mit beiden Elternteilen

2.1 Psychodiagnostisches Einzelgespräch mit Herrn V. am xx.10.2003 in der Praxis der Sachverständigen in B.

Herr V. erschien am 27.10.2003 begleitet von seiner Lebensgefährtin Frau T. und dem gemeinsamen Sohn Peter zum entscheidungsorientierten Gespräch. Bevor Herr V. das Untersuchungszimmer betrat, verabschiedete er sich von seiner Lebensgefährtin und streichelte seinem Sohn über den Kopf. Als Herr V. daraufhin den Flur verließ, fing Peter an zu weinen, versuchte, aus seinem Kinderwagen herauszuklettern, und streckte seine Arme in Richtung seines Vaters aus. Frau T. beugte sich daraufhin über ihren Sohn und beruhigte diesen durch das Versprechen, dass er seinen Vater bald wieder gemeinsam mit ihr abholen werde.

Über seine derzeitige Lebenssituation gab Herr V. an, dass er mit seiner Lebensgefährtin, Frau T., ihrem 2-jährigen Sohn Peter und zwei Kindern von Frau T. aus erster Ehe, dem 9-jährigen Manuel und der 12-jährigen Sandra, zusammenlebe. Vor einiger Zeit seien sie in eine 5-Zimmer-Wohnung gezogen, in der auch Kristina zukünftig ggf. ein eigenes Zimmer bekommen könne.

Kennengelernt habe er seine Lebensgefährtin, die er im Dezember 2003 heiraten wolle, auf einer Feier. Der erste Kontakt von ihm mit Sandra und Manuel sei unproblematisch verlaufen. Sie hätten gemeinsam einen Ausflug gemacht. Heute respektierten Manuel und Sandra ihn als Lebensgefährten der Mutter. Einen Vaterersatz stelle er für die beiden älteren Kinder nicht da. Sie besuchten ihren Vater jedes Wochenende. Dennoch respektierten sie von ihm aufgestellte Regeln und Verbote.

Beruflich sei er als Vorarbeiter im Straßenbau tätig. Zumeist gehe er morgens gegen 6.30 Uhr aus dem Haus und komme gegen 17.00 Uhr heim. Wenn er geduscht habe, spiele er i.d.R. mit Peter. Danach äßen sie alle gemeinsam Abendbrot, und wenn er Peter ins Bett gebracht hätte, spiele er manchmal noch etwas mit Frau T. und den älteren Kindern. Manchmal habe er dazu aber auch keine Lust.

Die Kontakte zu Kristina fänden derzeit begleitet im evangelischen Verein für Jugend- und Familienhilfe e.V. statt. Dort treffe er sich seit etwa vier bis fünf Wochen jeden Dienstag für eine Stunde und jeden Samstag für zwei Stunden mit seiner Tochter. In der Regel sei er bereits anwesend, wenn Kristina und ihre Mutter kämen. Frau V. gebe Kristina in der Diele ab, während er in der Küche warte. Direkten Kontakt zwischen ihm und Kristinas Mutter gebe es daher in dieser Situation nicht. Wenn Kristina zu ihm komme, sei sie stets aufgeschlossen und beginne sofort, mit ihm zu spielen. Herr V. betonte, dass er sehr erstaunt gewesen sei. Bereits beim ersten Kontakt nach eine dreiviertel Jahr ohne Kontakte zwischen ihm und seiner Tochter habe diese keinerlei Scheu gezeigt. Sie habe ihn mit »Hallo Papa« begrüßt und habe ihm vom Kindergarten erzählt. Er habe sie in den Arm genommen und sie an sich gedrückt. Es sei »einfach super« gewesen, und all seine Wut sei vergessen gewesen. Die gemeinsame Zeit verbrächten sie zumeist mit Puppenspielen, da Kristina diese besonders gern möge. Dazu bringe er manchmal Fingerpuppen mit. Aber auch »Mensch-Ärgere-Dich-Nicht« spielten sie ab und zu. Ansonsten kuschelten sie manchmal miteinander. Kurz bevor ihre gemeinsame Zeit vorbei sei, fordere er seine Tochter auf, mit ihm aufzuräumen. Herr V. berichtete, dass sich Kristinas Verhalten danach sofort schlagartig verändere. Ab diesem Zeitpunkt dürfe er sie nicht einmal mehr am Arm berühren, und sie rede kaum noch mit ihm.

Dieses Verhalten sei ihm bereits früher am Ende von Besuchswochenenden an seiner Tochter aufgefallen. Während Kristina das Wochenende über aufgeschlossen und fröhlich gewesen sei, habe sie bei der Rückfahrt stets sehr verschlossen gewirkt. Als er sie einmal gefragt habe, ob sie der Mutter von einem Zoobesuch berichten werde, habe sie dies verneint. Ihre Mutter werde sonst »böse«. Auch ihm habe sie nichts von ihrem Alltag mit Frau V. berichtet.

Über die früheren Besuchskontakte zwischen ihm und Kristina gab Herr V. an, dass er Kristina unmittelbar nach der Trennung zunächst sechs Wochen nicht gesehen habe. Dies sei ein Vorschlag seiner Frau gewesen. Sie sei der Ansicht gewesen, dass Kristina die Trennung so besser verarbeiten könne. Er habe sich damals darauf eingelassen. Inzwischen bereue er dies. Bevor er ausgezogen sei, habe er Kristina gesagt, dass er sie weiterhin lieb habe und dass er wiederkommen werde, um sie zu treffen. Als er nach sechs Wochen versucht habe, Besuchskontakte zu initiieren, habe seine Frau gesagt, dass Kristina ihn nicht mehr sehen wolle. Erst durch Vermittlung des Kinderschutzbundes sei es schließlich zu Besuchskontakten seiner Tochter bei ihm gekommen. Wenn er sie abgeholt habe bei ihrer Mutter, habe es zunächst manchmal Probleme gegeben: Kristina habe beispielsweise nicht mit zu ihm gewollt, und auch Frau V. habe betont, dass Kristina ihren Vater nicht besuchen wolle. Zumeist habe sich Kristina dann jedoch von ihm überreden lassen, mitzugehen. Herr V. gab an, dass sich das Verhalten des Kindes danach schlagartig verändert habe: Sobald Kristina im Auto gesessen habe, habe sie nicht mehr zur Mutter zurückgewollt. Manchmal habe er sie mehrfach am Tag und abends gefragt, ob sie lieber zu Hause schlafen wolle. Kristina habe dies stets verneint. Um ihr die Angst vor der neuen Umgebung zu nehmen, habe er damals bei ihr im Zimmer auf einer Matratze geschlafen.

Manchmal habe ihr das genügt, manchmal habe sie ihn zum Einschlafen aber auch in ihr Bett gebeten. Herr V. gab überdies an, dass ihm der Kinderschutzbund damals geraten habe, Kristina bei Problemen in der Übergabesituation, wie sie oben beschrieben sind, einfach mitzunehmen. Als er dies einmal versucht habe, habe seine Frau lautstark angefangen zu schreien. Auch Kristina sei daraufhin in Tränen ausgebrochen, sodass er seine Tochter schließlich bei ihrer Mutter zurückgelassen habe. Er habe sich nicht vorstellen können, dass dies gut für seine Tochter sei.

Die Besuche bei ihm seien i.d.R. so verlaufen, dass er Kristina um 10.00 Uhr samstags morgens abgeholt habe. Gemeinsam seien sie dann zu seiner Familie gefahren und hätten zusammen gefrühstückt. Danach hätten er und seine zukünftige Frau etwas mit den Kindern unternommen. Manchmal seien sie in den Zoo, in den Zirkus oder schwimmen gegangen. An anderen Tagen seien sie spazieren gegangen oder hätten etwas mit Kristina und den anderen gespielt. Auch Plätzchen hätten sie einmal gemeinsam gebacken. Die Mahlzeiten habe zumeist seine Lebensgefährtin gekocht, doch Kristina habe sich zumeist etwas wünschen dürfen, wenn sie zu Besuch gewesen sei. Am liebsten habe sie Spaghetti gegessen. Das Abendbrot sei von allen gemeinsam vorbereitet worden. Kristina habe genau wie die anderen Kinder die Pflicht gehabt, dabei zu helfen und ihr Zimmer aufzuräumen. Auch wenn sie manchmal keine Lust zum Aufräumen gehabt habe, habe dies nie zu Streit zwischen ihm und seiner Tochter geführt. Auch andere Konflikte habe es nicht gegeben. Herr V. gab in diesem Zusammenhang an, dass er aufgrund der Seltenheit der Besuche auf viele Wünsche seiner Tochter Rücksicht genommen habe.

Insgesamt habe Kristina etwa 4-mal bei ihm übernachtet. Dann habe Frau V. wiederholt Umgangskontakte abgesagt. Sie habe dies stets mit verschiedenen Krankheiten des Kindes begründet (z. B. Fieber, Schnupfen, Mittelohrentzündung).

Bereits zuvor habe Frau V. versucht, zumindest die Übernachtungsbesuche dadurch zu unterbinden, dass sie Kristina nie Kleidung zum Wechseln mitgegeben habe. Sie habe wiederholt gesagt, dass Herr V. ein schlechter Vater sei und mit Kindern nicht umgehen könne.

Über seine Beziehung zu Kristina berichtet Herr V., dass er von Anfang an eine enge Beziehung zu seiner Tochter gehabt habe. Obwohl er viel gearbeitet habe, habe er sie abends vor dem Zubettgehen stets gesehen. Er habe sie zumeist ins Bett gebracht und ihr eine Geschichte vorgelesen. Auch an den Wochenenden habe er häufig mit seiner Tochter gespielt. Sie hätten gemeinsam gefrühstückt, danach Pferde gefüttert und anschließend mit der ganzen Familie etwas unternommen. Überdies habe er Kristina beispielsweise das Laufen beigebracht. Seiner Ansicht nach habe sich daraus eine enge emotionale Beziehung zwischen ihm und seiner Tochter entwickelt. Er habe sich daher nicht vorstellen können, dass sie ihn nach sechs Wochen nicht mehr habe sehen wollen. Auch ihr aufgeschlossenes Verhalten bei den ersten Besuchskontakten habe ihn davon überzeugt, dass Kristina noch immer gern mit ihm zusammen sei.

Herr V. beschrieb Kristina als Wunschkind. Vor ihrer Geburt habe Frau V. einmal eine Fehlgeburt gehabt. Kristina sei ein lebensfrohes und kontaktfreudiges Kind. Am liebsten spiele sie mit Puppen und denke sich Phantasiegeschichten aus. Wenn er sie sehe, erzähle sie ihm stets von Vorfällen im Kindergarten, von Freunden und von anderen Besonderheiten ihres Alltages. Wenn er sie z. B. nach der Schuluntersuchung o.ä. gefragt habe, habe sie ihm auch darüber stets berichtet. Hinsichtlich ihrer Entwicklung gab Herr V. an, dass Kristina mit etwa acht Monaten bereits erste Worte deutlich habe sprechen können. Laufen habe sie hingegen erst mit eineinhalb Jahr gelernt. Besondere Krankheiten habe es in Kristinas Entwicklungsverlauf – abgesehen von einer Sehschwäche und einem einmaligen Krupp-Anfall – seines Wissens nach nicht gegeben. Damals hätten er und seine Frau die ganze Nacht mit dem Kind im Badezimmer verbracht, um sie Wasserdampf inhalieren zu lassen. Das weitere Jahr im Kindergarten sei seines Wissens nach mit einer motorischen Schwäche seiner Tochter begründet worden. Herr V. war diesbezüglich der Überzeugung, dass Kristina der Kindergartenbesuch auf Dauer langweilen werde, da sie einen Wissendrang habe, der durch den Kindergarten nicht mehr gestillt werden könne. Sie selbst habe ihm gesagt, dass sie jetzt auf die kleinen Kinder mit aufpassen werde. Die vom Kindergarten beschriebenen Entwicklungseinbrüche seien seiner Auffassung nach vor allem die Folge des Stresses, der sich aus dem anhaltenden Streit um die Besuche mit ihm ergebe. Die Erzieherin habe ihm erklärt, dass Kinder sich häufig zurückziehen, wenn sie alles, was sie erleben, mit sich selbst ausmachen müssen und niemanden haben, mit dem sie offen über alles reden können. Dass Kristina sich anderen Kindern oder Erziehern gegenüber aggressiv verhalte, sei ihm bisher noch nicht berichtet worden.

Angesprochen auf das Einnässen und Einkoten seiner Tochter, dass von Frau V. als Folge der Besuchskontakte vorgetragen werde, gab Herr V. an, dass Kristina bei ihm nur einmal im Spiel im Alter von etwa zweieinhalb Jahren in ihre Hose uriniert habe. Er habe sie daraufhin geduscht, die Kleidung gewaschen und ihr saubere angezogen. Kristina habe damals nur gesagt, dass ihr etwas passiert sei. Weiter habe man nicht darüber gesprochen.

Herr V. betonte, dass er seit der Trennung keinerlei Informationen von Kristinas Mutter über die Entwicklung und den gesundheitlichen Zustand seiner Tochter erhalte. Er habe sich stets bemüht, diese Informationen durch Nachfragen bei Ärzten, im Kindergarten usw. selbst zu erhalten.

Bezüglich der Beziehungs- und Konfliktentwicklung zwischen ihm und seiner früheren Frau gab Herr V. an, dass sie sich damals in der Gastwirtschaft seiner Eltern kennengelernt hätten. Sie hätten viele gemeinsame Interessen gehabt, und er habe gern etwas mit ihr unternommen. Bald seien sie ein Paar gewesen und hätten einen bereiten Bekanntenkreis aufgebaut. Als Frau V. schwanger geworden sei, hätten sie geheiratet. Die Fehlgeburt habe sie sehr verändert. Sie sei sehr traurig gewesen und habe einen Hund, den er ihr zum Trost geschenkt habe, wie ein Ersatzkind behandelt. Als Kristina geboren war, habe sie ihn immer mehr ausgegrenzt. Zuerst sei das Kind gekommen, dann der Hund, dann lange Zeit nichts und schließlich irgendwann er. Eine Beziehung habe es zwischen ihnen ebenso wie gemeinsame Aktivitäten nicht mehr gegeben. Freunde und Verwandte hätten sich mehr und mehr von ihnen abgewandt, weil Frau V. Hilfe und Ratschläge stets als Bevormundung interpretiert habe. Als er schließlich nach etwa drei Jahren beschlossen habe, auszuziehen, sei dies von Frau V. explizit begrüßt worden. Herr V. glaubte jedoch, dass Frau V. nicht damit gerechnet habe, dass er sie wirklich verlassen werde. Zuvor sei sie in der Beziehung stets diejenige gewesen, die vieles bestimmt und entschieden habe.

Auch hinsichtlich der Erziehungsvorstellungen habe es zwischen ihm und Kristinas Mutter Meinungsverschiedenheiten gegeben. Frau V. sei teilweise sehr streng mit Kristina umgegangen. Einmal habe das Kind beispielsweise mit acht Monaten trotz mehrmaliger Ermahnungen immer wieder nach einem Schlüssel gegriffen. Während er den Schlüssel habe wegnehmen wollen, habe Frau V. Kristina kräftig auf die Finger gehauen. Außerdem habe er es nicht gut geheißen, dass Frau V. Kristina mit zweieinhalb Jahren stets kalt abgeduscht habe, wenn sie eingenässt oder eingekotet habe. Auf Nachfrage gab Herr V. an, dass sie es beide in derartigen Situationen vermieden hätten, sich lautstark vor ihrer Tochter zu streiten. Zumeist sei ihnen das auch gelungen. In anderen Konfliktsituationen, die nicht immer das Kind betroffen hätten, habe seine Frau ihn manchmal körperlich attackiert. So habe sie ihn beispielsweise einmal, als er sie gedrängt habe, sich zu beeilen, im Badezimmer mit einer Rasierklinge geschnitten. Danach habe ihr dies Leid getan und sie habe sich bei ihm entschuldigt. Herr V. erklärte, dass er in derartigen Situationen stets das Haus verlassen habe, um sich nicht ebenfalls zu gewaltsamen Handlungen hinreißen zu lassen.

Derzeit habe er fast keinen Kontakt zu seiner früheren Frau. Lediglich im Zuge der begleiten Umgangskontakte habe bisher ein gemeinsames Elterngespräch stattgefunden. Ihnen sei zurückgemeldet worden, dass die Kontakte zwischen Vater und Tochter positiv verliefen und dass es für Frau V. keinen Grund zur Beunruhigung gebe. Herr V. erklärte, dass er das Gefühl gehabt habe, dass Kristinas Mutter dies nicht gefallen habe. Frau V. sei sehr »hibbelig« geworden. Außerdem habe sie gesagt, dass Kristina zu Hause immer sehr aggressiv werde und es daher nicht möglich sei, dass die Besuchskontakte im Sinne des Kindes seien.

Die Beziehung zwischen Kristina und Frau V. beschrieb Herr V. wie folgt: Seit der Geburt des Kindes habe sich Frau V. sehr an Kristina »geklammert«. Sie sei den ganzen Tag nur mit dem Kind zusammen gewesen. Insbesondere nach der

21.1 · Psychologische Begutachtung zu Fragen des Sorgerechts

Trennung sei ihm wiederholt aufgefallen, dass Frau V. alles mit ihrer Tochter bespreche, was man als Erwachsener normalerweise mit einem Partner bespreche. So habe ihn Kristina beispielsweise bereits mit fünf Jahren wiederholt auf Unterhaltszahlungen angesprochen. Auch über Themen wie z. B. Tod wisse sie »mehr als er«.

Kristina hänge einerseits sehr an ihrer Mutter. So habe sie sich beispielsweise an ihr festgeklammert, wenn er sie habe anholen wollen. Andererseits verhalte sie sich ihr gegenüber häufig aggressiv. Herr V. war überzeugt, dass sich dadurch die Wut des Kindes darüber äußere, dass sie ihr verbiete, den Vater zu treffen, und sie nicht unbeschwert aufwachsen lasse.

Angesprochen auf weitere Bezugspersonen von Kristina gab Herr V. an, dass dazu die Großmutter mütterlicherseits zu zählen sei. Diese beaufsichtige Kristina, wenn Frau V. arbeiten gehe. Auch zu einem Bruder von ihm, der mit einer Schwester von Frau V. verheiratet sei, bestehe derzeit Kontakt. Herr V. gab darüber hinaus an, dass Frau V. sich zunächst mit seiner und ihrer Familie gut verstanden habe. Infolge der Fehlgeburt und Kristinas Geburt habe Frau V. jedoch immer weniger soziale Kontakte gepflegt. Dies und ihre Art, gute Ratschläge als Bevormundung wahrzunehmen, hätten im Laufe der Zeit viele ehemalige Freunde vor den Kopf gestoßen. Auch zu ihren Eltern sowie zu seinen und ihren Geschwistern habe sie kurzzeitig keinen Kontakt gehabt.

Die Beziehung zwischen Kristina und Frau T. beschrieb Herr V. als unproblematisch. Ebenso wie er Manuel und Sandra habe Frau T. Kristina damals bei einem Ausflug zu einem Pferdestall kennengelernt. Zunächst habe sich Kristina nur mit dem Tier beschäftigt, doch dann habe er ein Wettrennen mit Kristina zu Frau T. veranstaltet, und sie habe sich dabei sofort an die Beine seiner zukünftigen Frau geheftet. Auch bei späteren Besuchswochenenden und Übernachtungen habe es nie Streitigkeiten zwischen Kristina und Frau T. gegeben. Kristina sei sehr offen mit der Lebensgefährtin ihres Vaters umgegangen. Sie habe sie beispielsweise um etwas zu Essen und zu trinken gebeten.

Der Kontakt der Kinder untereinander sei ebenfalls stets unproblematisch gewesen. Streit habe es selten gegeben. Insbesondere Sandra und Kristina hätten sich gut verstanden. Kristina habe viel mit Sandra und deren Puppen gespielt. Der Kontakt zu Peter, der gerade ein Jahr alt gewesen sei, sei nicht so intensiv gewesen. Kristina habe sich zwar über das Brüderchen gefreut, doch an den Wochenenden habe sie sich zumeist mit ihrem Vater und weniger mit Peter beschäftigt.

Angesprochen auf seine Zukunftsvorstellungen und Wünsche im Hinblick auf Kristina gab Herr V. an, dass er sich Sorgen um seine Tochter mache. Er habe Angst, dass sie nicht wie ein Kind aufwachsen dürfe und dass sie darunter leide.

Früher sei er stets der Auffassung gewesen, dass ein Kind zu seiner Mutter gehöre, doch heute sehe er dies im Falle von Kristina anders. Er sei überzeugt, dass er und seine Familie Kristina ein besseres Zuhause bieten könnten. Wenn sie von ihm aus zu Besuchen der Mutter gehe, könne Kristina hinterher frei berichten, was sie mit der Mutter Schönes erlebt habe. Umgekehrt dürfe Kristina dies ihren Aussagen nach nicht.

Seine derzeitige Lebensgefährtin und zukünftige Frau sei ebenso wie die Kinder damit einverstanden, dass Kristina demnächst bei ihnen wohne. Die Jungen sollten dann zunächst zusammen ein Zimmer bekommen, damit Sandra und Kristina jeweils einen Raum für sich hätten. Der Tagesablauf im Alltag werde sich ihren Vorstellungen nach insgesamt nicht groß verändern, wenn Kristina zu ihnen ziehe. Frau T. werde weiter für den Haushalt und die Kinder da sein, und er werde seinem Beruf nachgehen.

Sowohl er als auch Frau T. seien sich jedoch bewusst, dass es zu Anfang vermutlich Probleme geben werde, wenn Kristina – evtl. gegen ihren Willen – beim Vater untergebracht werde und eine andere Frau ihr sage, dass sie aufräumen und sich waschen solle. Herr V. war jedoch zuversichtlich, dass sie gemeinsam auch derartige Probleme lösen würden könnten.

Sollte Kristina bei Frau V. bleiben und diese evtl. das alleinige Sorgerecht für Kristina durch das Gericht zugesprochen bekommen, wolle er nicht weiter um sein Besuchsrecht kämpfen. Er habe in den letzten Jahren alles versucht und habe wiederholt sehr viel Zeit und Geld investiert, ohne dass sich für das Kind wirklich etwas verändert habe. Stets müsse der Rest seiner Familie auf Frau

V. Rücksicht nehmen. Er habe das Gefühl, dass ihnen dies auf Dauer nicht mehr zuzumuten sei. Als Beispiel führte Herr V. einen Spanienurlaub an. Dieser sei gemeinsam mit Kristina geplant gewesen. Im Endeffekt sei das Flugzeug ohne die Familie abgeflogen, weil Frau V. Kristina nicht zu ihrem Vater gelassen habe. Herr V. betonte in diesem Zusammenhang, dass er hoffe, dass Kristina irgendwann aus eigenem Antrieb zu ihm kommen werde, wenn sie älter sei.

2.2 Psychodiagnostisches Einzelgespräch mit Frau V. am xx.01.2004

Frau V. berichtete, dass sie derzeit mit ihrer Tochter Kristina allein lebe. Einen Lebensgefährten habe sie nicht. Kristinas Mutter betonte in diesem Zusammenhang, dass sie nie einen »Ersatzvater« für Kristina »suchen« werde. Auch zukünftig werde sie niemandem erlauben, sich in die Erziehung ihrer Tochter »einzumischen«.

Über den gemeinsamen Tagesablauf berichtete Frau V., dass sie morgens mit Kristina zusammen gegen 6.30 Uhr aufstehe. Kristina sei ein »Morgenmuffel«. Sie werde morgens nicht gern angesprochen und werde schnell wütend, wenn man sie »nerve«. Nach einem gemeinsamen Frühstücke bringe Frau V. ihre Tochter in den Kindergarten, wo sie diese gegen 12.30 Uhr wieder abhole. Frau V. gab an, dass sie sich stets noch kurz mit den Kindergärtnerinnen von Kristina unterhalte. Auf Nachfrage, was diese ihr über Kristinas Umgang mit anderen Kindern berichteten, gab Frau V. an, dass sie darüber mit den Erziehern vor Kristina nicht jeden Tag sprechen könne. Zuhause kochten sie gemeinsam Mittagessen, und nach dem Essen treffe sich Kristina manchmal mit einer Freundin, die ebenfalls im Haus wohne. Die anderen Nachmittage verbringe das Mädchen mit ihrer Mutter. Abends gegen 19.00 Uhr äßen sie gemeinsam Abendbrot. Dabei erzähle Kristina von ihrem Tag im Kindergarten, während sie ihrer Tochter von ihrem Arbeitstag berichte. Um 20.15 Uhr gehe Kristina schließlich ins Bett. Frau V. gab an, dass Kristina erst seit Ende der Kur in ihrem eigenen Bett schlafe. Zuvor habe sie stets bei ihrer Mutter schlafen wollen. Begründet habe sie dies mit der Angst, dass ihre Mutter nicht mehr da sei, wenn sie aufwache. Erstmals aufgetreten sei dies, als die Übernachtungsbesuche beim Vater im Dezember 2002 begonnen hätten.

Hinsichtlich der begleiteten Kontakte zwischen Kristina und ihrem Vater gab Frau V. an, dass derzeit einmal wöchentlich begleitete Umgangskontakte im evangelischen Verein für Jugend- und Familienhilfe e. V. stattfänden. Bereits vor ihrem Kuraufenthalt habe es derartige begleitete Kontakte gegeben. Seit ihrer Rückkehr habe Kristina ihren Vater einmal dort getroffen. Frau V. betonte mehrfach, dass sie selbst stets Atteste vorgelegt habe, wenn Kristina aus gesundheitlichen Gründen einen Besuchskontakt nicht habe wahrnehmen können, während der Vater wiederholt abgesagt habe. Einmal habe er beispielsweise behauptet, auf einem Lehrgang zu sein. Ihre Schwester habe ihn jedoch im entsprechenden Zeitraum auf einer Baustelle gesehen. Ein anderes Mal habe er seine Hochzeit zu diesem Termin samstags morgens »feiern müssen«, und nach ihrer Kur habe er Samstagstermine generell als problematisch zurückgewiesen, sodass die Kontakte nun freitags für zwei Stunden stattfänden. Über die Besuchskontakte im Anschluss an die Kur sei Kristina von Frau J. unterrichtet worden. Diese habe dem Kind erklärt, dass ihre Mutter sie dorthin fahre und dass sie dahin »müsse oder solle«, um ihren Vater zu treffen. Frau V. betonte, dass sie ihrer Tochter dies niemals so vermittelt hätte. Auf die Frage, wie sie ein derartiges Gespräch gestaltet hätte, gab Kristinas Mutter an, dass dies außerhalb ihrer Verantwortung liege und sie sich daher keine Gedanken mehr darum mache. Sie würde ihre Tochter jedenfalls nicht dazu zwingen.

Über Frau G. vom Jugendamt äußerte Frau V. überdies, dass diese sie im Gerichtssaal als nicht erziehungsfähig dargestellt habe. Welche Anhaltspunkte Frau G. zu dieser Schlussfolgerung bewogen hätten, konnte Frau V. nicht angeben. Frau G. habe nur 2-mal mit ihr gesprochen. Als Frau V. der Jugendamtsmitarbeiterin gesagt habe, dass sie die gegenwärtige Situation nicht »okay« finde und dabei – aufgrund einer Erkältung – etwas lauter geworden sei, habe diese ihr sofort unterstellt, dass sie aggressiv sei.

Ihre Beziehung zu Kristina beschrieb Frau V. als sehr eng. Von Anfang an sei sie es gewesen, die sich um das Kind gekümmert habe. Streit zwischen ihnen gebe es vor allem dann, wenn Kristina wütend sei oder wenn sie sich von ihrer Mutter durch Fragen genervt fühle. Das Mädchen schlage dann z. B. Türen zu. Frau V. vertrat diesbezüglich die Auffassung, dass Kristina keine Gegenstände zerstören dürfe, die sie danach ersetzen müsse. Stattdessen solle das Kind lieber Unordnung in seinem Zimmer schaffen und diese hinterher wieder aufräumen. Wenn Kristina Türen knallend in ihrem Zimmer verschwinde, reagiere Frau V. nach eigenen Angaben zunächst gar nicht darauf. Nach etwa fünf bis zehn Minuten habe sich das Mädchen zumeist beruhigt und wolle mit der Mutter schmusen. Frau V. erklärte, dass sie dies in diesem Moment auch zulasse. Später am gleichen Tag suche sie jedoch noch einmal das Gespräch bzgl. des Konflikts. Kristina wisse zu diesem Zeitpunkt i.d.R. zumeist selbst, dass sie im Unrecht gewesen sei. Wenn Frau V. ihrerseits einen Fehler gemacht habe, entschuldige sich bei Kristina dafür. Einmal beispielsweise habe sie ihre Tochter verdächtigt, eine Schmuckschatulle »weggetan« zu haben, bis sie bemerkt habe, dass sie sie selbst verlegt hatte. Wenn sie mit Kristina schimpfe, gehe diese i.d.R. zunächst in ihr Zimmer. Es sei so eine Abmachung zwischen ihnen, dass sie sich bei Konflikten zunächst einmal aus dem Weg gingen. Frau V. gab an, dass sie in Streitsituationen fast nie lauter werde und ihre Tochter auch nicht schlage. Gewalt lehne sie ab. Auch wenn ihre Tochter sie schlage, trete oder an ihr zerre, bleibe sie ruhig und warte, bis Kristina sie von alleine loslasse.

Die Aggressivität des Kindes, die u. a. in diesem Verhalten zum Ausdruck komme, sei neben Hauterkrankungen ein Grund für den Kuraufenthalt gewesen. Kristina sei nicht nur ihr gegenüber aggressiv, sondern schlage und trete auch andere Kinder. Außerdem quäle sie Tiere.

Über den Aufenthalt im Kurhaus berichtete Frau V., dass Kristina den Vormittag im Kinderhaus verbracht habe. Von dort sei sie auch zu ihren Anwendungen (z. B. Autogenes Training, Entspannungen) gegangen. Auch nachmittags habe sie manchmal mit anderen Kindern etwas unternommen. Zumeist habe Frau V. ihre Tochter jedoch gegen Mittag im Kinderhaus abgeholt, und sie hätten den Nachmittag gemeinsam verbracht.

Kristina sei ein Wunschkind von ihr gewesen. Sie habe immer ein Mädchen haben wollen, weil es für diese hübschere Kleidung gebe als für Jungen. Herr V. sei allerdings sehr enttäuscht gewesen, als er erfahren habe, dass er eine Tochter bekommen werde. Wie genau sich seine Enttäuschung geäußert habe, daran konnte sich Frau V. nicht erinnern. Gesagt habe er dies nicht explizit, und sie habe ihn auch nie auf ihre Wahrnehmung angesprochen. Frau V. gab an, dass sie den Eindruck gehabt habe, dass Herrn V. jede Beschäftigung mit dem Kind zu mühsam gewesen sei. Überdies sei er eifersüchtig auf die Beziehung zwischen ihr und dem Kind gewesen. Auch Kristina habe zu ihrem Vater von Anfang an keine enge Beziehung gehabt. Als er ausgezogen sei, habe seine Tochter zu ihm gesagt, dass sie ihn gar nicht mehr lieb habe.

Über Kristina gab Frau V. außerdem an, dass sie gut kochen könne. Mehrfach betonte Frau V., dass Kristina ein sehr selbstständiges Kind sei. Sie könne Kartoffeln, Nudeln, Reis und Rührei allein zubereiten. Überdies räume sie ihr Zimmer auf und versorge die Tiere. Zu malen interessiere sie im Gegensatz zu »allgemeinem Wissen« nicht. Kristina stelle viele Fragen, lasse sich alles genau erklären oder wünsche sich entsprechende Bilderbücher. In ihrer Freizeit spiele sie am liebsten mit Puppen und Barbies. Auch Karten- und Gesellschaftsspiele möge sie.

Die Geburt von Kristina sei ebenso wie die Schwangerschaft komplikationslos verlaufen. Nur in den ersten Wochen der Schwangerschaft habe sie häufig Schmerzen gehabt. Frau V. gab an, dass sie Kristina in den ersten Lebensmonaten beinah vollständig allein versorgt habe. Einmal sei Kristinas Vater mit zu einer Vorsorgeuntersuchung gewesen, doch anstatt mit hereinzukommen, habe er 100 DM mit seinem Handy vertelefoniert.

Die Entwicklung von Kristina sei zunächst völlig normal verlaufen. Sie habe mit sechzehn Monaten laufen können – wenn auch noch nicht frei, weil dafür ihre Rückenmuskulatur zu schwach gewesen sei –, und mit neun Monaten habe sie bereits ganze Sätze sprechen können. Hinsichtlich der Sauberkeitsentwicklung von Kristina gab Frau V. an, dass Kristina trocken gewesen sei, bevor die Besuchskontakte begonnen hätten. Erst im Zuge der Umgangskontakte habe das Kind erneut angefangen, einzunässen und einzukoten. Sie habe dies nicht nur zu Hause bei ihr gemacht, sondern auch im Kindergarten. Gegen Ende des Kuraufenthalts, als Kristinas Freundin nach Hause gefahren sei, habe Kristina ebenfalls zweimal eingenässt. Frau V. erklärte, dass dies für sie ein Zeichen gewesen sei, dass Kristina nicht länger in der Kur habe bleiben wolle. Eine ihr angebotene Verlängerung habe sie daher abgelehnt. In diesem Zusammenhang berichtete Frau V. zudem, dass man ihr geraten habe, Kristina diesbezüglich einem Therapeuten vorzustellen. Bisher hätten sich jedoch alle von ihr angesprochenen Psychotherapeuten geweigert, ihrer Tochter zu helfen. Alle bestünden darauf, auch mit dem Vater zu sprechen, bevor sie mit der Behandlung begönnen. Sie wisse jedoch, obwohl sie nie mit ihm darüber gesprochen habe, dass Herr V. mit einer derartigen Therapie niemals einverstanden sei.

Neben dem bereits angesprochenen aggressiven Verhalten von Kristina habe der Schulreifetest im vergangenen Jahr ergeben, dass Kristina nicht belastbar genug sei, um die Schule zu besuchen. Zeitgleich habe sie zudem wiederum begonnen, einzunässen und einzukoten. Daher habe man sich dazu entschieden, sie noch ein Jahr länger im Kindergarten zu belassen. In dieser Zeit habe sie als Mutter die Möglichkeit, Kristina wieder »auf Vordermann« zu bringen. Innerhalb des Gespräches über die Grundschule, in die Kristina danach gehen werde, äußerte Frau V., dass es »keine streng katholischen Schulen mehr gebe«. Auf einer katholischen Grundschule habe nach ihrer Ansicht »kein Moslem etwas zu suchen«.

Über Kristinas Verhalten gegenüber Gleichaltrigen berichtete Frau V., dass ihre Tochter sich stets nur wegen Kleinigkeiten mit ihren Freundinnen streite. In der Regel gingen sich die Kinder danach zunächst aus dem Weg. Bereits am nächsten Tag sei der Streit zumeist vergessen, und sie spielten wieder miteinander. Im Streit selbst schubse oder schlage Kristina ihre Freunde gelegentlich. Danach bereue sie dies jedoch zumeist. Frau V. erklärte, dass Kristina einmal zu ihr gesagt habe, dass sie andere Kinder zukünftig nicht mehr schlagen wolle. Die Frage, ob sie im Kindergarten von den Erzieherinnen regelmäßig über aggressives Verhalten ihrer Tochter gegenüber anderen Kindern unterrichtet werde, ließ Frau V. wiederholt unbeantwortet. In einem anderen Zusammenhang gab Frau V. an, dass Kristina nicht nur Freundinnen verprügle, sondern auch ihre Mutter und ihre Großeltern angreife.

Die Beziehungs- und Konfliktentwicklung zwischen sich und Herrn V. beschrieb Frau V. als langwierigen Prozess. Vor der Trennung sei es wiederholt zu lautstarken Auseinandersetzungen vor Kristina gekommen. An die positiven Aspekte, die sie einmal verbunden hätten, könne und wolle sie sich heute nicht mehr erinnern. Herr V. habe sich seit der Geburt von Kristina von ihr und ihrer Tochter zurückgezogen. Im sei es wichtiger gewesen, auf Partys zu gehen und sich abends zu betrinken.

Zu Handgreiflichkeiten sei es weder in ihrer Ehe noch im Zuge der Umgangskontakte, etwa bei Übergabesituationen, gekommen. Entsprechende Berichte aus der Akte entsprächen nicht der Wahrheit.

Bezüglich der Trennung von Herrn V. gab Frau V. an, dass sie ihn gebeten habe, auszuziehen. Er habe damals bereits eine Beziehung mit Frau T. gehabt. Dazu habe er eine Wohnung angemietet gehabt, die er entgegen seiner Versprechungen nie aufgegeben habe. Nach der Trennung habe er sich – ebenso wie zuvor – nicht für Kristina oder Kontakte zu ihr interessiert. Erst auf wiederholte Nachfrage gab Frau V. an, dass die Kontakte zwischen Kristina und ihrem Vater mehrfach auf dessen Initiative hin zustande gekommen seien. Später berichtete Frau V., dass Herr V. Kristina Briefe für die Mutter mitgegeben habe, die sie aber ungelesen zerrissen habe. Frau V. meinte, dass er wieder zu ihr zurückgewollt habe.

Hinsichtlich der gerichtlichen Auseinandersetzung wies Frau V. daraufhin, dass es stets Herr V. gewesen sei, der in den Jahren nach der Trennung Gerichtsverfahren angestrebt habe, obwohl sie ihm entgegengekommen sei. Einmal habe sie ihm beispielsweise angeboten, dass er das Kind übers Wochenende zu sich nehmen könne, wenn er sie nachts zu ihr zurückbringe. Dies habe er jedoch abgelehnt. Gegenüber dem Gericht habe er dann erklärt, dass er nicht mit ihr reden könne.

Die ersten Kontakte nach der Trennung seien schließlich vom Kinderschutzbund vermittelt und begleitet worden. Obwohl man ihr versichert habe, dass mehrere begleitete Besuchskontakte stattfinden sollten, habe Herr V. seine Tochter bereits nach dem ersten Kontakt mitnehmen können. Die Zeiten seien ausgedehnt worden, und schließlich habe man hinter ihrem Rücken Übernachtungsbesuche beschlossen.

Kristina sei nach diesen Besuchen stets sehr aggressiv gewesen, habe eingenässt und eingekotet. Sie habe die Kontakte »doof« gefunden, weil Herrn V. nicht mit ihr, sondern stets allein für sich gespielt habe. Außerdem habe Kristina sich bei Übergabesituationen geweigert, ihren Vater zu begleiten. Das Mädchen habe sich kaum von ihrer Mutter anziehen lassen, wenn Umgangskontakte angestanden hätten. Aus diesen Gründen sei Frau V. zu der Auffassung gelangt, dass es nicht im Sinne des Kindes sei, wenn Kristina gezwungen werde, ihren Vater zu sehen. Wenn Kristina nach Hause gekommen sei, habe sie ihre Mutter aufgefordert, sie nie wieder zum »schrecklichen Papa« zu geben. Sie habe ihr berichtet, dass sie bereits zum Frühstück Pommes habe essen müssen, dass sie auf einer Matratze auf dem Boden habe schlafen müssen und dass sie gezwungen worden sei, »Harry Potter – Die Kammer des Schreckens« auf Video anzuschauen. Überdies habe sie nur in einem Raum mit einer Puppe spielen dürfen. Sie habe sich nicht frei bewegen dürfen. Schließlich sei Frau V. mit Kristina zusammen auf die Straße gegangen. Dort habe das Mädchen ihrem Vater selbst gesagt, dass sie ihn nicht mehr zu Hause besuchen wolle. Herr V. habe auf die Weigerung seiner Tochter vor deren Augen mit lautstarken Beschimpfungen der Mutter reagiert. Er habe ihr damit gedroht, dass es Frau V. einmal »dreckig« gehen werde. Außerdem habe er wiederholt betont, dass er wolle, dass seine Tochter weiterhin zu Besuchen zu ihm komme. Frau V. gab an, daraufhin nichts mehr gesagt zu haben und ohne weitere Reaktionen in ihre Wohnung zurückgegangen zu sein.

Im Zuge der begleiteten Umgangskontakte beim evangelischen Verein für Jugend- und Familienhilfe e. V. habe im Januar 2004 ein gemeinsames Elterngespräch stattgefunden. (Frau V. gab an, dass sie ein früheres habe absagen müssen, weil sie wegen eines Wasserschadens Handwerker im Haus gehabt habe.) In diesem Elterngespräch habe man mit ihr besprechen wollen, wie die Kontakte in Zukunft gestaltet werden könnten. Sie habe den teilnehmenden Personen jedoch erklärt, dass sie so weit nicht in die Zukunft schauen und nicht über das Kind bestimmen könne. Sie habe sich damit einverstanden erklärt, dass Herr V. mit seiner Tochter auf einen Spielplatz in der Nähe gehen dürfe. Ausflügen mit dem Auto habe sie nicht zugestimmt. Als Begründung führte Frau V. an, dass sowieso jeder sage, dass Kinder heute mehr Bewegung bräuchten und dass sie Autofahren generell für unnötig halte.

Über ihren Gesundheitszustand gab Frau V. an, dass sie seit der Geburt von Kristina an Schlafstörungen leide. Insbesondere in der Zeit, als Kristina bei ihrem Vater übernachtet habe, sei sie erst nach etwa 2-stündigem Wachliegen eingeschlafen, und sie sei auch vielfach nachts aufgewacht. Lange Zeit habe sie versucht, ohne ärztliche Hilfe damit umzugehen. In der Kur habe sie dann eine Einführung in Autogenes Training bekommen. Dies helfe ihr, und sie wende dies inzwischen auch zu Hause an. Medikamente nehme sie nur im Notfall. Frau V. betonte, dass sie keine Drogen nehme und auch keinen Alkohol trinke. Auf Nachfrage gab sie an, dass sie sich bisher – trotz entsprechender Empfehlung von Frau Dr. A. – noch nie in psychiatrischer oder psychologischer Behandlung befunden habe.

Angesprochen auf ihre Befürchtungen, wenn das Gericht entscheiden würde, dass Kristina in **Zukunft** regelmäßige Kontakte zu ihrem Vater haben sollte, gab Frau V. an, sie glaube, dass Kristinas Verhaltensauffälligkeiten in diesem Falle weiter zunehmen würden, anstatt sich zu verbessern. Ihrer Auffassung nach dürfe man Kinder zu nichts zwingen, was sie nicht wollten. Als die Sachverständige anhand des Beispiels »Morgenmuffel zum Aufstehen bewegen« zu erläutern versuchte, dass Erziehung manchmal damit verbunden sei, dass man Kinder zu Dingen zwinge, die langfristig zu ihrem Besten seien, auch wenn sie dies jetzt nicht wollten, verstand Frau V. dies nicht. Wiederholt erklärte sie, dass Kristina kein Problem mit dem Aufstehen habe, sondern nur damit, wenn ihr am Frühstückstisch viele Fragen gestellt würden.

Derartige Verständnisschwierigkeiten traten im Verlauf des Gesprächs wiederholt auf. Häufig beantwortete Frau V. nicht die konkret an sie gerichteten Fragen, sondern berichtete etwas Allgemeines oder Unspezifisches, das nur am Rand mit der gestellten Frage im Zusammenhang stand. Wurden die Fragen daraufhin von der Sachverständigen wiederholt, präzisiert oder anders formuliert, wies Frau V. diese häufig zurück und beschwerte sich, dass sie stets dasselbe gefragt werde. Auch ausführliche Thematisierungen dieser Kommunikationssituation durch die beiden Sachverständigen führten nicht zu einer Lösung des Problems. Frau V. sprach in derartigen Gesprächsausschnitten einige Male sehr laut. Unklar muss aufgrund des Gesamtverlaufs des Gesprächs jedoch bleiben, ob Frau V. infolge von Verständnis- und Konzentrationsproblemen nicht zu einer konkreten Beantwortung einzelner Fragen in der Lage war, oder ob sie nicht gewillt war, sich zu bestimmten Themengebieten präzise zu äußern.

3. Diagnostik mit Kristina V.

3.1 Psychodiagnostischer Erstkontakt während des Hausbesuchs in der Wohnung von Frau V. in K. am xx.10.2003

Bei der Ankunft der Sachverständigen und ihrer Kollegin, Frau Dipl.-Psych. F., wartete Kristina im Treppenhaus. Sie trug eine Strumpfhose, ein Sweatshirt und keine Hausschuhe. Sie hatte einen Korb in der Hand, in dem sich zwei schwarze Mäuse befanden. Das Mädchen begann sofort, von diesen zu erzählen. Nach etwa zwei bis drei Minuten erschien Frau V. in der Wohnungstür und erklärte, dass sie ihre Gardinen noch habe aufhängen müssen.

Daraufhin fand zunächst ein kurzes Gespräch mit Frau V. und Kristina im Wohnzimmer statt. In dem hellen Raum lief ein Fernsehgerät, und in der Mitte des Zimmers auf einem Teppich hatte Kristina ein großes Barbiehaus gebaut. Die gesamte Wohnung war trotz kalter Witterung unbeheizt, die Fenster waren z. T. geöffnet. Während des Gesprächs beschäftigte sich Kristina unaufhörlich mit ihren Mäusen. Sie achtete nicht nur darauf, dass sie nicht aus dem Korb krabbelten, sondern wickelte sie auch »zum Schlafen« in ein Taschentuch ein, küsste diese und zwang eine Maus, die sich sichtlich wehrte, bis an den Rand des Tisches, unter dem jaulend der kleine Hund von Frau V. lauerte. Frau V. erklärte, dass es sich bei den Mäusen um sehr kinderliebe Labortiere handele. Auf die Handlungen ihrer Tochter reagierte sie nicht. Später sprach sie davon, dass Kristina sich so gern um Tiere kümmere, dass sie sicherlich einmal Tierpflegerin werden würde.

Nach einiger Zeit lud Kristina die Sachverständige und Frau Dipl.-Psych. F. in ihr Zimmer ein. Bei diesem Raum handelt es sich um ein geräumiges, helles Zimmer mit einem kleinen Balkon. Das Bett war als Couch hergerichtet. Auf Nachfrage erklärte Kristina, dass sie in diesem Bett auch schlafe; Frau V., die in gewissen Zeitabständen immer mal wieder ins Zimmer hereinkam, merkte dazu an, dass Kristina noch bis vor sechs Wochen bei ihr geschlafen habe. Nachdem Kristina das Zimmer betreten hatte, machte sie sofort eine Musikkassette mit den Charthits der vergangenen Monate an. Als diese zu Ende war, wählt sie ein Hörspiel aus.

Während des Gesprächs mit Kristina in ihrem Zimmer berichtete diese, dass sie im Kindergarten die Älteste sei. Wenn ein jüngeres Kind ein Problem habe, dann komme es i.d.R. zunächst zu ihr und sie »regele das dann«, indem sie es den Erwachsenen sage. Kristina gab an, dass sie häufig mit gleichaltrigen Kindern spiele. Noch gestern sei eine Freundin bei ihr gewesen. Die meiste Zeit verbringe sie mit Kindern aus dem Haus. Auch hier trat Frau V. ins Zimmer und erklärte, dass sie Kristina nach dem Kindergarten abhole und dann gemeinsam mit ihr gegen 13.30 Uhr zu Mittag esse. Kristina spiele nachmittags viel mit den Kindern aus dem Haus oder aus dem Bekanntenkreis der Mutter. Vor einiger Zeit sei ein Wanderzirkus, der auch Ponyreiten angeboten habe, in der Nähe gewesen, doch sie habe es – im Gegensatz zu den anderen Kindern – Kristina nicht erlaubt, dort allein hinzugehen. Ihrer Meinung nach sei es zu gefährlich, weil dort niemand wirklich auf die Kinder Acht gebe und sie später für Unfälle zur Rechenschaft gezogen werden könne. Kristina habe ihr manchmal gesagt, dass sie nur auf die Straße wolle, aber darauf habe sie sich nicht verlassen; sie habe Kristina lieber nicht aus der Wohnung gelassen.

Nach einiger Zeit zeigte Kristina der Sachverständigen ihre Schminkutensilien, die sie in einem Suitcase aufbewahrte, in dem sie auch ihre Milchzähne vermutete. Als sie die Zähne nicht fand, begann das Mädchen, sich zu schminken. Dabei benutzte sie zwei Kinderschminksets und

21.1 · Psychologische Begutachtung zu Fragen des Sorgerechts

alte Schminkartikel ihrer Mutter. Der Umgang Kristinas mit ihren Sachen war dabei wenig behutsam: Sie warf den Koffer mehrfach heftig zu und warf auch die Sets auf dem Bett und im Köfferchen herum. Eines von diesen war bereits in mehrere Einzelpaletten zerfallen. Während ihrer Schminkübungen schien Kristina ihre Mäuse zwischenzeitlich vollkommen vergessen zu haben. Erst nach einigen Minuten sagte sie, dass die Sachverständige auf die Mäuse aufpassen müsse.

Kristina wurde dann gefragt, ob sie wisse, warum sie heute Besuch bekommen habe. Dies verneinte sie. Als die Sachverständige ihr daraufhin erklärte, dass es um ihre Mutter und die Besuche bei ihrem Vater gehe, erklärte Kristina, keinen Vater mehr zu haben, weil er von ihr und ihrer Mutter weggegangen sei. Die Gegenfrage, ob sie ihn nicht regelmäßig treffe, ließ Kristina unbeantwortet. Stattdessen wurde sie sehr unruhig, ging vom Bett runter und sprach z. B. über ein Bild, das an der Wand hing. Nach einiger Zeit sagte sie ergänzend: »Ich will bei Mama bleiben, hier bin ich glücklich.«

Während der Zeit in Kristinas Zimmer kam Frau V., wie bereits berichtet, in kurzen Zeitabständen immer mal wieder herein. Manchmal beteiligte sie sich an dem jeweiligen Gespräch, manchmal kam sie jedoch auch, um mit Kristina über Dinge des alltäglichen Lebens zu sprechen (z. B. ob die Gemüsemenge, die sie in einem Beutel vorbereitet hatte, für das morgige Mittagessen ausreichend sei). Frau V. verwies in ihren Gesprächen mit Kristina und mit der Sachverständigen nicht nur wiederholt darauf, dass viele Dinge sehr teuer seien (sie gab dazu den genauen Preis an) und dass sie sich dies nicht leisten könne, sondern sie legte Kristina auch Themen in den Mund, die Kristina dann nach einigen Aufforderungen der Mutter aufgriff und daraufhin kurz darüber berichtete. Innerhalb dieser Erzählungen des Kindes unterbrach Frau V. Kristina jedoch wiederum wiederholt und ergänzte sie. In einem dieser Gespräche ging es beispielsweise um den Tod eines engen Bekannten im vergangenen Jahr. Frau V. führte dazu vor Kristina anschaulich aus, wie die Krankheit den jungen Mann körperlich verändert habe. Außerdem berichtete Frau V. von ihrer Tätigkeit als Raumpflegerin, bei der sie vor kurzem die Wohnung eines Toten habe putzen müssen. Ihre Kollegen und sie hätten die Leiche, die schon einige Tage in der Wohnung gelegen habe, dort gefunden. Innerhalb des Gespräches forderte Kristina ihre Mutter zudem noch auf, ihr etwas zu trinken in einer Trinkflasche zu bringen, und Frau V. tat dies ohne zu zögern. Aufforderungen ihrerseits an ihre Tochter wurden von Kristina jedoch mit einem Nein oder sonstigen Widerworten kommentiert. Nur selten folgte sie ihrer Mutter.

Gegen Ende des Hausbesuchs sollte dann in der Küche der Wohnung ein Termin für eine Exploration mit Kristina abgesprochen werden. Auf dem Tisch befand sich ein Aschenbecher voller Zigarettenkippen. Während die Sachverständige mit Frau V. beriet, kam Kristina mit ihren Inlinern herein und bat ihre Mutter, diese anziehen zu dürfen. Frau V. unterbrach daraufhin das Gespräch und zog ihrer Tochter die Schuhe an. Danach unterhielt sie sich noch mit Kristina über Aktivitäten, die für den morgigen Tag geplant seien. Während dieses Gesprächs hielt Frau V. sich zunächst an der Türklinke fest. Kristina schlug wiederholt auf ihren Arm, bis diese losließ. Frau V. zeigte auch darauf keine Reaktion. Nach einigen Minuten wandte sich Frau V. erneut der Sachverständigen zu. Bei der Verabschiedung lief Kristina auf Rollschuhen durch die Wohnung und verzichtete auf das »Auf Wiedersehen«.

3.2 Interaktionsbeobachtung von Kristina V. und ihrer Mutter vor und nach dem entscheidungsorientierten Gespräch mit Kristina V. am xx.12.2003

Frau V. betrat mit Kristina die Praxisräume. Beide wurden durch die Sachverständige und Frau Dipl.-Psych. F. begrüßt. Die Wartezeit bis zum Beginn des Termins verbrachten Kristina und ihre Mutter, indem Frau V. ihrer Tochter etwas aus einem Buch vorlas und beide gemeinsam Musik hörten.

Frau V. erklärte sich nach ausführlichen Erklärungen durch die Sachverständige damit einverstanden, dass das Gespräch mit Kristina auf Tonband aufgezeichnet werden dürfe. Kristina hatte sich indessen ohne Probleme von ihrer Mutter verabschiedet und begann mit Frau Dipl.-Psych. F., das Tonbandgerät funktionstüchtig zu machen.

Nach dem entscheidungsorientierten Gespräch mit Kristina fand ein gemeinsames Spiel mit Frau V. statt. Kristina fragte ihre Mutter, ob diese mit ihr, Frau Dipl.-Psych. F. und der Sachverständigen UNO Junior spielen wolle. Frau V. erklärte zunächst, dass ihre Tochter bereits die Version für Erwachsene sehr gut beherrsche. Im Untersuchungsraum nahm sie dann ihre Tochter auf ihren Schoß. Obwohl Kristina zunächst allein spielen wollte, gab Frau V. ihrer Tochter vor, mit ihr zusammen zu spielen. Dabei sagte sie zu Kristina: »Das kannst du nicht.« Dennoch erklärte sie Kristina den Unterschied zwischen den Versionen. Kristina begann, die Karten auszuteilen und legte sie dabei zunächst sichtbar auf den Tisch. Diesbezügliche Einwände der Sachverständigen ließ das Mädchen jedoch gelten und korrigierte sich. Beim Zählen der Karten hatte Kristina trotz der Hilfe ihrer Mutter Probleme. Frau V. gelang es nicht, ihre Tochter zu einem systematischen Verteilen der Karten anzuleiten, und förderte dadurch die Verwirrung ihrer Tochter zusätzlich.

Nach dem zweiten Durchgang bestand Kristina darauf, die Karten selbst zu mischen. Als sie damit begann, wurde deutlich, dass sie dazu nicht allein in der Lage war. Frau V. beobachtete, wie ihre Tochter die Karten vollständig durcheinander brachte und zahlreiche Karten auf den Boden fielen. Sie sagt zwar: »Das kriegst du noch nicht auf die Reihe«, half ihr aber nicht mehr, nachdem Kristina sie einmal ermahnt hatte: »Lass mich alleine.« Während Kristina etwa eine Viertelstunde versuchte, die Karten zu mischen und zu sortieren (was ihr letztendlich nicht gelang), berichtete Frau V., welche Spiele ihre Tochter alle beherrsche.

Gegen Ende des Gesprächs sagte Kristina wiederholt zu ihrer Mutter, dass sie nicht mit dem Zug nach Hause fahren wolle. Frau V. versuchte, ihrer Tochter zu verdeutlichen, dass sie keine andere Möglichkeit hätten, doch Kristina stellte sich stur und beharrte darauf, zu Fuß nach Hause laufen zu wollen. Als sie ihren Willen offensichtlich nicht bekam, kippte sie zunächst alle Bonbons der Mutter aus der Verpackung auf den Tisch. Als ihre Mutter dies rügte, ihr die Packung aus der Hand nahm und danach das Gespräch mit der Sachverständigen fortsetzte, sagte Kristina plötzlich zu ihrer Mutter: »Die wollten mich nicht gehen lassen.« Die Sachverständige fragte sie daraufhin, ob sie dabei nicht geflunkert habe. Kristina verneinte dies. Frau V. ging nicht auf die Äußerung ihrer Tochter ein und fragte auch nicht nach. Danach hängte sich Kristina sowohl im Sitzen als auch im Stehen in die Arme ihrer Mutter. Diese trug daraufhin ihre 6-jährige Tochter mehrere Minuten auf dem Arm, obwohl sie dadurch körperlich sichtlich überfordert war. Im Flur holte Kristina auf Bitten ihrer Mutter die Jacken. Da sie die Kleiderhaken nicht erreichen konnte, zog sie so lange an den Jacken, bis diese herunterfielen. Danach zog sie die Kleidungsstücke hinter sich her und warf sie ihrer Mutter über den Kopf. Außerdem sprang sie Frau V., die sich gerade die Schuhbänder zuband, auf den Rücken. Frau V. ließ ihre Tochter kommentarlos gewähren und setzte ihre Unterhaltung mit der Sachverständigen fort. Es dauerte einige Minuten, bis Frau V. ihre Tochter so weit unter Kontrolle hatte, dass sie sie anziehen und gemeinsam mit ihr die Praxis verlassen konnte.

3.3 Psychodiagnostisches Einzelgespräch mit Kristina V. am xx.12.2003 in der Praxis der Sachverständigen in B.

Eingebettet in den Ablauf des Family Relations Tests wurde mit Kristina über ihre Familie, andere Bezugspersonen, die derzeitige familiäre Konfliktsituation, ihren Alltag und ihre Zukunftsvorstellungen und -wünsche gesprochen. Als Frau V. draußen Platz genommen hatte, begann Kristina sofort, über sich zu erzählen.

Kristina berichtete, dass es ihr im Haushalt ihrer Mutter manchmal langweilig sei. Wenn ihre Freundin Linda nicht bei ihr sei, spiele sie mit ihren Mäusen. Linda sei ihre einzige Freundin und wohne im selben Haus in der Wohnung nebenan. Wenn sie mit ihrer Freundin spiele, liefen sie häufig zwischen den Wohnungen hin und her. Manchmal gingen sie aber auch draußen zusammen spazieren oder führen Inliner. Kristina betonte, dass sie eine sehr gute Läuferin sei und auch häufig ohne Helm fahre. Auf Nachfrage gab Kristina an, dass ihre Mutter sie in derartigen Situationen auch nicht zwinge, den Helm aufzusetzen. Frau V. nehme sie dann manchmal an die Hand.

Gefragt nach ihrem Alltag im Kindergarten gab Kristina an, dass sie die schnellste, älteste und

21.1 · Psychologische Begutachtung zu Fragen des Sorgerechts

stärkste sei. Sowohl dort als auch bei ihren Cousins gewinne sie jeden Kampf. Am Nachmittag habe sie zu den Kindern des Kindergartens keinen Kontakt. Kristina berichtete, dass sie sich mit allen Kindern und allen Erziehern gut verstehe.

Das Zusammenleben mit ihrer Mutter beschrieb Kristina wie folgt: Morgens stehe sie um 6.00 Uhr auf. Manchmal ziehe sie sich schon alleine an, manchmal helfe ihr ihre Mutter aber auch dabei. Der Kindergarten beginne um 7.30 Uhr. Zu Hause esse sie morgens nichts, und auch in den Kindergarten nehme sie kein Brot mit, sondern »klaue« sich etwas von den Tellern der Kindergärtnerinnen. Sie berichtete auch, dass sie viel Zeit damit verbringe, ihre Mäuse zu trainieren. Außerdem koche sie gern selbst und bestimme immer, was von den vorhandenen Lebensmitteln gegessen werden solle. In diesem Zusammenhang erzählte Kristina, dass sie einmal Nudeln mit Käse-Sahne-Sauce gegessen hätten, die nach alten Tee-Beuteln geschmeckt und »gestunken« habe. Auf Nachfrage, ob die Lebensmittel verdorben gewesen seien, erklärte Kristina, sie seien frisch gewesen.

Über die Rolle ihrer Mutter berichtete Kristina, dass Frau V. immer sofort mit ihr zum Arzt gehe, wenn es ihr nicht gut gehe. Außerdem bringe sie sie abends ins Bett, wenn sie auf dem Arm ihrer Mutter eingeschlafen sei. Danach schaue sie allerdings weiter Fernsehen (z. B. »Deutschland sucht den Superstar«) oder höre Musik. Später berichtete Kristina, dass ihre Mutter ihr abends auch manchmal etwas vorlese.

Angesprochen auf mögliche Situationen, in denen Frau V. mit Kristina schimpfe, äußerte das Mädchen zunächst, dass ihre Mutter nicht mit ihr schimpfe. Kurz darauf räumte sie ein, dass dies schon vorkomme, wenn sie z. B. etwas kaputt gemacht habe. Dann bekomme sie Ärger, z. B. in Form von Fernsehverbot oder der Drohung, dass sie ihre Mäuse nicht behalten dürfe. Früher habe sie manchmal Stubenarrest bekommen, aber das sei schon lange nicht mehr vorgekommen.

Über ihren Vater gab Kristina an, dass dieser nicht mehr zu ihrer Familie gehören solle. Als Begründung für diesen Ausschluss führte sie zunächst an, dass sie sich dann wohler fühle. Außerdem erzählte sie, dass sie beim Vater keinen Saft, sondern nur Cola und Wasser zu trinken bekomme, dass er ihr Harry Potter auf Video gezeigt habe, und dass er sie einmal nicht nach Hause gefahren habe, obwohl sie nicht mehr bei ihm habe übernachten wollen. An den genauen Ablauf dieser Auseinandersetzung konnte sich Kristina nicht mehr erinnern. Später führte sie als weiteres Argument an, dass Herr V. immer mit ihrer Mutter gezankt habe und sich von dieser getrennt habe. Auch Frau V. möge ihn daher nicht mehr. Besonders betonte Kristina, dass ihr Vater Angst vor ihren Mäusen habe und dass sie diese deshalb nicht mit zu ihm nehmen könne. Dies habe ihre Mutter ihr gesagt. Kristina war einerseits überzeugt, dass ihr Vater sie liebe und traurig sei, dass sie ihn nicht mehr besuchen wolle. Andererseits glaubte sie aber, dass er seinen Sohn mehr liebe als sie, da er mehr Zeit mit diesem verbringe. Verhaltensweisen oder Situationen, die sie zu dieser Überzeugung gebracht hätten, konnte Kristina nicht berichten.

Peter, der Sohn des Vaters aus zweiter Ehe, wird von Kristina als »der, der eigentlich mein Stiefbruder sein sollte« betitelt. Angesprochen auf diese Einschränkung erklärt sie, dass er dies nun nicht sei, weil er nicht V. heiße. Außerdem sei er langweilig. Man könne mit ihm nicht so gut toben wie mit ihrem »eigenen« Cousin.

Das letzte Treffen zwischen ihr und ihrem Vater habe im Gerichtssaal stattgefunden. Kristina gab an, dass sie mit ihrer Mutter und ihrer Oma dort gewesen sei. Ihren Vater habe sie zwar gesehen, nicht aber gesprochen. Sie und ihre Mutter seien nur wiederholt an ihm vorbei gegangen. An die begleiteten Kontakte beim Kinderschutzbund konnte oder wollte sich Kristina ebenso wenig erinnern wie an ihre früheren Besuche beim Vater und seiner Familie.

Über die Beziehung der Eltern und deren Konflikte gab Kristina an, dass sie wisse, dass es im Streit der Eltern um sie gehe. Sie »zerrten an ihr herum«. Früher seien sie dabei häufig laut geworden und hätten geschrien. Im Gerichtssaal habe sie beide bis auf den Flur gehört. Ihre Mutter habe jedoch am lautesten geschrien. Kristina betonte, dass sie es nicht gut finde, dass sich ihre Eltern streiten und dass sie nicht mehr wolle, dass an ihr herumgezerrt werde. Deshalb wolle sie nicht mehr zu ihrem Vater. Kristina lehnte in diesem Zusammenhang nicht nur wiederholt persönliche Besuche beim Vater oder Treffen mit dem Vater in einer neutralen Umgebung ab, sondern sie weigerte sich auch, telefonische oder briefliche Kontakte zum Vater aufzunehmen. Kristina betonte, dass sie selbst wisse, was gut für sie sei. Sie wolle nur bei ihrer Mutter leben. Kristina berichtete in diesem Zusammenhang, dass ihre Mutter ihr gesagt habe, dass sie dies dem Gericht sagen solle.

Gegen Ende des Gesprächs erklärte sich Kristina bereit, ein Bild vom Garten ihres Onkels zu malen. Sie malte einen Pool und einen Apfelbaum. Als die Sachverständige sie aufforderte, doch ihre Familie in den Garten zu malen, weigerte sich Kristina zunächst. Dann bot das Mädchen an, ihren Opa, ihre Oma und L., eine ehemalige Erzieherin, in den Garten zu malen. Kristina malte daraufhin eine Person und einen Schmetterling. Die Zeichnung wies Kreise und Linien auf. Beim Ausmalen der Flächen hatte Kristina deutliche Probleme. Die Abbildung der Person stellte die Weiterentwicklung eines Kopffüßlers dar. Dieser hatte acht Finger. Als das Bild fertig war, beschriftete Kristina dies mit ihrem Namen. Diesen schrieb sie spiegelverkehrt.

3.4 Ergebnisse des Family Relations Tests, durchgeführt mit Kristina V. am xx.12.2003 in der Praxis der Sachverständigen in B.

Als Kristina zu Beginn des Testverfahrens gefragt wurde, wer alles zu ihrer Familie gehöre, nannte sie spontan sich selbst, ihre Cousins Falk und Leon, sowie ihre Tante Inge, ihren Onkel Matthias, ihre Tante Katja sowie ihren Onkel Sebastian. Allen Personen ordnete Kristina entsprechende Figuren zu. Erst auf direkte Nachfrage gab das Mädchen an, dass auch Frau V. zu ihrer Familie gehöre. Herrn V. wollte Kristina an diesem »Familienspiel« nicht teilnehmen lassen.

Die meisten Zuschreibungen erhielt Frau V. (15). Kristina beschrieb ihre Mutter als die Person, die sie gern küsse und mit der sie gern spazieren gehe. Außerdem machte Kristina durch ihre Aussagen deutlich, dass sie sich von ihrer Mutter geliebt und geachtet fühlt. Darüber hinaus zeigten Kristinas Antworten, dass sie sich in starker Abhängigkeit von ihrer Mutter sieht. Diese ist gemäß Kristinas Angaben die Person, von der sie sich Hilfe und Unterstützung in jeder Art erhoffe. Negative Bewertungen oder Aussagen schrieb Kristina ihrer Mutter nicht zu.

Ihre Tante Inge beschrieb Kristina als nette Person, bei der sie gern auf dem Schoß sitze und von der sie angelacht werde. Auch ihre Cousins Leon und Falk stellte Kristina überwiegend positiv dar. Mit Falk spiele sie gern, obwohl er nicht immer brav sei und sie auch ab und zu ärgere. Sie sei sein kleines Mädchen. Leon und sie spielten auch gern miteinander. Dabei »haue« er sie manchmal, manchmal nehme er sie aber auch in den Arm.

Tante Katja, Onkel Matthias und Onkel Sebastian teilte Kristina im weiteren Verlauf des Testverfahrens keine bzw. nur eine Aussagen zu: Über Tante Katja gab sie an, dass sie diese lieb habe.

Sich selbst wies Kristina keine Zuschreibungen zu. Nach Frau V. erhielt Herrn Niemand die meisten Karten (13). Diese Figur steht als Platzhalter für Eigenschaften oder Verhaltensweisen, von denen die Kinder sagen, dass diese auf keinen in der Familie zutreffen. Die von Kristina an Herrn Niemand vergebenen Karten enthielten ausnahmslos Zuschreibungen von negativen Gefühlen, die sie gegenüber anderen hat oder die andere ihrer Meinung nach gegenüber ihr haben.

Hinsichtlich ihres Vaters äußerte Kristina spontan auf die Frage, wen sie nicht mehr in der Familie haben wolle: »Ihren Vater«. Auf Nachfrage erklärte Kristina: »Weil er sich immer mit meiner Mama gezankt hat und weil er sich von meiner Mama getrennt hat.«

4. Informatorische Gespräche

4.1 Informatorisches Gespräch mit Frau T. während des Hausbesuches in der Wohnung der Familie V. am xx.08.2004 in K.

Herr V. bewohnt mit seiner Frau, seinem Sohn und den beiden Kindern seiner Frau eine 4-Zimmer-Wohnung. Die drei Kinderzimmer sind quadratisch geschnitten und hell.

Als Frau Dipl.-Psych. F. ankam, spielte Peter mit Manuel und Sandra in seinem Kinderzimmer. Durch die geschlossene Tür waren Stimmen zu hören, die durcheinanderredeten und lachten.

Frau T. berichtete über die Besuchskontakte von Kristina, dass zu Anfang Frau S. diese begleitet hätte. Nach einiger Zeit sei sie nur noch an der Übergabe des Kindes beteiligt gewesen. Sie habe das Kind zu ihnen gebracht, und sie und ihr Mann hätten Kristina nach dem Besuch wieder zu ihrer Mutter zurück gebracht. Diese Übergaben habe sie als schwierig in Erinnerung. »Wenn Kristina wusste, dass es nach Hause geht, dann war Kristina jemand anders.« Bereits im Auto habe Kristina kein Wort mehr gesagt. Sie habe sich von ihrem Vater nicht mehr berühren lassen und sich nicht von ihm verabschiedet. Als Herr V. sie einmal gefragt habe, ob sie ihrer Mutter erzählen werde, dass es ihr beim Vater gefallen habe, habe Kristina erklärt, dass dies ihr Geheimnis bleiben müsse. Frau V. werde sonst böse. Auch Berührungen des Vaters zur Verabschiedung führten gemäß Kristina dazu, dass ihre Mutter anschließend mit ihr geschimpft habe. Bei der Übergabe sei Frau V. aus der Tür gekommen, habe Kristina auf den Arm genommen und sei ohne ein Wort wieder mit dieser verschwunden. Ein Gespräch zwischen den früheren Eheleuten habe nicht stattgefunden. Die Kontakte hätten zunächst einmal wöchentlich samstags von 10.00 bis 17.00 Uhr stattgefunden.

Als Frau S. die Übergaben nicht mehr begleitet habe, habe Kristina jedes Mal an der Tür gesagt, dass sie nicht mit zum Vater wolle und auch nicht dort übernachten wolle. Wenn Herr V. dann einige Worte mit ihr geredet habe, habe sie aber schließlich doch immer zugestimmt, mitzukommen. Einmal sei es dabei zu einem Streit gekommen, den Frau T. im Rückspiegel beobachtet habe. Kristinas Mutter habe wiederum mit Kristina auf dem Arm an der Straße gestanden. Kristina habe gesagt, dass sie nicht mitwolle. Als Herr V. sie vom Arm der Mutter herunter genommen habe, habe Kristina jedoch keinerlei Gegenwehr gezeigt. Daraufhin habe Frau V. angefangen, »hysterisch« zu schreien. Kristina habe begonnen zu weinen, und Herr V. sei gemeinsam mit ihr und ohne seine Tochter nach Hause zurückgefahren. Bei allen anderen Kontakten habe Kristina im Auto sitzend sofort gesagt, dass sie doch beim Vater schlafen wolle. Sie sei ab diesem Moment offen und fröhlich gewesen. Jeden Abend hätten sie und ihr Mann Kristina überdies gefragt, ob sie lieber zu Hause schlafen wolle. Dies habe sie jedoch stets verneint. Allerdings habe sie mit ihrem Vater in einem Raum schlafen wollen, was ihr auch gestattet worden sei. Auf die Frage, ob Kristina von ihrer Mutter Kleidung zum Wechseln für die Übernachtungsbesuche mitbekommen habe, gab Frau T. an, dass dies jedes Mal der Fall gewesen sei. Kristina habe sowohl frische Kleidung als auch Schlafkleidung und Waschzeug dabei gehabt.

Während der Besuchskontakte sei Kristina sehr offen gewesen. Sie habe mit ihrem Vater geschmust und getobt. Die Zeit mit ihm habe sie sichtlich genossen. Herr V. habe mit seiner Tochter beispielsweise Puppen gespielt, oder sie hätten alle gemeinsam etwas zusammen unternommen. Häufig hätten sie mit Kristina kleinere Ausflüge gemacht. So seien sie beispielsweise zum Tierpark oder zum Spielplatz gegangen. Im Sommer seien sie häufig im Schwimmbad gewesen. Kristina habe dabei jedes Mal mitentscheiden dürfen, was unternommen werden sollte. Frau T. zeigte Frau Dipl.-Psych. F. Photos, auf denen Kristina mit ihrem Vater oder mit Frau T.s Kindern im Schwimmbad und auf Spielplätzen abgebildet war.

Situationen, in denen Kristina krank gewesen sei oder sie Angst gehabt habe, habe es nicht gegeben. Einmal habe Kristina beim Spielen in die Hose gemacht. Kristina habe dies zunächst vehement abgestritten, was Frau T. merkwürdig vorgekommen sei. Kristina habe ihr den Eindruck vermittelt, als warte sie auf etwas, nachdem Herr V. das Einnässen bemerkt hatte. Danach habe sie sich jedoch wieder wie immer verhalten.

Frau T. betonte, dass sie Kristina niemals auf ihre Mutter angesprochen habe, und auch Kristina habe nur sehr selten etwas von ihrer Mutter und ihrem Alltag erzählt. Einmal habe sie sich beispielsweise im Tierpark einen Ring aus einem Automaten gezogen und habe dazu erklärt, dass sie diesen hinter ihrer Puppenküche verstecken müsse, damit ihre Mutter ihr diesen nicht wegnehme. Ein anderes Mal habe sie gesagt, dass Herr V. keinen Unterhalt zahle, obwohl dies nicht der Wahrheit entspreche. Kristina habe Herrn V. jedoch im gleichen Atemzug auch angeboten, ihm ihr Sparschwein zu schenken. Außerdem habe das Mädchen berichtet, dass sie alle Photos von sich und ihrem Vater habe zerschneiden müssen. Den Teil mit Herrn V. hätten sie und ihre Mutter dann weggeworfen. Frau T. gab überdies an, dass Kristina manchmal im Spiel auch verletzende Sachen gesagt habe. Einmal habe sie ihren Vater beispielsweise als »wertlosen Vater« bezeichnet, ohne jedoch ihr Spielverhalten mit ihm zu verändern. Ein anderes Mal habe sie ihm erklärt, dass er nicht schwarzarbeiten dürfe. Er müsse stattdessen mehr arbeiten, damit er mehr Unterhalt zahlen könne. Kleidung, die Kristina von ihnen bekommen habe, habe sie nie wieder getragen. Das Mädchen habe später berichtet, dass Frau V. diese auf den Speicher gebracht habe.

Frau T. gab an, dass derzeit offiziell immer noch begleitete Kontakte beim evangelischen Verein für Jugend- und Familienhilfe stattfänden. In den letzten Wochen seien jedoch alle Kontakte durch Frau V. abgesagt worden. Zuvor habe Frau V. Kristina stets auf dem Arm getragen, wenn sie sie gebracht und abgeholt hätte. Die Zeit, die Kristina mit ihrem Vater verbracht habe, habe Frau V. vor der Tür sitzend gewartet.

Über den ersten Kontakt zwischen Kristina und sich gab Frau T. an, dass sie damals positiv überrascht gewesen sei. Vor dem Treffen habe sie Angst gehabt, dass Kristina durch ihre Mutter beeinflusst sein könnte und sie ablehnen könnte. Kristina sei jedoch bei ihrem ersten Zusammentreffen sehr offen und aufgeschlossen gewesen. Sie hätten gemeinsam mit Frau S. gefrühstückt, und danach seien sie noch zu Pferden gefahren. Dort hätten sie Fangen gespielt, und Kristina habe sich laut lachend von ihr auffangen lassen.

Sie habe Kristina bisher als sehr zuvorkommendes, aufgeschlossenes und fröhliches Mädchen kennen gelernt. Weder ihr noch ihren Kindern gegenüber habe sich Kristina jemals aggressiv verhalten. Auch frech sei sie ihr gegenüber nie gewesen. Wenn Kristina mit etwas gespielt habe und man sie gebeten habe, hinterher aufzuräumen, habe sie das getan. Kristina habe noch einige Puppen und Zubehör für diese im Haushalt des Vaters. Wenn sie zu Besuch gewesen sei, habe sie stets damit spielen wollen. Kristina habe dann zumeist bestimmt, wer welche Puppe spielen sollte. Frau T. gab an, dass es ihr ebenso wie ihrer Tochter und Herrn V. bei diesen Spielen jedoch auch möglich gewesen sei, Kristina von einem kurzzeitigen Tausch der Puppen zu überzeugen.

Die Beziehung zwischen Kristina und Peter beschrieb Frau T. als wenig intensiv. Peter sei etwa ein halbes Jahr alt gewesen, als Kristina ihn kennengelernt habe. Kristina habe sich zwar um ihn gekümmert, wie man sich um eine Puppe kümmere, doch habe ihr Hauptinteresse eindeutig bei ihrem Vater gelegen. Eifersüchtig habe sie sich jedoch niemals gezeigt, wenn Herr V. Peter auf dem Arm gehabt habe oder mit ihm geschmust habe. Allerdings habe sich Herr V. an den Wochenenden auch vermehrt mit Kristina beschäftigt, da Peter mit seinen Vater jeden Tag in der Woche habe spielen können.

Über Peters Beziehung zu Herrn V. gab Frau T. an, dass diese ebenfalls sehr eng sei. Peter habe vor einigen Wochen mit Verdacht auf Pfeiffer'sches Drüsenfieber für eine Woche im Krankenhaus gelegen. Herr V. sei in dieser Zeit bei ihm geblieben. Sie habe noch ihre älteren Kinder versorgen müssen, und außerdem habe nur sie einen Führerschein. Peter habe dies nichts ausgemacht. Vielmehr habe er auch nach der Woche im Krankenhaus darauf bestanden, dass er von seinem Vater an- und ausgezogen werde.

Kristinas Beziehung zu Sandra und Manuel sei ebenfalls bisher noch nicht sehr intensiv. Wenn Kristina übers Wochenende bei ihnen gewesen sei, seien Manuel und Sandra häufig bei ihrem Vater gewesen. Wenn alle zusammen zu Hause gewesen seien, habe sich Manuel weniger für Kristina interessiert. Sandra und Kristina hätten jedoch zusammen mit Puppen gespielt oder andere Dinge unternommen. Streit habe es nicht gegeben. Auch die Tatsache, dass Herr V. während der Wochenenden seine Zeit überwiegend mit Kristina verbringe, hätten Manuel und Sandra gut verstanden. Auch die Vorstellung, dass Kristina möglicherweise zu ihnen ziehe, sei für die Kinder kein Problem. Sie hätten sich lediglich über die Verteilung der Zimmer Gedanken gemacht. Manuel und Sandra bekämen seit vier Jahren mit, wie schwierig die Situation von Kristina und ihrem Vater sei, und sie wüssten als Scheidungskinder, was es bedeutet, den Vater regelmäßig und so oft sie wollen, besuchen zu können.

Die Beziehungen von Sandra und Manuel zu Herrn V. seien freundschaftlich. Herr V. sei nicht ihr Vater, aber sie hörten auf ihn, wenn es um alltägliche Angelegenheiten ginge. Zu Anfang habe es da manchmal Probleme gegeben, aber inzwischen sei dies nicht mehr der Fall. Wenn sie etwas angestellt hätten, redeten sie gemeinsam mit den Kindern darüber. Käme die Einsicht nicht, dann müssten sie in ihr Zimmer. Zumeist reiche jedoch ein ernstes Gespräch aus.

Gefragt nach ihren Zukunftsvorstellungen erklärte Frau T., dass sie – sollte Kristina nicht zu ihnen kommen – mit dem Gedanken spiele, halbtags arbeiten zu gehen. Sollte Kristina jedoch zukünftig bei ihnen wohnen, werde sie dies nicht machen, weil Kristina in den ersten Schuljahren vermutlich zu sehr unterschiedlichen Zeiten Schulschluss haben werde. Auf Nachfrage gab Frau T. an, dass es nur eine Grundschule im Ort gebe. Angesprochen auf die Vorstellung, wie sich ihr Alltag und der der Familie verändern würde, falls Kristina zukünftig bei ihnen wohnen würde, erklärte Frau T., dass sich ihr Alltag nur begrenzt verändern werde. Sie werde für Kristina ebenso wie für alle andere da sein. Sie stehe morgens auf, mache Frühstück, die Kinder gingen in die Schule, während sie mit Peter spiele und das Essen zubereite. Nachmittags beschäftigten sie sich gemeinsam. Wenn Herr V. nach Hause käme, äßen sie alle zusammen, und abends hätten sie jetzt im Sommer häufig noch lange auf der Terrasse gesessen, während die Kinder draußen noch gespielt hätten. Mögliche Probleme sehe sie insbesondere bei Kristinas Mutter. Frau T. gab an, dass sie fürchte, dass diese regelmäßig vor ihrer Wohnung stehen könne, um die Herausgabe von Kristina zu verlangen. Auch Kristina selbst wäre zu Anfang sicher traurig und würde leiden. Frau T. war der Überzeugung, dass Kristina ihre Mutter wie jedes Kind liebt, und dass sie es nicht schön finden würde, nicht mehr bei dieser wohnen zu dürfen. Auf die Frage, wie sie und Herr V. Kristina dann begegnen würden, gab Frau T. an, dass sie Kristina ihre Mutter nicht nehmen wolle und dass das Kind – wenn es dies sage – jederzeit zu Besuchen zur Mutter könne.

Bezüglich der gegenwärtigen Situation sagte Frau T., dass sie insbesondere die Lügen, zu denen Kristina durch ihre Mutter erzogen werde, als »gefährdend« ansehe. Kristina dürfe im Haushalt der Mutter weder frei darüber reden, dass sie ihren Vater liebe und gern Zeit mit ihm verbringe, noch dürfe sie als Kind aufwachsen. Wiederholt habe Kristina über Dinge berichtet, die sie nur durch Gespräche mit der Mutter wissen könne und die zeigten, dass Kristina im Haushalt der Mutter die Rolle eines Partners ausfüllen müsse. Als Beispiel führte Frau T. den Krebstod eines Bekannten an, über den Kristina alles gewusst habe. Kristina habe überdies berichtet, dass ihre Mutter ihr aufgetragen habe, die etwa 11-jährige Tochter des Toten zu trösten.

Während des Gesprächs mit Frau T. kam Herr V. von der Arbeit nach Hause. Er begrüßte die Sachverständige und ging dann zunächst zu seinem Sohn Peter, der am Vormittag einen Termin zur Nachuntersuchung beim Kinderzahnarzt hatte. Peter sprang auf den Arm seines Vaters und sagte, dass es ihm gut gehe. Herr V. verließ dann mit seinem Sohn das Wohnzimmer und brachte diesen zurück ins Kinderzimmer, in dem sich Manuel und Sandra aufhielten.

Herr V. gab gegenüber Frau Dipl.-Psych. F. an, dass es vor etwa vierzehn Wochen letztmalig zum begleiten Kontakt zwischen ihm und seiner Tochter gekommen sei. Er habe drei Termine absagen müssen: Einmal sei Peter operiert worden, einmal sei er krank gewesen, und einmal habe er ungedingt arbeiten müssen. Kristinas Mutter habe alle anderen Kontakte aus gesundheitlichen Gründen oder wegen einem Kindergartenfest abgesagt. Die nächsten Kontakte sollten nach den Sommerferien neu terminiert werden.

Über die vergangenen begleiteten Kontakte gab Herr V. an, dass sich das Verhalten seiner Tochter ihm gegenüber nicht verändert habe. Wenn sie komme, brauche er einige Minuten, um mit ihr warm zu werden. Danach spielten sie ausgelassen miteinander, und wenn die gemeinsame Zeit zu Ende gehe, dürfe er Kristina nicht einmal mehr anfassen, und sie spreche auch nicht mehr mit ihm. In dieser Art und Weise verhalte sich Kristina auch, wenn er sie und ihre Mutter beispielsweise beim Einkaufen treffe. Frau V. verstecke Kristina dann unter ihrem Mantel. Wenn sie im Auto sitze, mache sie schnell alle Knöpfe herunter. Obwohl er Kristina winke, schaue das Mädchen ihn in solchen Situationen kaum an.

Die Elterngespräche, die jeden Donnerstag beim evangelischen Verein für Jugend- und Familienhilfe stattfänden, seien »katastrophal«. Frau V. spreche nie direkt mit ihm und sehe ihn auch nicht an. Wenn sie über ihn rede, benutze sie nicht seinen Namen, sondern nenne ihn nur »der Mensch«. Wenn er sie anspreche, sage sie der Moderatorin, was sie Herrn V. mitteilen wolle. Informationen über Kristina erhalte er auf diesem Weg gar keine. Er werde weder über den Gesundheitszustand noch über andere wichtige Lebensabschnitte informiert. Während der gesamten Zeit erlebe er Kristinas Mutter als aggressiv.

Gefragt nach seinen Zukunftsvorstellungen stellte Herr V. noch einmal heraus, dass es für ihn, für Kristina und für seine Familie keinesfalls so weitergehen könne wie bisher. Alle litten unter dieser Situation. Wenn Kristina jedoch zu ihnen kommen werde, rechne er zu Anfang mit Problemen. Kristina sei sehr an ihre Mutter »gebunden« und würde sich sicher zu Anfang nur schwer einleben. Er glaube jedoch, dass sie Kristina darüber hinweg helfen könnten, wenn sie sich viel Zeit für sie nehmen und viel mit ihr reden würden. Dabei sah Herr V. seine Frau an, die zustimmend nickte. Er betonte, dass Kristina sich nicht nur an ihn, sondern auch an die große Familie gewöhnen müsste. Sie müsse den ersten Schritt auf die Familie zu machen, wenn sie sich danach fühle. So lange müsse man ihr innerhalb der Familie so etwas wie einen Schutzraum gewähren. Er sah die Gefahr, dass Kristinas Mutter weniger den Kontakt suchen als vielmehr auf Fehler achten werde, die sie möglicherweise begehen werden. Herr V. betonte in diesem Zusammenhang, dass er sich niemals so verhalten würde wie seine Ex-Frau dies tue. Er habe das Ziel, dass Kristina genauso mit ihren beiden Eltern aufwachsen könne, wie dies für Sandra und Manuel möglich sei. Wenn sich alles beruhigt hätte, solle Kristina sagen können, wann immer sie zur Mutter wolle, und es solle ihr frei stehen, diese auch außerhalb der offiziellen Besuchskontakte mal zu besuchen.

Am Ende zeigte Herr V. Frau Dipl.-Psych. F. die Wohnung. Er erklärte, dass sich ggf. vermutlich Manuel und Kristina zunächst ein Zimmer teilen sollten. Als Frau T. ihn darauf hinwies, dass dies aufgrund der Geschlechtsunterschiede evtl. nicht die beste Möglichkeit sei, erklärte Herr V., dass auch Manuel und Peter sich möglicherweise ein Zimmer teilen könnten. Darüber werde man entscheiden, wenn das Problem anstünde.

Im Kinderzimmer von Peter angekommen, begrüßten alle drei Kinder Frau Dipl.-Psych. F.. Peter zeigte ihr eine Dose und erklärte, dass dies Kaugummi sei. Dann fragte er diese: »Gehst du gleich wieder?« Frau Dipl.-Psych. F. nickte daraufhin und fragte ihn, ob er dies wolle, damit er seinen Vater für sich hätte. Dies bejahte Peter lachend.

4.2 Informatorisches Gespräch mit Frau G. vom Jugendamt am xx.09.04

Frau G. erklärte, dass ihr Berichte des evangelischen Vereins für Jugend- und Familienhilfe vorlägen und sie diese zur Verfügung stelle. Diese umfassten den Zeitraum bis Mai 2004.

Über die begleiteten Umgangskontakte schrieb die Besuchsbegleiterin des evangelischen Vereins, dass Kristina stets offen auf ihren Vater zugegangen sei. Sie habe sich auf Spielangebote, die Herr V. ihr gemacht habe, eingelassen und von sich aus Körperkontakt zu ihrem Vater gesucht. Herr V. sei es dabei gelungen, seine Tochter durch Rollenspiele »aus der Reserve zu locken«. Kristinas Äußerungen hätten oft im Widerspruch zu ihrem Verhalten gestanden. Am Ende der Kontakte habe Kristina sich gegenüber ihrem Vater immer sehr distanziert verhalten. Auch verabschiedet habe sie sich von ihm nicht.

Bei den ersten Terminen sei Kristina stets mit Verhaltensregeln, die ihre Mutter ihr zuvor gesagt hatte, belastet gewesen. Herr V. habe diese Regeln akzeptiert. Nach einem diesbezüglichen Gespräch mit Frau V. hätten diese Vorgaben auch »zunächst« abgenommen.

Über die Gespräche mit Herrn V. geht aus dem Bericht hervor, dass dieser die Loyalitätskonflikte seiner Tochter nachvollziehen und diese berücksichtigen konnte. Er habe das Wohlergehen seiner Tochter ins Zentrum gestellt. Etwas ungehalten habe er reagiert, als er gebeten wurde, für ausgefallene Termine, ebenso wie Frau V., Atteste beizubringen.

In den Reflektionsgesprächen mit Frau V. würden insbesondere die Umgangskontakte thematisiert. Frau V. sei stets auf der Suche nach Erklärungen für Kristinas Verhalten. Wiederholt sei es innerhalb der Gespräche zu Missverständnissen gekommen. Frau V. habe sich dann »hereingesteigert«. Sie sei »sehr aufgebracht« gewesen. Durch ruhiges Zureden habe sie sich jedoch beruhigen lassen. Hinsichtlich der Kontakte zum Vater sei

Frau V. zu einer Ausdehnung nicht bereit gewesen. Sie habe nicht gewollt, dass Kristina beim Vater zu Abend esse. Außerdem habe sie sich nicht dazu bewegen lassen, Kristina allein bei der Familienhilfe zu lassen oder ihr warme Kleidung für Außenkontakte mitzubringen.

Über die Elterngespräche geht aus dem Bericht hervor, dass beide Eltern Schwierigkeiten hätten, zwischen Eltern- und Paarebene zu trennen. Absprachen seien nur über die Moderatorin möglich gewesen. In diesem Rahmen sei ein Informationsaustausch jedoch möglich gewesen.

VI. Psychologischer Befund

Aus den oben dargestellten Untersuchungsergebnissen sind die folgenden psychologischen Schlussfolgerungen abzuleiten.

Anm.: Die im Folgenden angeführten Seitenzahlen beziehen sich auf die entsprechenden Seiten im vorhergehenden Ergebnisteil, auf denen die ausführlichen Belege für die jeweiligen hier im Befund formulierten Aussagen bzw. Schlussfolgerungen zu finden sind.

1. Kristinas Bindungen und emotionale Beziehungen zur Mutter

Die emotionale Beziehung zwischen Kristina und ihrer Mutter wird gemäß den vorliegenden Informationen sehr unterschiedlich wahrgenommen. Frau V. selbst sieht sich von ihrer Tochter geliebt. Die Beziehung zwischen sich und ihrer Tochter nimmt sie als positiv und eng wahr. Auch die Mitarbeiterinnen des Horts beschreiben den Kontakt zwischen Mutter und Tochter als liebevoll (S. ..).

Bei den Bezügen auf den Ergebnisteil werden alle Seiten, auf denen die entsprechenden Daten dort zu finden sind, angegeben

Dem gegenüber beschreibt Kristina ihre Mutter nicht als Person, die sie liebt, sondern als Person, die sie versorgt und von der sie sich abhängig fühlt. Innerhalb des Family Relations Tests beschreibt sie ihre Mutter nicht als eine der Personen, die sie als zur Familie gehörig ansieht (S. ..f.). Die emotionale Beziehung zwischen Kristina und ihrer Mutter basiert demnach weniger auf Vertrauen, das Kristina in ihre Mutter hat, als vielmehr vorrangig auf Ver-

lustängsten. Dies zeigt sich nicht nur in der von Kristina erlebten uneingeschränkten Abhängigkeit von der Mutter, sondern auch in ihrem Verhalten gegenüber ihrer Mutter: Auf der einen Seite sucht das Mädchen engen körperlichen Kontakt zu ihrer Mutter, um ihr zu vermitteln, dass sie Frau V. braucht und liebt, und ordnet sich dem Willen der Mutter unter (vgl. Kindeswillen: S. ..). Auf der anderen Seite bringt sie ihre Wut über das vereinnahmende Verhalten der Mutter zunehmend durch Aggressivität im Umgang mit dieser zum Ausdruck (S. ..; vgl. S. ..ff. des ersten Gutachtens). Sowohl die verbale Repräsentation der Bindung zur Mutter als auch das Verhalten des Kindes gegenüber Frau V. lassen demnach auf eine unsichere Bindung des Kindes an seine Mutter schließen. Kristina war zwar in der Lage, sich ohne Probleme von der Mutter zu lösen, als sie allein mit der Sachverständigen und Frau Dipl.-Psych. F. sprechen sollte, das Bindungsverhalten, das Kristina jedoch zeigte, als Frau V. wieder anwesend war, entsprach ihrem Alter in keiner Weise. Kristina ließ sich von ihrer Mutter auf den Arm nehmen und herumtragen. Derartiges unreifes Verhalten wird häufig bei unsicherambivalenten Kindern beobachtet, da sie aufgrund der Trennungsängste und der damit verbundenen anhaltenden Aktivierung des Bindungssystems in ihrem Explorationsverhalten eingeschränkt sind (Fremmer-Bombik 2002, S. 114). Die von Frau Dr. A. im Gutachten vom 27.11.2001 beschriebene Bindungsqualität lässt sich demnach noch immer diagnostizieren (S. ..f. des ersten Gutachtens). Ebenso deutlich zeigt sich aufgrund der einseitigen Darstellungen des Kindes und der abnehmenden positiven emotionalen Facetten in der Bindungsrepräsentation der Mutter (vgl. Bl. 25; S. ..ff. des ersten Gutachtens und S. .., ..f.), dass die »tiefgreifende Vertrauensstörung«, die im Jahr 2001 die emotionale Beziehung Kristinas zu ihrer Mutter prägte, nicht aufgearbeitet werden konnte. Noch immer vermittelt Frau V. ihrer Tochter das Gefühl, dass das Mädchen sie verlieren werde, wenn sie sich dem Vater zuwende (vgl. S. ..f.; ..ff. des ersten Gutachtens).

Keine Veränderungen gibt es überdies im bindungsrelevanten Verhalten der Mutter. Frau V. zeigte sich gegenüber ihrer Tochter nicht in der Lage, deren Bedürfnis nach unbedingter Liebe und Geborgenheit gerecht zu werden. Sie begegnet ihrer

Tochter stattdessen in einer ambivalenten und für Kristina nicht vorhersagbaren Weise: Frau V. macht einerseits alles, was ihre Tochter möchte, und gibt ihr körperliche Zuwendung (z. B. Schmusen, wenn Kind es einfordert; auf den Arm nehmen und herumtragen: Bl. 152-160, S. .., vgl. auch Angaben des Horts: S. ..), andererseits straft sie Kristina durch distanziertes Verhalten und emotionale Kühle (nicht beachten, ins Zimmer schicken, emotionsarme Beschreibung des Kindes: S. ..) und kontrolliert sie (z. B. während des Hausbesuchs der Sachverständigen: S. ..ff.). Auf der einen Seite behandelt sie Kristina wie ein Kleinkind (z. B. auf den Arm nehmen und herumtragen: S. ..), während sie sie auf der anderen Seite insbesondere durch ihr Kommunikationsverhalten als gleichberechtigten Partner behandelt (S. ..; S. .. des ersten Gutachtens).

Darüber hinaus ist Frau V. nicht fähig, das Bedürfnis ihrer Tochter nach Zuwendung und Liebe des Vaters anzuerkennen (vgl. Bindungstoleranz: S. ..). Ihre eigene Angst, das Kind möglicherweise an den Vater zu verlieren, ist maßgeblich für ihr Verhalten (klammern: S. ..; vgl. S. .. des ersten Gutachtens). Dem kindeswohldienlichen Ziel, Kristina eine weitere zentrale Bindungsperson zu erhalten und ihr dadurch nicht nur eine umfassendere Erziehung, sondern auch ein sicheres soziales Netzwerk zur Verfügung zu stellen, handelt sie aus egoistischen Motiven zuwider. Frau V. vermittelt Kristina durch dieses Verhalten stets, dass sie – und zwar ausschließlich sie – immer für das Kind da sei, und dass Kristina sich solange auf sie verlassen könne, wie das Mädchen den Erwartungen der Mutter – insbesondere hinsichtlich der Beziehung zum Vater – entspreche (vgl. S. ... des ersten Gutachtens). Der Druck und die anhaltende Trennungsangst, die Frau V. ihrer Tochter dadurch vermittelt, destabilisieren die emotionale Beziehung zwischen Mutter und Tochter und vermitteln Kristina ein problematisches Bild von engen sozialen Beziehungen (vgl. Zimmermann 2002, S. 229f.).

2. Erziehungsverhalten und Bindungstoleranz von Frau V.

Das bereits angesprochene, wenig feinfühlige Verhalten von Frau V. gegenüber den zentralen Bedürfnissen ihrer Tochter tangiert nicht nur die emotionalen und sozialen Beziehungen von Kristina, sondern auch die Erziehungsfähigkeit von Frau V..

Da Frau V. erhebliche Schwierigkeiten hat, Kristinas Bedürfnisse nach unbedingter emotionaler Wärme wahrzunehmen und diesen zu begegnen, ist sie auch nicht in der Lage, Kristina als sichere Basis für deren Entwicklung zu dienen. Exploratives Verhalten stellt bereits bei sehr kleinen Kindern das Gegengewicht zum Bindungsverhalten dar. Nur wenn diese wissen, dass ihre Mütter verfügbar sind, wenn sie sie brauchen, entwickeln sie das Vertrauen, ihrer Neugier auf die Welt freien Lauf zu lassen. Das anklammernde, nicht altersgemäße Bindungsverhalten Kristinas und die damit im Zusammenhang stehende, demonstrierte Abhängigkeit von ihrer Mutter, die von Frau V. durch ihre Reaktion noch verstärkt werden (z. B. entmutigende Kommentare der Mutter: »Das kriegst du doch nicht auf die Reihe.«, auf den Arm nehmen, wenn Kristina das wünscht; Unvermögen, das Kind anzuleiten: S. ..; Bl. 152-160), schränken Kristinas Explorationsverhalten erheblich ein und verzögerten altersgemäße Entwicklungsschritte (vgl. Zubinden von Schuhbändern, zählen, malen, erlernen von Spielen: S. ..; Fremmer-Bombik 2002, S. 114f.).

Gleichzeitig hat Frau V. massive Schwierigkeiten, ihre Tochter als Kind wahrzunehmen, das für seine gesunde Entwicklung einen möglichst unbelasteten Schutzraum braucht, den das Elternhaus i.d.R. gewähren sollte. Kristina und ihre Mutter machten im Rahmen der Begutachtung wiederholt deutlich, dass Themen wie Tod, Krankheiten, Geldsorgen und der Alltagsstress der Mutter regelmäßig gemeinsam besprochen werden (S. ..). Durch ein derartiges Kommunikationsverhalten, das auch den Elternkonflikt als Thema nicht ausschließt, drängt Frau V. ihre Tochter in die Rolle eines Partnerersatzes und überfordert sie jedenfalls emotional in unzumutbarer Weise (Dettenborn u. Walter 2002, S. 99f.). Nicht nur in diesem Bereich zeigt Frau V. Tendenzen, ihre Bedürfnisse über die Bedürfnisse ihrer Tochter zu stellen (vgl. auch: Bindungstoleranz: S. ..f.; nicht bei Ponyreiten spielen dürfen, weil sie sonst haftbar gemacht werden kann: S. ..).

Neben der mangelnden Feinfühligkeit von Frau V. bei der Wahrnehmung der Bedürfnisse ihrer

21.1 · Psychologische Begutachtung zu Fragen des Sorgerechts

Tochter sind in ihrem Erziehungsverhalten weitere problematische Facetten aufzuzeigen:

Frau V. ist zwar prinzipiell in der Lage, Kristina angemessen zu versorgen, ihre passende Kleidung zur Verfügung zu stellen und die ärztliche Versorgung ihrer Tochter zu gewährleisten, dennoch kam es im Rahmen des Hausbesuchs zu Beobachtungen, die eine Vernachlässigung der Fürsorge gegenüber Kristinas physischer Gesundheit erkennen ließen (z. B. voller Aschenbecher in der Wohnung, obwohl Kristina einmal an Krupphusten litt; eisige Temperaturen und offene Fenster bei kaltem Wetter, während Kristina nur mit einer Strumpfhose und einem Sweatshirt bekleidet über den unbeheizten Boden lief, Essen von offensichtlich verdorbenen Lebensmitteln: S. ..). Außerdem ist Frau V. nur begrenzt in der Lage, Kristinas aggressivem Verhalten Grenzen zu setzen und ihrer Tochter Regeln aufzuzeigen. Wenn Kristina etwas anstellt bzw. ihr gegenüber aggressiv ist, lässt sie sie gewähren und schickt sie danach in ihr Zimmer (S. ..f., vgl. S. ..f. des ersten Gutachtens). Andere Erziehungsmaßnahmen ergreift Frau V. nach eigenen Aussagen i.d.R. nicht (S. ..). Dadurch setzt Kristina gegenüber ihrer Mutter auch Verhaltensweisen durch, die Frau V. eigentlich unterbinden müsste (z. B. Treten der Mutter; Fahren ohne Helm, wenn sie keine Lust hat, ihn aufzusetzen; abends im Bett noch fernsehen nach 20.00 Uhr, »Frühstücksdiebstahl« im Kindergarten: S. ..f.). Frau V. ist demnach nicht in der Lage, ihre Erziehungsziele durch ihr Verhalten konsequent durchzusetzen. Wie bereits von Frau Dr. A. beschrieben, befindet sich Frau V. in einer »Erziehungs-Ohnmacht«, die zu einer zunehmenden Entgleitung Kristinas aus dem Einfluss der Mutter geführt hat und auch weiterhin führen wird.

Hinsichtlich der Bindungstoleranz, die ebenfalls ein bedeutsames Element der Erziehungsfähigkeit einer Person darstellt, lassen sich bei Frau V. ebenfalls gravierende Einschränkungen feststellen.

Frau V. unterband, wie bereits das Gutachten von Frau Dr. A. belegt, seit dem Auszug von Herrn V. aus der ehemals gemeinsamen Wohnung anhaltend die Umgangskontakte zwischen Kristina und ihrem Vater. Eine Veränderung hat sich trotz formaler Einigungen im Vorfeld des Gutachtens und auch danach nicht eingestellt (S. ..f.; Bl. 1-7). Frau V. äußerte nach wie vor, dass Kristina die Kontakte zu ihrem Vater nicht wolle und dass das Kind nach den Besuchen Verhaltensauffälligkeiten zeige (z. B. Aggressivität). Überdies gab sie im Jahr 2001 an, dass es ihr Ziel sei, die Kontakte zwischen Kristina und ihrem Vater vollständig und endgültig auszusetzen (S. .. des ersten Gutachtens). Wenn Übernachtungsbesuche anstanden, sprach sie sich gegen die Übernachtung aus, ohne jedoch einem Besuch ohne Übernachtung zuzustimmen (Bl. 13). Frau V. sagte gegenüber der Sachverständigen, dass die Mitarbeiter des evangelischen Vereins für Jugend- und Familienhilfe Kristina zum Umgang mit dem Vater zwingen würden und dass sie dies ihrem Kind nicht zumuten würde (S. ..). Noch während des Begutachtungsprozesses sagte Frau V. zahlreiche begleitete Umgangskontakte wegen Erkrankungen oder anderen Besonderheiten (z. B. Kindergartenfest) ab (S. ..). Frau V. demonstrierte daher bis zum Sommer 2004 eine kontinuierliche Ablehnung der Kontakte zwischen Vater und Tochter. Ihre Überzeugung, dass Kristinas Verhalten ihr gegenüber eine empfundene Ablehnung gegenüber dem Vater widerspiegle, ließ sie sich auch durch das Gutachten von Frau Dr. A. nicht nehmen. Obwohl Frau V. diese starke Form der Ablehnung allein gegenüber dem Vater zum Ausdruck bringt, zeigt sie auch gegenüber anderen potenziellen Bezugspersonen des Kindes eine abweisende Haltung (z. B. Großmutter, möglichem zukünftigen Lebensgefährten: S. .. des ersten Gutachtens).

Eine Betrachtung der negativen Einstellung, die Frau V. gegenüber ihrem Mann hat, macht deutlich, dass der noch immer schwelende Konflikt zwischen ihr und ihrem früheren Ehemann den Kern ihrer Ablehnung ausmacht. Frau V. ist nicht in der Lage, Kristinas emotionale Beziehung zu ihrem Vater von ihrer eigenen Enttäuschung und Wut über seinen Weggang zu trennen. Alle Bemühungen von Herrn V. interpretiert sie als Angriff auf ihre Person (z. B. Besorgnis des Vaters nach Autounfall, Brief des Vater nach der Trennung: S. ..; S. .. des ersten Gutachtens). Positive Aspekte, die ihre Beziehung einstmals geprägt haben, kann Frau V. nicht mehr zulassen. Gleiches gilt auch für Kristinas Umgang mit ihrem Vater (S. ..f.). Da Frau V. auch in anderen Bereichen Schwierigkeiten hat, sich in die Bedürfnisse ihrer Tochter hineinzuversetzen und diese nicht durch ihrer eigenen zu überlagern, stellt die vorliegende Projektion ihrer Ablehnung auf ihre Tochter eine zwingende Folge der problematischen Mutter-Tochter-Beziehung dar. Im Zusammenleben mit ihrer Tochter vermittelt sie dieser durch Gespräche und Reaktionen nicht nur ihre negative Einstellung, sondern verknüpft diese zusätzlich mit ihrer eignen Beziehung zum Kind (vgl. Vorfall, als Herr V. ohne Kristina fährt, weil Frau V. zu schreien beginnt, Anrede »der Mensch« vor Kristina, Kristinas Beschuldigungen gegen den Vater (er sei wertlos, arbeite schwarz, zahle keinen Unterhalt): S. ...f.; Beziehung zur Mutter: S. ..ff.). Ohne dies wahrzunehmen, zwingt sie ihrer Tochter damit ein Verhalten auf, das allein an ihre Bedürfnisse angepasst ist und denen des Kindes zuwiderläuft (vgl. Kindeswillen: S. ..ff.).

Einsicht in die Grenzen ihrer Erziehungsfähigkeit und in die Probleme, die ihre fehlende Bindungstoleranz gegenüber der emotionalen Beziehung zwischen Kristina und ihrem Vater mit sich bringen, zeigte Frau V. seit der Erstattung des letzten Gutachtens nicht (S. .. vs. ..f., S. .. des ersten Gutachtens). Frau V. konnte weder im Gespräch ihre Einsicht deutlich machen, noch hatte sie den Versuch unternommen, sich durch therapeutische Gespräche helfen zu lassen (S. ..). Die Einzelgespräche, die sie beim evangelischen Verein für Jugend- und Familienhilfe e.V. wahrgenommen hat, konnten keine Verbesserungen in der Kommunikation mit Herrn V., in ihrer negativen Einstellung gegenüber Kristinas Vater und im Verhalten von Frau V. gegenüber ihrer Tochter erzielen (S. ..).

Es ist daher davon auszugehen, dass Frau V. auch in Zukunft nicht in der Lage sein wird, ihren Teil der Verantwortung für die gegenwärtig kindeswohlgefährdenden Situation zu sehen. Frau V. neigt dazu, immer anderen – vor allem Herrn V. – die Schuld für Kristinas Probleme zu geben, ohne selbstkritisch ihr Verhalten zu reflektieren (S. .. des ersten Gutachtens). Kritische Denkanstöße von außen stehenden Personen interpretiert sie als feindselig (S. ..). Eine weitere Maßnahme ist vor dem Hintergrund der mangelnden Einsichtsfähigkeit und der zunehmenden erzieherischen Probleme von Frau V. daher nicht als Erfolg versprechend zu beurteilen.

Zusammenfassend muss die Erziehungsfähigkeit von Frau V. daher als erheblich eingeschränkt beurteilt werden. Frau V. ist nicht in der Lage, die Bedürfnisse ihrer Tochter angemessen wahrzunehmen und diese von ihren eigenen zu differenzieren. Sie überfordert das Kind durch die Rolle, die sie ihm innerhalb der Lebensgemeinschaft zuweist. Gleichzeitig fördert sie jedoch durch ihr Verhalten die altersgemäße Entwicklung des Kindes nicht angemessen.

Demnach sind zentrale Facetten der Erziehungsfähigkeit bei Frau V. nicht in ausreichendem Maße vorhanden (Dettenborn u. Walter 2002, S. 100).

3. Kristinas emotionale Beziehungen und Bindungen zum Vater

Die emotionale Beziehung zwischen Kristina und ihrem Vater wurde von Frau Dr. A. als eng und vertrauensvoll beschrieben. Die Sachverständige arbeitete in ihrem Gutachten eine sichere Bindung zwischen Vater und Tochter heraus, die es jedenfalls zu stabilisieren und zu erhalten galt, um Kristinas gesunde Entwicklung zu sichern (S. ..ff. des ersten Gutachtens).

Bereits zum Zeitpunkt der ersten Begutachtung war das Verhalten Kristinas gegenüber ihrem Vater ambivalent. Ausschlaggebend für die unterschiedlichen Reaktionen des Kindes war die Anwesenheit der Mutter, die ihre eigene negative Einstellung gegenüber dem Vater auf die Beziehung zwischen Vater und Tochter übertrug und Kristina keine Möglichkeit ließ, ihre Bindung zum Vater offen zu leben (S. ..ff. des ersten Gutachtens; S. ....).

Dieses Reaktionsmuster hat Kristina his heute beibehalten. Verbal zeigt sie keinerlei positive Gefühle gegenüber dem Vater. Sie weigert sich, über ihn zu sprechen und ihn zu treffen. Äußerungen, die sie macht, weisen einen deutlichen Bezug zur Argumentation der Mutter auf, bis hin zu deren »erwachsenen« Wortwahl (vgl. Kindeswillen: S. ...ff.).

Ihr Verhalten gegenüber Herrn V. hat sich jedoch ebenfalls nicht verändert. Kristina zeigt sich im Kontakt mit dem Vater nach wenigen Minuten aufgeschlossen und fröhlich. Sie spielt mit ihrem Vater und sucht von sich aus Körperkontakt zu diesen (S. ..f.). Erst wenn der begleitete Umgang dem Ende entgegen geht, verhält sich Kristina erneut distanziert und abweisend gegenüber ihrem Vater (S. ..). Die Tatsache, dass sie häufig das Gespräch über ihren Vater verweigert (S. ..f.), zeigt demnach mit großer Wahrscheinlichkeit auch, dass das Mädchen nicht gewillt ist, jede Chance zu ergreifen, negativ über ihren Vater zu sprechen und diesen als böse oder schlecht darzustellen.

Trotz der oberflächlichen, verbalen Ablehnung des Vaters und Kristinas Erklärung, dass sie sich ohne Besuche des Vaters wohler fühle (S. ..), lässt das Verhalten des Kindes noch immer auf eine enge emotionale Beziehung zu Herrn V. schließen. Diese verbale Ablehnung rührt neben der Übermacht der mütterlichen Argumente auch daher, dass Kristina ihrem Vater übel nimmt, dass er sie verlassen hat.

Wie bereits von Frau Dr. A. dargestellt, spricht die Stabilität der positiven emotionalen Beziehung zwischen Vater und Tochter, insbesondere wegen der massiven negativen Einstellung der Mutter gegenüber Herrn V., für die sichere Qualität der Bindung. Kristina hat mit großer Wahrscheinlichkeit bereits vor der Trennung eine Bindungsrepräsentation von ihrem Vater entwickelt, die ihn als sichere und vertrauensvolle Bezugsperson abbildet. Diese Erfahrungen konnte sie aufgrund der unregelmäßigen Besuchskontakte bis heute aufrechterhalten, da sie stets eigene positive Erfahrungen mit dem Vater sammeln konnte (Fremmer-Bombik 2002, S. 110f., 114; Zimmermann 2002, S. 204f.). Kristina ist sich bis heute der Liebe ihres Vaters sicher. Gleichzeitig nimmt jedoch ihre – allerdings nicht durch das Verhalten des Vaters begründete – Sorge zu, dass ihr Vater Peter ihr vorziehen könnte (S. ..). Da Kontaktabbrüche jedoch die Gefahr der Veränderung internaler Arbeitsmodelle durch die Übernahme von Ansichten der Bezugsperson bergen, auch wenn diese im Widerspruch zu den früheren Erfahrungen des Kindes stehen, sollte ein zukünftiger Kontaktabbruch zwischen Vater und Tochter jedenfalls vermieden werden (Zimmermann et al. 2000, S. 302).

Aus Sicht des Vaters stellt sich die emotionale Beziehung zwischen ihm und seiner Tochter unverändert als positiv und vertrauensvoll dar. Herr V. beschreibt seine Tochter überwiegend positiv und ist trotz der mangelnden Kooperation von Frau V. über viele Erkrankungen und bedeutsame Entwicklungsschritte Kristinas informiert. Gegenüber der Sachverständigen gab er an, dass er diese Informationen z. B. bei der Kinderärztin selbst einhole (S. .. des ersten Gutachtens). Das ernsthafte Interesse an seiner Tochter, das Herr V. dadurch zum Ausdruck bringt, zeigt sich auch in seinen Reaktionen gegenüber Kristina. Herr V. nimmt seit etwa zwei Jahren die begleiteten Umgangskontakte bis auf wenige begründete Aussagen regelmäßig wahr (S. .. vs. S. ..f.). Zuvor holte er seine Tochter zu den Besuchswochenenden bei Frau V. an. Als es dabei einmal zu einem eskalierenden Konflikt zwischen ihm und seiner Frau kam und Kristina anfing zu weinen, ließ er das Kind bei der Mutter zurück. Dieses Verhalten des Vaters demonstriert beispielhaft ein an den Bedürfnissen des Kindes orientiertes Verhalten des Vaters. Er ist in der Lage, die Bedürfnisse seiner Tochter wahrzunehmen (vgl. kein Bedrängen: S. ..ff. des ersten Gutachtens) und seine eigenen Ziele und Belange hinter denen des Kindes zurückzustellen (vgl. z. B. auch: mögl. Verzicht auf Umgang, wenn dieses in Kristinas Interesse wäre, Nachfragen bzgl. Übernachtungskontakten und deren Ausführung, Gestaltung der Besuche: S. ..ff. des ersten Gutachtens). Durch dieses feinfühlige Verhalten, das Herr V. im Umgang mit Kristina zeigt, konnte er bisher die sichere Bindung seiner Tochter an ihn regelmäßig stabilisieren.

Alles in allem ist Herr V.s emotionale Beziehung zu seiner Tochter daher als liebevoll zu bezeichnen. In Übereinstimmung mit Frau Dr. A. ist auch anhand der bis heute vorliegenden Informationen davon auszugehen, dass Kristina jedenfalls sehr regelmäßigen und ausgedehnten Kontakt zum Vater haben muss, um die noch immer sichere Bindung an ihn auch in Zukunft aufrechterhalten zu können. Im Gegensatz zur unsicher-ambivalenten Bindung Kristinas an ihre Mutter birgt die emotionale Beziehung zum Vater für das Mädchen und seine zukünftige Entwicklung Ressourcen, die es aufgrund seines bisherigen problematischen Entwicklungsverlaufs dringend benötigen wird (Zimmermann et al. 2000, S. 310ff.).

4. Erziehungsverhalten und Bindungstoleranz von Herrn V.

Auch im Spiel mit Kristina verhält sich Herr V. bis heute kindzentriert. Er geht auf die Wünsche Kristinas ein, unterbreitet ihr Vorschläge, und es gelingt ihm, sie zum gemeinsamen Spiel zu animieren (Bl. 44, 45). Das familiäre Umfeld fungiert während der gemeinsamen Familienausflüge, insbesondere bei Anwesenheit der anderen Kinder, als sozialer Übungsraum für Kristina. Sie lernt, ihre Wünsche mit denen anderer abstimmen zu müssen und altersangemessene Ansprüche an sich zu stellen (vgl. S. ..).

Darüber hinaus gelingt es Herrn V., die Kontakte mit Kristina aggressionsfrei zu gestalten. Als Kristina ihn beispielsweise als »wertlos« betitelt habe, habe er sie gefragt, ob sie wisse, was dies bedeute. Geschimpft habe er mit ihr nicht (S. ..ff.). Herr V. geht demzufolge auf das Verhalten des Kindes ein und bietet Kristina auf diesem Wege ein Modell für eine andere Form der sozialen Interaktion und der Kommunikation als die Mutter (Magai 2002, S. 147).

Im Umgang mit seinem Sohn Peter und den Kindern seiner Lebensgefährtin zeigt sich das feinfühlige Verhalten des Vaters ebenfalls (S. ..). In seiner Freizeit spielt er mit den Kindern und unternimmt Ausflüge mit der Familie. Gleichzeitig übernimmt er insbesondere bei Peter jedoch auch Aufgaben im Bereich der Pflege und der Versorgung (ins Bett bringen, während eines Krankenhausbesuchs begleitet: S. ..). Dadurch wird deutlich, dass er zumindest bei Peter eng in die Betreuung des Kindes eingebunden ist und intensiv an seiner Entwicklung teilnimmt. Die Konzentration auf das gemeinsame Spiel mit seinem Sohn nach der Arbeit stellt eine Konstellation dar, die sich aus der Rollenverteilung in der Familie V. zwangsläufig ergibt. Für die Qualität der Bindung ist jedoch nicht die Quantität der gemeinsam verbrachten Zeit entscheidend, sondern vielmehr die Qualität der Interaktionen zwischen Vater und Kind (Kindler 2002, 183ff.). Hinweise für eine mangelnde Förderung der Kinder im Haushalt des Vaters gab es keine (S. ..ff.).

Im Bezug auf Kristina äußerte Herr V. wiederholt den Wunsch, zukünftig die Erziehung Kristinas gemeinsam mit seiner Frau übernehmen zu wollen. Herr V. erklärte, dass er im Rahmen seiner Freizeit bereit sei, sich viel Zeit für seine Tochter zu nehmen, um ihr zukünftig möglichst konfliktfreie Kontakte mit beiden Eltern ermöglichen zu können (S. ..). Seine Bereitschaft, zukünftig ggf. Umgangkontakte zwischen Mutter und Tochter zu fördern, betonte Herr V. wiederholt. Er nahm in diesem Zusammenhang Bezug auf die Kinder seiner Frau, die ungezwungen auch außerhalb der vereinbarten Umgangszeiten Kontakt zu ihrem Vater pflegten (S. ..). Überdies machte Herr V. bereits vor dem Sorgerechtsantrag deutlich, dass er um die Bedeutung der Mutter für Kristina weiß. Ausschließlich die Tatsache, dass er sich Sorgen um Kristinas Entwicklung mache, habe ihn dazu bewogen, das Sorgerecht für seine Tochter zu beantragen (vgl. S. ..des ersten Gutachtens; S. ..).

Darüber hinaus demonstrierte Herr V. seine Bereitschaft, mit Frau V. zu kommunizieren seit August 2000 (S. .., S. .. des ersten Gutachtens). Während des Begutachtungszeitraums traf er sich wöchentlich mit seiner Frau zum gemeinsamen Elterngespräch, ohne dass sich dadurch relevante Veränderungen im Kommunikationsverhaltern der Eltern erzielen ließen (S. ..).

Eine grundlegend negative Einstellung von Herrn V. gegenüber seiner früheren Ehefrau ließ sich im Rahmen der Begutachtung nicht feststellen. Herr V. zeigte sich wütend über ihr Verhalten im Bezug auf Kristina und über den Verlauf der Umgangskontakte. Seine Aussagen konzentrierten sich darüber hinaus auf Verhaltensschilderungen (S. ..ff.).

Insgesamt ist Herr V. damit jedenfalls erziehungsfähig. Hinweise auf eine abwertende Einstellung bzgl. Kristinas Mutter, die zukünftig die Bindungstoleranz gegenüber dem anderen Elternteil beeinflussen könnten, sind nicht zu erkennen (S. ..). Ausschließlich die Tatsache, dass Herr V. aufgrund seiner Berufstätigkeit bei der Erziehung und Versorgung auf die Unterstützung seiner Frau angewiesen wäre, erfordert zumindest deren Bereitschaft und den Wunsch von Frau V., Kristina in den Haushalt aufzunehmen (vgl. S. ..ff.).

5. Kindeswille

Unter Kindeswille wird die altersgemäß stabile und autonome Ausrichtung des Kindes auf erstrebte, persönlich bedeutsame Zielzustände verstanden (Dettenborn 2001, S. 63). Gemäß diesem Konzept ist der kindliche Wille nicht unbedingt mit einer Äußerung des Kindes gleichzusetzen; in einzelnen Fällen kann er sogar zu dieser im Widerspruch stehen. Der Wille eines Kindes umfasst neben der verbalen Komponente auch motivationale, intentionale und zeitliche Aspekte (Dettenborn 2001, S. 67f.).

Kristinas Willensäußerungen sind als stabil ambivalent zu beurteilen. Zunächst drückte sich diese Ambivalenz nicht nur über die unterschiedlichen Kommunikationskanäle aus, sondern auch in widersprüchlichen Äußerungen gegenüber der Mutter und dem Vater. Ihrer Mutter erklärte sie, dass es beim Vater nicht schön sei, während sie diesem das Gegenteil erzählte (S. ..f.).

Sowohl gegenüber Frau J. im September 2003 als auch gegenüber der Sachverständigen erklärte Kristina, dass sie ihren Vater nicht mehr sehen wolle. Während sie dies zunächst damit begründete, dass sie bei Herrn V. ins Freibad gemusst habe und nach den Besuchen immer krank geworden sei (Bl. 193ff. vgl. S. ..), gab sie gegenüber der Sachverständigen an, dass sie sich ohne Kontakte zum Vater besser fühlen werde (S. ..). Ihr Verhalten spiegelt jedoch bis zum gegenwärtigen Zeitpunkt einen anderen Wunsch (S. ..ff.), sodass ihre Willensäußerungen insgesamt als stabil ambivalent zu beurteilen sind. Die Intensität, mit der das Mädchen seinen Willen zum Ausdruck bringt, ist demnach als gering zu beschreiben.

Kristinas Argument, nicht mehr zum Vater zu wollen, weil es ihr »dann besser gehe« (S. ..), drückt das zentrale Ziele des Mädchens aus: Mit Hilfe des Kontaktabbruchs will sie sich aus dem anhaltenden Konflikt der Eltern lösen und ihren eigenen Loyalitätskonflikt beenden. Kristina selbst sagt, dass ihre Eltern an ihr herumzerrten und dass sie wolle, dass das aufhöre (S. ..). Kristina weiß um die Einstellungen ihrer Mutter und sieht im Kontaktabbruch ein Mittel, sich die Zuwendungen ihrer Mutter zu sichern (vgl. S. ..). Diese Art der Überlegung reflektiert zwar einen intentionalen Willen des Kindes, doch machen weitere Aussagen Kristinas deutlich, dass sie diesen Entschluss unter der Voraussetzung falscher Vorannahmen traf. So war Kristina sich beispielsweise unsicher, ob ihr Vater sie so liebt wie Peter (S. ..). Außerdem habe ihre Mutter ihr gesagt, dass sie ihre Mäuse nicht mit zum Vater nehmen dürfe, weil dieser Angst vor den Tieren habe (S. ..).

An der Autonomie des Wunsches, den Kristina verbal äußert, bestehen darüber hinaus erhebliche Zweifel: Kristina erklärte, dass sie ihren Vater nicht möge, weil ihre Mutter ihn nicht möge und weil er ihre Mutter verlassen habe (S. ..). Außerdem gab sie ihre Mutter als Urheber des Mäuse-Arguments an (S. ..). Frau V. habe ihr gesagt, dass sie dem Gericht sagen solle, dass sie nicht mehr zum Vater wolle (S. .., vgl. Sitzungsprotokoll: S. ..). Neben diesen direkten Hinweisen deuten weitere Argumente des Kindes (z. B. Krankheit nach Besuchskontakten, in die Hose machen, zum Anschauen von einem »Harry Potter«-Film »gezwungen«) auf einen Einfluss der Mutter hin. Auch im Rahmen der Begutachtung legte Frau V. ihrer Tochter wiederholt Themen in den Mund, über die Kristina berichten sollte (S. ..). Kristina unterliegt demnach mit großer Wahrscheinlichkeit einer direkten Beeinflussung durch Frau V., die, gepaart mit ihrem Erziehungsverhalten, erhebliche Verlustängste bei Kristina schürt. Nicht auszuschließen ist aufgrund der negativen Einstellung von Frau V. und ihrer Neigung, die Verhaltensweisen des Vaters als Schikane gegen ihre Person zu bewerten, im vorliegenden Fall jedoch eine vorgeschaltete Selbsttäuschung der Mutter (Dettenborn 2001, S. 87f.).

Die anhaltend ambivalenten Botschaften, die Kristina in der verbalen und nonverbalen Kommunikation mit und über ihren Vater sendet, weisen daraufhin, dass Kristina sich an die Vorstellungen der Mutter angepasst hat, dass sie deren Vorstellungen und Ziele aber noch nicht verinnerlicht hat. Aufgrund dieser Tatsache kann derzeit nicht von autonomen Willensäußerungen des Kindes gesprochen werden, wenn sie sich gegen Kontakte zum Vater ausspricht (Dettenborn 2001, S. 68, 87f.).

Allein die Aussage, dass sie nicht mehr möchte, dass ihre Eltern an ihr »herumzerren«, stellt mit großer Wahrscheinlichkeit ein autonomes Interesse des Kindes dar.

Obwohl auch Kristinas Wunsch, zukünftig weiterhin bei ihrer Mutter leben zu wollen, die Folge der oben dargestellten Beeinflussung durch Frau V. ist, stellt dieser Wunsch – wäre es eine autonome Willensbekundung von Kristina – einen Kindeswillen dar, der aus psychologischer Sicht hier nicht zu berücksichtigen wäre: Kristina ist nicht in der Lage, die Konsequenzen zu antizipieren, die eine derartige Entscheidung für ihre psychische und physische Entwicklung mit großer Wahrscheinlichkeit hätte. Aufgrund der erheblichen Einschränkungen in der Erziehungsfähigkeit von Frau V. und der damit einhergehenden Vulnerabilität des Kindes, die im Umfeld der Mutter aller Voraussicht nach zunehmen wird, wäre in diesem Fall von einem selbstgefährdenden Kindeswillen auszugehen, dem im Sinne des Kindeswohls nicht zu folgen wäre (Dettenborn 2001, S. 80).

6. Kristinas Beziehungen zu weiteren wichtigen Bezugspersonen

6.1 Kristinas Beziehungen zur zweiten Ehefrau von Herrn V. und deren Kindern

Kristina verstand sich gemäß den vorliegenden Informationen bei den Besuchskontakten gut mit Frau V.. Bereits beim ersten Treffen mit der damaligen Lebensgefährtin des Vaters zeigte sie sich dieser gegenüber offen und freundlich. Kristina hatte keine Scheu, Körperkontakt zu ihr aufzunehmen (S. ..f.). Frau V. gab an, dass es niemals zu Streitigkeiten zwischen ihr und Kristina gekommen sei (S. ..). Demzufolge verlief der Beziehungsaufbau zwischen Frau V. und Kristina bis zum Begutachtungszeitraum unproblematisch. Es gibt keine Hinweise dafür, dass Kristina Frau V. als Bezugsperson neben ihrem Vater ablehnen würde.

Frau V. beschrieb Kristina ausschließlich positiv. Sie gab an, sich zunächst vor der Ablehnung des Kindes gefürchtet zu haben. Kennengelernt habe sie Kristina dann jedoch als Mädchen, das ihr gegenüber stets freundlich, offen und höflich gewesen sei. Wenn sie sie aufgefordert habe, Spielsachen einzuräumen, habe sie dies getan. Auch frech oder aggressiv sei Kristina ihr gegenüber nie geworden (S. ..). Frau V.s Aussagen über Kristina und ihre Überzeugung, dass Kristina die Chance bekommen müsse, wie ein Kind aufwachsen zu können (S. ..), machen trotz der wenig intensiven Beziehung zu Kristina ein Interesse am Wohl des Kindes deutlich.

Hinsichtlich Kristinas Beziehungen zu Peter, Sandra und Manuel ist anhand der vorliegenden Informationen davon auszugehen, dass diese zum gegenwärtigen Zeitpunkt wenig intensiv sind.

Kristina lernte Peter kennen, als dieser ein halbes Jahr alt war. Sie selbst bezeichnet ihn als »den, der mal mein Stiefbruder sein sollte«. Diese distanzierte Beschreibung sowie die Angaben von Herrn V. und seiner zweiten Frau machen deutlich, dass Kristina zu Peter in der Vergangenheit keine geschwisterliche Beziehung aufgebaut hat. Auch ein Interesse daran wird in den Aussagen des Kindes nur bedingt deutlich. Vielmehr legen sowohl ihre bisherigen Erfahrungen als auch ihre Angst, dass Herr V. Peter »mehr« lieben könnte als sie, nahe, dass Kristina möglicherweise eifersüchtig auf Peter werden könnte, wenn sie sich zukünftig die Aufmerksamkeit und Zeit des Vaters bei Besuchskontakten oder im Alltag vermehrt mit ihrem kleinen Halbbruder teilen müsste (vgl. S. ..). Auch Peter könnte seinerseits mit Eifersucht und Unverständnis auf die neue Schwester reagieren (S. ..).

Sandra und Kristina haben sich bisher gemäß den vorliegenden Aussagen gut verstanden. Das Mädchen spielte mit Kristina und wurde von dieser als Spielpartner gesucht (S. ..). Häufige Kontakte gab es bisher allerdings nicht, sodass auch hier nicht von bestehenden Freundschafts- oder Stiefgeschwisterbeziehungen gesprochen werden kann. Dies gilt auch für Manuel, der bisher weniger Interesse an der Tochter seines Stiefvaters gezeigt hat als seine große Schwester (S. ..).

6.2 Kristinas Beziehungen zu Familienangehörigen der Mutter

Innerhalb der Familie der Mutter hat Kristina Bezugspersonen, die sie regelmäßig besucht und zu denen sie z. T. enge emotionale Beziehungen aufgebaut hat. Kristina selbst hob in diesem Zusammenhang ihre Tante Inge und ihre Cousins hervor. Ihre Großmutter mütterlicherseits nannte sie nicht, obwohl diese – jedenfalls in der Vergangenheit – eine zentrale Bezugsperson im Alltag des Kindes gewesen ist (vgl. S. .. des ersten Gutachtens; S. ..f.)

7. Entwicklungschancen Kristinas unter den verschiedenen Lebensbedingungen

7.1 Entwicklungsbedingungen Kristinas im Haushalt der Mutter

Wie bereits in den Ausführungen von Frau Dr. A. deutlich wurde, war schon im Jahr 2001 die Vertrauensbasis zwischen Mutter und Tochter »brüchig« und »das Sorgeverhalten der Mutter insgesamt erheblich eingeschränkt« (S. .. des ersten Gutachtens).

Bereits zu diesem Zeitpunkt wies Frau Dr. A. auf die Notwendigkeit »beziehungsmäßigen Öffnung des Kindes zum Vater« hin, um das psychische Wohlbefinden Kristinas dauerhaft zu sichern. Bei Frau V. nimmt sie eine massive direkte Beeinflussung Kristinas durch ihre offene Ablehnung des Vaters wahr (S. ..ff. des ersten Gutachtens).

Anstatt Kristina weitere Entwicklungsmöglichkeiten zu geben, indem Frau V. ihre Bindungstoleranz insbesondere gegenüber dem Vater erhöht und an ihren Erziehungsfertigkeiten arbeitet, trieb Kristinas Mutter den Elternkonflikt, der ihrem Kind gemäß Frau Dr. A. schadet, voran und unterband weiterhin die zuvor abgesprochenen Umgangskontakte zwischen Vater und Tochter.

Damit stellt Frau V. erneut unter Beweis, dass sie nicht in der Lage ist, Kritik an ihrer Person anzunehmen und im Sinne der Bedürfnisse des Kindes zu handeln, wenn dies ihren eigenen Vorstellungen zuwider läuft. Unklar ist in diesem Zusammenhang allein, ob sie aufgrund der Projektion ihrer Vorstellungen auf das Kind nicht fähig ist, Kristina als selbstständige Person mit eigenen Bedürfnisse und Zielen wahrzunehmen, oder ob sie sich wissentlich über die Bedürfnisse des Kindes hinwegsetzt.

Kristinas Entwicklung verlief daraufhin – wie prognostiziert – auffällig. Der problematische Erziehungsstil der Mutter und der anhaltende Konflikt der Eltern führten bei Kristina nicht nur zu einer erheblichen inneren Distanzierung von ihrer Mutter, sondern auch zu einer Zunahme von Verhaltensauffälligkeiten des Kindes. Kristina verhält sich beispielsweise in hohem Maße aggressiv gegenüber ihrer Mutter. Inzwischen überträgt sie ihr aggressives Verhaltensmuster zudem in andere soziale Kontexte wie z. B. den Freundeskreis. Darüber hinaus wurde Kristina verzögert eingeschult, und es fehlen ihr an altergemäßen Fertigkeiten (zählen, malen, Schuhe zubinden: S. ..). Im Bezug auf die weitere Entwicklung Kristinas ist auch die Beobachtung bedeutsam, dass Kristina ihre Tiere quält (S. ..). Diese Art der Verhaltensauffälligkeit stellt aus prognostischer Sicht ein erhebliches Warnsignal für eine abweichende Entwicklung dar (Petermann u. Warschburger 1998). Insgesamt ist der Entwicklungsverlauf von Kristina seit dem letzten Gutachten daher als alarmierend zu bezeichnen.

Es ist hinzuzufügen, dass Frau V. außerdem noch immer nicht in der Lage ist, ihrer Tochter Grenzen zu setzen. Sie lässt sich von Kristina treten und schlagen, ohne darauf zu reagieren. Auch auf offensichtliche Lügen ihrer Tochter reagiert Frau V. nicht; sie bemüht sich nicht einmal um eine Aufklärung des Sachverhalts (s. Kristinas wahrheitswidrige Behauptung, die Sachverständigen hätten sie nicht gehen lassen: S. ..). Inzwischen verfügt Kristina gemäß Frau V. über weitere Möglichkeiten, ihrer Mutter ihren Willen aufzuzwingen: Gegen Ende der Kur habe Kristina wiederholt eingenässt, um ihr zu zeigen, dass sie nun nach Hause möchte (Bl. 27). Diese Erziehungsverhalten der Mutter, das bereits von Frau Dr. A. als problematisches Gewähren-lassen und »Erziehungsohnmacht« beschrieben wurde, deckt sich mit den Risikofaktoren, die im Zusammenhang mit einer Störung des Sozialverhaltens im Kindesalter genannt werden (Petermann u. Warschburger 1998).

Die Bedingungen, die derzeit bei der Mutter vorherrschen, müssen daher als in hohem Maße gefährdend für die weitere Entwicklung des Kindes angesehen werden.

Darüber hinaus kann im Hinblick auf die Entwicklung seit dem letzten Gutachten auch nicht mehr auf die Schutzwirkung eines ausgedehnten Umgangs mit dem Vater vertraut werden.

Zum einen ist mit großer Wahrscheinlichkeit davon auszugehen, dass Frau V. auch in Zukunft die Kontakte zwischen Vater und Tochter mit allen Mitteln unterbinden und nicht aufhören wird, schlecht über den Vater zu reden. Kontakte würden entweder gar nicht zustande kommen oder Kristina immer tiefer in einen Loyalitätskonflikt treiben, der seinerseits zur Destabilisierung der kindlichen Selbstwirksamkeitserwartung und des kindlichen Selbstvertrauen beitragen würde (Figdor 1997, S. 77f.).

Zum anderen ist Herr V. – aufgrund der Belastungen, die damit nicht nur für Kristina, sondern auch für seine gesamte Familie verbunden sind – nicht gewillt, die gegenwärtige Situation aufrechtzuerhalten (S. ..f.).

7.2 Entwicklungsbedingungen für Kristina im Haushalt des Vaters

Die vorliegenden Informationen weisen daraufhin, dass Kristina V. noch immer eine vertrauensvolle emotionale Beziehung zu ihrem Vater hat. Es gibt keine Hinweise auf eine erhebliche Veränderung der kindlichen Bindung an den Vater. Aus diesem Grund ist davon auszugehen, dass der Vater als Hauptbezugsperson für Kristinas zukünftige Entwicklung eine gewichtige Ressource darstellt. Herr V. ist nicht nur in der Lage, Kristina unbedingte Liebe zu vermitteln und ihr Raum zu geben, unbelastet von altersunangemessenen Themen aufzuwachsen, sondern er kann ihr auch als Modell für angemessenes Konfliktverhalten dienen. Kinder mit aggressiven Verhaltenstendenzen neigen dazu, diese generell als Mittel der individuellen Zielerreichung einzusetzen. Allein die Etablierung eines Kommunikationsmodells, das auf andere Strategien (z. B. reden, Kompromisse suchen: S. ..) zurückgreift, kann das sich stets selbst verstärkende aggressive Verhaltens- und Wahrnehmungsmuster durchbrechen (Magai 2002, S. 147).

Auch das von Frau Dr. A. beschriebene familiäre Umfeld des Vaters hat sich seit dem letzten Begutachtungszeitraum als stabil erwiesen. Inzwischen hat er seine Lebensgefährtin geheiratet und mit ihr zusammen einen gemeinsam Sohn. Ihre Kinder aus erster Ehe, der 10-jährige Manuel und die 12-jährige Sandra, leben ebenfalls mit im Familienverbund, dessen Strukturen etabliert wirken. Die Kontakte der Kinder zum leiblichen Vater laufen ebenso reibungslos wie das Zusammenleben mit Herrn V. im Alltag (S. ..ff.).

Während Herr V. berufstätig ist und gegen 17.00 Uhr nach Hause kommt, betreut seine Frau die Kinder und den Haushalt. Die Familie lebt in einer hellen und geräumigen 5-Zimmer-Wohnung, die auch für ein weiteres Familienmitglied genügend Raum bieten. Herr und Frau V. teilten in diesem Zusammenhang mit, dass sie bereits mit den Kindern darüber gesprochen hätten, dass sie wollten, dass Kristina zukünftig ebenfalls bei ihnen wohne. Die Kinder, insbesondere Manuel sei sich bewusst, dass er dann evtl. ein Zimmer mit Peter teilen müsse.

Das Lebensumfeld von Herrn V. würde für Kristina demnach nicht nur einen Wechsel von der Mutter zum Vater bedeuten, sondern gleichzeitig einen Sprung von der Ein-Eltern-Kind-Familie zur Großfamilie. Dies würde von Kristina eine enorme Anpassungsleistung erfordern, bei der ihr erhebliche Unterstützung durch Herrn V. und seiner Frau zuteil werden müsste. Beide sind sich dieser Problematik jedoch bewusst (S. ..f.).

Der Bruch in der Kontinuität bzgl. Erziehung und Lebensumfeld, der sich daraus unweigerlich ergibt, stellt vor dem Hintergrund von Kristinas Entwicklungsverlauf seit 2001 eine notwendige Folge dar. Die Erziehung und das Lebensumfeld, die bisher ihr Leben prägten, bilden – wie bereits erläutert – keine Grundlage für eine positive zukünftige Entwicklung. Über diese Lebensbereiche hinaus muss sich für Kristina durch einen Wechsel in den Haushalt des Vaters jedoch nichts verändern. Die räumliche Nähe zwischen der väterlichen und der mütterlichen Wohnung würden es Kristina – gemäß den vorliegenden Informationen – erlauben, weiterhin in die Schulklasse zu gehen, in die sie eingeschult worden ist. Auch Kontakte zu Freundinnen können Kristina ohne unverhältnismäßigen Aufwand in der häuslichen Umgebung des Vaters weiterhin ermöglicht werden.

Die bisherige Beziehung Kristinas zur zweiten Frau des Vaters lässt keine Ablehnung erkennen. Dennoch ist nicht auszuschließen, dass ein abrupte Wechsel in den Haushalt des Vaters zu einem – vorrübergehenden – Konflikt führen könnte, weil diese plötzlich viele Aufgaben übernehmen würde, die zuvor Kristinas Mutter erledigte. Vor dem Hintergrund der derzeitigen Mutter-Kind-Beziehung besteht die Möglichkeit, dass Kristina erhebliche Schuldgefühle entwickelt, die Basis dieser potenziellen Ablehnung sein könnten. Aufgrund der realistischen Bedenken des Ehepaares V., die auch diese potenziellen Probleme nicht außer Acht lassen, bestehen aus psychologischer Sicht keine Bedenken gegen die Einbeziehung von Frau V. in die Erziehung und tägliche Versorgung Kristinas im Haushalt des Vaters.

Der Kontakt Kristinas zu ihren Halb- und Stiefgeschwistern, mit denen sie durch den Wechsel in den Haushalt des Vaters gleichsam viel Zeit verbringen würde, stellt für Kristina ebenfalls eine Anpassungsanforderung dar, die sie – mit Unterstützung der gesamten Familie – durchaus bewältigen kann. Zwar wird es für Kristina notwendig werden, sich im Geschwistergefüge einen Platz zu suchen, doch eröffnet ihr genau dieses Austesten von eigenen Stärken und Schwächen im engen Kontakt mit Gleichaltrigen eine zusätzliche Möglichkeit, ihre sozialen Kompetenzen zu schulen. Von einer ausgrenzenden Haltung von Manuel und Sandra ist vor dem Hintergrund der vorliegenden Daten vorab nicht auszugehen, sodass auch dies als Entwicklungschance zu beurteilen ist.

Alles in allem eröffnet die Unterbringung Kristinas beim Vater dem Mädchen daher zahlreiche Entwicklungschancen und viele potenzielle Ressourcen, die sie für ihre zukünftige psychische und physische Entwicklung nutzbar machen kann. Sicher erfordert ein derartiger Einschnitt insbesondere in den ersten Monaten erhebliche Anpassungsleistungen von Kristina. Möglicherweise werden diese auch mit dem Wunsch, wieder zur Mutter ziehen zu dürfen, oder mit aggressiver Ablehnung gegenüber Herrn und Frau V. sowie den Kindern verbunden sein. Dennoch kann inzwischen für Kristinas Entwicklung langfristig nur dann eine günstige Prognose gestellt werden, wenn sie zukünftig im Haushalt des Vaters aufwächst.

VII. Beantwortung der gerichtlichen Fragestellung

Das Sorgerecht für Kristina V., das Herr V. und Frau V. derzeit gemeinsam ausüben, sollte aus psychologischer Sicht aufgrund des erheblichen Konfliktpotenzials zwischen den Eltern, der Unfähigkeit der Eltern, miteinander über Belange von Kristina zu reden, der vor allem von Frau V. demonstrierten Bindungsintoleranz gegenüber Herrn V. und ihrer eingeschränkten Erziehungsfähigkeit zukünftig auf Herrn V. allein übertragen werden.

Das gemeinsame Sorgerecht stellt immer dann die beste Lösung aus Sicht des Kindeswohls dar, wenn beide Elternteile willens und in der Lage sind, den ehemaligen Partner als Elternteil des Kindes wahrzunehmen und zu tolerieren. Mindestvoraussetzung für die Ausübung der gemeinsamen Sorge stellt überdies die Fähigkeit der Eltern dar, miteinander über das Kind reden zu können, Informationen über dieses auszutauschen und Erziehungslinien aufeinander abzustimmen (Dettenborn u. Walter 2002, S. 136ff.).

Eine Betrachtung der Entwicklung des Trennungskonflikts zwischen Kristinas Eltern macht jedoch deutlich, dass es Kristinas Eltern seit dem Auszug von Herrn V. nicht mehr möglich war, über Kristina zu kommunizieren. Insbesondere Frau V. kam ihrer Pflicht, den Vater über zentrale Lebensereignisse und über den Gesundheitszustand des Kindes zu informieren, nicht nach. Auch die gemeinsamen Gespräche beim evangelischen Verein für Jugend- und Familienhilfe e.V. ließen bis April 2004 keine Auflösung des Konflikts erkennen. Eine Kommunikation der Eltern – ohne die Moderation dritter Personen – wird mit großer Wahrscheinlichkeit auch in Zukunft nicht möglich sein. Vor dem Hintergrund, dass Frau V. überdies dazu neigt, Kristina aktiv am Konflikt teilhaben zu lassen, indem sie ihr zum Beispiel Informationen über die laufenden Verfahren gibt, entspräche die Aufhebung der gemeinsamen Sorge dem Kindeswohl am besten.

Darüber hinaus handelt Frau V. in Kenntnis der möglichen negativen Folgen für Kristina anhaltend ihrer Pflicht zuwider, die Umgangskontakte zwischen Vater und Tochter aktiv zu fördern. Stattdessen unterband sie diese und konfrontierte das Kind offen mit ihrer negativen Einstellung gegenüber dem Vater. Obwohl Herrn V. die von ihm vorgegebene Bindungstoleranz gegenüber der Mutter-Kind-Beziehung und Kristinas emotionalen Beziehungen zu Verwandten der mütterlichen Herkunftsfamilie bisher nicht belegen musste, lassen seine Argumentation und seine Erfahrung mit gelungenen Umgangskontakten zukünftig mehr gelebte Bindungstoleranz erwarten.

Mindestens ebenso bedeutsam für die zukünftige Entwicklung Kristinas wie die bereits angesprochenen Aspekte ist die eingeschränkte Erziehungsfähigkeit von Frau V.. Frau V. ist kaum in der Lage, die Bedürfnisse ihres Kindes wahrzunehmen und angemessen auf diese zu reagieren. Stattdessen projiziert sie ihre Vorstellungen und Einstellungen auf das Kind und zwingt ihrer Tochter diese durch ihr ambivalentes Erziehungsverhalten auf, sodass die Entwicklung der Autonomie des Kindes ebenso wie der seines Selbstwertgefühls erheblich eingeschränkt wird. Frau V. neigt dazu, Kristina einerseits kognitiv und emotional zu überfordern (z. B. durch die Behandlung als Partnerersatz), während sie sie in anderen Lebensbereichen häufig unterfordert und ihr

Fähigkeiten abspricht (Spielsituationen, Herumtragen). Als Folge dieses Erziehungsverhaltens muss sowohl die problematische Mutter-Kind-Beziehung angesehen werden, die neben Zügen einer unsicher-ambivalenten Bindung deutliche Hinweise auf einen Vertrauensverlust des Kindes enthält, als auch die damit im Zusammenhang stehenden aggressiven Verhaltenstendenzen von Kristina. Frau V.s emotional distanziertes Verhalten gegenüber Kristina trägt das Seinige zu dieser problematischen Beziehung bei. Zur Etablierung dieses Verhaltens geführt hat mit großer Wahrscheinlichkeit, dass Frau V. nicht in der Lage ist, Kritik anzunehmen. Auch gut gemeinte Ratschläge werden als feindselig wahrgenommen. Eine Veränderung ihrer problematischen Verhaltens- und Interpretationsmuster gegenüber Herrn V. und Kristina zu erarbeiten, war ihr vor diesem Hintergrund in der Vergangenheit nicht möglich und wird ihr auch in Zukunft ohne psychologische Hilfestellung nicht möglich sein.

Herrn V.s Erziehungsverhalten sowie seine emotionale Beziehung zu Kristina sind demgegenüber als unproblematisch zu bezeichnen. Herr V. erzieht gemeinsam mit seiner jetzigen Ehefrau drei Kinder zwischen zwei und zwölf Jahren. Die familiären Verhältnisse sind geordnet. Hinweise auf eine mögliche Überforderung oder eine mangelnde Förderung der Kinder sind nicht erkennbar. Der Umgang von Herrn V. mit seiner Tochter Kristina ist wiederholt und anhaltend von verschiedenen Fachleuten als liebevoll und feinfühlig beschrieben worden. Auch das Miteinander zwischen ihm und seinem leiblichen Sohn lässt die Fähigkeit des Vaters erkennen, die Bedürfnisse seiner Kinder wahrzunehmen und angemessen auf diese zu reagieren. Trotz der Tatsache, dass Herr V. erst gegen 17.00 Uhr nach Hause kommt und sich folglich erst ab dann an der »direkten« Erziehung Kristinas beteiligen kann, stellt ein Wechsel Kristinas in den väterlichen Haushalt aus psychologischer Sicht die beste Alternative dar. Die »Verletzung« des Kontinuitätsprinzips, die daraus unweigerlich resultiert, wird durch die erheblichen Vorteile die sich für Kristinas Entwicklung im Haushalt des Vaters ergeben, aufgehoben. Bei einem Verbleib Kristinas in der alleinigen Obhut der Mutter würde lediglich eine stark kindeswohlgefährdende Kontinuität fortgesetzt. Überdies ermöglicht es die räumliche Nähe zwischen Herrn V.s und Frau V.s Wohnungen, dass Kristina sowohl ein Schulwechsel als auch der Abbruch von Kontakten mit Freundinnen erspart werden können. Auch Kontakte zur Mutter sind daher für Kristina gut möglich.

Ein Wechsel Kristinas in den Haushalt des Vaters ist auch dann aus psychologischer Sicht zu befürworten, wenn man mögliche Konflikte berücksichtigt, die aufgrund der zentralen Rolle von Herrn V.s neuer Ehefrau in Kristinas Leben und der Einbindung Kristinas in die Geschwisterfolge zu erwarten sind. Kristina werden durch diesen Wechsel erheblichen Anpassungsleistungen abverlangt, gleichzeitig bietet er ihr aber auch die Möglichkeiten, neue Konfliktlösungsstrategien zu lernen, ihre aggressiven Verhaltenstendenzen zu überwinden, im engen Kontakt mit ihren Halb- und Stiefgeschwistern ihre sozialen Kompetenzen auszubauen und ein realistisches Gefühl für eigene Stärken und Schwächen zu entwickeln.

Eine Übertragung der alleinigen Sorge auf Herrn V. stellt daher aus psychologischer Sicht langfristig für das Kindeswohl von Kristina die beste Lösung dar.

Hinsichtlich der Gestaltung möglicher Umgangskontakte zum nicht-sorgeberechtigten Elternteil ist vor dem Hintergrund der mangelnden Einsichtsfähigkeit von Frau V. und des Einflusses, den sie derzeit auf ihre Tochter hat, vorläufig von unbegleiteten Umgangskontakten abzusehen. Kristina muss Zeit und Raum gegeben werden, sich ohne weitere Auseinandersetzungen der Eltern um sie in das neue Lebensumfeld einzugewöhnen. Gleichzeitig sollte jedoch auch ein Kontaktabbruch zwischen Mutter und Tochter jedenfalls vermieden werden. Zum einen könnte sich Kristina in diesem Fall umso mehr die Schuld dafür geben, wenn es ihrer Mutter schlecht gehen sollte. Zum anderen sollte Kristina auch in Zukunft nach Möglichkeit beide Eltern als Bezugspersonen langfristig erhalten bleiben.

Parallel dazu sollte Frau V. dringend Hilfe bei einer psychologischen Beratung suchen. Möglicherweise wird ihre Beziehung zu Kristina auch durch den Verlust ihres ersten Kindes während der Schwangerschaft belastet. Das anklammernde Verhalten der Mutter könnte durch erhebliche Verlustängste bedingt sein, die sie allein nicht zu überwinden in der Lage war und die infolge eines möglichen

Wechsels des Lebensmittelpunktes von Kristina eine neue Qualität erreichen könnten. Die Aufarbeitung dieses kritischen Lebensereignisses könnte Frau V. möglicherweise helfen, Kristinas Zuneigung zu anderen Menschen nicht als Bedrohung für sich, sondern als Bereicherung für ihr Kind wahrzunehmen und auf diesem Weg eine tragfähigere emotionale Beziehung zu Kristina aufzubauen.

Unbegleitete Kontakte zwischen Mutter und Tochter, insbesondere flexible Umgangsregelungen, würden für Kristina derzeit eine zu hohe Belastung darstellen und sollten daher so lange vermieden werden, bis Kristina sich in der Familie des Vaters eingelebt hat und möglichen Beeinflussungsversuchen der Mutter durch eigene Argumente oder durch die Einweihung einer Vertrauensperson begegnen kann.

B., den xx.09.2004

(Unterschriften beider Gutachter)

VIII. Im Gutachten verwendete Literatur

Bowlby, J. (1982). *Attachment and Loss*. Vol. 1: Attachment (2nd ed.). New York: Basic Books.

Dettenborn, H. (2001). *Kindeswohl und Kindeswille*. München: Reinhardt.

Dettenborn, H. & Walter, E. (2002). *Familienrechtspsychologie*. München: Reinhardt.

Figdor, H. (1997). Über die Befindlichkeit von Kindern nach Trennung und Scheidung im Rahmen unterschiedlicher Sorgerechtsmodelle. In C. Brauns-Hermann, B.M. Busch & H. Dinse (Hrsg.), *Ein Kind hat das Recht auf beide Eltern*, S. 174–196. Neuwied: Luchterhand.

Flämig, J. & Wörner, U. (1977). Standardisierung einer deutschen Fassung des Family Relations Test (FRT) an Kindern von 6 bis 11 Jahren. *Praxis der Kinderpsychologie und Kinderpsychotherapie, 26*, 5–46.

Fremmer-Bombik, E. (2002). Innere Arbeitsmodelle von Bindung. In: G. Spangler & P. Zimmermann (Hrsg.). *Die Bindungstheorie – Grundlagen, Forschung und Anwendung*, S. 109–119. Stuttgart: Klett-Cotta.

Kindler, H. (2002). *Väter und Kinder. Langzeitstudien über väterliche Fürsorge und die sozioemotionale Entwicklung von Kindern*. Weinheim: Juventa.

Magai, C. (2002). Bindung, Emotionen und Persönlichkeitsentwicklung. In: G. Spangler & P. Zimmermann (Hrsg.). *Die Bindungstheorie. Grundlagen, Forschung und Anwendung*, S. 140–148. Stuttgart: Klett-Cotta.

Petermann, F. & Warschburger, P. (1998). *Aggression* (3. Aufl.). Göttingen: Hogrefe.

Spangler, G. & Zimmermann, P. (Hrsg.) 2002. *Die Bindungstheorie – Grundlagen, Forschung und Anwendung*. Stuttgart: Klett-Cotta.

Tausch, R. & Tausch, A. (1998). *Erziehungspsychologie. Begegnung von Person zu Person* (11. Aufl.). Göttingen: Hogrefe.

Zimmermann, P. (2002). Bindungsentwicklung von der frühen Kindheit bis zum Jugendalter und ihre Bedeutung für den Umgang mit Freundschaftsbeziehungen. In: G. Spangler & P. Zimmermann (Hrsg.). *Die Bindungstheorie – Grundlagen, Forschung und Anwendung*, S. 203–231. Stuttgart: Klett-Cotta.

Zimmermann, P., Suess, G.J., Scheuerer-Englisch, H. & Grossmann, K.E. (2000). Der Einfluss der Eltern-Kind-Bindung auf die Entwicklung psychischer Gesundheit. In: F. Petermann, K. Niebank & H. Scheithauer (Hrsg.). *Risiken in der frühkindlichen Entwicklung*, S. 301–327. Göttingen: Hogrefe.

Anmerkung 1: Die mit S bezeichneten Seitenverweise bezogen sich auf die Seitenzahlen im Originalgutachten; sie sind hier durch ... ersetzt.

Anmerkung 2: Anstelle der hier verwendeten Verfahren können die genannten Variablen auch durch Tests und Beobachtungsmethoden erfasst werden wie sie z. B. bei Sturzbecher (2001), Suess et al. (2001) oder Kindler (2002) beschrieben sind.

21.2 Psychologische Begutachtung der Glaubhaftigkeit einer Zeugenaussage

21.2.1 Einführung

Wiewohl die Beurteilung der Glaubwürdigkeit eines Zeugen die ureigenste Aufgabe des Richters selbst ist (BGH 8, 131), ist in außergewöhnlichen Fällen hierzu ein Sachverständiger hinzuzuziehen. Zu diesen außergewöhnlichen Fällen zählen u. a. solche, in denen Kinder und/ oder Jugendliche gleichzeitig Opfer und (häufig die einzigen) Zeugen einer möglichen Straftat gewesen sein sollen. Diese Konstellation liegt typischerweise vor bei Aussagen über mutmaßliches sexualbezogenes Verhalten oder auch über mutmaßliche Misshandlungen gegenüber Kindern und Jugendlichen. Die Notwendigkeit einer aussagepsychologischen Begutachtung der Glaubhaftigkeit der Aussage vor allem von sehr jungen Opferzeugen ergibt sich daraus, dass hochspezifische psychologische Kenntnisse über entwicklungspsychologische Besonderheiten der Wahrnehmung, des Gedächtnisses und der Kommunikation erforderlich sind, um die mögliche Erlebnisbegründetheit einer kindlichen Zeugenaussage beurteilen zu können. Darüber hinaus sind die Aussagen sehr junger Kinder leichter durch suggestive Bedingungen zu beeinflussen, sodass es hier eher zu einer Verzerrung und Verfälschung von Aussagen kommen kann, bis hin zu Pseudoerinnerungen (s. dazu zusammenfassend z. B. Bruck u. Ceci 1999; Volbert 2000).

Im individuellen Fall können aber auch andere Bedingungen vorliegen, bei denen i.d.R. davon ausgegangen werden muss und auch angenommen wird, dass die eigene Sachkunde des Gerichts nicht ohne Weiteres ausreicht, um den Realitätsgehalt einer Zeugenaussage zu beurteilen. Hier sind beispielhaft zu nennen:

- aktuelle oder dauerhafte Einschränkungen der geistigen (kognitiven) Leistungsfähigkeit des Zeugen;
- lange Zeit von der mutmaßlichen Tat bis zur Aussage (wie im folgenden Beispielgutachten);
- Widersprüche zwischen verschiedenen Zeugenaussagen, die nicht durch andere Mittel aufgeklärt werden können.

In diesen Fällen wird dann i.d.R. ein psychologischer Sachverständiger beauftragt, die Glaubhaftigkeit der Zeugenaussage zu begutachten. Beim Vorliegen psychischer Störungen und/ oder psychopathologischer Auffälligkeiten beim Zeugen kann die (zusätzliche) Begutachtung durch einen psychiatrischen Sachverständigen erforderlich sein.

Ausgangspunkte für die Gutachtenerstellung sind im folgenden Beispielfall innerhalb des Gutachtens im Kapitel III (Ableitung der psychologischen Hypothesen, 1. Allgemeine Grundlagen) dargestellt. In dieser Ausführlichkeit wurden die Grundlagen nur in der ersten Zeit nach dem Urteil des Bundesgerichtshofs zu Anforderungen an aussagepsychologische Glaubhaftigkeitsgutachten (s. u.) im einzelnen Gutachten erläutert. Inzwischen kann davon ausgegangen werden, dass nach der Veröffentlichung des genannten Urteils diese Argumente auch den jeweiligen Auftraggebern (i.d.R. Staatsanwaltschaften und Gerichten) bekannt sind. Diese haben nunmehr auch zu prüfen, ob ein vorgelegtes Gutachten den in dem genannten Urteil vom BGH vorgegebenen Richtlinien entspricht.

Aus den folgenden Erläuterungen im Beispielgutachten zum Vorgehen bei der gutachterlichen Hypothesenbildung und Untersuchungsplanung zu Fragen der Glaubhaftigkeit von Zeugenaussagen geht hervor, dass auch für diesen Themenbereich das in diesem Buch entwickelte Konzept der entscheidungsorientierten Diagnostik für ein nachvollziehbares und nachprüfbares Gutachten nützlich ist; ein so erstelltes Glaubhaftigkeitsgutachten erfüllt die BGH-Kriterien.

21.2.2 Gutachten

Titelblatt	Inhalt	Seite
(Briefkopf (des) Sachverständigen)	I. Fragestellung des Landgerichts B.	
Aussagepsychologisches Gutachten zur Frage der Glaubhaftigkeit der Aussagen der Zeugin Karin L.	II. Anknüpfungstatsachen	
im Strafverfahren gegen Herrn V.T.	III. Ableitung der Psychologischen Hypothesen 1. Allgemeine Grundlagen 2. Fallspezifische Hypothesen	
bei dem Landgericht B.		
Az xxx/00 (Ort, Datum des Gutachtens)	IV. Untersuchungsmethoden	
	V. Ergebnisse der psychologischen Untersuchungen: 1. Zur Aussagekompetenz von Frau L. 2. Motivationale Aspekte, Aussageentstehung und –entwicklung 3. Exploration zur Sache mit Frau L.	
	VI. Psychologischer Befund	
	VII. Beantwortung der gerichtlichen Fragestellung	
	Anhang 1: Literatur Anhang 2: Transkript der hier relevanten Explorationsergebnisse für Karin L.	

Aufgrund der Beauftragung durch das Landgericht B. vom Mai 2000 im Strafverfahren gegen Herrn V. T. (Az xxx, Bl. 1 bis ...) erstatte ich das folgende aussagepsychologische Gutachten.

Informationen zur Person der Zeugin

Karin L., geboren am 25.10.1982
Frau L. lebte zum Zeitpunkt der Exploration in B. in einer eigenen Wohnung (seit Juli 1999) im Rahmen des Betreuten Wohnens vom Jugendamt. Ihr dortiger Betreuer hatte Frau L. zur Praxis begleitet.

Anm.: Alle im Folgenden angeführten Bl.-Angaben beziehen sich auf das Aktenzeichen Az xxx, Landgericht B.

I. Fragestellung des Landgerichts B.

Im Auftrag des Landgerichts B. (Schreiben vom xx.05.2000; Eingang hier: yy.05.2000) sollte »ein Glaubwürdigkeitsgutachten betreffend Karin L.« im Verfahren gegen Herrn V.T. erstattet werden.

II. Anknüpfungstatsachen (Zusammenfassung der für das Gutachten relevanten Informationen aus den Gerichtsakten Az xxx, Bl. 1 bis ...)

Zur Zeit der Anzeige des hier fraglichen Ereignisses im August 1997 wohnte Frau L. zusammen mit ihrem älteren Bruder N. L. bei ihrem Vater Herrn M. L. Die Eltern von Frau L. sind geschieden. Die Mutter habe die Familie verlassen, als Karin ein halbes Jahr alt gewesen sei; der Vater sei zeitweise berufstätig gewesen, er lebe jetzt von der Sozialhilfe (Bl....). (Ergänzung: Frau L. berichtete in der aussagepsychologischen Exploration im September 2000, ihr Vater habe eine Umschulung gemacht und arbeite jetzt vollzeitig in der Computerbranche.)

Die Anwältin von Frau L., Frau Rechtsanwältin R., erstattete am xx.08.1997 im Auftrag ihrer Mandantin Strafanzeige gegen Herrn V.T. wegen Vergewaltigung (Bl....). Dem Schreiben von Frau Rechtsanwältin R. sind die folgenden Angaben von Frau L. zu entnehmen:

Bei dem angezeigten Vorfall handele es sich nach den Angaben von Frau L. vom xx.07.1997 um ein Ereignis, das »schon länger zurückliege« : Sie sei in der ersten oder zweiten Klasse gewesen. Frau L. habe, mit einiger Überlegung, den fraglichen Zeitraum wie folgt rekonstruiert: Sie sei sieben bzw. knapp acht Jahre alt gewesen. Eingeschult worden sei sie im Sommer 1988, die Ereignisse hätten sich aber im Sommer darauf ereignet, also im zweiten Schuljahr. Kurz nach dem Vorfall habe sie wegen einer Pilzinfektion einen Frauenarzt aufgesucht.

Herr T. habe sie am fraglichen Tag gefragt, ob sie Lust habe, mit ihm ein bisschen spazieren zu fahren. Sie seien dann auf seinem Fahrrad in den Wald gefahren, wo sie, auf einer Waldlichtung sitzend, ein Eis gegessen hätten. Er habe sie gefragt, ob sie mal an seinem Eis lecken wolle. Sie habe nichts dagegen gehabt und habe eingewilligt. Herr T. habe dann zu ihr gesagt, sie müsse vorher ihre Augen verbinden. Sie habe sich darüber gewundert und ihm versprochen, die Augen zuzumachen. Mit geschlossenen Augen habe sie dann das Geräusch eines Reißverschlusses gehört und die Augen geöffnet. Sie habe dann gesehen, »wie er seine Hose geöffnet hatte und sein Penis herausschaute«. Frau L. berichtete, sofort losgerannt und hingefallen zu sein. Herr T. sei ihr gefolgt, habe sie an den Schultern gepackt und auf den Rücken gedreht. Frau L. machte detaillierte Angaben über ihre Bekleidung. Sie berichtete weiter, Herr T. sei »mit seinem Finger in ihre Scheide gegangen« , worauf sie »geweint und geheult« habe. Bei dem Versuch, ihn wegzudrücken, habe er »Halt die Fresse« zu ihr gesagt. Er sei dann schließlich mit dem Penis in ihre Scheide eingedrungen und habe »immer gestoßen«. Es habe »furchtbar weh getan«, und er habe »nach Pisse« gestunken. Sie habe auch gesagt, sie würde ihrem Vater davon berichten, was ihm jedoch offenbar »egal« gewesen sei. Als er »irgendwann« aufgehört habe, habe sie an ihrem Bein »ganz viel Blut« gesehen. Er habe ihr dann ein rotes Taschenmesser an den Hals gehalten und gedroht, sie umzubringen, wenn sie etwas sagen würde.

Schließlich habe er sie wieder auf seinem Gepäckträger mitgenommen und zu Hause mit den Worten »Du weißt Bescheid« abgesetzt.

Ungefähr zwei Wochen später sei Herr T. wieder bei ihnen zu Hause gewesen und sei ins Bad gekommen, während sie in der Badewanne gesessen habe, und habe sie beobachtet. Sie wäre »am liebsten ertrunken«.

Weitere Wochen später habe er sie unter dem Tisch mit seinem Fuß am Bein und bis zu den Oberschenkeln berührt. Sie habe ihn »angefahren«, er solle das lassen und sei in ihr Zimmer »verschwunden«. Ihr Bruder habe sich über ihr Verhalten gewundert und sei ihr gefolgt und hat gefragt, was los sei. Ihm habe sie dann »oberflächlich von der Geschichte im Wald« erzählt; er sei empört gewesen und habe darauf bestanden, dass sie dem Vater »die Geschichte« erzählen müsse. Sie habe das dann auch am gleichen Tag versucht. Ihr Vater habe dann einfach nur gesagt, »er würde das nicht glauben«, und wenn, dann sei sie auch »selbst schuld«. Sie solle doch mal gucken, »was für eine aufgetakelte Tussi« sie sei.

Frau L. gab an, sie sei mit zwölf Jahren zum ersten Mal von zu Hause »abgehauen«, sei dann zunächst in ein Heim und dann wieder zurück zu ihrem Vater gekommen.

Sie habe erstmals 1995 während eines Aufenthalts in der Fachklinik für Kinder- und Jugendpsychiatrie in W. einer dort tätigen Psychologin von der Sache berichtet. Frau L. gab zum Zeitpunkt der Anzeige an, zur Zeit regelmäßig Gespräche beim Kinderschutzbund wahrzunehmen. Zu der Anzeige habe sie sich erst entschlossen, nachdem Herr T. jetzt in ihre unmittelbare Nachbarschaft gezogen sei und ihr alles hochgekommen sei, als sie ihm erneut begegnet sei.

Der Vater von Frau L., Herr M.L., berichtete am xx.09.1997 bei seiner polizeilichen Zeugenvernehmung (Bl....), dass seine Tochter seines Wissens zum ersten Mal 1996 in der Klinik in W. über diese Sache gesprochen habe: er selbst sei von dort aus informiert worden. Daraufhin habe er Herrn T., der ein Bekannter von ihm sei, zur Rede gestellt. Dieser habe ihm erklärt, dass er sich in der fraglichen Situation im Wald von Karin oral habe befriedigen lassen wollen. Dies sei 1990 gewesen; Karin sei damals in der zweiten Klasse gewesen. Herr L. erklärte, das habe ihm »gereicht«, mehr habe er sich gar nicht schildern lassen, sondern Herrn T. sofort »rausgeschmissen«.

Er selbst habe damals nichts von der Sache gemerkt, könne sich aber daran erinnern, dass er von Karins Lehrerin angesprochen worden sei, dass das Kind einen ganzen Tag lang »mehr oder weniger völlig abwesend« in der Schule gesessen habe.

Herr L. erklärte weiter, er habe mit Karin zusammen mehrere Gespräche beim Kinderschutzbund gehabt, nachdem seine Tochter mehrfach von zu Hause weggelaufen sei. Seine Tochter habe ihm selbst dann auch die fraglichen Ereignisse geschildert. Sie habe ihm auch erzählt, dass es ihr »schreckliche Schmerzen« (Bl....) bereitet hätte.

Herr L. bestätigte, dass seine Tochter einmal angefangen habe, davon zu reden, dass »der V. was von ihr gewollt habe«. Er habe das an diesem Tag aber »nicht so geglaubt, da eh schon Streit gewesen sei (Bl....).

Im Zusammenhang mit der jetzigen Anzeige habe Karin ihm erzählt, dass sie Herrn T. wieder begegnet sei und er sie von seinem Fahrrad aus »von hinten angefasst« habe (Bl....).

Der Bruder von Frau L., Herr N.L., erklärte in seiner polizeilichen Vernehmung am (Datum im September 1997), er erinnere sich noch an die Szene, als Herr T. unter dem Tisch mit seinen Füßen Kontakt zu Karin gesucht habe: Sie sei dann aufgesprungen und in ihr Zimmer gegangen, nachdem sie ihm gesagt habe, er möge damit aufhören. Er selbst sei seiner Schwester gefolgt, und sie habe ihm dann erzählt, Herr T. habe ihr ein Eis ausgegeben, sie mit in den Wald genommen, ihr die Augen verbunden, sie habe an seinem Eis lecken sollen, er habe sich aber die Hose aufgemacht. Herr T. habe, nach Angaben von Frau L., erst haben wollen, dass sie den Penis in den Mund nehme, dann habe er sie aber »einfach genommen und mit ihr geschlafen« (Bl....).

Frau L. war von (Datum im Oktober 1995) bis zum (Datum im November 1995) in der Klinik für Kinder- und Jugendpsychiatrie W. stationär untergebracht, nachdem sie mehrfach von zu Hause und aus verschiedenen anderen Unterbringungen

entwichen und lange »auf Trebe« gewesen war; das 13-jährige Mädchen war von der Polizei aus der Wohnung ihres 22-jährigen Freundes herausgeholt worden. Im Bericht der Klinik vom (Datum im Januar 1996) wurde bzgl. der hier fraglichen Ereignisse berichtet, dass Karin bei therapeutischen Gesprächen in der Klinik »fast ausschließlich über ihre Beziehung zu ihrem Vater gesprochen« habe, zu dem sie eine starke emotionale Beziehung habe. Diese Beziehung wurde als »schwer gestört« gekennzeichnet: Karin habe einerseits einen starken Wunsch nach Zuwendung durch den Vater gehabt, andererseits sei sie voller Wut und Hass auf ihn gewesen, »ausgelöst durch sein Verhalten, nachdem sie ihm den Missbrauch durch einen seiner Freunde eröffnet hatte« (Bl....).

Zusammenfassend wurde erklärt, es sei bei dem damals 13-jährigen Mädchen in den letzten Jahren zu einer »schweren emotionalen Verunsicherung und Haltlosigkeit mit einer Verwahrlosungsentwicklung gekommen; auch ihr Bruder entwickle sich im dissozialen Sinne«. Dem alleinerziehenden Vater sei es »wohl aufgrund eigener Probleme nicht gelungen »... den Kindern eine Leitlinie für ihr Leben zu vermitteln« (Bl....).

Es wurden jedoch »noch Ressourcen bei Karin gesehen, sich einem sozialen Regelsystem anzupassen, sich dort auch wohl zu fühlen und sich positiv zu entwickeln« (Bl....).

Der Psychotherapeut von Frau L., Herr H., berichtete am (Datum im Mai 1998), dass das Berichten über den sexuellen Missbrauch für sie extrem belastend gewesen sei und dass Gespräche darüber für sie mit extremen Ekelgefühlen verbunden gewesen seien. Sie habe sich »spontan an die ekelhaften Berührungen und den Mundgeruch des Täters« erinnert. Erst »seit kurzem wachse die Bereitschaft von Frau L., sich mit dem sexuellen Missbrauch in ihrer Kindheit näher auseinanderzusetzen« (Bl....).

III. Ableitung der Psychologischen Hypothesen

1. Allgemeine Grundlagen

Bei der psychologischen Glaubhaftigkeitsbeurteilung der Aussage wird geprüft, ob die (wissenschaftliche) Nullhypothese, dass die Zeugenaussage unwahr sei, aufrechterhalten werden kann, *oder* ob in einer konkreten Aussage Merkmale hinreichender Qualität dafür zu finden sind, dass diese Annahme nicht aufrechterhalten werden kann, d.h., dass angenommen werden kann bzw. muss, dass die vorliegende Aussage mit hoher Wahrscheinlichkeit auf tatsächlich Erlebtem beruht und nicht aufgrund von anderen, verfälschenden, Einflüssen zustande gekommen ist (vgl. BGH-Urteil vom 30.07.1999, veröffentlicht in: BGH-Nack: BGHSt 45 164 ff.; abgedruckt u. a. in: Praxis der Rechtspsychologie (= PRP), Heft 2, 1999, S. 113 ff.: Aus dieser Quelle wird im Folgenden zitiert).

Steller u. Volbert (1999, S. 60) formulieren als **Leitfrage der Glaubhaftigkeitsbeurteilung:**

»Könnte dieser Zeuge mit den gegebenen **individuellen Voraussetzungen** unter den **gegebenen Befragungsumständen** und unter Berücksichtigung der im konkreten Fall **möglichen Einflüssen von Dritten** diese **spezifische Aussage** machen, ohne dass sie auf einem realen Erlebnishintergrund basiert?«

Die psychologische Glaubwürdigkeitsbeurteilung von Zeugenaussagen ist nach dem heutigen Stand der theoretischen Entwicklungen und der empirisch-psychologischen Forschung, wie sie auch der BGH (a.a.O.) aufgreift, daher im Wesentlichen unter den folgenden Aspekten vorzunehmen (ausführlich: Steller u. Volbert 1999):

1. Hinsichtlich solcher Merkmale, die sich auf aussagerelevante Besonderheiten des Zeugen beziehen (sog. Aussagetüchtigkeit oder **Aussagekompetenz**).
2. Hinsichtlich der **Aussagequalität**: Dazu gehören Merkmale und Bedingungen der Aussagesituationen, welche die Zuverlässigkeit und Qualität der Aussage beeinflussen können (**Fehlerquellenanalyse**), dazu gehören auch die Entstehung (**Genese**) und die weitere Entwicklung der Aussage sowie u. U. eine Analyse der **Motivationslage in Bezug auf die (Erst-) Aussage**.
3. Die konkreten vorliegenden Aussage(n) selbst sind schließlich hinsichtlich solcher Merkmale zu untersuchen, in denen sich erlebnisbegründete Aussagen systematisch von solchen unterscheiden, denen kein selbsterlebtes Ereignis zugrunde liegt (sog. **Glaubhaftigkeitskriterien**). Die hier aufgeführten Aspekte, welche

die Grundlage für die psychologische Untersuchung und Beurteilung der Glaubhaftigkeit der Zeugenaussagen der Zeugin Karin L. darstellen, werden im Folgenden näher erläutert.

1.1 Aussagekompetenz

Zu diesen gehören zunächst Besonderheiten der Aussageperson hinsichtlich spezifischer Leistungsmöglichkeiten sowie Besonderheiten in ihrem Erleben und Verhalten, die sich auf die Zuverlässigkeit einer Zeugenaussage auswirken können (Aspekte der sog. Aussagekompetenz). Dies sind vor allem die Fähigkeit zu realitätsangemessenen Wahrnehmungen, die Leistungsfähigkeit des (autobiografischen) Gedächtnisses und das sprachliche Ausdrucksvermögen; hinzu kommen die Fähigkeit zur Unterscheidung zwischen internalen und externalen Quellen von Informationen sowie ein hinreichendes Verständnis dafür, welche Bedeutung die Aussagen für alle Beteiligten haben.

1.2 Motivation und (weitere) Fehlerquellen

Haben mehrere Befragungen stattgefunden, so ist bei der psychologischen Aussagebeurteilung weiterhin zu berücksichtigen, dass die Gesamtheit der Befragungen und ihrer Folgen für den Zeugen einen kognitiven, emotionalen und sozialen Lernprozess darstellt, in dessen Verlauf es ebenfalls zu Fehlern in der Erinnerung und/ oder der Reproduktion tatsächlicher Erlebnisse kommen kann. Situative, soziale Bedingungen können im Sinne möglicher direkter und/ oder indirekter suggestiver Einflüsse auf die Aussage bei ihrer Entstehung und Entwicklung als mögliche Störfaktoren oder Fehlerquellen wirken, welche die Zuverlässigkeit der Aussagen einschränken können. Die Anfälligkeit gegenüber suggestiven Einflüssen ist jedoch i.d.R. bei psychisch gesunden Jugendlichen oder Erwachsenen wesentlich geringer als bei jungen Kindern.

Als weiteres Merkmal, das unter bestimmten Bedingungen zur Abschätzung der Sicherheit der Gesamtbeurteilung der Aussage beitragen kann, kann die Aussagemotivation herangezogen werden. Allein das Auffinden einzelner plausibler Motive für eine mögliche Falschaussage kann dabei jedoch nicht als Hinweis auf eine bewusst unzutreffende Aussage verstanden werden, da eine derartige Handlung – wie die Motivationsforschung zeigt – auf der Basis eines komplexen Gefüges aus mehreren (zeitlich überdauernden und aktuellen) Motiven und situativen äußeren Anregungsbedingungen der jeweiligen Handlungssituation (hier z. B. der Erstaussage) zustande kommt.

Eine Motivationsanalyse kann dann einen Beitrag zu Sicherheit der Glaubhaftigkeit einer Aussage leisten, wenn »Motivationshypothesen sowohl für den hypothetischen Fall einer Falschaussage als auch für den Fall einer subjektiv wahren Aussage ausdrücklich formuliert werden, und... die Argumente dafür, eine der beiden Hypothesen für plausibler zu halten als die andere, expliziert werden« (Greuel et al. 1998, S. 179). In dieser Weise soll hier die Aussagemotivation betrachtet werden, wenn auch, wie oben erläutert, den Schlussfolgerungen aus der Motivationsanalyse ein geringerer Stellenwert einzuräumen ist als den Ergebnissen der inhaltlichen Aussagenanalyse selbst.

Neueste Forschungsergebnisse zeigen, dass bei einer differenzierteren Betrachtung motivationaler Merkmale, die in einer Aussage enthalten sind, einige solcher Merkmale geeignet sind, mit guter Zuverlässigkeit zwischen erlebnisbegründeten und Falschaussagen zu unterscheiden; dazu gehören die Darstellungen von Erinnerungsbemühungen innerhalb der Aussagen und geäußerte Unsicherheiten bzgl. der Richtigkeit eigener Angaben (Niehaus, Forschungsreferat Jena am 27.09.2000; Anm.: inzwischen veröffentlicht in Niehaus 2001).

1.3 Qualität der Aussageinhalte

Ist davon auszugehen, dass die o. g. Facetten der Aussagekompetenz eines Zeugen hinreichen, um eine zuverlässige Zeugenaussage erwarten zu können, und ergeben sich aus der Aussageentstehung und -entwicklung keine Hinweise darauf, dass verzerrende oder verfälschende Einflüsse auf die Aussage in einem Maße stattgefunden haben, dass nicht mehr davon ausgegangen werden kann, dass eine zuverlässige Erinnerung und Unterscheidung von Selbsterlebtem und aus anderen Quellen Erfahrenem noch möglich ist, können die Inhalte einer konkreten Aussage einer kriterienorientierten Aussageanalyse unterzogen werden (Steller u. Köhnken 1989). Hierbei lassen sich allgemeine, spezielle und motivationsbezogene Merkmale der Aussage unterscheiden (s. u.); als Qualitätsmerkmale, die über die Einzelaussage hinausgehen, sind Präzisierbarkeit und das Ausmaß der Konstanz der vorliegenden Aussagen zu prüfen.

Der Konzentration auf die inhaltliche Aussagenanalyse liegt die – auf umfangreicher praktischer Begutachtungserfahrung beruhende – Annahme zugrunde, dass erlebnisbegründete Aussagen sich in ihrer Qualität von solchen unterscheiden, denen kein selbsterlebtes Ereignis zugrunde liegt (sog. Undeutsch-Hypothese; s. Undeutsch 1967, S. 125). Verschiedene Autoren legten dazu inhaltliche Kriterienkataloge vor (Undeutsch 1967, 1993; Trankell 1971; Arntzen 1993; Littmann u. Szewczyk 1983).

Zahlreiche wissenschaftliche Untersuchungen stützen inzwischen insgesamt die Undeutsch-Hypothese, und ihre Ergebnisse weisen darauf hin, dass viele der postulierten Glaubhaftigkeitskriterien in hohem Maße geeignet sind, erlebnisbegründete Aussagen von ausgedachten Aussagen zu unterscheiden.

Als notwendige, aber nicht hinreichende Mindestanforderungen, die man in jeder erlebnisgestützten Aussage erwarten kann, nennen Greuel et al. (1998, S. 161/162)
- die logische Konsistenz der Aussage.
- ein bestimmter Detaillierungsgrad der Aussage.
- eine (differenzierte) Konstanz der Aussage.

Als zusätzliche Qualifizierungsmerkmale einer Aussage, die eine besonders hohe Belegkraft für die Erlebnisbegründetheit einer Aussage haben, führen die genannten Autoren an:
- »Schilderung von Handlungskomplikationen,
- phänomengemäße Schilderung unverstandener Handlungselemente,
- Schilderung des Erlebens phänomenaler Kausalität,
- Schilderung origineller Details,
- Schilderung von Interaktions*ketten*,
- Schilderung von Wirklichkeitskontrollen,
- *Spontane* Präzisierbarkeit der Aussage« (Greuel et al. 1998, S. 162).

Die hier bzw. im Folgenden genannten Kriterien bilden – als Anforderungsprofil – die Grundlage für eine psychologische Aussagenanalyse. Von Steller u.

Köhnken (1989; Steller et al. 1992) wurden die vorliegenden Kriteriensysteme integriert zu einer Zusammenstellung sog. Glaubhaftigkeitskennzeichen von Aussagen. Diese Systematisierung umfasst fünf Kategorien von Merkmalen einer Aussage:

Allgemeine Merkmale, die sich auf die gesamte Aussage beziehen:
- logische Konsistenz
- unstrukturierte Darstellung
- quantitativer Detailreichtum

Spezielle Inhalte (bezogen auf einzelne Inhalte; zu beurteilen nach dem Ausmaß der Konkretheit/ Anschaulichkeit der Schilderung: kognitiver Aspekt):
- raum-zeitliche Verknüpfungen
- Interaktionsschilderungen
- Wiedergabe von Gesprächen
- Schilderungen von Komplikationen im Handlungsablauf

Inhaltliche Besonderheiten (bezogen auf einzelne Inhalte; zu beurteilen nach dem Ausmaß der Konkretheit/ Anschaulichkeit der Schilderung: kognitiver Aspekt):
- Schilderung ausgefallener Einzelheiten
- Schilderung nebensächlicher Einzelheiten
- Phänomengemäße Schilderung unverstandener Handlungselemente
- indirekt handlungsbezogene Schilderungen
- Schilderung eigener psychischer Vorgänge
- Schilderung psychischer Vorgänge des Täters

Motivationsbezogene Inhalte (bezogen auf die Inhalte der Aussage):
- Spontane Verbesserungen der eigenen Aussage
- Eingeständnis von Erinnerungslücken
- Einwände gegen die Richtigkeit der eigenen Aussage
- Selbstbelastungen
- Entlastung des Angeschuldigten

Deliktspezifische Inhalte:
Deliktspezifische Aussageelemente (z. B. Schweigegebot, Beschreibung von Ejakulationsvorgängen, Eingangs- und Ausgangsrituale von sexuellen Handlungen).

Diese Kriterien sind nun nicht als Checkliste zu betrachten, die im Einzelfall abzuarbeiten wäre und als Auszählergebnis die Diagnose »Aussage wahrscheinlich glaubhaft« oder »Aussage wahrscheinlich nicht glaubhaft« erbringen würde. Die Aussageinhalte müssen vielmehr integriert und gewichtet werden unter Berücksichtigung des Bedingungsgefüges der oben angeführten personenspezifischen und situativen Rahmenbedingungen einer vorliegenden Aussage im Sinne der Datenaggregation (vgl. BGH-Urteil 1999).

Die Annahme, dass das (aussagebegleitende) Ausdrucksverhalten, also Gestik und Mimik als nonverbaler Ausdruck von Emotionen wie Sprechverhalten, Sprechstörungen und die Verwendung von Illustratoren Hinweise auf die Glaubhaftigkeit einer Aussage geben könne, konnte durch die bisherigen Untersuchungen dazu nicht gestützt werden. Dies bedeutet, dass bestenfalls der aktuelle psychische Zustand des Zeugen zutreffend wahrgenommen werden kann; weitere Schlussfolgerungen aus dem Ausdrucksverhalten in Bezug auf die Glaubhaftigkeit der Aussage müssen hingegen als eher spekulativ angesehen werden (Köhnken 1990).

2. Fallspezifische Hypothesen

Für die psychologische Beurteilung der Glaubhaftigkeit der Zeugenaussagen von Karin L. sind auf dieser Grundlage folgende Teilfragestellungen zu beantworten:

2.1 Aussagekompetenz

Verfügt Frau L. über die kognitiven Voraussetzungen (Wahrnehmungsfähigkeit, Erinnerungsfähigkeit und sprachliche Ausdrucksfähigkeit), die eine zuverlässige Aussage überhaupt erwarten lassen? Erhebliche Einschränkungen in diesen Bereichen können dazu führen, dass die Frage, ob eine Aussage wahrscheinlich erlebnisfundiert ist, mit psychologischen Methoden nicht mehr zu beantworten ist (*Kompetenzanalyse*). Notwendig dafür, dass eine zuverlässige Aussage gemacht werden kann, ist z. B., dass der Zeuge in der Lage ist, Realität und Phantasie zu unterscheiden. Dies ist jedoch bei psychisch gesunden Jugendlichen und Erwachsenen i.d.R. vorauszusetzen; Einschränkungen gibt es diesbezüglich eher bei jungen Kindern, psychisch Kranken und geistig behinderten Zeugen.

2.2 Fehlerquellenanalyse

2.2.1 Liegen im Bereich der **Motivation** von Frau L. Störfaktoren vor, welche möglicherweise die Zuverlässigkeit der Aussage einschränken? Hierbei ist z. B. zu fragen, ob Frau L. selbst oder eine andere Person Vorteile oder Nachteile durch die Beschuldigung bzw. durch eine mögliche Verurteilung des Beschuldigten haben könnte. In diesem Zusammenhang ist u.a. die frühere und jetzige Beziehung der Zeugin zum Beschuldigten von Bedeutung.

Anzumerken ist jedoch, dass wissentliche Falschbeschuldigungen mit Schädigungsabsicht im Vergleich zu anderen Arten von Falschaussagen (als Folge von Irrtum, Projektion, Induktion, Fremd- oder Autosuggestion) relativ selten vorkommen.

2.2.2 Aussagegenese und Aussageentwicklung
Jedoch ist zu beachten, dass auch bei Vorliegen von Falschbeschuldigungsmotiven beim Zeugen der **Aussageinhalt** erlebnisbegründet sein kann. Der Untersuchung der **Aussagegenese kommt daher ein wesentlich höherer Stellenwert zu als dem Auffinden möglicher einzelner Belastungsmotive**.

Aus dieser Analyse der Aussagegenese lassen sich auch Hinweise darauf ableiten, ob die Aussagen von Frau L. u. U. durch Fremdbeeinflussungen (Induktion, Suggestion) zustande gekommen sein könnten. Daher ist zu untersuchen, ob es für Frau L. Personen gibt, die starken psychischen Einfluss auf sie haben und die ein Interesse an einer Falschbeschuldigung haben könnten.

Weiterhin ist hier zu fragen, ob Frau L. evtl. eigene Erlebnisse, die sie tatsächlich hatte, irrtümlich oder intentional auf den Beschuldigten transferiert haben könnte; auch hierzu können sich Hinweise aus der Analyse der Aussagegenese und der Aussageinhalte ergeben: Zuverlässige Glaubhaftigkeitskennzeichen wie z. B. Verflechtung mit eigenen Lebensumständen können einen Beitrag zur Prüfung dieser Hypothese leisten.

Zu prüfen ist außerdem, ob es Hinweise darauf gibt, dass die Aussagen von Frau L. vollständig oder teilweise Produkte von suggestiven Befragungssituationen und/ oder -techniken sind. Dies kann von Bedeutung sein, da die Zeugin inzwischen mehrfach Aussagen gemacht hat und sich psychotherapeutischen Behandlungen unterzogen hat. Hierzu bietet sich vor allem eine Prüfung der differenzierten Konstanz der Aussage an.

Schließlich ist zu untersuchen, ob Hinweise darauf bestehen, dass es sich bei den Aussagen der Zeugin um ein Phantasieprodukt handelt in dem Sinne, dass sie Ereignisse für real erlebt hält, die tatsächlich jedoch ihrer Vorstellung (als reine Erfindung, als Traumbild oder als illusionäre Wahrnehmung) entsprungen sind.

2.3 Kriterienorientierte Inhaltsanalyse der Aussage

Auf dieser Grundlage wird schließlich zu prüfen sein, inwieweit die Aussagen von Frau L. solche Merkmale aufweisen, die erlebnisfundierte Aussagen von nicht erlebnisfundierten Aussagen unterscheiden.

IV. Untersuchungsmethoden

1. Informationsgrundlage für die Planung der psychodiagnostischen Untersuchungen bildeten die Inhalte der **Akte des Landgerichts B.** (Az xxx); diese wurden als **Anknüpfungstatsachen** in den hier relevanten Ausschnitten oben bereits dargestellt.

Zur Beantwortung der oben entwickelten Hypothesen wurden darüber hinaus die folgenden psychologischen Untersuchungsmethoden eingesetzt:

2.1 Zur **Aussagetüchtigkeit** (Wahrnehmung, Gedächtnis, Sprachproduktion): Aufgrund der Schilderungen fallneutraler, d. h. nicht auf das inkriminierte Geschehen bezogener Erlebnisse ließ sich das allgemeine **Sprach- und Frageverständnis der Zeugin** abschätzen sowie ihre **Fähigkeit zur Sprachproduktion**.

Auf testpsychologische Untersuchungen hierzu wurde verzichtet, da allgemeine Intelligenz- und Gedächtnistests kaum diejenigen Aspekte der geistigen Leistungsfähigkeit erfassen, die im vorliegenden Zusammenhang von Bedeutung sind. Darüber hinaus geben (objektivierbare) Angaben über Schulerfolg bzw. (Aus-)Bildungsstand in hinreichendem Maße Hinweise auf die hier relevanten Fähigkeiten und Fertigkeiten (s. dazu auch Greuel et al. 1998, S. 46; Steller u. Volbert 1999, S. 64).

Auf eine Prüfung der sog. Phantasiefähigkeit wurde ebenso verzichtet, da

- das Konzept nicht hinreichend definiert ist und daher im vorliegenden Zusammenhang keinen Beitrag zur Beantwortung der Fragestellung liefert;
- hierzu infolgedessen keine zuverlässigen und/oder aussagekräftigen Verfahren vorliegen;
- die Bedeutung einer bestimmten Art und eines bestimmten Ausmaßes von Phantasiefähigkeit eines Zeugen in Bezug auf beliebige Themen keine Generalisierung zulässt auf die Fähigkeit, sich Berichte über sexuelle Erlebnisse ausdenken zu können (s. dazu z. B. Undeutsch 1993).

2.2 Zur **Motivation, zur Aussageentstehung und -entwicklung:**
Motivationale und situative Bedingungen, die für die Aussageentstehung und -entwicklung und die Einschätzung möglicher Fehlerquellen wichtig sind, wurden in der Exploration mit Frau L. erhoben. In diesem Gespräch wurden Auskünfte zu den folgenden, dafür relevanten Themen eingeholt:
- ihre derzeitige Lebenssituation
    - ihre frühere und jetzige Beziehung zu ihrem Vater, zu weiteren, für sie wichtigen (Vertrauens-) Personen (»significant others«) und zu Gleichaltrigen
    - ihre frühere und jetzige Beziehung zum Beschuldigten
    - ihre derzeitige subjektive psychische Verfassung
    - Sexualanamnese (Einstellungen, sexuelles Verhalten)
    - ihre Zukunftsvorstellungen und Erwartungen, soweit sie mit dem derzeitigen Verfahren und den daran beteiligten Personen in Zusammenhang stehen

2.3 Zur **aussagepsychologischen Analyse:**
In der Exploration zur Sache mit Frau L. wurden diesbezüglich folgende Bereiche angesprochen:
- situative und psychologische Bedingungen für ihre (Erst-)Aussage (Motive)
- ihre Darstellung der in Frage stehenden Vorfälle
- wie sie die Folgen und Entwicklungen im Anschluss an die Anzeige erlebt (hat)

Rahmenbedingungen der psychologischen Untersuchung

Die psychologische Untersuchung mit Frau L. wurden am (Datum im September 2000) (2,5 Stunden) in der Praxis der Gutachterin in A. durchgeführt.

Frau L. wurden die Aufgabenstellung und die Rolle der Gutachterin erklärt, u. a. auch deren Berichtspflicht an das Gericht bzgl. aller Informationen, die für die Beantwortung der gutachterlichen Fragestellung wichtig sind. Der Untersuchungsplan wurde ihr erläutert.

Vor Beginn des Gesprächs wurde Frau L. erklärt, dass ihre Teilnahme an der Untersuchung freiwillig sei und sie ein Auskunftsverweigerungsrecht habe (im Sinne des § 55 Abs. (1) StPO). Der allein sorgeberechtigte Vater von Frau L. hatte sein Einverständnis mit der Begutachtung erklärt. Frau L. selbst erklärte sich bereit, bei der Begutachtung mitzuarbeiten und auszusagen. Frau L. wurde auf ihre Wahrheitspflicht hingewiesen.

Die Zeugin wurde ausschließlich von der Unterzeichnenden allein, ohne Anwesenheit weiterer Personen exploriert. Die Explorationen wurden mit Einverständnis von Frau L. auf Tonband aufgezeichnet und wörtlich transkribiert.

V. Ergebnisse der aussagepsychologischen Untersuchungen

1. Zur Aussagekompetenz von Frau L.

Die aussagepsychologisch relevanten Merkmale der geistigen Leistungsfähigkeit (Wahrnehmungsfähigkeit, autobiografisches Gedächtnis, sprachliche Reproduktionsfähigkeit) von Frau L. wurden im Rahmen der fallneutralen Exploration geprüft.

Frau L. berichtete, ihr Vater und ihre Lehrer hätten sie nach der Grundschule zum Gymnasium schicken wollen; das habe sie aber nicht gewollt, weil sie zum einen die dortigen Schüler ausnahmslos für »Streber« gehalten habe, und zum anderen viele Freunde gehabt habe, welche die Hauptschule besucht hätten. Dort habe sie deshalb auch hingehen wollen. Sie habe dann begonnen, häufig die Schule zu schwänzen. Man habe sich dann auf den Kompromiss eines Realschulbesuchs geeinigt. Dort habe sie dann aber auch häufig den Unterricht nicht besucht. Nach eineinhalb Jahren sei sie von der Schule »geflogen« und zur Hauptschule gegangen. Dort sei sie zunächst »glücklicher« gewesen, aber »auch nicht viel regelmäßiger« hingegangen. Weil sie dann dort auch »Schwierigkeiten« bekommen habe, sei sie dort in der achten Klasse abgegangen. Sie sei dann viel »unterwegs« gewesen (Entweichungen von zu Hause, aus Unterbringungsstellen; Klinikaufenthalt) und habe auch zeitweise (von ihrem 12. bis zu ihrem 14. Lebensjahr) verschiedene Drogen genommen, wenn sie sich für das »Ausgehen« gute Laune habe verschaffen wollen. Das habe sie aus »Neugier« begonnen, sie sei nie »süchtig« gewesen und genauso, wie sie das begonnen habe, habe sie vor mehr als drei Jahren damit auch wieder aufgehört. Seitdem nehme sie keine Drogen mehr, ab und zu trinke sie Alkohol, jedoch nur in Gesellschaft.

Sie habe jedoch inzwischen den Hauptschulabschluss in der VHS nachgeholt und arbeite jetzt dort auf den Realschulabschluss hin: Wegen guter Abschlussleistungen habe sie ein Semester überspringen können. Nach dem Realschulabschluss wolle sie entweder eine Ausbildung zur Stewardess machen oder das Fachabitur ablegen; danach dann evtl. Psychologie oder Sozialpädagogik studieren.

Frau L. arbeitete während der gesamten (mit Pause) zweieinhalb Stunden dauernden Exploration konzentriert mit. Wie (auch) aus dem im Anhang angeführten Wortprotokoll der Aussage zur Sache (Seitenzahlen mit E 1 beginnend) hervorgeht, konnte sie ausführliche, zusammenhängende Berichte über Ereignisse, Erlebnisse und Abläufe geben, die in sich logisch konsistent, nachvollziehbar, detailliert, konkret und damit anschaulich waren. Frau L. ist – sicherlich auch aufgrund ihrer Therapieerfahrenheit – sehr gut in der Lage, ihre Gedanken und Gefühle differenziert zu reflektieren und in treffende Worte zu fassen (gute Verbalisationsfähigkeit, verbunden mit hoher Intelligenz). Sie berichtete von sich aus, auf allgemeine Berichtsaufforderungen bzw. offene Fragen hin gab sie häufig mehr als nur die kürzeste Antwort (sog. Überhangantworten).

Auch die von Frau L. berichteten epilepsieartigen Anfälle, denen nach Angaben von Frau L. kein organischer Befund zugrunde liegt, bieten keinen Anhaltspunkt für die Annahme gravierender Einschränkungen der Wahrnehmungsfähigkeit und des Gedächtnisses, die für die vorliegende Fragestellung nach der Möglichkeit, zutreffende Erinnerungen an das hier fragliche Erlebnis aktualisieren und verbalisieren zu können, von Bedeutung sein könnten.

Daher bleibt bzgl. der Aussagekompetenz von Frau L. festzuhalten:

Weder aus den Angaben in der Akte noch aus der fallneutralen (d. h. nicht mit den Vorwürfen des sexuellen Missbrauchs in Zusammenhang stehenden) Exploration von vergangenen Erlebnissen der Zeugin ließen sich Hinweise für eine erheblich gestörte bzw. eingeschränkte Wahrnehmungs- oder Gedächtnisfunktion erkennen.

Aus fachlichen und fachethischen Gründen wurde daher hier, in Übereinstimmung mit der einschlägigen Fachliteratur, auf eine weitergehende, z. B. testgebundene Überprüfung dieser Fähigkeiten verzichtet (Greuel et al. 1998, S. 75–77 und S. 79–88; s. dazu auch Urteil des BGH, zitiert aus Praxis der Rechtspsychologie (= PRP) 2000, S. 116).

Unter den hier vorliegenden Bedingungen ist ein weitergehender Eingriff in die Persönlichkeitssphäre, wie sie auch eine ausführliche Intelligenzdiagnostik darstellen würde, nicht zu rechtfertigen, zumal eine solche in diesem Fall nicht zur Klärung der Fragestellung beitragen würde. Es sind nämlich bei einer Begutachtung am Einzelfall nur diejenigen Hypothesen zu formulieren und zu prüfen, die für die konkrete Fragestellung relevant sind und für die es – z. B. aufgrund bereits vorliegender Informationen – konkrete Anhaltspunkte gibt (hypothesengeleitete Diagnostik , die u. a. die Abwägung zwischen materiellen, sozialen und psychischen Kosten und ebensolchem Nutzen einbezieht (s. u. a. BGH-Urteil in PRP 2000, S. 123). Eine ausführliche Diskussion der Zeugentüchtigkeit eines jugendlichen Zeugen ist im Sinne einer sequenziellen diagnostischen Strategie daher nur in den Fällen angezeigt, in denen konkrete Hinweise auf mögliche aussagerelevante Beeinträchtigungen vorliegen (vgl. dazu z. B. Steller u. Volbert 1999, S. 60f. und S. 77). Dies war hier jedoch nicht der Fall.

Zur Sexualanamnese berichtete Frau L., dass sie mit zwölf Jahren ihren ersten – einvernehmlichen – Geschlechtsverkehr mit einem ca. eineinhalb bis zwei Jahre älteren Jungen gehabt habe; vorher habe sie nur »rumgeknutscht und Händchen gehalten«: Sie sei damals neugierig auf die »Praxis« gewesen, nachdem ihr die »Theorie« schon lange bekannt gewesen sei. Das »erste Mal«, von dem sie sich

»ganz früher was Besonderes erhofft« habe, sei ihr aber nun »egal« gewesen. Das sei »ganz schnell«, nach kurzer Bekanntschaft, darauf hinausgelaufen, dass man miteinander geschlafen habe. Probleme habe es dabei für sie nicht gegeben, auch hinterher habe sie es nicht bereut. Es seien bei ihr damals auch keine (negativen) Erinnerungen an Herrn T. aufgetaucht. Diesem Jungen habe sie auch nichts darüber erzählt.

Das habe sie erst bei ihrem späteren Freund und jetzigem Ex-Freund getan, bei dem sie dann auch eine Zeitlang gewohnt habe. Mit ihm habe sie sich schon sehr schnell sehr gut verstanden, sodass sie bereits nach einigen Tagen ihr früheres Erlebnis mit Herrn T. erzählt habe. In sexueller Hinsicht könne sie es »manchmal gar nicht leiden«, wenn jemand ihr »ins Gesicht tatsche« oder an ihrem Hals lecke. Da bekomme sie »einen Ekel«; einmal sei sie auch richtig ausgeflippt und habe ihrem Freund den Hals zerkratzt. Ihr Freund habe dafür, dass sie manchmal Probleme beim Sex gehabt habe, »immer Verständnis« gehabt.

Weiterhin berichtete Frau L. über zahlreiche frühere Verhaltensauffälligkeiten (Stehlen, Weglaufen, Drogenkonsum), psychische Störungen (Konzentrationsprobleme, Depression, zwei Selbstmordversuche, Albträume) sowie über psychosomatische Beschwerden und Erkrankungen (chronische Bauchschmerzen, epilepsieartige Anfälle u. ä.; auch eine bulimische Symptomatik); nach Angaben von Frau L. lägen – nach Aussagen ihrer Ärzte – für ihre Beschwerden keine körperlichen Ursachen vor, das komme alles »von der Psyche«; die Symptome träten z. T. heute noch auf und seien besonders heftig, wenn sie »Stress« habe.

2. Motivationale Aspekte, Aussageentstehung und -entwicklung

Motivationale und situative Bedingungen, die für die Aussageentstehung und -entwicklung wichtig sind, wurden einerseits der Akte, andererseits in der Exploration mit Frau L. erhoben.

2.1 (Familiäre) Beziehungen von Frau L.

Frau L. erklärte, sie sei das dritte Kind ihrer Mutter; diese sei bei ihrer Geburt erst 19 Jahre alt gewesen. Sie habe ihre Mutter immer gehasst, weil diese sie durch die frühe Trennung habe »hängen lassen«; die Familie des Vaters habe auch immer nur schlecht über sie gesprochen. Sie habe inzwischen erfahren, dass ihre Mutter von ihrem eigenen Vater als Kind sexuell missbraucht worden sein solle. Ihre Mutter lebe jetzt seit sechs oder sieben Jahren in Indonesien; sie wolle in Kürze zu Besuch zu ihr kommen. Frau L. meinte, das glaube sie aber erst, wenn die Mutter »vor ihr stehe«. Sie habe schon das Bedürfnis, mit ihrer Mutter über vieles zu reden, weil es sie erschrecke, wie sie selbst dabei sei, das Leben ihrer Mutter zu wiederholen, bis auf die frühe Mutterschaft und Ehe. Sie wolle ihren Kindern sehr viel mehr Liebe und Zuwendung geben, als sie selbst bekommen habe. Diese habe sie auch bei ihrem Vater immer vermisst: Von ihm habe sie keine Unterstützung, kein Lob und keine Zärtlichkeit erlebt; für ihn und ihren ältesten Bruder sei sie »immer nur die Putzfrau« gewesen. Frau L. meinte jedoch auch, ihr Vater »könne nichts dafür«, er könne seine Gefühle nicht zeigen bzw. äußern. Sie sei überzeugt davon, dass er sie wirklich liebe; er sei eben auch mit der Versorgung und Erziehung von zwei kleinen Kindern, mit denen die Mutter ihn habe »sitzen lassen«, überfordert gewesen. Sie habe »halt von ihm nur die Bestätigung« haben wollen, dass er sie liebe, danach habe sie sich immer gesehnt. Die heftigen Streitigkeiten mit dem Vater und ihr früheres häufiges Weglaufen und »Ausbrechen« aus Regelungen erklärte Frau L. mit einem »immer schon vorhandenen großen Freiheitsdrang« und mit einer großen Neugier, etwas auszuprobieren und dann selbst zu entscheiden, ob man einen Beruf, eine Beziehung oder auch z. B. Drogenkonsum fortführen oder beenden wolle.

Frau L. berichtete, sie habe nie eine Vertrauensperson gehabt, mit der sie über alles, z. B. über Probleme oder Fragen, die sie gehabt habe, habe sprechen können, weder innerhalb noch außerhalb der Familie, weder Ältere noch Gleichaltrige. In ihrer Familie habe »mehr so jeder für sich gelebt, mehr wie in einer Wohngemeinschaft«.

Auch jetzt habe sie keine engen Freundinnen oder Freunde; wenn sie Probleme habe, könne sie das mit ihrem Betreuer vom Jugendamt besprechen; das mache sie auch manchmal. Bisher habe ihr die Therapie in der Klinik und diejenige beim Kinderschutzbund sehr geholfen: dort habe sie gelernt, ihre Probleme zu erkennen, über ihre Schwierigkeiten zu sprechen, ihnen auf den Grund zu gehen, und, wie sie sich selbst helfen könne. Inzwischen glaube sie, dass sie die Therapie nicht mehr so benötige, daher wolle sie diese jetzt langsam beenden.

Ihre frühere Beziehung zu Herrn T. bezeichnete sie so, dass da »eigentlich gar keine Beziehung« bestanden habe: Er sei »halt ein Freund des Vaters« gewesen, der sich oft in ihrer Wohnung aufgehalten habe. Gespräche habe es kaum gegeben, da dies für sie und ihren Bruder »nicht interessant« gewesen sei. Man sei »mehr aneinander vorbei gelaufen«. Es sei jedoch mehrfach vorgekommen, dass sie ohne den Vater mit Herrn T. allein in der Wohnung gewesen seien; es habe sie und ihren Bruder dann sehr gestört, dass er ihnen gegenüber versucht habe, »den Hausherrn raushängen zu lassen«. Nach dem »Vorfall im Wald« habe sie noch mehr versucht, ihm auszuweichen; er habe sie auch nicht mehr auf diesen Vorfall angesprochen. Danach habe er sie »noch ein paar Mal belästigt«, indem er sie in der Badewanne beobachtet habe.

Frau L. gab an, äußerlich habe sie Herrn T. schon immer »hässlich« gefunden, da er sehr ungepflegt gewesen sei.

Sie wünsche sich heute, dass er eine lebenslange Gefängnisstrafe bekomme, damit er kein Kind mehr vergewaltigen könne. Sie selbst habe auch Angst um ihr Leben, weil er sie ja »auch aus 30 Meter Entfernung erschießen« könne.

2.2 Zur Aussageentstehung und Aussageentwicklung

Nach Frau L.s Angaben habe sie zum allerersten Mal ihrem Bruder von »der Sache« erzählt, an dem Tag, an dem Herr T. unter dem Tisch mit den Füßen Kontakt zu ihren Beinen gesucht habe. Ins Detail sei sie da aber nicht gegangen, ebenso wenig bei dem kurz darauf folgenden Versuch, sich ihrem Vater gegenüber zu äußern. Da ihr Vater ihr nicht geglaubt habe, sondern sie statt dessen beschimpft habe, habe sie ihn ab diesem Zeitpunkt »abgrundtief gehasst«.

Dazu ausführliche Einzelheiten zu erzählen, sei sie erst innerhalb der Therapie in der Klinik in W. zum ersten Mal in der Lage gewesen. Da habe auch ihr Vater davon erfahren. Danach habe sie es auch in der Therapie beim Kinderschutzbund berichtet.

Als sie 1997 Herrn T. mehrfach in der Umgebung ihrer Wohnung gesehen habe, habe sie große Angst bekommen und auch Wut auf ihn; sie habe dann von ihrem Vater erfahren, dass Herr T. wieder in der Nähe wohne. Nachdem er sie dann auch einmal im Park mit einem Messer bedroht habe, habe sie sich entschlossen, ihn anzuzeigen und sei zur Anwältin gegangen, der sie über das frühere Erlebnis mit Herrn T. berichtet habe (Anm.: Juli 1997).

Einmal sei er danach auch bei ihrer neuen Wohnung aufgetaucht und habe nach ihr geklingelt und gerufen. Sie habe vor Angst gezittert, aber natürlich nicht die Tür geöffnet. Er sei dann auch wieder gegangen. Wenn sie Herrn T. in der Stadt sehe, gerate sie in Panik, sie versuche, möglichst unerkannt zu bleiben und ihm auszuweichen. Frau L. erklärte, dies sei auch einer der Gründe, warum sie sich oft die Haare färbe.

(Ausführlich zur Erstaussagesituation und die Weiterentwicklung s. Wortprotokoll, S.E...)

3. Exploration »zur Sache« mit Frau L.

Die Explorationsausschnitte, die sich auf den Vorwurf des sexuellen Missbrauchs beziehen und die daher für die Beantwortung der Fragestellung von entscheidender Bedeutung sind, sind im Anhang des Gutachtens *wörtlich wiedergegeben* (Transkript des Tonbandes); die Seitenzahlen der Explorationsniederschrift sind mit E1 bis E... bezeichnet.

VI. Psychologischer Befund

Im folgenden Psychologischen Befund werden die oben ausführlich berichteten Einzelergebnisse zur Beantwortung der Psychologischen Hypothesen (s. S....ff. des Gutachtens) unter Berücksichtigung der entsprechenden psychologisch-wissenschaftlichen Erkenntnisse und Forschungsergebnisse zueinander in Beziehung gesetzt. Daraus werden die gutachterlichen Schlussfolgerungen und die Beantwortung der gerichtlichen Fragestellung abgeleitet.

1. Zu den individuellen Voraussetzungen für eine zuverlässigen Zeugenaussage (Kompetenzanalyse)

Hier werden zunächst diejenigen personbezogenen Merkmale von Frau L. diskutiert, die oben unter dem Aspekt der Aussagekompetenz aufgeführt wurden. Das sind die Fähigkeit zu realitätsangemessenen Wahrnehmungen, Aspekte des autobiografischen Gedächtnisses und die sprachliche Ausdrucksfähigkeit.

Es fanden sich keine Hinweise darauf, dass die Wahrnehmungsfähigkeit von Frau L. zum Zeitpunkt des hier fraglichen Ereignisses dauerhaft oder situativ, z. B. durch Alkohol, Drogen oder Medikamente, eingeschränkt gewesen wäre: Frau L. war zum Zeitpunkt des angeblichen Erlebnisses erst acht Jahre alt. **Es ist daher von einer hinreichenden Wahrnehmungsfähigkeit der Zeugin auszugehen.**

Im Hinblick auf ihre Erinnerungsfähigkeit bestanden zum Zeitpunkt der Exploration von Frau L. ebenso **keine Hinweise darauf, dass ihre Gedächtnisfunktionen (v. a. die des autobiografischen Langzeitgedächtnisses) in einer Weise eingeschränkt wären, dass sie die grundsätzliche Zuverlässigkeit einer Zeugenaussage beeinträchtigen würden**. Die von Frau L. angeführten Erinnerungsunsicherheiten (trotz großen Erinnerungsbemühens; s. dazu Volbert u. Teske 2000) im Zusammenhang mit dem fraglichen Ereignis entsprechen denjenigen, die gedächtnispsychologisch zu erwarten sind: Sie beziehen sich vor allem auf die zeitliche Einordnung des angeblichen Erlebnisses; derartige Rekonstruktionen von länger zurückliegenden Erlebnissen sind auch in erlebnisbegründeten Aussagen häufig schwierig und Schwankungen unterworfen (Greuel et al. 1998, S. 131f.; Christianson 1997; Undeutsch 1967).

Auf Beeinträchtigungen der hier zentralen Gedächtnisinhalte durch die Wirkungen von Drogenkonsum, von therapeutischen Einflüssen und/oder des reinen Zeitablaufs gibt es ebenso keine Hinweise.

Die verbale Ausdrucksfähigkeit von Frau L. reicht bei Weitem aus, um eine differenzierte Zeugenaussage zu machen. Die Struktur der sprachlichen Äußerungen (Zusammenhang, Logik, Satzbau, differenzierter Wortschatz, Verbalisierung von Emotionen, Ausführlichkeit) unterscheidet sich nicht zwischen ihren Berichten über fallneutrale Erlebnisse und der Aussage über das angebliche Missbrauchsgeschehen.

Frau L. ist zumindest verbal in der Lage, zwischen klar Erinnertem und womöglich nachträglichen Interpretationen und Reflexionen (als Ergebnis ihrer Therapien) zu unterscheiden. Die von Frau L. angegebenen Erinnerungsunsicherheiten können als Hinweis darauf gesehen werden, dass die Angaben, die sie demgegenüber als real darstellt, wahrscheinlich wirklich erlebnisbegründet sind.

Eine weitere, z. B. testgebundene Prüfung allgemeiner bzw. formaler Intelligenzfaktoren erübrigte sich nach alle dem – im Sinne einer hypothesengeleiteten Diagnostik (s. o.) – im vorliegenden Fall.

Die im Rahmen der Begutachtung der Zeugin erhobenen und oben berichteten Informationen gaben also insgesamt keine Hinweise auf Einschränkungen dieser Grundvoraussetzungen für die Möglichkeit, eine zuverlässige Zeugenaussage zu machen: Weder aus den Berichten über frühere Aussagen noch aus der psychologischen Exploration ergaben sich Anhaltspunkte für überdauernde oder situationsbedingte Einschränkungen hinsichtlich ihrer (bereichsspezifischen) Wahrnehmungsfähigkeit, ihrer grundsätzlichen Erinnerungsfähigkeit oder ihrer Verbalisationsfähigkeit für Selbsterlebtes.

2. Motivationale Aspekte, Aussageentstehung und -entwicklung

Finden sich in einer Aussage motivationale Tendenzen, von denen aussageverfälschende Wirkungen ausgehen können, so können solche motivationalen Zusammenhänge Zweifel an der Glaubhaftigkeit wecken, »die allerdings durch eine besondere Qualität der Aussage in anderen Merkmalen besänftigt werden können« (Greuel et al. 1998, S. 169). Bei einer Übereinstimmung der Ergebnisse der Aussageanalyse und der Motivationsanalyse lässt sich die Glaubhaftigkeit mit größerer Sicherheit beurteilen, als wenn die Ergebnisse beider Analysen sich widersprechen (Greuel et al. 1998, S. 178).

Arntzen (1993, S. 87 ff.) zählt eine Reihe von Informationen auf, die Hinweise für die Beurteilung der für die Zeugenbekundung wirksamen Motive enthalten:

- emotional-affektive Einstellungen des Zeugen und seiner Umgebung zu den von der Aussage betroffenen Personen
- sonstige zwischenmenschliche Bezüge des Zeugen
- Situation des erstmaligen Vorbringens der Zeugenaussage

- Aussageweise
- Aussageinhalt
- von Zeugen vorhersehbare Folgen der Aussage
- Verhalten des Zeugen nach bezeugten Vorgängen

Nach den vorliegenden Ergebnissen lassen sich die Aussageentstehung und -entwicklung im hier vorliegenden Fall wie folgt rekonstruieren:

Nach den ausführlichen Angaben von Frau L. spielte der Beschuldigte für sie lediglich die Rolle eines Freundes des Vaters. Aufgrund seines ungepflegten Äußeren und seines autoritären Verhaltens der Zeugin (und ihrem Bruder) gegenüber versuchte sie ihm nach eigenen Angaben, möglichst aus dem Weg zu gehen; sie hatte keine tiefer gehende emotionale Beziehung zu ihm entwickelt (Frau L.: »Er war halt der V., ein Freund von meinem Papa halt«: E...). Ein (Falsch-)Beschuldigungsmotiv wie z. B. der Versuch einer Loslösung einer vormals engen, emotional positiven Beziehung scheidet daher hier aus.

Nimmt man an, dass hier ein mögliches Falschbeschuldigungsmotiv der Rache für schlechte Behandlung vorgelegen habe, so ist dem entgegenzuhalten, dass es eher unwahrscheinlich ist, dass eine 9-Jährige aus diesem Motiv heraus ausgerechnet eine derart komplexe Geschichte einer Vergewaltigung erfinden sollte, die sie dann in einer hoch emotionalisierten Situation in der vorliegenden Weise vorbringen würde (s. u.): Die Inhalte der in der Erstaussage dem Bruder gegenüber gemachten Angaben gehören i. Allg. nicht zum Wissens- und Erfahrungsschatz einer 9-Jährigen, selbst wenn man die Beurteilung des Vaters als »sexuell frühreif« übernehmen würde. Frau L. selbst erklärt, ohne vorhergehende Frage, dass sie zu diesem Zeitpunkt noch keinerlei sexuelle Erfahrungen gehabt habe.

Auch aus dem familiären Umfeld des Zeugen ergeben sich weder aus den bisherigen Informationen aus der Akte noch aus den Angaben von Frau L. Hinweise darauf, dass von dieser Seite aus ein Interesse an einer Falschbeschuldigung gegenüber Herrn T. bestanden hätte. Vielmehr erfuhr Frau L. hier wenig Unterstützung, als sie – kurze Zeit nach dem angeblichen Erlebnis – darüber dem Vater berichten wollte: Nach Angaben von Frau L., ihrem Bruder und dem Vater selbst glaubte ihr dieser zunächst nicht, sondern beschimpfte das 9-jährige Mädchen, selbst wenn ihr dies »passiert« sein sollte, sei sie selbst schuld, da sie »aufgetakelt aussehe wie eine Tussi«. Frau L. berichtete dazu, sie habe etwa im Alter von neun Jahren angefangen, sich zu schminken (s. E...). Ein mögliches Ziel, durch eine Falschbeschuldigung die sonst vermisste Zuwendung zu erhalten, hätte sie demnach nicht erreicht und eine spätere Wiederholung des gleichen Berichts lernpsychologisch demnach unwahrscheinlich gemacht (nicht-erfolgreiche Handlungen werden i.d.R. nicht in der gleichen Weise wiederholt).

Wäre es ihr darum gegangen, die Aufmerksamkeit und die Zuwendung des Vaters durch eine (Falsch-)Beschuldigung von dessen Freund zu erlangen, wäre zu erwarten gewesen, dass sie auch den Vater als »Empfänger der Erstaussage« gewählt hätte. Sie hat sich jedoch als erstes ihrem Bruder gegenüber geäußert, dessen Reaktion für sie kaum absehbar gewesen sein dürfte. Nach ihren Angaben und denjenigen des Bruders war sie danach noch weiterhin eine Zeitlang nicht in der Lage bzw. nicht bereit, sich ihrem Vater gegenüber in Einzelheiten dazu zu äußern. Nach den übereinstimmenden Berichten von Frau L. und ihrer Therapeuten hat der Vater erst in gemeinsamen Therapiegesprächen mit der Tochter detaillierter erfahren, was seine Tochter ihm mehrere Jahre zuvor hatte mitteilen wollen, was aber an seiner Ablehnung gescheitert war.

Auch die Situation, in der Frau L. die Erstaussage ihrem Bruder gegenüber gemacht hat, spricht gegen eine erfundene (Falsch-)Beschuldigung: Anlass für eine allgemeine Nachfrage des Bruders, was »los« sei, war die heftige Reaktion der Zeugin auf einen »Annäherungsversuch« des Beschuldigten mit seinen Füßen unter dem Tisch, in Gegenwart mehrerer anderer Personen. Die daraufhin erfolgte Erstaussage enthält in logisch nachvollziehbarem Zusammenhang eine Reihe von anschaulichen, »originellen«, auch in die individuelle Lebenssituation der Beteiligten eingebettete Details über sexuelle Handlungen, von denen nicht ohne Weiteres anzunehmen ist, dass sie zum Kenntnisstand einer 9-Jährigen gehören und die z. T. auch als delikttypisch anzusehen sind: Es ist höchst unwahrscheinlich, dass ein Bericht, der mehrere derartige Glaubhaftigkeitsmerkmale enthält, in einer emotionalen Verfassung der Zeugin, wie sie hier beschrieben ist (heulend, wütend), von ihr erfunden worden sein sollte: Dass das Verhalten des Beschuldigten eine heftige Reaktion wie beschrieben bei ihr auslöste, lässt sich hingegen mühelos erklären, wenn sie mit dem Beschuldigten vorher (mindestens) ein sehr belastendes Erlebnis hatte.

Ebenso wenig liegen Informationen darüber vor, dass zwischen fraglichem Ereignis und Erstaussage dritte Personen, die Interesse an einer Falschbeschuldigung hätten haben können, Einfluss auf das Mädchen genommen hätten: Frau L. erläuterte im Rahmen der Beziehungsexploration dazu ausführlich, dass sie – auch in ihrer Kindheit – keine vertrauten Personen gehabt habe, mit denen sie hätte reden können oder wollen, wenn sie Schwierigkeiten gehabt habe. Eine derartig sozial deprivierte Lebenssituation, wenn jeder emotionale Rückhalt und jede Unterstützung fehlt, erklärt völlig hinreichend, dass eine Anzeige des Erlebten nicht sofort erfolgte, sondern erst etliche Jahre später: Diese erfolgte dann zu einem Zeitpunkt, zu dem das Erlebte und die damit verbundenen Gefühle der Angst und der Hilflosigkeit durch das neuerliche Auftauchen und Bedrohungen des Beschuldigten aktualisiert wurden (s. E... f.), sie aber jetzt aufgrund therapeutischer Hilfe in die Lage versetzt worden war, das Erlebte zu reflektieren, in seiner Bedeutung zu erfassen und genügend emotionalen Rückhalt gefunden hat, um auch die Folgen einer Anzeige (mehrfache Vernehmungen und Gerichtsverhandlung(en) mit erneuter emotionaler Belastung) erkennen und durchstehen zu können.

Eine Induktion der Aussageinhalte durch möglicherweise suggestive Befragungen und Therapiemethoden scheidet hier als Erklärung für die beschriebenen Handlungen aus, da die wesentlichen Abläufe des Übergriffs von Frau L. bereits mehrere Jahre vor Beginn jeden therapeutischen Einflusses ihrem Bruder gegenüber geschildert worden waren.

Aus dem gleichen Grund scheidet die Annahme aus, dass Frau L. aufgrund ihres früheren Drogenkonsums die beschriebenen Handlungen jetzt illusorisch (aufgrund autosuggestiver Prozesse und einer damit verbundenen Unfähigkeit, zwischen Realität und Vorstellung zu unterscheiden) subjektiv für real erlebt hält, obwohl ihnen kein reales Ereignis zugrunde liegt: Der von Frau L. erwähnte Drogenkonsum setzte erst mehrere Jahre nach der Erstaussage ein.

Auch der – in der Exploration geäußerte – heftige Bestrafungswunsch für den Beschuldigten ist als eine Reaktion auf die (psychische) Verletzung zu betrachten, wie sie (u. a.) für das Erleben gewaltsamer sexueller Übergriffe typisch ist.

Die Glaubhaftigkeitsprüfung der Aussageinhalte im Hinblick auf aussagepsychologische Kriterien wird im Folgenden vorgenommen.

3. Kriterienorientierte Aussagenanalyse

Davon ausgehend, dass erlebnisfundierte Aussagen auch über längere Erinnerungsintervalle hinweg in bestimmten Aspekten wie der Schilderung des zentralen Kerngeschehens sowie der eigenen Rolle bzw. Aktivität sowie in der Benennung von am Kerngeschehen beteiligten Personen, fraglichen Tatörtlichkeiten, handlungsrelevanten Gegenständen und globalen Körperpositionen im Falle körpernaher Handlungen konstant bleiben, kann bei deren Erfüllung von einer »einfachen Ausprägung des Konstanzmerkmals« gesprochen werden (Arntzen 1993; Szewczyk u. Littmann 1989).

Hinsichtlich zentraler Aspekte wie es die Schilderung des Ablaufs der vorgenommenen Handlungen (einschließlich der Einleitung der Handlungen: gemeinsame Fahrradfahrt und Eisessen, Augen verbinden wollen: Bl. 3 und E...f.), die Darstellung der eigenen Rolle und Aktivität dabei (zunächst weglaufen, hinfallen, zunächst sich wehren), die Benennung der beteiligten Personen, die fragliche Tatörtlichkeit (im Wald) und die globalen Körperpositionen beider Beteiligter sind, besteht völlige Übereinstimmung zwischen der ersten berichteten Aussage, welche sie dem Bruder gegenüber machte, der zweiten, die von der Anwältin als Grundlage der Anzeige berichtet wird, und der psychologischen Exploration; Auslassungen wesentlicher Aspekte kamen nicht vor. Ebenso wenig fanden sich hinsichtlich dieser Kriterien Widersprüche zwischen diesen drei Aussagen.

Als Inkonstanz ließen sich lediglich Auslassungen hinsichtlich zweier Details konstatieren: In der Vernehmung des Bruders der Zeugin (Bl....) über die Aussage von Frau L. sind keine Informationen über eine angebliche Bedrohung mit einem Messer enthalten.

Das Weglassen der Erwähnung über eine Handlung bei einer von mehreren Befragungen spricht jedoch nicht gegen die mögliche Glaubhaftigkeit der Aussagen über die übrigen, konstant berichteten Handlungen. Gedächtnispsychologische Erkenntnisse zeigen nämlich, dass auch von tatsächlich erlebten Ereignissen nicht zu jedem Zeitpunkt jeder Abfrage alle Details eines Ereignisses abrufbar sind; Erinnerungsbilder unterliegen im Laufe der Zeit Veränderungen: Dies gilt vor allem, wenn zwischen dem Ereignis und seiner Schilderung große Zeiträume liegen und/ oder wenn anzunehmen ist, dass dazwischen suggestive Einflüsse gewirkt haben. Wenn jedoch bei einer späteren Befragung, wie hier, eine »spontane« Ergänzung individuell geprägten Inhalts im Bericht über ein schnell abgelaufenes, hoch affektives Geschehen (Turbulenzgeschehen; Arntzen 1993) vorgebracht wird, ist davon auszugehen, dass dieses nur deshalb möglich ist, weil diese Erinnerung zum Zeitpunkt der späteren Befragung wieder auftaucht und sich dieser Bericht somit aus dem tatsächlichen »Erlebnisstrom« ergibt (zu »Ergänzbarkeit« als Glaubhaftigkeitskriterium: s. u. a. Arntzen 1993).

In den Vernehmungen des Vaters (Bl. 10) und des Bruders (Bl. 16) wird darüber hinaus berichtet über die Absicht eines Oralverkehrs durch den Beschuldigten mit der Zeugin, bevor er sie vergewaltigt habe. Davon berichtet Frau L. in der Exploration direkt nichts; sie schildert hier nur, dass sie sein Glied »vor dem Gesicht« gehabt habe. Dies kann jedoch auch interpretiert werden als ein zusätzliches Merkmal, das für die Glaubhaftigkeit der Aussage spricht: Es ist davon auszugehen, dass die damals 9-jährige Zeugin die wahre Absicht des Beschuldigten bei seiner Frage, ob sie an »seinem Eis lecken wolle«, nicht verstehen konnte. Daher schilderte sie dies kurze Zeit nach dem Ereignis ihrem Bruder auf der rein **phänomenologischen Ebene ohne Verständnis für die Bedeutung der Frage bzw. für die Absicht des Beschuldigten**: Nichterlebnisfundierte Aussagen enthalten solche rein phänomengebundene Schilderungen i.d.R. nicht; dort findet man häufiger stereotype Interpretationen einer solchen Situation, die durch nachträgliche Informationen stimmig gemacht wurden.

Bei aller Konstanz bestehen zwischen den verschiedenen Aussagen auch Unterschiede in der Formulierung und in der Abfolge der berichteten Ereignisse, so z. B., wann die Bedrohung mit dem Messer einsetzte, ob bereits vor, während oder erst nach der hier in Frage stehenden Vergewaltigung. Eine stereotype Gleichförmigkeit der Angaben mit übergenauen Pseudopräzisierungen, die dann eher auf eine auswendig gelernte, geglättete Geschichte ohne Erlebnisbezug hinweisen würden, liegt hier nicht vor.

Nun kann gefragt werden, ob die angebliche Bedrohung mit dem Messer evtl. eine nachträglich erfundene Ergänzung darstellen könnte, um die Situation künstlich zu dramatisieren. Hierzu ist zu sagen, dass eine solche Ergänzung für die Beurteilung der Gesamtsituation überflüssig wäre und es wenig wahrscheinlich ist, dass die Zeugin ihr Gedächtnis mit einer zusätzlichen Einzelheit belastet hätte. Der hier beschriebene Ablauf entspricht auch nicht lediglich einem Schemawissen, mit dem Erinnerungslücken auch ohne reale Erlebnisgrundlage ergänzt werden können. Vielmehr wird die Bedrohung mit dem Messer **im freien Bericht über das Erlebte mehrfach erwähnt und dann jeweils in den Gesamtablauf des berichteten Geschehens eingebettet. Damit eng verknüpft wird eine anschauliche Darstellung über erlebte heftige Affekte bis hin zu Depersonalisationserlebnissen** (»dann war ich irgendwann steif vor Angst und hab nur noch nach oben geguckt, so in'n Himmel hin geguckt, und bin da so verstarrt, versteinert geblieben« (S. E4). **Eine solche Verflechtung von äußeren Ereignissen, ihrer Wahrnehmung und ihrer emotionalen Verarbeitung** wäre beim Fehlen einer realen Erlebnisgrundlage sehr schwierig zu konstruieren und daher sehr unwahrscheinlich.

Unter dem Gesichtspunkt der Konstanz der Aussagen der Zeugin lassen sich also keine Anhaltspunkte erkennen, welche der Annahme widersprechen würden, dass die Zeugin über ein real erlebtes Geschehen berichtet: Frau L.s Ausführungen in der polizeilichen Vernehmung und bei der aussagepsychologischen Exploration erfüllen diese Anforderung im Hinblick auf ein hohes Maß an Übereinstimmung; direkte Widersprüche zwischen den vorliegenden Aussagen traten nicht auf; ebenso gab es keine Auslassungen im Hinblick auf das Kerngeschehen und auf die damit in direktem Zusammenhang stehenden Abläufe.

Die Angaben der Zeugin sind darüber hinaus durch eine **hohe Differenziertheit** der Beschreibungen gekennzeichnet. Von einer Aussage zur anderen findet auch **keine Aggravation** der Vorwürfe statt.

Frau L.s Angaben zu den verschiedenen Zeitpunkten gehen über die einfache Konstanz hinaus: Auch **nebensächliche Handlungen** wie die Entwicklung der fraglichen Situation (Spielen auf dem Spielplatz, Ansprechen durch V., Fahrradfahren, Eisessen, das Hinfallen bei der versuchten Flucht) werden in allen bisherigen Aussagesituationen inhaltlich unverändert geschildert.

Die Aussagen von Frau L. weisen ein **hohes Maß an individueller Durchzeichnung und Verknüpfung mit ihren eigenen, individuellen Lebensumständen** auf: Ihre Angaben über den Ablauf des fraglichen Geschehens bestehen nicht nur aus Schemawissen über derartige Verläufe, das auch ohne eigene Erlebensgrundlage erworben worden sein kann (s. o.). Frau L. hat zwar inzwischen durch eigene sexuelle Erfahrungen Kenntnisse über sexuelle Handlungen und Abläufe erworben, ihre Schilderung des fraglichen Geschehens beschränkt sich jedoch nicht auf eine einfache Ablaufbeschreibung, sondern enthält, verwoben mit der **Entwicklung** des Geschehens, zahlreiche Angaben ihrer Sinneswahrnehmungen, Gedanken und Gefühle aus der damaligen Perspektive. Gerade die **Multimodalität der beschriebenen Sinneswahrnehmungen** (Hören, Riechen, Schmerzempfindungen) und die Verschränkung verschiedener Wahrnehmungen spricht in hohem Maß dafür, dass Frau L. hier ein reales Erlebnis schildert.

Die Abläufe, die zu der hier fraglichen sexuellen Handlung hinführten, die Handlung selbst und die Ereignisse danach schildert Frau L. in der Exploration **zusammenhängend in logisch konsistenter Weise** (s. o.), wobei bereits bei ihrer Schilderung die Beschreibung von beobachtbaren Ereignissen und Abläufen **verschränkt ist mit der Darstellung eigener psychischer Abläufe (Gedanken und Gefühle)** von Frau L. (s. o.). Hierbei ist vor allem der geschilderte Umschlag der Gefühle der Zeugin von Vertrauen dem Beschuldigten gegenüber (mit ihm auf dem Fahrrad in den Wald fahren, gemeinsames Eisessen; Bereitschaft dazu, die Augen zu schließen) in Angst, Panik und Ekel als ein Merkmal festzustellen, das die Annahme einer Erlebnisgrundlage hochwahrscheinlich macht: Eine derartige Schilderung von Gefühls**entwicklungen** ist geradezu typischerweise bei tatsächlich erlebten Vergewaltigungen zu finden; nichterlebnisbegründete Aussagen weisen hingegen eine derartige Komplexität kaum einmal auf.

Derart komplexe Verschränkungen, wie hier vorfindbar, von anschaulichen und konkreten Schilderungen äußerer Ereignisse mit spontanen Präzisierungen, mit nebensächlichen Details, mit Berichten über Gespräche und Interaktionsketten sowie eigenpsychischen Vorgängen und Gefühlsentwicklungen, tauchen in nichterlebnisbegründeten Aussagen in aller Regel gar nicht auf, erst recht nicht in konstanter Weise über einen Zeitraum von mehreren Jahren hinweg: Es wird davon ausgegangen, dass es eine zu hohe kognitive Anforderung bedeuten würde, derartige differenzierte Verknüpfungen zwischen diesen verschiedenen Bereichen über einen längeren Zeitraum, gegenüber verschiedenen Personen und unter verschiedenen Fragetechniken aufrechtzuerhalten, wenn den Angaben kein selbsterlebtes Ereignis zugrunde liegen würde. Bei Berichten über tatsächlich Erlebtes ergibt sich hingegen diese Komplexität sozusagen von selbst, da sie nur aus der eigenen Erinnerung hervorgeholt und verbalisiert, nicht aber konstruiert werden muss (s. Arntzen 1993).

Frau L.s Berichte zu **fallneutralen Ereignissen und relevanten Geschehnissen unterscheiden sich nicht hinsichtlich des Detailliertheitsgrades**: Sie ist bei den fallneutralen Berichten wie bei den Angaben zum hier fraglichen Geschehen in der Lage, **längere, ausführlichere Beschreibungen von Gesamtsituationen zu geben, ihre Rolle, Gefühle, Gedanken und Aktivitäten dabei zu beschreiben sowie situative Details (z. B. Kontexte)** anzugeben.

Komplikationen im Handlungsablauf wie das hier von der Zeugin geschilderte Weglaufen und ihre Weigerung, sich die Augen verbinden zu lassen, finden sich i.d.R. in nichterlebnisbegründeten Aussagen nicht, da die kognitive Anstrengung, derartige, für die eigentliche Handlungsbeschreibung überflüssige Schwierigkeiten einzubauen, bei einer Falschaussage nicht zu erwarten ist.

Frau L. schildert auch die sexuellen Handlungen selbst konkret, anschaulich und detailreich, ebenso wie deren Ablauf und Folgen (s. E... bis E...).

Delikttypische Details finden sich in der Art, wie der Beschuldigte die situativen Bedingungen für einen möglichen sexuellen Übergriff schafft, indem er das ihm gut bekannte Kind, das ihm gegenüber keinen Argwohn hat, zu einem Eis und einer Spazierfahrt mit dem Fahrrad einlädt, eine Situation, die dem Kind vertraut war. Die damals noch sehr junge Zeugin sah zunächst keine Veranlassung, dem Freund des Vaters andere als die ihr gegenüber benannten Absichten zu unterstellen. Ihr Argwohn regte sich jedoch bei der für das Kind unverständlichen Ankündigung, ihr die Augen verbinden zu müssen, damit sie an »seinem Eis lecken« könne. Als delikttypische Details berichtet Frau L. weiterhin die mit einem Schweigegebot verbundene Bedrohung und die plötzliche Rückkehr zur »Normalität« nach dem sexuellen Übergriff (E...).

Frau L.s Beschreibungen des fraglichen Erlebnisses wies keine logischen Brüche auf; ihre zusammenhängenden Schilderungen schließen sich ohne Unstimmigkeiten zusammen (»Homogenitätsmerkmal« nach Arntzen 1993, S. 50 ff.).

VII. Beantwortung der gerichtlichen Fragestellung

Aufgrund
- der hier vorgenommenen aussagepsychologischen Analyse der Aussagetüchtigkeit der Zeugin Karin L. (Kompetenzanalyse),
- der Prüfung der Aussageentstehung und -entwicklung sowie motivationaler Aspekte (Fehlerquellenanalyse) und
- der kriterienorientierten (Inhalts-) Analyse der Aussage selbst (Glaubhaftigkeitsprüfung)

wird die Fragestellung nach der Glaubhaftigkeit der Zeugenaussage der minderjährigen Zeugin Karin L. wie folgt beantwortet:

1. Zur Aussagekompetenz

Es fanden sich keine Hinweise auf Einschränkungen der Aussagekompetenz der Zeugin Karin L., weder im Hinblick auf ihre Wahrnehmungsfähigkeit, noch unter gedächtnispsychologischen Aspekten. Frau L. ist außerdem grundsätzlich in der Lage, erinnerte Erlebnisse verbal zu reproduzieren. Dies gilt auch für solche aus dem angeblichen Tatzeitraum.

Auch die zahlreichen und gravierenden Verhaltensauffälligkeiten, psychischen und psychosomatischen Störungen der Zeugin begründen keine Zweifel an ihrer grundsätzlichen Aussagekompetenz; diese können vielmehr als – nicht selten zu beobachtende – **Folgen sozial-emotionaler Deprivierung und Verwahrlosung angesehen werden und sie treten eben auch häufig als Folgen von erlebtem sexuellen Missbrauch in der Kindheit auf** (s. dazu Wyatt u. Powell 1988; Corwin 1988; Sachsse 1995).

2. Zu motivationalen Aspekten, zur Aussageentstehung und -entwicklung (Fehlerquellenanalyse)

Der Analyse der Aussageentstehung sind keine Anhaltspunkte für die mögliche Wirksamkeit aussageinduzierender oder aussageverfälschender Bedingungen zu entnehmen: Direkt- oder indirektsuggestive Einflüsse konnten sich auf die Erstaussage nicht auswirken, da Frau L. zum Zeitpunkt der Erstaussage keine sozial-emotionalen Beziehungen hatte, die solche Einflüsse hätten ausüben können. Eine wahrnehmungs- oder erinnerungsverzerrende Wirkung von Drogenkonsum scheidet ebenso aus wie die Wirkung möglicherweise suggestiver Therapiemethoden, da die Erstaussage, deren Inhalte auch in späteren Befragungen durch die Zeugin nicht verändert werden, **mehrere Jahre vor beiden möglichen Einflussquellen** gemacht wurde.

Anhaltspunkte für hinreichende Motive zu einer Falschbezichtigung des hier vorgebrachten Inhalts fanden sich in der früheren Beziehung zwischen der Zeugin und dem Beschuldigten nicht. Die Erstaussage erfolgte in einer hochemotionalisierten Situation, in der sie jedoch keinen Erfolg hatte; eine Wiederholung der Beschuldigung nach langer Zeit lässt sich daher lernpsychologisch am besten dadurch erklären, dass der Erstaussage ein reales Erleben zugrunde lag.

3. Zur Qualität der Aussage (kriterienorientierte Inhaltsanalyse der Aussage)

Die Aussagen von Frau L. zu den verschiedenen Zeitpunkten weisen im Hinblick auf die Mindestanforderungen logische Konsistenz, Detaillierungsgrad und (differenzierte) Konstanz hohe Merkmalsausprägungen auf.

Die Aussage von Frau L. wies darüber eine Reihe von Glaubhaftigkeitsmerkmalen auf, wie sie in dieser Ausprägung von Konstanz, dem hier vorliegenden Komplexitätsgrad und ihrer Verflochtenheit untereinander in nichterlebnisbegründeten Aussagen kaum vorkommen und wie sie ohne Erlebnisbegründung mit hoher Wahrscheinlichkeit von Frau L. nicht hätten produziert werden können.

Dies bedeutet, dass die Angaben der Zeugin Karin L. bzgl. der hier fraglichen sexuellen Missbrauchshandlungen durch Herrn V.T. daher unter aussagepsychologischen Gesichtspunkten mit hoher Wahrscheinlichkeit als glaubhaft anzusehen sind.

Diese gutachterliche Beurteilung ist, unter Vorbehalt der Ergebnisse einer etwaigen Hauptverhandlung, als vorläufig zu betrachten.

Ich versichere, dass ich das vorliegende Gutachten unparteiisch und nach bestem Wissen und Gewissen erstattet habe.

(Unterschrift des verantwortlichen Sachverständigen, Datum)

Anmerkung: *Der Angeklagte wurde vom Landgericht B. nach mehrtägiger Hauptverhandlung zu fünf Jahren Haft verurteilt. Eine Revision hatte keinen Erfolg, sodass das Urteil rechtskräftig wurde.*

Anhang 1: Literatur

Arntzen, F. (1993). *Psychologie der Zeugenaussage* (3. Aufl.). München: Beck.

Bundesgerichtshof (BGH) (1999). *Wissenschaftliche Anforderungen an aussagepsychologische Begutachtungen (Glaubhaftigkeitsgutachten)*. BGH, Urt. v. 30.7.1999 – 1 StR 618/98 (LG Ansbach) BGHSt 45, S. 164 ff.

Christianson, S.-A. (1997). On emotional stress and memory: We need to recognize threatening situations and we need to »forget« unpleasant experiences. In L. Greuel, T. Fabian & M. Stadler (Hrsg.). *Psychologie der Zeugenaussage*, S. 33–46. Weinheim: Psychologie Verlags Union.

Corwin, D.L. (1988). Early diagnosis of child sexual abuse – diminishing the lasting effects. In G.E. Wyatt & G.J. Powell (eds.). *Lasting effects of child sexual abuse*, pp. 251–269. Newbury Park: Sage.

Greuel, L., Offe, S., Fabian, A., Wetzels, P., Fabian, T., Offe, H. & Stadler, M. (1998). *Glaubhaftigkeit der Zeugenaussage – Theorie und Praxis der forensisch-psychologischen Begutachtung*. Weinheim: Psychologie Verlags Union.

Köhnken, G. (1990). *Glaubwürdigkeit*. München: Psychologie Verlags Union.

Littmann, E. & Szewczyk, H. (1983). Zu einigen Kriterien und Ergebnissen forensisch-psychologischer Glaubwürdigkeitsbegutachtung von sexuell mißbrauchten Kindern und Jugendlichen. *Forensia, 4,* 55–72.

Niehaus, S. (2000). *Zur differentiellen Validität traditioneller und neuer inhaltlicher Glaubhaftigkeitsmerkmale*. Vortrag, gehalten beim 42. Kongress der Deutschen Gesellschaft für Psychologie in Jena, September 2000.

Sachsse, U. (1995). *Selbstverletzendes Verhalten* (2. Aufl.). Göttingen: Vandenhoeck & Ruprecht.

Steller, M. & Köhnken, G. (1989). Criteria-based statement analysis. Credibility assessment of children's statements in sexual abuse cases. In: D.C. Raskin (ed.). *Psychological methods for investigation and evidence,* pp. 217–245. New York: Springer.

Steller, M. & Volbert, R. (1999). Forensisch-aussagepsychologische Begutachtung (Glaubwürdigkeitsbegutachtung) (Gutachten für den BGH). *Praxis der Rechtspsychologie, 9,* 46–112.

Steller, M., Wellershaus, P. & Wolf, T. (1992). Realkennzeichen in Kinderaussagen. *Zeitschrift für experimentelle und angewandte Psychologie, 39,* 151–170.

Trankell, A. (1971). *Der Realitätsgehalt von Zeugenaussagen. Methodik der Aussagepsychologie*. Göttingen: Vandenhoeck & Ruprecht.

Undeutsch, U. (1967). Beurteilung der Glaubhaftigkeit von Aussagen. In: U. Undeutsch (Hrsg.). *Handbuch der Psychologie,* Bd. 11: Forensische Psychologie, S. 26–181. Göttingen: Hogrefe.

Undeutsch, U. (1993). Die aussagepsychologische Realitätsprüfung bei Behauptung sexuellen Mißbrauchs. In: Kraheck-Brägelmann, S. (Hrsg.). *Die Anhörung von Kindern als Opfer sexuellen Mißbrauchs,* S. 69–162. Bonn: Hanseatischer Fachverlag für Wirtschaft.

Volbert R. & Teske, M. (2000). *Konstanz in erlebnisbasierten und erfundenen Aussagen von Kindern bei wiederholter Befragung*. Vortrag, gehalten beim 42. Kongress der Deutschen Gesellschaft für Psychologie in Jena, September 2000.

Westhoff, K. & Kluck, M.-L. (1998) *Psychologische Gutachten schreiben und beurteilen* (3. Aufl.). Berlin: Springer.

Wyatt, G.E. & Powell, G.J. (1988). *Lasting effects of child sexual abuse*. Newbury Park: Sage.

Anhang 2: Anhang: Transkript der Exploration zur Sache mit Karin L. am (Datum im September 00) in A.

Es bedeuten: I = Interviewerin, K.L.= Karin L.
Anmerkungen sind kursiv gedruckt; Gesprächsteile, die nicht unmittelbar die Aussage über das hier fragliche Erlebnis betreffen, sind ausgelassen (s. Bericht im Ergebnisteil).
... (Gespräch über die familiäre und schulische Entwicklung, früheren und derzeitigen Gesundheitszustand)

I: Mm. Wann haben Sie zum ersten Mal was erzählt über das, worum es hier gehen soll mit dem Herrn T.? Wissen Sie das noch?

K.L.: Zum allerersten Mal hab ich's meinem Bruder erzählt, als der, das war ja 'n Freund von meinem Vater oder ein Bekannter.

I: Mm.

K.L.: Als der bei uns war. Da saßen wir alle da am Tisch und ich war da circa neun Jahre alt (seufzend). Und saßen wir am Tisch, mein Vater saß nicht mit am Tisch. Nur 'ne Freundin von mir, mein Bruder und der. Und dann ist der unterm Tisch mit seinem Fuß an meinen Beinen hoch- und runtergegangen. Dann bin ich heulend aus der Küche gelaufen, und, oder hab den angeschrieen, bin dann in mein Zimmer und war am Heulen. Da kam mein Bruder und meint, was los ist, und em da waren wir, mein Vater und mein Bruder und ich, wir haben uns vorher gestritten, und eh dann war ich bei meinem Bruder im Zimmer und meine Freundin ist nachher gegangen, und dann eh hab ich das meinem Bruder so erzählt, und da ist mein Bruder rüber und hat den Typen total angeschrieen und (unverständlich) mit sämtlichen Kraftausdrücken und hat gemeint, ich bring dich um und so. Hat mein Vater erst mal meinen Bruder ins Zimmer geschickt und meinte, der soll sein Freund nicht blöd anmachen (seufzt). Und dann (Pause) kam mein Vater dann ins Zimmer von meinem Bruder und meinte, was denn los wäre und so, und dann meint mein Bruder: Ja, die Karin muss dir was erzählen. Hab ich gesagt nee, muss ich nicht. Ja doch, die Karin muss dir was sagen. Ich so nein, nein, nein. Und dann fing mein Bruder an zu erzählen, sagt mein Vater zu mir: Erzähl mir das selber! Ja, und dann hab ich versucht, das zu erzählen, und danach meint mein Vater zu mir, dass es nicht stimmen würde und ich würde lügen, und mit meinen neun Jahren sollt ich mich mal angucken, aufgetakelt wie 'ne Tussi, weil ich mit neun Jahren angefangen hab mich zu schminken und so.

I: Mm.

K.L.: Heimlich.

I: Mm.

K.L.: Ja. Und das war das Ende von der Geschichte. Ab dem Tag hab ich meinen Vater abgrundtief gehasst.

I: Mm.

K.L.: Und in der Zeit, als ich abgehauen bin von zu Hause, hatte ich teilweise Mordgedanken, wollte anschaffen gehen, um 'n Killer auf meinen Vater zu hetzen.

I: Mm.

K.L.: Also war, also echt extrem. Und ich glaub, ab da war unser Verhältnis dann ganz kaputt.

I: Mm.

K.L.: Dieses Verhältnis, was nie 'n Verhältnis gewesen ist.

I: Weil er Ihnen nicht geglaubt hat, oder...?

K.L.: Mich stattdessen beschimpft.

I: Mm. Ja, und was haben Sie versucht, da Ihrem Vater zu erzählen? Berichten Sie einfach mal, woran Sie sich noch erinnern, was passiert ist.

K.L.: Also den Tatvorgang erzählen?

I: Mm.

K.L.: Soll ich Ihnen das jetzt auch sagen?

I: Das ist das Zentrale.

K.L.: Ja. Also, ich war da ungefähr sieben oder acht Jahre alt. Weil ich dachte, eigentlich meinte ich immer, ich wäre sieben Jahre alt gewesen. Ich weiß, es war im Sommer gewesen. Und die Frau R. hat das mit mir nachgerechnet und diese Fakten, wo ich mich erinnern kann, und meinte, das müsste sein, dass ich da acht Jahre sogar schon gewesen bin. Also deswegen sag ich jetzt sieben oder acht Jahre. War im Sommer gewesen, und eh da war ich auf 'nem Spielplatz bei uns in der Ecke, Finanzamtsspielplatz. Und der war immer, der V. T. mit dem Fahrrad unterwegs gewesen, und das war halt 'n Bekannter von der Familie, also auch. Und da kam der irgendwann, ich war da mit Freunden oder so auf'm Spielplatz, und der meint halt Karin, sollen wir nicht rumfahren mit dem Fahrrad? und so ja, okay. Dann bin ich mit dem halt, hinten auf'm Gepäckträger hab ich gesessen, und dann sind wir irgendwo Richtung Wald gefahren, und irgendwann dann an einem Geschäft vorbei gefahren und haben Eis geholt. Und dann hatt ich 'n Nusseis, der Erdbeer, nee, umgekehrt: Ich Erdbeer, der Nusseis, glaub ich. Ja, und ja sind wir zum Wald gefahren, glaub ich zumindest, der B.-Wald wars. Und, bin ich mir nicht sicher, weil ich als Kind keine Ahnung davon hatte.

I: Mm.

K.L.: Und seitdem bin ich in gar keinen Wäldern mehr so gewesen. Em, auf jeden Fall sind wir da durch gefahren und irgendwann über so 'n Zaun drüber geklettert, und dann war da wie so 'ne Lichtung oder so, ziemlich hell, wo sehr wenig Bäume waren so und Waldboden halt, und dann haben wir uns da hingesetzt, ja und Eis gegessen, und das kam mir noch nicht mal spanisch vor irgendwie, dass wir im Wald. Heute würde mir das zu denken geben. Aber damals, weiß ich nicht, war halt wie, war halt der V. irgendwie. Das war halt 'n Freund von meinem Papa oder so.

I: Mm.

K.L.: Und, ich weiß nicht, worüber wir geredet haben oder so, aber auf jeden Fall meint der irgendwann, möchtest du mal an meinem Eis lecken? Und da hab ich gesagt ja, und dann meint er ja, dann muss ich dir wohl die Augen vorher verbinden. Und dann hab ich gesagt nee, wieso denn ne. Ja, ist besser. Ich nee, will ich nicht. Ja, dann mach die Augen wenigstens zu. Hab ich gesagt ja, okay, und dann hab ich die Augen zugemacht und dann hör ich nur seinen Reißverschluss, also von der Hose den Reißverschluss, mach ich die Augen auf, ja, da hab ich sein Glied vorm Gesicht.

I: Mm.

K.L.: Und dann em bin ich aufgestanden und weggerannt. Da war da so 'ne Kuhle gewesen und da (unverständlich, weint).

– Pause –

I: Wollen Sie an der Stelle weitermachen?

K.L.: Mm (zustimmend).

I: Also da war 'ne Kuhle...

K.L.: Ja. Und da ist so 'n kleiner Bach durchgeflossen. Bach, also war so breit und ungefähr so tief, und da war ungefähr so viel Wasser drin (demonstriert) em, also Bach wär' übertrieben.

I: Mm.

K.L.: Und da bin ich halt weggelaufen und wollt da drüber springen und hab mich genau da natürlich hingelegt, und ich hatte noch sehr kurze Beine, ich war sehr klein. Und em da bin ich da hingefallen und dann kam er zu mir und ich lag halt so schräg auf'm Bauch, auf der Seite, und da hat er mich umgedreht und hat sich auf mich draufgelegt und hat mir 'n Messer an 'n Hals gehalten. Der hatte immer so 'n Schweizer Taschenmesser immer, immer dabei gehabt.

I: Mm.

K.L.: Messer raus gemacht und hat mir's an 'n Hals gehalten und da hab ich erst mal gesagt: Bitte, bitte, lass mich in Ruhe und so, und ich will nicht. Und dann hat der, ich hatte so 'ne Bluse angehabt zum Knöpfen und so 'ne kurze, abgeschnittene Hose, 'ne rote Jeanshose. Und da hat er meine Bluse aufgeknöpft, also der lag schon so auf mir schon, hat er meine Bluse aufgeknöpft und hat mit seinen Händen da rein gefasst halt und an meiner Brust rumgefummelt. Em, dann hat er die ganze Zeit an meinem Hals rumgeleckt, uah (Ausdruck des Ekels) in meine Ohren reingestöhnt, und der stank wie die Pest nach Pisse und uah (Ekel) also versifft, weil der so'n richtig ekliger Typ, wirklich eklig, also wenn ich sagen würde, den kann man mit 'nem Straßenpenner vergleichen, dann ist das nicht übertrieben. Also der sieht wirklich aus, als hätt der noch nie 'n Stück Seife gesehen. So fettige, fiese Haare, kaum Zähne im Mund, die er im Mund hat sind vergammelt und vergilbt und so richtig eklig. Na ja, und der stank bestialisch.

K.L.: Und hat er die ganze Zeit mit seiner Hand da Bewegungen gemacht, die em ja wie soll ich die erklären, also wie beim Sex, Bewegungen gemacht.

I: Ja.

K.L.: Em (seufzt) hat sich halt an mir rumgerieben und..., was weiß ich, und hat dann irgendwann meine

Anhang 2: Transkript der Exploration zur Sache

Hose aufgemacht, runter gezogen bis an die Knöchel ungefähr oder bis zum Schienbein runter gezogen.

I: Mm.

K.L.: Und mit meiner Unterhose direkt... und dann ging das ganz schnell. Da hat er seine Hand zwischen meine Beine getan und seine Finger rein gesteckt und da hab ich erst mal geschrieen und geheult und den versucht zu schlagen und zu treten und das war dem aber egal. Der meinte, wenn ich nicht still halte, dann steckt er mir's Messer in 'n Hals. Em, ja dann war ich irgendwann steif vor Angst und hab nur noch nach oben geguckt, so in 'n Himmel hin geguckt und bin da so verstarrt, versteinert geblieben. Und da hat er irgendwann ja seine Finger rein gesteckt vorher (*holt tief Luft*), und dann hat er irgendwann seinen Penis rein gesteckt. Und dann ging das ganz schnell. Ich weiß nicht. Dann hat er zwei, drei Stöße gemacht, und dann hat er aufgehört, und dann bin ich aufgestanden, hab meine Hose angezogen, und dann hat er gesagt: Komm, jetzt gehen wir. Ganz normal sind wir über den Zaun gegangen, als wär' nichts passiert, und mir lief Blut an den Beinen irgendwie, also, ich hab auf jeden Fall die Beine voll Blut gehabt, zumindest die Oberschenkel.

I: Mm.

K.L.: Und dann hat er mich auf den Gepäckträger wieder drauf gesetzt, und da hat er mich nach Hause gebracht, hat noch mich kurz zu Hause abgesetzt und meinte: Ich war mit der Karin unterwegs, oder sonst was. Ich bin direkt an meinem Vater vorbei gegangen, weil wir eh nie viel miteinander geredet haben, bin ich in mein Zimmer rein gegangen und das war's.

I: Mm. Haben Sie sich selbst wieder angezogen, oder hat er das gemacht oder Ihnen dabei geholfen?

K.L.: Nee, ich hab mir die Hose wieder hoch gezogen, die Bluse wieder zugemacht. Also da waren zwei Knöpfe offen von meiner Bluse (Rest unverständlich, flüstert).

I: Mm. Hatten Sie denn damals schon 'ne entwickelte Brust, oder war das noch so kindlich flach, noch nix da mit acht? Ich mein, ist ja unterschiedlich, wann das anfängt.

K.L.: Nee, mit neun fing das bei mir an, dass sich langsam was gebildet hat.

I: Mm. Da war das aber noch nicht?

K.L.: Mm (verneinend). Ich hatte auch damals noch kein Sex gehabt oder sonst was.

I: Mm. Hat er Sie danach noch mal irgendwann, ist er da noch mal..... (Rest unverständlich).

K.L.: Belästigt, ja. Also die Vergewaltigung, das war nur einmal. Der hat mich nachher noch paar Mal belästigt.

I: In welcher Weise?

K.L.: Em, der war noch bei uns gewesen, und mein Vater, der hat ihn halt ohne Skrupel bei uns gelassen, so em, der wusste nichts davon.

I: Mm. Wie war das denn dann für Sie, wenn der dann in der Wohnung war?

K.L.: Ja, schlimm. Ja, was soll ich sagen. Ich weiß es nicht. Ich hab mir gewünscht, tot zu sein.

I: Sind Sie ihm denn dann begegnet, oder haben Sie sich zurückgezogen?

K.L.: Ja, ja, klar. Ja, ich hab den gesehen.

I: Und wie kam das, dass Ihr Vater den bei Ihnen, bei Euch gelassen hat...?

K.L.: Ja, em, das war halt 'n Freund von meinem Vater, also 'n Bekannter, und der hat meinen Vater halt ab und zu besucht, und dann saß der halt bei uns, hat sich mit meinem Vater unterhalten oder so, und ich war halt auch mal in der Wohnung und so. Ich hab meistens geguckt, dass ich dann raus geh spielen oder sonst was.

I: Mm, mm.

K.L.: Em, z. B. einmal lag ich in der Badewanne, und mein Vater ist einkaufen gegangen und der war bei uns in der Bude gewesen ganz allein. Ja, und der kommt jetzt halt dreist ins Badezimmer rein, weil das Badezimmer war nie zum Abschließen gewesen.

I: Mm.

K.L.: Und eh stellte sich so vor den Spiegel, dass der mich in der Badewanne sehen konnte durch den Spiegel. Und dann so richtig bestialisch, fieses, Grinsen gehabt.

I: Mm.

K.L.: So richtig, so schadenfroh. Fies. Und nimmt sich so meine Haarbürste, bürstet sich damit seine ekligen, fettigen drei Haare, die der noch auf'm Kopf hat und nimmt sich meine Zahnbürste, putzt sich die Zähne damit und dann, ich weiß nicht, ich lag in der Badewanne, ich hab mir gewünscht, ich würde ertrinken oder so.

I: Mm.

K.L.: Das war so irgendwie, als ob ich keine Luft mehr kriege. Das war...

I: Hat er da denn was gesagt oder Dich angesprochen?

K.L.: Nee, gar nix. Der hat einfach nur...

I: Und Du hast auch nix gesagt? He, lass das, oder was soll das oder?

K.L.: Nee, ich konnt' nicht.

I: Mm.

K.L.: Also ich, ich so, so was, da kann ich gar nichts mehr sagen, also auch wenn ich den sehe, heut noch. Der läuft hier einfach so rum, und der stand ja nachts bei mir vor der Haustür jetzt, seitdem ich alleine wohne. Und, also total bekloppt. Und der stand ja auch einmal im Park hinter mir. Also, nachdem ich, irgendwann wusst' es mein Vater ja, dass was passiert ist, und dann war ich in W. zu der Zeit noch, und die haben meinem Vater erst mal klar gemacht, dass das wirklich stimmt, was ich gesagt hab. Und dann kam der irgendwann wieder zu meinem Vater, war irgendwann kurz vor Weihnachten, und dann hat mein Vater ihn drauf angesprochen, und dann hat er's ja zugegeben bei meinem Vater.

I: Mm. Wer hat Ihnen das erzählt?

K.L.: Mein Vater hat mir das gesagt.

I: Mm. Was hat er genau zugegeben? Wissen Sie das noch?

K.L.: Ja, dass es stimmt. Mein Vater hat gesagt: Was hast du mit meiner Tochter gemacht? Und dann fing der zu erzählen, ja so und so. Der hat das richtig erläutert, was er gemacht hat.

I: Da waren Sie aber nicht bei?

K.L.: Nein, da war ich in W. noch. Mein Vater hat mir das gesagt.

I: Mm.

K.L.: Und der hat damals zu mir gesagt, bei dieser Sache hat er gesagt: Wenn du einem irgendwas sagst, bring ich dich um.

I: Mm.

K.L.: Danach wusste er ja, dass ich was gesagt haben musste. Und da war ich irgendwann mal mit zwei Hunden von 'nem Kumpel von mir am Park spazieren gewesen. Der wohnt da auch direkt am Park, und auf einmal steht der hinter, ich stand da und hab auf die Hunde gewartet, also ich hatt' die an der Leine, und die waren halt ihr Geschäft da am machen, und auf einmal merk ich jemand hinter mir. Ich guck nur so, und da steht der hinter mir und hält mir 'n Messer an 'n Hals. Das war abends, am Park. Und ich wusste nicht mehr, was ich machen sollte in dem Moment.

I: Mm.

K.L.: Ich hab den ganz schnell nach hinten geschubst, und dann hab ich zu den Kötern gesagt: Geht hin! Und dann sind die Köter gerannt und dann, die Hunde, und dann bin ich schnell ins Haus rein, da von dem Kumpel, der da wohnt. Der hat mich dann abends nach Hause gebracht. Am nächsten Tag waren wir wieder bei dem Freund da, meine beste Freundin und ich und wollten zur Bushaltestelle gehen, die da ist, und auf einmal guckt der V. T. da aus'm Fenster raus in der D.-straße in dem Haus.

I: Mm.

K.L.: Direkt an der Bushaltestelle. Und ich so zur Silke: Oh, Gott, da ist der T. Und die weiß ganz genau, wer das ist und so, ne.

I: Der hast du das erzählt?

K.L.: Mm (bejahend). Und die hat nur gesehen, weil ich, mir geht so die Farbe aus'm Gesicht, bin wie versteinert, am Zittern, krieg keine Luft oder denk, ich krieg keine Luft mehr, und da geht gar nix mehr. Ich hab da so hin gestarrt. Und da hat die mich, ganz schnell kam 'n Bus, und da hat die mich ganz schnell in den Bus reingezogen, mein Kopf weg, dass ich da nicht, weil ich da so hin geguckt hab. Am nächsten Tag haben wir unseren ganzen Mut zusammen genommen und haben da auf die Klingel geguckt: Stand sein Name drauf.

I: Mm.

Anhang 2: Transkript der Exploration zur Sache

K.L.: Und dann bin ich abends zu meinem Vater und da hab ich gesagt: He Papa, weißt du was, der T., der wohnt in der D.-straße! Und mein Vater sagt: Ja, ich weiß. Da war's erste Mal, dass ich meinen Mund gegen meinen Vater aufgemacht hab. Da hab ich gesagt: Wie, du weißt? Ich sag: Der Typ, der will mich umbringen, der steht mit 'nem Messer hinter mir, was weiß ich. Und der wohnt hier, und du sagst mir das nicht mal. Ja, ich wusst' ja nicht, dass du in dieser Gegend rumhängst: Das hätt' ich ja nie gedacht, und so. Ich sag ja, und da war dann der Tag wo wir die Anzeige gemacht haben, wo wir gesagt haben, wir machen 'ne Anzeige. Sind wir zum Kinderschutzbund gegangen und haben dann halt gesagt, so und so. Ich hab mir überlegt, dass wir 'ne Anzeige machen. Erstens hab ich Angst um mein Leben, zweitens weiß ich nicht wie bekloppt der ist und wie viel Kinder der sonst noch vergewaltigt und ja, ich möchte einfach, dass der seine Strafe kriegt.

I: Mm.

K.L.: Ja, und dann haben wir die Anzeige gemacht.

I: Mm.

K.L.: Zur Rechtsanwältin hingegangen und so. Mein Vater und mein Bruder haben Zeugenaussagen bei der Polizei machen müssen. 'Ne damalige Freundin von mir, die das halt mitgekriegt hat da mit der Sache, hat eh 'ne Aussage glaub ich gemacht, aber die meint, die könnt sich da nicht mehr dran erinnern. Und eh...

I: Was hatte die mitgekriegt?

K.L.: Ja, die saß mit am Tisch, da wo der mit seinem Bein unterm...

I: Ach so, aber das hatte die nicht mitgekriegt?

K.L.: Nee, ich mein, die hat halt mitgekriegt, dass ich aufgestanden bin und geschrieen hab.

I: Mm. Aber nicht weshalb?

K.L.: Genau.

I: Hatten Sie der davon erzählt, was Ihnen mit dem T. passiert ist, vorher?

K.L.: Nn (*verneinend*).

I: Diese Sache, wo der im Park hinter Ihnen stand mit dem Messer, wann war das denn? Vor oder nach der Anzeige?

K.L.: Vor der Anzeige.

I: Unmittelbar davor?

K.L.: Ja, zwei oder drei Tage, vier Tage vorher.

I: Haben Sie das denn angezeigt? Diese Bedrohung?

K.L.: Mm, das hab ich bei der Rechtsanwältin, glaub ich, auch gesagt.

I: Mm. Dass das jetzt so unmittelbar war?

K.L.: Ja, das ist jetzt drei Jahre her oder dreieinhalb Jahre.

I: Mm. Und dieser Bericht bei der, also von der Frau R.? Die hat ja dann eh also geschrieben, dass sie Sie vertritt, ne und dass Sie da 'ne Anzeige machen wollten jetzt und gemacht haben, und hat dann die Polizei gebeten, eben, dass Sie da nicht noch mal aussagen müssen. Und da hat die ja aber 'nen ausführlichen Bericht dazu gelegt schon, zu diesem ersten Antrag dann, ne, zu diesem ersten Strafantrag und dieser Anzeige. Haben Sie das der denn in dieser Ausführlichkeit da erzählt gehabt oder wem?

K.L.: Ich glaub schon.

I: Wem haben Sie denn zum allerersten Mal so ausführlich was erzählt?

K.L.: Bis ins Detail? Der Frau R....

I: Mm. Und das war aber nach W. gewesen?

K.L.: Mm (*bejahend*).

I: Und wie war das in W.? Haben Sie da auch wem was erzählt gehabt?

K.L.: Ja, ich hatte ja diese Frau, Frau, Frau C., glaub ich, hieß die, die Psychologin, die ich da hatte.

I: Ja, ich glaub ja.

K.L.: Und em mit der hab ich auch darüber geredet, aber ich glaub, ich hab mit der nicht darüber geredet bis ins Detail.

I: Mm.

K.L.: Und mit meiner Psychologin oder mit dem Herrn H. hab ich auch darüber geredet. Aber auch nicht bis ins Detail. Da weiß ich hundertprozentig, dass ich nicht bis ins Detail geredet hab.

I: Ja.

K.L.: Und in W., mein ich, hätt' ich auch nicht.

I: Was haben Sie denen denn gesagt?

K.L.: Wem?

I: Da in W., weil Sie sagen, Sie haben es nicht bis ins Detail berichtet?

K.L.: Ja, dass es 'n Freund von meinem Vater war und dass er mich vergewaltigt hat und dass es im Wald war oder so. So ganz ehrlich, ich bin mir nicht mehr hundertprozentig sicher, ob ich da jetzt bis ins Detail gegangen bin oder nicht. Aber das war ja nicht das Hauptthema gewesen damals, deswegen.

I: Nee, nee, das ist okay, das ist auch alles lange her und alles jetzt ganz viel gewesen.

K.L.: Durcheinander.

I: Nee, nee, das ist schon okay. Was noch nur wichtig wäre: Wie haben die denn da drauf reagiert, dass Sie da so gesagt haben, ich bin vergewaltigt worden?

K.L.: In W.?

I: Mm.

K.L.: Die waren eigentlich sehr nett. Die Psychologin da.

I: Mm.

K.L.: Weil, das war das Einzigste, worauf ich mich immer gefreut hab in W.

I: Mm.

K.L.: Ich hatt' ja nur einmal die Woche, glaub ich, mit der Psychologin...

I: Mm.

K.L.: ... immer 'n Gespräch gehabt, und das war das Einzige, was ich toll fand da.

I: Mm.

K.L.: Und die war eigentlich sehr nett.

I: Was hat die denn dazu gemeint zu dieser Eröffnung von Ihnen, dass Ihnen da so was passiert ist? Was man jetzt machen sollte oder so?

K.L.: Keine Ahnung. Weiß ich wirklich nicht mehr, was die gesagt hat. Ich weiß auch nicht mehr, wie die aussieht oder so was (Rest unverständlich).

I: Mm.

K.L.: Ich hatte auch gar nicht so viele Stunden mit der gehabt. Was weiß ich, dreimal, viermal.

I: Hat sie mit Ihnen was überlegt, was man da jetzt machen sollte oder könnte?

K.L.: Die meinte, ich sollte 'ne Therapie machen, ja.

I: Mm. Und Ihr Vater hat das von wo erfahren dann?

K.L.: Ich glaub in W., mein ich. Ich glaub, der war irgendwann mal bei so 'ner Stunde dabei oder so. Da gab's ja irgendwie nur so Gespräche, wo dann, ich hatte ja da noch so'n (zögert), irgendwie hatte jedes Kind, was da war oder Jugendlicher, der da war in dieser Psychiatrie 'n Paten, oder so hieß das halt. Und das hatt' ich halt auch gehabt. Und dann gab's irgendwie, mein Vater kam dann zweimal oder so mit da hoch, und da gab's so 'n Gespräch mit, ich hatte 'n Paten oder zwei Paten hatt' ich. 'n Paten und 'ne Patin waren dabei, und dann die Psychologin, und dann, was weiß ich, waren so ganz viele Leute mit dabei, und dann so Gespräche, und dann ich und mein Vater, oder dann bin ich auch, ja genau, da war ein Gespräch, da bin ich nämlich rausgerannt. Das weiß ich noch. Und ich glaub, da war das auch gewesen, wo die, wo wir darüber geredet haben.

I: Mm.

K.L.: Ganz viel, da waren vielleicht fünf Leute so. Also meine Patin, mein Pate, die Psychologin und dann vielleicht noch ein oder zwei andere Leute. Ich bin mir aber nicht sicher. Mein Vater, ich und die saßen in diesem einen Raum direkt am Anfang von der Station. Und da wurde dieses Thema angesprochen, glaub ich, und da bin ich nämlich heulend rausgerannt. Bin ich in mein Zimmer reingerannt, und da war mir voll schlecht und so, und dann ist mein Vater, kurz bevor der gegangen ist, kam er bei mir ins Zimmer rein und meinte: Ja, ich geh jetzt...

I: Mm.

K.L.: Und ob's mir besser gehen würde. Genau, und da, da ging's meinem Vater nämlich auch nicht mehr so gut danach.

I: Mm. Hat Ihr Vater dann von sich aus mit Ihnen darüber mal geredet?

K.L.: Irgendwann haben wir mal auf der Couch gesessen, im Wohnzimmer von meinem Vater. Da haben wir

Anhang 2: Transkript der Exploration zur Sache

so..., da haben wir noch gesagt, wir müssen uns mal richtig aussprechen.

I: Mm.

K.L.: Und dann haben wir irgendwann, haben wir beide da gesessen, uns in den Armen gelegen und geheult. Und das war irgendwas, was total gut tat. Irgendwie musst ich noch mehr weinen, als ich meinen Vater hab weinen sehen.

I: Mm.

K.L.: Aber mein Vater meint auch noch, ich glaube, das musste mal sein. Und das hat echt gut getan irgendwie.

I: Und hat er ihnen denn dann geglaubt? Weil Sie sagten, als Sie es damals versucht hatten, kurz danach,... (Rest unverständlich).

K.L.: Ja, der hat das, schon länger war das schon, dass der das geglaubt hat. Sonst wär' der gar nicht mit mir..., hätte nicht die Anzeige mitgemacht und so.

I: Mm.

K.L.: Da hat er mir geglaubt.

I: Also, als Sie das in W. da...

K.L.: Ich denke mal, hätte ich dem das damals in einer anderen Situation gesagt, hätte er mir das auch geglaubt.

I: Mm. War da ungünstig?

K.L.: Ja, weil wir vorher Krach hatten. Mein Vater dacht halt, das war, dass ich jetzt so, Kinder denken sich manchmal schon mal blöde Sachen aus, irgendwie um dann wieder Streit zu schlichten. So genauso, wenn ich Tabletten schlucke, um damit Streit zu schlichten. Das ist im Grunde genommen blöd, und ich sag mal so, meinem eigenen Kind würde ich alles glauben, was mit so was zu tun hat, weil meinem Kind glaub ich nun mal. Und nicht irgend so 'nem anderen Fremden, sag ich mal. Das ist seine Pflicht, mir zu glauben, eigentlich.

I: Mm.

K.L.: Und das ist das, warum ich so enttäuscht war. Andererseits, ich kann irgendwie, kann ich's nachvollziehen. Ich kann irgendwie verstehen, dass es in dem Moment für ihn wahrscheinlich 'n Schock war. Der konnte damit erstens nicht umgehen, und der war total schockiert und, und dann halt in dieser Situation. Dass es em vielleicht 'ne Lüge war. Und eh der hat mir's auf jeden Fall dann geglaubt, nachdem ich in W. war.

(Gespräch über sexuelle Erfahrungen der Zeugin, über ihre Beziehung zu Herrn T. früher); (weiter zur Erstaussagesituation):

I: Mm. Wie lange hat das gedauert, bis Du zum ersten Mal so darüber überhaupt geredet hast?

K.L.: Das war an dem Tag gewesen, als der mit seinem Bein unter'm Tisch an meinem Bein...

I: Ja. Wo Dein Vater Dir nicht geglaubt hat?

K.L.: Ja.

I: Wie lange danach war das nach dem Ereignis im Wald?

K.L.: Ja, das ist jetzt die Frage. Ich dachte immer, ich wäre sieben gewesen. Das was ich mit Frau R. ausgerechnet hab, läuft darauf hinaus, dass ich acht gewesen bin. Dann müsst es ein Jahr später gewesen sein.

I: Mm.

K.L.: Also ich war dann bestimmt neun.

I: (unverständlich) Ist in der Zwischenzeit denn noch mal irgendwas vorgekommen? Dass er darauf noch mal irgendwie Dich angesprochen hat, der Herr T. oder so?

K.L.: Mm (verneinend).

I: Was da war, oder Dich dran erinnert hat, dass Du nix erzählen darfst oder so?

K.L.: Ja, das hat er. Er hat gesagt: Du weißt Bescheid, ne.

I: Mm.

K.L.: Und das war's.

I: Mm. Ja. Und als Du das Deinem Bruder da gesagt hattest, als Du da in Dein Zimmer gelaufen warst, als diese Sache mit dem Tisch da war, was Du erzählt hast, hat Dein Bruder Dir denn da geglaubt?

K.L.: Ja.

I: Sofort? Ohne dass der gesagt hat, hier, Du spinnst und was soll das?

K.L.: Ja, okay, aber ich war neun, und mein Bruder war zwölf, ja und ich war mit zwölf weiter als mein Bruder damals mit zwölf war.

I: Das ist bei den Mädchen immer.

K.L.: Ja, okay, na ja, aber ich hatte halt mein Bruder nachher als älteres Vorbild, deswegen ging's bei mir noch 'n Stück schneller als sowieso schon beim Mädchen.

I: Ja, klar. Mm.

K.L.: Und eh mein Bruder war halt wirklich noch 'n Kind so mit zwölf und ich nicht mehr so.

I: Mm.

K.L.: Ja, wahrscheinlich schon 'n Kind gewesen, aber wollte es nicht sein und...

I: Ja.

K.L.: Em, also ich denk, der wusste auch nicht, was er machen sollte. Und der ist dann ausgeflippt, und dann gesagt, lass meine Schwester und so, ist halt zu dem und wollt ihn erschlagen.

I: Mm.

K.L.: Dann hat mein Vater den angeschrieen, da war der auch schon wieder ruhig gewesen.

(Weiteres Gespräch über Zukunftsvorstellungen, Beziehung zur Mutter und deren Familie; weiterer Ablauf des Verfahrens.)

Grundzüge einer Theorie entscheidungsorientierten psychologisch-diagnostischen Handelns

22.1 Annahmen der Theorie – 228

22.2 Überzeugungen als handlungsleitende Kognitionen – 229

22.3 Erwartungen als handlungsleitende Kognitionen – 230

22.4 Zur Prüfbarkeit der Theorie – 232

22.5 Erste Ergebnisse von empirischen Prüfungen der Theorie entscheidungsorientierten psychologisch-diagnostischen Handelns – 232
22.5.1 Familienrechtliche Begutachtung: Wie sie ist und wie sie sein kann – 232
22.5.2 Zur Entwicklung diagnostischer Strategien – 233
22.5.3 Entscheidungsorientierte Gesprächsführung in der psychologischen Diagnostik – 234
22.5.4 Ausbildung in psychologischer Begutachtung – 234
22.5.5 Guidelines for the Assessment Process (GAP) – 235

22.6 Entscheidungsorientierte Diagnostik – eine nützliche Technologie – 235
22.6.1 Eine Technologie – eine Notwendigkeit in der psychologischen Diagnostik – 235
22.6.2 Nützlichkeit als oberstes Kriterium einer Technologie – 235
22.6.3 Optimierung von diagnostischen Strategien – 236

22.1 Annahmen der Theorie

> **Merke**
>
> Annahmen der Theorie des entscheidungsorientierten psychologisch-diagnostischen Handelns
> 1. Psychologische Diagnostik verlangt eine Serie von Entscheidungen.
> 2. Für diese Entscheidungen notwendiges Wissen kommt aus:
>   – Lebenserfahrung,
>   – Berufserfahrung,
>   – psychologischem Fachwissen.
> 3. Überzeugungen und Erwartungen leiten das diagnostische Handeln.

In den vorhergehenden Kapiteln haben wir aufgezeigt, wo Psychologen schon bei der Planung ihres diagnostischen Handelns Entscheidungen treffen können bzw. müssen, wenn sie verantwortungsvoll handeln wollen. Entsprechendes gilt für alle Nichtpsychologen, die individuelles Verhalten von Menschen beschreiben, erklären oder vorhersagen, wie dies z. B. vor Gericht, in der Aus- und Weiterbildung oder im Bereich auffälligen Verhaltens der Fall ist. Die erste Annahme unserer Theorie besagt also, dass vor dem diagnostischen Handeln Entscheidungen darüber getroffen werden, wie beim Diagnostizieren vorgegangen werden soll.

Für diese Entscheidungen steht Wissen aus
- der Lebenserfahrung,
- der Berufserfahrung und
- der wissenschaftlichen Psychologie zur Verfügung.

Sowohl Nichtpsychologen als auch Psychologen können auf ihre persönliche wie auch auf die in einer Kultur oder Subkultur allgemein geteilte Lebenserfahrung zurückgreifen, wenn sie sich z. B. überlegen, welche Informationen bei Aussagen über das Verhalten anderer wichtig sind.

Berufserfahrung im Umgang mit anderen kann bei der Erklärung und Vorhersage individuellen Verhaltens, auf das sich diese Erfahrung bezieht, sehr nützlich sein. So wissen z. B. erfahrene Lehrer, welche Arten der Unterrichtsgestaltung für einen schwachbegabten Schüler förderlich und welche eher hemmend sein können. Bei Psychologen spielt die Berufserfahrung ebenfalls eine wichtige Rolle, denn spezifische Erfahrungen in einem bestimmten Bereich ersetzen häufig eine umfangreiche Informationssuche. Diese Berufserfahrung ersetzt allerdings nicht den ggf. erforderlichen Nachweis der relevanten Literatur.

Die Psychologie bietet heute umfangreiches Wissen zur Beschreibung, Erklärung und Vorhersage individuellen Verhaltens und geht damit weit über das hinaus, was durch Lebens- oder Berufserfahrung an Wissen gesammelt werden kann. Dieses psychologische Wissen liegt häufig in sehr abstrakter Form vor, sodass Psychologiestudenten erst systematisch lernen und üben müssen, Grundlagenwissen erfolgreich in anwendungsbezogenes Handeln umzusetzen.

Nach unseren Erfahrungen in der Ausbildung von Studierenden der Psychologie und in der Weiterbildung von Psychologen in psychologischer Diagnostik sind ein gutes Grundlagenwissen und theoretische Unterweisungen in psychologischer Diagnostik zwar notwendige, aber noch keine hinreichenden Voraussetzungen für erfolgreiches Diagnostizieren. Es muss hinzukommen, dass angehende Diagnostiker lernen,
- wie sie das in der Psychologie und bei sich selbst vorhandene Wissen auf eine vorliegende Fragestellung umsetzen können,
- wie sie ihre Werkzeuge wie z. B. Tests, Fragebogen, Gespräche theorie- und methodenkritisch einsetzen können und
- wie sie allgemeine und persönliche Urteilsfehler und -tendenzen minimieren.

Sieht sich ein Individuum vor die Notwendigkeit gestellt, zu handeln, so aktiviert es nach der Theorie der kognitiven Orientierung von Kreitler u. Kreitler (1976) Überzeugungen, die bestimmen, welche Handlung auszuführen ist. Diese Theorie hat sich in vielen Kontexten sehr gut zur Vorhersage individuellen Verhaltens bewährt. Wir gehen daher und auch aufgrund unserer bisherigen Beobachtungen an Diagnostikern davon aus, dass Überzeugungen das diagnostische Handeln leiten.

Eine andere Klasse von handlungsleitenden Kognitionen sehen wir in Erwartungen. Unter einer Erwartung versteht man im Alltag, wie auch nach der Definition von Berka u. Westhoff (1981), eine Vorstellung, die ein Individuum von einem möglichen zukünftigen Ereignis hat. Westhoff (1985) erweitert diese Definition um zwölf Facetten oder Merkmale von Erwartungen, die bei der Erklärung und Vorhersage individuellen Verhaltens in Entscheidungen nachweislich sehr nützlich sein können. Wir nehmen aufgrund der von Westhoff (1985) aus der Literatur zusammengestellten Belege zur Bedeutung von Erwartungen bei Entscheidungen und aufgrund unserer Beobachtungen bei Diagnostikern an, dass dies auch für die Entscheidungen beim psychologisch-diagnostischen Handeln gilt.

22.2 Überzeugungen als handlungsleitende Kognitionen

Merke

Überzeugungen zu
- Zielen,
- dem eigenen Selbst,
- Normen und Regeln,
- den angesprochenen Objekten

leiten die Planung psychologisch-diagnostischen Handelns.

Kreitler u. Kreitler (1976) unterscheiden vier Typen von Überzeugungen. Diese lassen sich auch beim diagnostischen Handeln beobachten, wenn Diagnostiker ihre Überlegungen laut äußern.

Der Diagnostiker will mit seinem diagnostischen Handeln bestimmte Ziele erreichen. Aus der psychologischen Entscheidungsforschung sind Vorgehensweisen bekannt, die sich für die Beratung bei komplexen Entscheidungen als erfolgreich erwiesen haben. Solche Strategien kann sich auch der Diagnostiker zunutze machen, damit er für alle Beteiligten zufriedenstellend diagnostisch arbeiten kann. Dazu gehört zuerst eine Ausformulierung aller Ziele, die bei einer Entscheidung zu beachten sind.

Sehr häufig werden nach unseren Beobachtungen beim diagnostischen Handeln Überzeugungen geäußert, die vor allem mit der Person des Diagnostikers selbst zu tun haben, z. B. »...ist doch interessant« oder »es macht mich sicherer...«. Für ein möglichst sachgerechtes diagnostisches Vorgehen ist es jedoch wichtig, dass der Diagnostiker die sachlich gerechtfertigten Anliegen von seinen persönlichen Interessen trennen kann. Das heißt: Der Diagnostiker hat sich im gesamten diagnostischen Prozess zu fragen, ob bestimmte Überzeugungen mit den anstehenden Entscheidungen zu tun haben, oder ob z. B. nur seine persönliche Neugier befriedigt würde, wenn er ein bestimmtes Vorgehen wählen würde.

Kaminski (1970, 1976) führt explizit das »Gewissen« des Diagnostikers als Determinante diagnostischen Handelns auf. Dieses Gewissen kann man erkennen in den Überzeugungen über Normen und Regeln, die Diagnostiker bei ihrem diagnostischen Handeln nennen. Immer, wenn darauf hingewiesen wird, was »man« soll oder nicht soll, darf oder nicht darf, sind Normen und Regeln mit in die Betrachtung einbezogen. Kompetente Diagnostiker beachten selbstverständlich die rechtlichen und ethischen Rahmenbedingungen ihres Handelns. Die Beachtung von Normen und Regeln kann allerdings die notwendige differenzierte wissenschaftliche Betrachtung und Argumentation nicht ersetzen.

Von jeder diagnostischen Handlung sind verschiedene »Objekte« betroffen, z. B. Auftraggeber, Probanden und die entscheidenden Personen ihres sozialen Umfeldes sowie der Diagnostiker selbst. Aber auch Institutionen, Ereignisse, Situationen oder Gegenstände können solche Objekte sein, zu denen Diagnostiker bei ihrem diagnostischen Handeln Überzeugungen äußern.

Insgesamt zeigt sich, dass mit zunehmender Lebens- und Berufserfahrung als Diagnostiker und mit Grundkenntnissen, theoretischen Kenntnissen sowie speziellem Training in psychologischer Diagnostik Diagnostiker besser in der Lage sind, sich
- über ihre Ziele beim diagnostischen Handeln klar zu werden,
- sachlich gerechtfertigte Anliegen von persönlichen Interessen zu trennen,
- die zu beachtenden rechtlichen und ethischen Rahmenbedingungen ihres diagnostischen Handelns zu beachten und
- die von ihrem diagnostischen Handeln betroffenen »Objekte« zu erkennen und die jeweiligen Wirkungen dieses Handelns auf sie angemessen zu berücksichtigen.

22.3 Erwartungen als handlungsleitende Kognitionen

> **Definition**
>
> - Erwartungen leiten psychologisch-diagnostisches Handeln.
> - Eine Erwartung ist eine Vorstellung, die ein Individuum von einem möglichen zukünftigen Ereignis hat.
> - Bezogen auf das mögliche zukünftige Ereignis sind fünf Facetten jeder Erwartung von Bedeutung:
>   1. Bewertung,
>   2. subjektive Wahrscheinlichkeit,
>   3. zeitliche Nähe,
>   4. zeitliche Dauer,
>   5. Wichtigkeit.
> - Bezogen auf die Vorstellung des möglichen zukünftigen Ereignisses sind sieben Facetten jeder Erwartung von Bedeutung:
>   1. Intensität der Emotion,
>   2. Auftretenshäufigkeit,
>   3. Gültigkeit,
>   4. Generalisiertheit,
>   5. Differenziertheit,
>   6. Stabilität,
>   7. Änderbarkeit.

Wie bereits mehrfach erläutert, besteht psychologisch-diagnostisches Handeln aus einer Serie von Entscheidungen. Bei persönlich wichtigen Entscheidungen zwischen wenigen Alternativen stellen sich Menschen i.d.R. zukünftige Ereignisse vor, die ihnen als Folgen von zur Wahl stehenden Alternativen möglich erscheinen. Solche möglichen »Ereignisse« im psychologisch-diagnostischen Prozess können sehr global sein wie z. B. die Einbeziehung eines bestimmten Variablenbereiches in die Hypothesenbildung; sie können aber auch sehr differenziert sein wie z. B. die Formulierung einer einzelnen Frage für das entscheidungsorientierte Gespräch. Die Erwartungen, die sich auf solche Ereignisse beziehen, bewerten Diagnostiker von »sehr positiv« bis »sehr negativ«. Die subjektive Wahrscheinlichkeit für das Auftreten eines solchen Ereignisses wird von »sehr gering« bis »sehr hoch« eingestuft.

Nach unseren Erfahrungen verändern sich die Erwartungen der Diagnostiker mit zunehmendem Wissen in psychologischer Diagnostik: Sie bewerten die vorgestellten möglichen Ereignisse immer mehr wie erfahrene Diagnostiker, und auch ihre subjektiven Wahrscheinlichkeiten für das Eintreten dieser Ereignisse gleichen sich immer mehr denen der Erfahreneren an. Voraussetzung hierfür ist allerdings, dass sie sich der empirischen Psychologie verpflichtet fühlen.

Ein vorgestelltes mögliches Ereignis kann als zeitlich »sehr nah« bis »sehr fern« erlebt werden, seine Dauer als »sehr kurz« bis »sehr lang«. Hinsichtlich dieser beiden Facetten von Erwartungen gibt es nach unseren Beobachtungen kaum Unterschiede zwischen mehr oder weniger erfahrenen Diagnostikern, wenn sie systematisch diagnostisch handeln. Dies führen wir darauf zurück, dass es zur Einschätzung dieser beiden Facetten i.d.R. nur der Lebenserfahrung eines jungen Erwachsenen, aber keiner speziellen Ausbildung oder Berufserfahrung bedarf.

Mögliche Ereignisse werden als unterschiedlich wichtig eingestuft, d. h. von »sehr unwichtig« bis »sehr wichtig«. Gruppen von Diagnostikern mit unterschiedlicher theoretischer Grundausbildung können sich hier selbst bei gleichem beruflichen Tätigkeitsfeld innerhalb der psychologischen Diagnostik stark unterscheiden. Erst nach einem systematischen Training in entscheidungsorientierter Diagnostik streuen die Wichtigkeitsurteile weniger.

Emotionen werden oft als nur störend angesehen für eine objektive Beurteilung von Menschen, und daraus wird geschlossen, dass sie deshalb nicht beachtet werden sollten. Tatsache ist jedoch, dass unser gesamtes Verhalten ständig von Emotionen begleitet und gesteuert wird. Wir versuchen daher, die Intensität der Emotion, die mit der Vorstellung eines bestimmten Ereignisses verbunden ist, für das diagnostische Handeln zu nutzen. Eine intensivere Emotion zeigt immer an, dass die Vorstellung, mit der sie verbunden ist, etwas bei uns selbst betrifft. Wir fragen uns dann, was wir an einer Vorstellung z. B. angenehm, ekelhaft, sympathisch oder beängstigend finden. Auf diese Weise können Diagnostiker sich über ihre eigenen Wertvorstellungen und Ziele klar werden. Erst wenn man sich über sein eigenes Urteilssystem klarer geworden ist, hat man auch die Chance, dem Probanden eher gerecht zu werden, dass also die Emotionen weniger die Eindrücke und Aussagen unbemerkt verzerren.

Die Intensität von Emotionen kann man von »sehr gering« bis »sehr hoch« einstufen. Nach dem oben Gesagten variiert die Intensität der mit einer Vorstellung verbundenen Emotion sehr stark in Abhängigkeit vom persönlichen Wertesystem des Diagnostikers. Deshalb ist diese Facette von Erwartungen in der Ausbildung von Diagnostikern systematisch zu berücksichtigen.

Bei wichtigen Entscheidungen treten die Erwartungen nicht alle gleich häufig in das Bewusstsein. Ein Individuum kann das Auftreten einer Erwartung als von »sehr selten« bis »sehr oft« erleben und beurteilen. Je nach dem Muster des gewohnheitsmäßigen Reagierens werden Vorstellungen, die starke Emotionen auslösen, eher unterdrückt oder im gegenteiligen Fall wieder und wieder bedacht. Beides kann zu unangemessenen Entscheidungen führen, da eine bestimmte Erwartung entweder zu viel oder zu wenig beachtet wird. Berücksichtigt man systematisch die Intensität der mit einer Vorstellung verbundenen Emotion, so kann man damit erreichen, dass alle relevanten Erwartungen bei einer Entscheidung angemessener berücksichtigt werden. Dies bedeutet, dass verschiedene Diagnostiker sich bestimmte Ereignisse mit immer ähnlicherer Häufigkeit vorstellen.

Erwartungen können beim diagnostischen Handeln sowohl subjektiv wie auch objektiv als mehr oder weniger zutreffend beurteilt werden. Dabei kann sich diese Gültigkeitsbeurteilung auf das vorgestellte Ereignis wie auch auf die ersten fünf Facetten von Erwartungen beziehen, die ja Merkmale des vorgestellten Ereignisses sind. Durch ein systematisches Training in entscheidungsorientierter Diagnostik beziehen Diagnostiker weniger unzutreffende und mehr zutreffende Erwartungen in ihre diagnostischen Entscheidungen ein.

Ein Merkmal vorurteilsbehafteter und stereotyper Beurteilung anderer Menschen besteht darin, dass stark generalisierte Erwartungen unreflektiert und unberechtigt verwendet werden. Die Ausbildung in entscheidungsorientierter Diagnostik geht auf die Vorurteile und Stereotype von Diagnostikern in der Bearbeitung einer Fragestellung explizit ein. Dadurch kann der Diagnostiker seine eigenen Vorurteile erkennen und versuchen, sie auszuschalten. Vorurteile und Stereotype als generalisierte Erwartungen können daher das Urteil des Diagnostikers nach einer Ausbildung in entscheidungsorientierter Diagnostik weniger beeinflussen. Ein wesentliches Ergebnis systematischer Ausbildung in psychologischer Diagnostik besteht darin, dass globale Erwartungen in differenzierte Erwartungen aufgelöst werden. Diagnostiker beachten also mit zunehmendem Wissen nicht nur mehr Objekte, sondern sie bilden pro Objekt auch mehr Erwartungen aus.

Unter Stabilität von Erwartungen verstehen wir das Ausmaß, in dem sie sich durch unsystematische Einflüsse ändern. Wenn Diagnostiker mehr gültige und mehr differenzierte Erwartungen haben, so können diese eher über längere Zeit hinweg stabil, d. h. gleich bleiben, weil kein Anlass besteht, sie zu modifizieren. Werden gut ausgebildete Diagnostiker nach längerer Zeit wieder mit der gleichen Fragestellung konfrontiert, so kann man nach unseren Erfahrungen davon ausgehen, dass sie eher als wenig ausgebildete Diagnostiker wieder die gleichen gültigen und differenzierten Erwartungen nennen wie beim ersten Mal. Wenig ausgebildete Diagnostiker können zwar auch wieder die gleichen Erwartungen äußern, doch handelt es sich dann i.d.R. um dieselben globalen und häufig ungültigen Erwartungen, bei denen unreflektiert Stereotype als Grundlage der Planung diagnostischen Handelns verwendet werden.

Unter Änderbarkeit von Erwartungen verstehen wir ihre Modifizierbarkeit aufgrund systematischer Änderungsversuche, z. B. durch neues Wissen. Es ist ein Qualitätsmerkmal qualifizierter diagnostischer Arbeit, dass neue wissenschaftliche Erkenntnisse umgehend übernommen und entsprechende Erwartungen geändert werden. Wenig ausgebildete Diagnostiker sind neuen Erkenntnissen gegenüber weniger offen, und sie behalten ihre ungültigen Erwartungen bei der Planung ihres diagnostischen Handelns auch dann bei, wenn es angemessen wäre, sie entsprechend neuer Forschungsergebnisse zu ändern.

22.4 Zur Prüfbarkeit der Theorie

> **Merke**
>
> Prüfung der Theorie durch systematische Vergleiche der diagnostischen Leistungen unterschiedlich lebens- und berufserfahrener Gruppen von Nichtpsychologen, Psychologen und Psychologiestudierende in unterschiedlichen Ausbildungsabschnitten.

Unsere oben dargestellte Theorie des entscheidungsorientierten psychologisch-diagnostischen Handelns und der zu ihr gehörenden Hypothesen ist durch Übertragung gesicherten Wissens aus der Psychologie begründet und hat eine erste Absicherung durch unsere langjährigen Erfahrungen in der praktischen Diagnostik und Begutachtung, der Ausbildung von Psychologiestudierenden und der Weiterbildung von Psychologen in entscheidungsorientierter Diagnostik.

Als Populationen mit unterschiedlichem Wissensstand in psychologischer Diagnostik kommen in Betracht:

- Abiturienten oder Studierende der Psychologie im ersten Semester,
- Psychologiestudierende direkt nach dem Vordiplom,
- Psychologiestudierende nach der theoretischen Diagnostikausbildung, die nach dem Vordiplom bzw. im Bachelor-Studiengang erfolgt,
- Psychologiestudierende mit systematischer Ausbildung und Übung im Umsetzen der theoretischen Kenntnisse, d. h. am Ende ihrer Diagnostikausbildung, bzw. Psychologen unmittelbar nach ihrem Diplom bzw. Master,
- Psychologen mit Diagnostikausbildung und mindestens zwei Jahren Berufserfahrung mit Schwerpunkt in psychologischer Diagnostik,
- qualifizierte Ausbilder in psychologischer Diagnostik,
- Studierende anderer wissenschaftlicher Fächer als Psychologie am Ende ihres Studiums,
- Führungskräfte mit einem anderen Hochschulabschluss als dem Diplom in Psychologie und mindestens zwei Jahren Berufserfahrung.

Da man niemanden einer der genannten Gruppen nach Zufall zuordnen kann, lässt sich die Theorie nicht experimentell, sondern nur quasiexperimentell prüfen. Dafür lassen sich allerdings die Ergebnisse sehr viel leichter auf die Praxis übertragen. Es könnte nachgewiesen werden, an welchen Stellen Psychologen – im Unterschied zu Gruppen nach Lebens- und Berufserfahrung vergleichbaren Nichtpsychologen – schlechtere, vergleichbare oder bessere Leistungen zeigen, wenn sie die Beschreibung, Erklärung und Vorhersage individuellen Verhaltens planen.

Das vorgeschlagene Vorgehen lässt nicht nur die Wirkung der Psychologieausbildung auf die Leistung von Diagnostikern prüfen, sondern zugleich die von Psychologen wie Nichtpsychologen häufig geäußerte Behauptung, dass fachpsychologische Arbeit sich genauso gut allein mit dem sog. gesunden Menschenverstand bewältigen lasse.

22.5 Erste Ergebnisse von empirischen Prüfungen der Theorie entscheidungsorientierten psychologisch-diagnostischen Handelns

22.5.1 Familienrechtliche Begutachtung: Wie sie ist und wie sie sein kann

Klüber (1998) und Terlinden-Arzt (1998) untersuchten in einer inhaltsanalytischen Studie eine repräsentative Stichprobe von 245 Gutachten, die 1991 bei Familiengerichten in Nordrhein-Westfalen vorgelegt worden waren. Sie analysierten mit Hilfe eines von ihnen entwickelten umfangreichen Kategoriensystems die Stärken und Schwächen dieser Gutachten. Die Darstellungsweise in den Gutachten erfassten sie in 220 Kategorien, die Inhalte in 571 Kategorien. Sie beschrieben so die diagnostischen Entscheidungen, die in einem psychologischen Gutachten in der dargestellten Planung, im Ablauf der Untersuchungen und in den Schlussfolgerungen aus den Daten deutlich werden. Ein bemerkenswerter Anteil an Gutachten, die den wissenschaftlichen Standards entsprechen, zeigt, dass es unter den Bedingungen der Praxis durchaus möglich ist, solche Gutachten zu erstellen. Die Fülle der Gutachten mit mehr oder weniger gravierenden Mängeln hingegen spricht dafür, dass neben einer soliden Ausbildung in psychologischer Diagnostik eine Weiterbildung im Bereich der familienrechtlichen Begutachtung dringend erforderlich ist.

Die Ergebnisse der Arbeiten von Klüber (1998) und Terlinden-Arzt (1998) haben Westhoff et al. (2000) in einem allgemein verständlichen Buch weiter verarbeitet (»Entscheidungsorientierte psychologische Gutachten für das Familiengericht«). Sie beschreiben darin die entscheidungsorientierte psychologische Begutachtung im Auftrag des Familiengerichts. Dazu wird das Vorgehen des psychologischen Sachverständigen so beschrieben, dass auch die beteiligten Eltern, ihre Anwälte, die Gerichte und andere an einer familienrechtlichen Auseinandersetzung beteiligte Personen, z. B. Jugendamtsmitarbeiter und Verfahrenspfleger, nachlesen können, wie eine sachgerechte Begutachtung aussieht. Schritt für Schritt wird beschrieben, wie ein psychologischer Sachverständiger eine Begutachtung für das Familiengericht plant, vorbereitet, durchführt und das Gutachten schriftlich darstellt.

Neben dem Streit um die Kinder geht es in familienrechtlichen Auseinandersetzungen des Öfteren um die behauptete Erwerbsunfähigkeit eines der getrennten Partner und seinem Begehren, vom anderen künftig Unterhalt zu beziehen. Hierzu beschrieb Westhoff (1999) eine Strategie zur »Begutachtung der Erwerbsunfähigkeit im Familienrecht durch den Psychologen«.

22.5.2 Zur Entwicklung diagnostischer Strategien

Wenn Psychologen sich in der Praxis vor eine diagnostische Fragestellung gestellt sehen, dann können sie die Regeln der entscheidungsorientierten Diagnostik nutzen, um eine diagnostische Strategie zu entwickeln, die mit möglichst wenig Aufwand möglichst viel nützliche Information erbringt. Die Auseinandersetzung mit der diagnostischen Fragestellung ist dabei der erste Schritt, indem der Psychologe z. B. prüft, ob die Fragestellung eindeutig formuliert ist, er der zuständige Experte ist, die Fragestellung prinzipiell beantwortbar ist und ob keine rechtlichen oder ethischen Einwände gegen die Arbeit an dieser Fragestellung sprechen.

Westhoff et al. (2002) untersuchten 61 Studierende aus zwei parallelen Kursen »Diagnostische Strategien« mit Tests, die korrekt und nicht korrekt formulierte diagnostische Fragestellungen als zu beurteilende Aufgaben enthielten. Die Studierenden wurden zu Beginn des Themas »Diagnostische Fragestellung« und danach mit zwei verschiedenen, aber einander entsprechenden Tests geprüft. Dabei war der Vortest aus dem einen Kurs der Nachtest im anderen und umgekehrt. Zwischen Vor- und Nachtest wurden eine Sitzung lang die Aufgaben aus dem jeweiligen ersten Test mit den Studierenden diskutiert und die nicht korrekten Fragestellungen, wenn dies möglich war, in korrekte Fragestellungen umformuliert.

Die Gesamtleistung der Studierenden nahm signifikant von 61% richtigen Lösungen im Vortest zu 70% im Nachtest zu. Eine deutliche Zunahme zeigte sich beim Erkennen von korrekt formulierten Fragestellungen und von solchen, deren Bearbeitung unethisch oder ungesetzlich gewesen wäre.

Das Vorwissen aus dem Vordiplom und den danach besuchten Pflichtvorlesungen zur psychologischen Diagnostik sowie die Lektüre von präzise formulierten Regeln des Umgangs mit Fragestellungen führte schon zu einem beachtlichen Können der Studierenden, das aber noch ganz beträchtliche Lücken aufwies. Diese konnten durch zwei Stunden Arbeit an Hausaufgaben und anschließend zwei Unterrichtsstunden Diskussion dieser Aufgaben deutlich verringert werden.

Nur durch die Vermittlung von Wissen kann also offensichtlich noch keine ausreichende psychologisch-diagnostische Kompetenz erreicht werden. Vielmehr ist konkretes praktisches Training mit individuellem Feedback erforderlich.

Im Bereich der pädagogischen Diagnostik sind Konzentrationsstörungen von Schulkindern eines der am häufigsten genannten Probleme. Hierzu haben Westhoff et al. (1990) diagnostische Hilfen für Eltern und Lehrer sowie diagnostische Strategien für Lehrpersonen (Westhoff 1992a) wie auch für Schulpsychologen (Westhoff 1992b) beschrieben (vgl. auch z. B. Westhoff 1993, 1998a). Westhoff u. Hagemeister (2005) stellen diese und weitere Forschungen und Entwicklungen zur Konzentrationsdiagnostik dar.

22.5.3 Entscheidungsorientierte Gesprächsführung in der psychologischen Diagnostik

Die Forschungen zum psychologisch-diagnostischen Interview zeigen in allen Bereichen der angewandten Psychologie sehr übereinstimmende Ergebnisse für das fachgerecht geplante, geführte und ausgewertete Interview. Westhoff (2000) hat diese in einem Überblick über die Forschung für die Praxis zusammenfassend dargestellt. Eine spezielle Zusammenstellung nur der Forschungen zu diagnostischen Interviews in der Personalauswahl geben Westhoff (2002) und Schuler (2002).

Die entscheidungsorientierte Gesprächsführung (EOG) zeichnet sich durch eine systematische Sammlung von expliziten Regeln aus, die in Checklisten übersichtlich zusammengestellt sind. Bei Interviews von Experten und einer sich anschließenden schriftlichen Befragung von Interviewexperten stellten Kici u. Westhoff (2000) fest, dass die Regelsammlung nach Ansicht dieser Experten bis auf eine wenig bedeutsame Ausnahme vollständig war. Diese sind in der Weiterentwicklung der EOG, so wie sie u. a. in diesem Buch dargestellt ist, selbstverständlich berücksichtigt. Weit über die Äußerungen der Experten hinaus gehen die konkreten Anweisungen in der EOG zur qualitativen Auswertung und Darstellung der Gesprächsergebnisse.

Die Regeln der EOG sind eine Hilfe bei der Konstruktion von Leitfäden für entscheidungsorientierte Gespräche. Kici u. Westhoff (2004) konnten zeigen, dass Studierende diese Regeln erfolgreich zur Beurteilung von Leitfäden benutzen können.

Grundlagen und Konstruktion des Diagnoseinstruments zur Erfassung der Interviewerkompetenz in der Personalauswahl (DIPA) beschreiben Strobel u. Westhoff (2002). Strobel (2004) stellt das fertige DIPA vor, das mit 147 Einzelbeobachtungen zur individuellen Rückmeldung über das Vorgehen in einem Eignungsinterview oder in einer Serie von Interviews bei sich selbst oder einem anderen Interviewer genutzt werden kann. Dadurch wird kontinuierliche Rückmeldung der Interviewerleistung und somit Qualitätssicherung im Eignungsinterview möglich.

Mündliche Prüfungen kann man bei entsprechender Durchführung als einen Anwendungsfall für EOG sehen. Westhoff et al. (2002) untersuchten die Objektivität dieser Gespräche und stellten eine sehr hohe Beurteilerübereinstimmung zwischen Prüfer und Beisitzer und eine hohe Übereinstimmung zwischen der Note und studentischer Selbstbeurteilung fest. Der Vergleich zweier Studentenpopulationen brachte zudem deutliche Hinweise auf die Validität von mündlichen Prüfungen nach dem Konzept der EOG.

Eine repräsentative Befragung von mittelständischen deutschen Unternehmen hinsichtlich ihrer Auswahlgespräche mit Führungskräften und Führungskräftenachwuchs ergab bei der überwiegenden Anzahl der Unternehmen sehr große Diskrepanzen zwischen dem »State of the Art« und der Praxis. Stephan u. Westhoff (2002) zeigten auf, dass bei sehr konservativer Schätzung in einem mittleren Unternehmen mit 1.400 Mitarbeitern jährlich mindestens 150.000 Euro gespart werden könnten, wenn die Unternehmen ihre Personalauswahlgespräche auf dem Stand der psychologischen Wissenschaft führen würden. Würde man das vorhandene psychologische Know-how einsetzen, so könnte man also nicht nur viel Geld sparen, sondern bei den fälschlich eingestellten Mitarbeitern und den sonstigen betroffenen Betriebsangehörigen eine Menge Frustration und deren schädliche Folgen vermeiden.

22.5.4 Ausbildung in psychologischer Begutachtung

Eckert u. Westhoff (2000) beschreiben die Ausbildung in psychologischer Diagnostik an der TU Dresden und die Konzeption der Evaluation anhand der Leistungen von Studierenden in den abschließenden Übungen zur Erstellung psychologischer Gutachten. In einem Vergleich der Leistungen der Studierenden in fünf aufeinander folgenden Jahrgängen konnten Eckert u. Westhoff (2000) die Effekte gebündelter Maßnahmen auf die praktische Kompetenz in psychologischer Begutachtung aufweisen. Effektive und effiziente Instrumente dafür sind in Kombination miteinander theoretische Einführungen, praktische Übungen, individuelles und Gruppenfeedback sowie erläuterte Checklisten zum Vorgehen sowie Checklisten zu häufigen Fehlern. Durch die vorliegende Evaluation konnte gezeigt werden, dass ein Drittel weniger Übungsaufwand beim endgültigen Erstellen von psychologischen Gutachten notwendig ist, wenn die Studierenden zuvor alle hinführenden praktischen Übungen erfolgreich absolvieren.

22.5.5 Guidelines for the Assessment Process (GAP)

Eine »Task Force« von neun Diagnostikern der »European Association of Psychological Assessment« (EAPA) erarbeitete »Guidelines for the Assessment Process« (GAP), die in ihrer vorläufigen Endfassung an 30 Experten verschickt wurden. Nach nur kleineren Änderungen wurden diese Richtlinien veröffentlicht (Fernandez-Ballesteros et al. 2001). Die Regeln der entscheidungsorientierten Diagnostik sind in komprimierter Form in diese Richtlinien eingeflossen und wurden somit durch das Delphi-Verfahren zur Prüfung der »Guidelines for the Assessment Process« indirekt bestätigt. Westhoff et al. (2003) haben die Guidelines als Richtlinien für den diagnostischen Prozess publiziert. Die Inhalte und Empfehlungen in diesem Buch stimmen mit diesen nationalen Richtlinien überein.

22.6 Entscheidungsorientierte Diagnostik – eine nützliche Technologie

22.6.1 Eine Technologie – eine Notwendigkeit in der psychologischen Diagnostik

Viele Hochschullehrer erwarten von Psychologen in der Praxis, dass sie Grundlagenwissen ohne zusätzliches technologisches Know-how in wissenschaftlich fundiertes praktisches Handeln umsetzen. Vergleicht man diese Situation einmal mit den etablierten Naturwissenschaften, so stellt man fest, dass niemand z. B. von einem Physiker erwartet, dass er Flugzeuge konstruieren kann. Man braucht dazu erkennbar mehr als Kenntnisse der zugrunde liegenden Naturgesetze. Wenn also die Umsetzung von Grundlagen in die Anwendung systematisch und professionell gelingen soll, dann brauchen wir bei der Ausbildung der Psychologiestudenten und der Weiterbildung von Psychologen einen technologischen Zwischenschritt, eine Technologie. Die entscheidungsorientierte Diagnostik ist in allererster Linie eine solche Technologie. Das heißt, hier werden Regeln erarbeitet, erprobt und vermittelt, die es erlauben, individuelles Verhalten in einem definierten Verhaltensbereich zu beschreiben, zu erklären oder vorherzusagen (Westhoff 1998b).

Die entscheidungsorientierte psychologische Diagnostik als eine Technologie kombiniert regelgeleitet das jeweils relevante methodische und inhaltliche Wissen sowie die sich daraus ergebenden Techniken. Ziel dieser Technologie ist es, für Entscheider Informationen zu erarbeiten, die ihnen helfen, Entscheidungen so zu treffen, dass sie diese später nicht deshalb bereuen, weil sie etwas Wichtiges außer Acht gelassen haben.

22.6.2 Nützlichkeit als oberstes Kriterium einer Technologie

> **Merke**
>
> Es ist festzustellen, dass in allen Einsatzbereichen der psychologischen Diagnostik die Nützlichkeit, das ist der Nettonutzen (= der Nutzen abzüglich der Kosten), als oberstes Kriterium anerkannt wird. Akzeptiert man einen solchen Maßstab als wünschenswert, dann folgt daraus ein weiterer Schritt: Eine neue diagnostische Strategie muss sich als nützlicher erweisen als eine bisher schon eingesetzte (= a priori) Strategie. In allen Anwendungsbereichen wird psychologisches Diagnostizieren dementsprechend an der Nützlichkeit gemessen.

Damit die Nützlichkeit einer diagnostischen Strategie bestimmt werden kann, muss nicht nur das Ziel dieser Strategie explizit zwischen Auftraggeber und Psychologen vereinbart werden, sondern auch klar sein, welche Maßnahmen sich an die Diagnostik anschließen. Erst dann kann evaluiert werden, wie groß der Nettonutzen einer bestimmten diagnostischen Strategie ist.

22.6.3 Optimierung von diagnostischen Strategien

Die hier vertretene entscheidungsorientierte psychologische Diagnostik ist eine am diagnostischen Prozess orientierte Systematik von Entscheidungen und Entscheidungshilfen, die offen ist für alle neuen Erkenntnisse. Sie ist nicht normativ, sondern sie gibt Hilfestellungen bei der Fülle von Entscheidungen, die ein Diagnostiker im diagnostischen Prozess zwangsläufig treffen muss. Will ein Diagnostiker möglichst alle seine diagnostischen Entscheidungen so treffen, dass er hinterher nicht bereut, etwas Wichtiges außer Acht gelassen zu haben, dann bieten die zu Checklisten zusammengefassten Regeln der entscheidungsorientierten Diagnostik eine Hilfestellung zur Optimierung des Vorgehens unter Kosten-Nutzen-Gesichtspunkten (Westhoff 2002).

Menschliche Urteiler sind besonders dann fehleranfällig, wenn sie vielfältige Informationen beachten und verarbeiten sollen. Je mehr Informationen zu kombinieren sind, umso größer ist die Wahrscheinlichkeit, dass das kognitive System des Urteilers »zusammenbricht« und der Urteiler zu einfachen Heuristiken greift, die oft zu Fehlurteilen führen. Der menschliche Urteiler braucht in solchen Situationen überschaubare Regelsysteme, mit denen er Probleme Schritt für Schritt lösen kann. Solche Regelsysteme werden in der entscheidungsorientierten Diagnostik angeboten und verwendet. Die Verarbeitung diagnostischer Informationen ist somit weniger eine »Kunst« als vielmehr eine Vorgehensweise, die sich nach den expliziten Regeln der entscheidungsorientierten Diagnostik praktizieren und bei häufigen gleichartigen Fragestellungen auch standardisieren lässt.

Es geht in der psychologischen Diagnostik um drei Klassen von Fragestellungen:
- die Einordnung der zu untersuchenden Person in eine bestimmte Kategorie,
- die Diagnostik einer Beziehung zwischen Menschen oder
- die Diagnostik der Bedingungen für bestimmte Verhaltensweisen in bestimmten Situationen.

Beispiele für die erstgenannten Fragestellungen sind die klinisch-klassifikatorische Diagnostik psychischer Störungen oder die Eignungsdiagnostik in der Personalauswahl. Beziehungen zwischen Menschen sind beispielsweise in der Paardiagnostik und -beratung oder auch bei Fragestellungen des Familiengerichts zu diagnostizieren. Um Situationsdiagnostik (= Diagnostik der Bedingungen für bestimmte Verhaltensweisen in bestimmten Situationen) handelt es sich z. B. bei organisationspsychologischen Fragestellungen oder Fragen nach der Glaubhaftigkeit von Zeugenaussagen. Auch für diese Fragestellungen wurden inzwischen methodische Standards für gutachterliches Vorgehen und die Art der Darstellung erarbeitet (für Glaubhaftigkeitsgutachten: Steller u. Volbert 1999; für Schuldfähigkeitsgutachten: Scholz u. Schmidt 2003; Boetticher et al. 2007). Eine Überprüfung einzelner Gutachten unter methodenkritischen Gesichtspunkten wird daher auch in diesem Bereich möglich. Greuel et al. (2004) fordern dabei zu Recht, dass die methodenkritische Evaluation von Gutachten ebenso den Standards wissenschaftlichen Arbeitens genügen muss wie diese bei der Erstellung derselben einzuhalten sind.

Beispiele für die Diagnostik von Bedingungen für bestimmte Verhaltensweisen in bestimmten Situationen sind rechtspsychologische Gutachten zur sog. Kriminalprognose bei Straftätern (Dahle 2005, 2007).

Sind gleichartige diagnostische Fragestellungen wiederholt zu bearbeiten, dann bieten sich zahlreiche Möglichkeiten zur Entwicklung einer diagnostischen Standardstrategie und deren Evaluation an. Die Evaluationsergebnisse können zur schrittweisen Verbesserung der diagnostischen Strategie genutzt werden.

Bei sog. Einzelfallfragestellungen, die nur einmalig oder selten zu bearbeiten sind, bestehen andere Möglichkeiten zur Verbesserung der diagnostischen Strategien: Eine Analyse der Stärken und Schwächen von Gutachten zu gleichen Fragestellungen kann zu einer systematischen Kombination des praxisrelevanten Wissens und Know-hows führen, die Diagnostikern als Hilfe angeboten werden kann. Ein Beispiel für dieses Vorgehen ist bei Westhoff et al. (2000) zu finden.

Betrachtet man die konkrete praktische diagnostische Tätigkeit von Studierenden wie Praktikern, dann fällt überall auf, dass von vielen

Hochschullehrern verlangt wird, man müsse das erforderliche Wissen über alle möglichen empirischen Studien zu jeder einzelnen psychologischen Variablen, die ein hilfreicher Prädiktor sein kann, zur Verfügung haben. Diese Forderung ist völlig unrealistisch. Es wird sich auch unter Hochschullehrern niemand finden lassen, der ernsthaft von sich behauptet, dass er über alle möglicherweise relevanten Variablen alle dazu publizierten Arbeiten kenne. Eine mögliche Konsequenz aus diesem Sachverhalt der zunehmenden Flut von relevanten Publikationen kann sein, das dort angebotene Wissen systematisch und möglichst übersichtlich für den Anwender zusammenzufassen. Entsprechend werden zunehmend extrem nützliche Metaanalysen publiziert, die zur Klärung manch lang umstrittener Frage beitragen.

Zusätzlich kann es von enormem praktischen Nutzen sein, wenn das Wissen darüber, wie Variablen definiert und operationalisiert sind, in übersichtlichen und leicht handbaren Kategoriensystemen zusammengetragen werden. Westhoff et al. (2007) haben für »Gewissenhaftigkeit«, »emotionale Belastbarkeit« und »Umgang mit emotionalen Belastungen« den aktuellen Forschungsstand in jeweils einem übersichtlichen Kategoriensystem aufbereitet. Diese Kategoriensysteme können das Diagnostizieren wesentlich erleichtern und verbessern, da umfangreiche Recherchen entfallen und man diese Variablen und ihre Facetten im gesamten diagnostischen Prozess einfacher und korrekter verwenden kann. Solche Kategoriensysteme wären für jede psychologische Variable zu entwickeln, um Diagnostiker von der mittlerweile sehr aufwändigen Suche nach den sehr weit verstreuten Grundlageninformationen zu entbinden.

Hilfen zur Beurteilung psychologischer Gutachten durch Fachfremde

23.1 Gliederung eines Gutachtens – 240

23.2 Transparenz des Gutachtens – 241

23.3 Formulierung des Gutachtens – 241

23.4 Fragestellung – 242

23.5 Formulierung Psychologischer Fragen – 242

21.6 Darstellung des Untersuchungsplans im Gutachten – 243

23.7 Auswertung und Darstellung von Tests und Fragebögen im Ergebnisteil des Gutachtens – 243

23.8 Auswertung und Darstellung von Gesprächen und nicht-standardisierten schriftlichen Informationen im Ergebnisteil des Gutachtens – 244

23.9 Befund eines Gutachtens – 245

23.10 Empfehlungen und Vorschläge im Gutachten – 247

Mit den nun folgenden Ausführungen wollen wir helfen, ein psychologisches Gutachten daraufhin zu beurteilen, wie weit es in seiner Darstellung bestimmten Mindestanforderungen an eine wissenschaftliche Begutachtung entspricht. Dabei bleibt naturgemäß alles das ausgespart, was sich auf das theoretische, inhaltliche und methodische Wissen in der Psychologie bezieht. Die folgenden Beurteilungshilfen sind daher nicht unmittelbar auf bestimmte Gutachtenthemen, Fragestellungen oder Auftraggebertypen bezogen. Zu Besonderheiten der Bearbeitung einzelner Fragestellungen werden jeweils kurze Angaben in den Einleitungen zu den Beispielgutachten bzw. in diesen selbst gemacht. Darüber hinaus gibt es für nahezu jede gutachterliche Fragestellung Lehrbücher und sonstige wissenschaftliche Literatur, in denen das jeweilige theoretische, inhaltliche und methodische Wissen ausführlich dargestellt ist (z. B. für familiengerichtliche Begutachtung: Salzgeber 2001; Westhoff et al. 2000; für Glaubhaftigkeitsbegutachtung von Zeugenaussagen: Greuel et al. 1998; Westcott et al. 2002; für verschiedene Fragestellungen psychologischer Begutachtung in Strafverfahren: Kröber u. Steller 2005).

Kein Betrieb, der nach ISO 9000ff. arbeitet, stellt deshalb schon zwangsläufig gute Produkte her. Genauso kann ein Gutachten, das diesen nun folgenden allgemeinen Standards entspricht, auch theoretische, inhaltliche oder methodische Schwächen und Fehler haben. Allerdings ist ein in jedem Punkt verständliches und nachprüfbares Gutachten ein wertvoller Hinweis darauf, wie qualifiziert ein Gutachter gearbeitet hat. Vor allem aber führt die Beachtung dieser Standards zu nachvollziehbaren und nachprüfbaren gutachterlichen Aussagen.

Im Einzelfall besteht auch die Möglichkeit, über eine »methodenkritische Stellungnahme« zu einem vorliegenden Gutachten durch einen dafür qualifizierten Sachverständigen prüfen zu lassen, ob dieses Gutachten den grundlegenden methodischen Standards psychologischer Gutachten allgemein und den spezifischen Qualitätsmerkmalen einzelner Fragestellungsbereiche entspricht oder ob es gravierende methodische Fehler aufweist. Für rechtspsychologische Gutachten sind beispielsweise für Fragestellungen der Glaubhaftigkeit von Zeugenaussagen derartige Standards seit 1999 sogar durch ein BGH-Urteil (BGHSt 45, 164) aufgrund der psychologischen Sachverständigengutachten von Steller u. Volbert (1999) sowie von Fiedler u. Schmid (1999) rechtlich verbindlich gemacht worden.

Damit Fachfremde die Darstellungsweise in einem Gutachten beurteilen können, beschreiben wir nun systematisch alle an der Darstellung eines Gutachtens zu beurteilenden Aspekte. Für Psychologen sind hiermit die oben auf die entsprechenden Kapitel verteilten Ausführungen zur Darstellung von Informationen im Gutachten zusammengefasst.

23.1 Gliederung eines Gutachtens

Ein psychologisches Gutachten ist eine wissenschaftliche Arbeit, die sich folglich an den in der Wissenschaft üblichen Standards orientiert. Diese Standards werden durch nationale wissenschaftliche Gesellschaften gesetzt und weltweit übereinstimmend gehandhabt. Der Aufbau einer wissenschaftlichen Arbeit ist in der empirischen Wissenschaft Psychologie weltweit einheitlich festgelegt. Entsprechend diesem internationalen Standard umfasst die Gliederung eines Gutachtens die folgenden neun Punkte:

> **Merke**
>
> 1. Nennung des Auftraggebers und Fragestellung des Auftraggebers,
> 2. Psychologische Fragen,
> 3. Untersuchungsplan und –ablauf,
> 4. Ergebnisse,
> 5. psychologischer Befund,
> 6. je nach Fragestellung des Auftraggebers: Beantwortung der Fragestellung des Auftraggebers und/ oder Empfehlungen oder Vorschläge,
> 7. Literatur,
> 8. Anhang (Testauswertungen; Explorationstranskripte o. ä.),
> 9. Unterschrift des verantwortlichen Diplom-Psychologen.

Zur Nachvollziehbarkeit und Nachprüfbarkeit des Gutachtens wird zuerst der Auftraggeber genannt, also z. B. das beauftragende Gericht. In der Fragestellung sind die Ziele einer Untersuchung genannt. Da sich die gesamte Untersuchung an diesen Zielen ausrichtet, werden diese schon in der Einleitung oder in einem eigenen Abschnitt beschrieben. Daraus folgt, dass der Gutachter die Fragestellung des Auftraggebers am Anfang des Gutachtens wörtlich wiedergibt.

In jeder wissenschaftlichen Arbeit werden Hypothesen geprüft. Da die Art der Formulierung wissenschaftlicher Hypothesen den Leser verwirren kann, eignet sich die Form der Psychologischen Fragen besser. Im ersten Teil einer Psychologischen Frage erklärt der Gutachter mit Hilfe eines gesetzmäßigen oder regelhaften Zusammenhangs die Beziehung zwischen der Fragestellung des Auftraggebers und den von ihm ausgewählten Merkmalen. Im zweiten Teil fragt er dann nach der Ausprägung der zu untersuchenden Merkmale. Im weiteren Verlauf des Begutachtungsprozesses trägt der Gutachter systematisch Informationen zu diesen Psychologischen Fragen zusammen und beantwortet diese im Befund des Gutachtens unter Verwendung dieser Informationen.

In jeder wissenschaftlichen Arbeit gibt es ein Kapitel Methoden. Diesem entspricht im Gutachten der Untersuchungsplan und -ablauf, also wer, wann, wie und womit wen untersucht hat.

Unter Ergebnisse werden im Gutachten wie in jeder anderen wissenschaftlichen Arbeit die Informationen berichtet, die den einzelnen Informationsquellen entnommen wurden.

Im Befund beantwortet der Gutachter die Psychologischen Fragen, indem er alle Informationen zu jeder einzelnen Psychologischen Frage zusammenstellt und Schritt für Schritt nachvollziehbar beantwortet. Der Befund enthält damit die Beantwortung der Fragestellung des Auftraggebers. Dieses Vorgehen findet sich bei empirischen wissenschaftlichen Arbeiten in Fachzeitschriften unter der Überschrift Diskussion. Wenn in der Fragestellung Empfehlungen oder Vorschläge verlangt werden, leitet der Gutachter diese für jeden Leser nachvollziehbar und nachprüfbar aus den im Befund erarbeiteten Beurteilungen und Schlussfolgerungen ab.

Im Verzeichnis der verwendeten Literatur werden die – und nur die – wissenschaftlichen Arbeiten aufgeführt, die im Gutachten wörtlich oder sinngemäß zitiert worden sind, damit die Ausführungen des Gutachters ggf. nachgeprüft werden können.

Der Anhang enthält Auswertungen, z. B. von Tests. Da eine angemessene Auswertung und Interpretation von Tests ein Studium der Psychologie voraussetzen, sind die Ausführungen im Anhang so gehalten, dass Psychologen sie nachvollziehen und prüfen können.

Mit der Unterschrift des verantwortlichen Diplom-Psychologen schließt ein Gutachten ebenso ab wie bei einer wissenschaftlichen Arbeit die Autoren eine Erklärung zu der Arbeit abgeben und unterzeichnen.

23.2 Transparenz des Gutachtens

1. Sind alle Aussagen im Gutachten nachvollziehbar?
   Ein wissenschaftliches Gutachten kann nur dann eine Hilfe zu einer eigenverantwortlichen Entscheidung des Auftraggebers und anderer Beteiligter sein, wenn alle Aussagen im Gutachten für jeden nachvollziehbar sind. Dies bedeutet z. B.: Alle Schlussfolgerungen und diagnostischen Beurteilungen müssen durch entsprechende Daten, die im Ergebnisteil berichtet sind, belegt sein. Theoretische Annahmen und Forschungsergebnisse, die der Gutachter seinen Schlussfolgerungen und Beurteilungen zugrunde legt, werden durch bibliografische Angaben der entsprechenden Fachliteratur nachvollziehbar und nachprüfbar gemacht.
2. Sind alle Aussagen im Gutachten nachprüfbar?
   Wissenschaftliches Arbeiten zeichnet sich u. a. dadurch aus, dass es in allen Schritten nachprüfbar ist, also formuliert ein Gutachter alle Aussagen in einem Gutachten so, dass sie nachprüfbar sind. Was Nachprüfbarkeit im Einzelnen bedeutet, wird weiter unten erläutert.

23.3 Formulierung des Gutachtens

1. Ist jede Formulierung möglichst sachlich bei der Beschreibung und Beurteilung des Verhaltens?
   Unsachliche Beschreibungen, z. B. eines Verhaltens, können starke Gefühle auslösen und so erschweren, dass die beschriebenen Personen das Gutachten verstehen und akzeptieren. Notwendige Beurteilungen sind für die Beur-

teilten am ehesten zu akzeptieren, wenn sie auf sachlichen Beschreibungen beruhen und fair formuliert sind.
2. Ist jede Formulierung in einfachem, klarem und richtigem Deutsch geschrieben?
Unverständliche oder missverständliche Ausführungen helfen niemandem, der mit einem Gutachten sinnvoll arbeiten soll. Sie führen vielmehr zu Ärger und Misstrauen und verstoßen gegen die grundlegenden Forderungen nach Transparenz, also den Forderungen nach Nachvollziehbarkeit und Nachprüfbarkeit einer möglichst sachlichen Aussage. Daher schreibt der Gutachter jede Formulierung in einfachem, klarem und richtigem Deutsch.
3. Kommen möglichst wenige Fremdwörter vor?
Die Bedeutungen von Fremdwörtern müssen nicht allen Lesern eines Gutachtens bekannt sein, sodass sie zu Missverständnissen und dem damit verbundenen Ärger und evtl. zu Misstrauen führen können. Sie erschweren auf jeden Fall das Verständnis, daher verwendet der Gutachter möglichst wenige Fremdwörter. Da, wo sie unvermeidbar sind, erläutert er sie.
4. Werden alle benutzten Fachbegriffe erklärt?
Psychologische Fachbegriffe müssen, um für nichtpsychologische Leser verständlich zu sein, erklärt werden, wie die besonderen Begriffe jeder anderen Fachdisziplin auch. Die psychologische Fachsprache verwendet viele Begriffe, die auch aus der Alltagssprache bekannt sind, jedoch unterscheidet sich der Fachbegriff hinsichtlich seiner Bedeutung vom gleichlautenden Alltagsbegriff. Die im Gutachten gemeinte fachliche Bedeutung des jeweiligen Wortes muss daher erläutert werden, z. B. was versteht der Gutachter hier unter »Intelligenz«, was bedeutet »Bindung«?

23.4 Fragestellung

1. Ist der Psychologe der zuständige Experte?
Bei vielen rechtlichen Fragestellungen zum Verhalten eines psychisch gesunden Menschen ist der Psychologe aufgrund seiner Ausbildung der zuständige Experte, nicht aber beispielsweise der Pädagoge, Erzieher oder Arzt, so z. B. bei familienrechtlichen Fragestellungen des Sorge- und Umgangsrechts für Kinder aus einer geschiedenen Ehe oder zur Beurteilung der Glaubhaftigkeit einer Zeugenaussage.
2. Ist der Auftraggeber genannt?
Damit für jeden Leser des Gutachtens klar ist, in wessen Auftrag das Gutachten erstellt worden ist, führt der Gutachter den Auftraggeber an.
3. Ist die Fragestellung im Gutachten wörtlich vollständig als Zitat wiedergegeben?
Damit sein Gutachten nachvollziehbar und nachprüfbar ist, gibt der Gutachter die Fragestellung im Gutachten wörtlich vollständig als Zitat wieder, denn nur anhand des nicht veränderten Wortlauts der Fragestellung des Auftraggebers lässt sich prüfen, ob das Gutachten exakt an dieser Fragestellung ausgerichtet ist.
4. Ist der Auftragnehmer genannt?
Die Verantwortung für die Erstellung eines Gutachtens mit all seinen Stärken und Schwächen liegt bei dem beauftragten Gutachter, also nennt der Gutachter ausdrücklich seine Person als Auftragnehmer.

23.5 Formulierung Psychologischer Fragen

1. Ist die Auswahl der zu untersuchenden Merkmale kurz und allgemeinverständlich mit einer Gesetzmäßigkeit oder Regelhaftigkeit im Verhalten begründet?
In jeder wissenschaftlichen Arbeit wird dem Leser erklärt, mit welchem Ziel eine Hypothese geprüft werden soll und wie sie begründet ist. Entsprechend gibt der Gutachter zu jeder Psychologischen Frage an, wie das darin angesprochene Merkmal mit dem in der Fragestellung erfragten Verhalten zusammenhängt. Das heißt, er begründet die Auswahl des Merkmals kurz und allgemeinverständlich mit einer Gesetzmäßigkeit oder Regelhaftigkeit im Verhalten.
2. Stellt die Begründung einen eindeutigen Bezug zur Fragestellung her?
Eine Begründung kann mehr oder weniger eindeutig sein. Daher stellt der Gutachter bei der Begründung für das ausgewählte Merkmal einen eindeutigen Bezug zwischen dem Ver-

halten her, das durch das Merkmal bezeichnet wird, und dem Verhalten, das in der Fragestellung angesprochen ist.
3. Ist der Name des Merkmals genannt?
Damit nachprüfbar ist, welches Merkmal zur Erklärung oder Vorhersage herangezogen wird, nennt der Gutachter den Namen des Merkmals und gibt nicht nur eine Umschreibung dafür, weil eine solche evtl. mehrdeutig ist und damit die Nachvollziehbarkeit des Gutachtens gefährdet sein könnte.

21.6 Darstellung des Untersuchungsplans im Gutachten

1. Ist jede verwendete Informationsquelle einzeln im Untersuchungsplan des Gutachtens dargestellt?
Damit nachvollzogen und ggf. nachgeprüft werden kann, woher bestimmte Informationen stammen, stellt der Gutachter jede verwendete Informationsquelle einzeln im Untersuchungsplan des Gutachtens dar.
2. Ist der Name der Informationsquelle, bei psychologischen Verfahren in Klammern auch Autor und Erscheinungsjahr, in der Beschreibung angegeben?
Damit eine Informationsquelle eindeutig identifiziert werden kann, gibt der Gutachter in der Beschreibung den Namen der Informationsquelle, bei psychologischen Verfahren auch Autor und Erscheinungsjahr (der verwendeten Auflage) an. Die vollständigen Literaturangaben aller im Gutachten verwendeten psychologischen Verfahren finden sich im Literaturverzeichnis eines Gutachtens.
3. Ist das Verfahren in wenigen kurzen Sätzen so beschrieben, dass die damit untersuchte Person es im Gutachten wiedererkennen kann?
Damit der Untersuchte kontrollieren kann, aus welchem Verfahren, das bei ihm angewendet wurde, eine Information kommt, beschreibt der Gutachter das Verfahren in wenigen kurzen Sätzen so, dass es der Untersuchte im Gutachten wiedererkennen kann.
4. Kann der Auftraggeber aus der Verfahrensbeschreibung erkennen, welches Merkmal oder welche Merkmale mit dem jeweiligen Verfahren auf welche Art erfasst werden?
Damit der Auftraggeber und auch andere Leser des Gutachtens nachvollziehen können, mit welchem Verfahren zu welchem Merkmal Informationen erhoben worden sind, gibt der Gutachter dies bei der Beschreibung eines jeden im Gutachten benutzten Verfahrens an.
5. Sind bei jeder Informationsquelle alle Merkmale aufgeführt, die zur Beantwortung der Fragestellung beitragen?
Da aus vielen Informationsquellen Informationen zu verschiedenen Merkmalen entnommen werden können, führt der Gutachter bei jeder Informationsquelle alle die Merkmale auf, zu denen aus ihr Informationen gewonnen wurden.
6. Stimmen die Namen dieser Merkmale überein mit denen, die in den Psychologischen Fragen verwendet wurden?
Damit die Leser des Gutachtens nicht verwirrt werden, verwendet der Gutachter bei der Verfahrensbeschreibung die gleichen Namen der Merkmale, wie sie in den Psychologischen Fragen verwendet wurden.
7. Wird dargestellt, wer welche Untersuchungen wann und wo durchgeführt bzw. daran mitgewirkt hat?
Damit ein Gutachten in seiner Entstehung nachvollzogen werden kann, stellt der Gutachter im Untersuchungsplan dar, wer welche Untersuchungen wann und wo durchgeführt hat. Bestimmte Untersuchungsaufträge kann der Gutachter delegieren, oder er kann, mit Einverständnis der Untersuchten, Mitarbeiter bei Untersuchungen hinzuziehen. Beides kann sich auf die Untersuchungsergebnisse auswirken. In einem solchen Fall nennt der Gutachter auch die mitwirkenden Personen.

23.7 Auswertung und Darstellung von Tests und Fragebögen im Ergebnisteil des Gutachtens

1. Ist die Auswertung an der Fragestellung ausgerichtet?
2. Dient die Auswertung der Beantwortung der eingangs formulierten Psychologischen Fragen?

Wenn die Auswertung dazu beiträgt, die eingangs formulierten Psychologischen Fragen zu beantworten, dann ist sie auch an der Fragestellung orientiert, denn die Fragestellung wurde in Psychologische Fragen differenziert.

3. Wird bei der Auswertung der Stand der Wissenschaft beachtet?
Ein Gutachten ist als wissenschaftliche Arbeit auf dem aktuellen Stand der Wissenschaft zu erstatten. Diesen beachtet der Gutachter auch bei der Auswertung von Tests und Fragebögen. Bei Verfahren, die beispielsweise vor Jahrzehnten publiziert wurden, kann das Verfahren veraltet oder die neuere Literatur hierzu nicht zur Kenntnis genommen worden sein. In einem solchen Fall ist es zumindest fraglich, ob bei der Auswertung der Stand der Wissenschaft beachtet wurde.

4. Ist bei den Ergebnissen eines Verfahrens das Verhalten beschrieben, das bei seiner Durchführung beobachtet wurde und das für die Fragestellung von Bedeutung ist?
Da die Ergebnisse aus einem Test oder Fragebogen etwas anderes bedeuten, wenn der Untersuchte z. B. nicht mit der erforderlichen Grundhaltung an diese heranging, beschreibt der Gutachter bei der Darstellung der Ergebnisse in einem Verfahren das Verhalten des Untersuchten, das bei seiner Durchführung beobachtet wurde und das für die Fragestellung von Bedeutung ist.

5. Ist die Darstellung jedes Ergebnisses relativiert auf (a) den Test, (b) den Untersuchungszeitpunkt, (c) die Vergleichsstichprobe?
Die Ergebnisse aus psychologischen Tests und Fragebogen hängen vom Untersuchten selbst ab und des Weiteren vom Test, vom Zeitpunkt der Untersuchung mit dem Test und der Stichprobe, mit der ein Testergebnis verglichen wird. Daher relativiert der Gutachter in seiner Darstellung jedes Ergebnis auf (a) den Test, (b) den Untersuchungszeitpunkt (Imperfekt), und (c) die Vergleichsstichprobe.

6. Sind die Ergebnisse im Ergebnisteil des Gutachtens getrennt nach Informationsquellen dargestellt?
In jeder empirischen wissenschaftlichen Arbeit werden die Ergebnisse nach Informationsquellen getrennt dargestellt, damit deutlich ist, woher jede Information stammt. Der Gutachter stellt daher die Ergebnisse im Ergebnisteil des Gutachtens ebenfalls getrennt nach Informationsquellen dar. Außerdem wird so eine vorzeitige Gesamtbeurteilung verhindert (s. folgende Prüffrage).

7. Sind im Ergebnisteil des Gutachtens noch keine Beziehungen zwischen verschiedenen Ergebnissen angesprochen?
Um eine empirische wissenschaftliche Arbeit nachvollziehbar und nachprüfbar zu gestalten, werden im Ergebnisteil noch keine Beziehungen zwischen verschiedenen Ergebnissen diskutiert, dies erfolgt erst in dem weiteren Kapitel »Befund«. Der Gutachter hält sich auch in dieser Hinsicht an die allgemein beachteten Regeln wissenschaftlichen Arbeitens und stellt im Ergebnisteil des Gutachtens noch keine Beziehungen zwischen verschiedenen Ergebnissen her.

23.8 Auswertung und Darstellung von Gesprächen und nicht-standardisierten schriftlichen Informationen im Ergebnisteil des Gutachtens

1. Sind die gesamten objektiv registrierten Informationen Schritt für Schritt danach ausgewertet, (a) in welcher Beziehung sie zur Fragestellung stehen und (b) zu welcher Psychologischen Frage sie etwas aussagen?
Da Probanden auch in gut vorbereiteten psychologisch-diagnostischen Gesprächen Informationen liefern, die nichts mit der Fragestellung oder einer aus ihr abgeleiteten Psychologischen Frage zu tun haben, wertet der Gutachter die gesamten objektiv registrierten Informationen Schritt für Schritt danach aus, (a) ob sie in Beziehung zur Fragestellung stehen und (b) zu welcher Psychologischen Frage sie etwas aussagen.

2. Ist jede Information bei jeder Psychologischen Frage angesprochen, zu deren Beantwortung sie beiträgt?
Einzelne Informationen können durchaus bei verschiedenen Psychologischen Fragen von

Bedeutung sein, deshalb erwähnt der Gutachter jede Information bei jeder Psychologischen Frage, zu deren Beantwortung sie beiträgt.
3. Ist bei jeder Information deutlich, woher sie stammt?
Da ein Gutachten nachvollziehbar und nachprüfbar sein muss, macht der Gutachter bei jeder Information deutlich, woher sie stammt (z. B. aus der eigenen Exploration des Gutachters; aus Akten, Protokollen, Zeugnissen, Arztberichten o. ä.).
4. Wird in der indirekten Rede die richtige sprachliche Form benutzt?
Der Gutachter stellt bis auf relativ seltene wörtliche Zitate die Gesprächsergebnisse in der indirekten Rede dar, um zu verdeutlichen, dass sie von einem angegebenen Probanden in einem psychologisch-diagnostischen Gespräch stammen, das er im Gutachten mit Teilnehmern, Datum, Dauer und Ort genannt hat. Damit es bei dieser Darstellung in der indirekten Rede nicht zu Missverständnissen kommt, verwendet er in der indirekten Rede die richtige sprachliche Form. Damit eine Überprüfung der Arbeit des Gutachters möglich ist, zeichnet er, nachdem sich der Untersuchte zuvor einverstanden erklärt hat, seine Gespräche mit ihm auf Tonband auf. Bei bestimmten Fragestellungen kann eine wörtliche Abschrift vom Band hilfreich sein; für eine aussagepsychologische Begutachtung der Glaubhaftigkeit einer Zeugenaussage z. B. ist sie unerlässlich (s. auch BGH St 45, 164).
5. Werden alle möglichen Leser des Gutachtens bei der Formulierung berücksichtigt?
Ein Gutachten, z. B. für ein Gericht, lesen unter Umständen sehr viele verschiedene beteiligte Personen. Daher formuliert der Gutachter das Gutachten so, dass er alle möglichen Leser des Gutachtens bei der Formulierung berücksichtigt.

23.9 Befund eines Gutachtens

1. Ist der Befundteil des Gutachtens nach den Psychologischen Fragen gegliedert?
Die Psychologischen Fragen stellen die grundlegende psychologische Strukturierung der Fragestellung dar, der es Fachfremden erlaubt, die grundsätzliche psychologische Differenzierung zu verstehen. Es ist daher für die Nachvollziehbarkeit des Gutachtens hilfreich, dass der Gutachter den Befundteil des Gutachtens nach den Psychologischen Fragen gliedert.
2. Werden die aus der Fragestellung abgeleiteten Psychologischen Fragen beantwortet?
Die aus der Fragestellung des Auftraggebers abgeleiteten Psychologischen Fragen betreffen psychologisch wichtige Aspekte, die zu einer sachgerechten Bearbeitung der Fragestellung beantwortet werden. Der Gutachter beantwortet im Befund eines Gutachtens diese aus der Fragestellung abgeleiteten Psychologischen Fragen.
3. Sind zu jeder Psychologischen Frage alle relevanten Informationen aus allen verwendeten Informationsquellen dargestellt?
Damit der Leser nachvollziehen kann, wie der Gutachter zu seiner Antwort auf eine Psychologische Frage kommt, stellt der Gutachter im Befund eines Gutachtens zu jeder Psychologischen Frage alle relevanten Informationen aus allen verwendeten Informationsquellen zusammen. Dabei können die i.d.R. sehr umfangreichen Gesprächsergebnisse zusammengefasst werden. Damit aber auch dann ein Gutachten in jedem Punkt voll nachvollziehbar bleibt, gibt der Gutachter bei solchen Zusammenfassungen die Seiten im Ergebnisteil des Gutachtens an, wo die ausführliche Darstellung der Gesprächsergebnisse zu finden ist.
4. Ist bei jeder Information für jeden Leser klar, woher sie stammt, ohne dass er die vorhergehenden Gutachtenteile gelesen haben muss?
Psychologische Gutachten sind aufgrund ihrer Komplexität oft so lang, dass man von keinem Leser erwarten kann, dass er alles, was er einmal gelesen hat, auch mit Angabe der Quelle der Information behält. Daher gestaltet der Gutachter den Befund eines Gutachtens so, dass bei jeder Information für jeden Leser klar ist, woher sie stammt, ohne dass er die vorhergehenden Gutachtenteile gelesen haben muss.
5. Sind Widersprüche zwischen Informationen erklärt oder diskutiert?
Die meisten Widersprüche zwischen Informationen in Gutachten lösen sich bei differen-

zierender, fachkundiger Betrachtung auf und sind tatsächlich keine echten Widersprüche. Allerdings gibt es Fälle von Widersprüchen zwischen den Informationen aus verschiedenen Quellen. Diese Widersprüche diskutiert der Gutachter in ihrer möglichen Bedeutung wissenschaftlich. Auftretende Widersprüche zwischen einzelnen Informationen werden also auf jeden Fall im Befund erklärt und aufgelöst oder zumindest diskutiert.

6. Sind Informationen nach ihrer Aussagekraft für die Fragestellung gewichtet?
Informationen können je nach der Qualität der Informationsquelle, nach ihrem Umfang oder nach der Art ihres Zustandekommens für die Beantwortung der Fragestellung unterschiedlich aussagekräftig sein. Daher gewichtet der Gutachter Informationen nach ihrer Aussagekraft für die Fragestellung.

7. Ist diese Gewichtung so dargestellt, dass sie jeder Leser nachvollziehen kann?
Ein Gutachten ist nur dann voll nachvollziehbar, wenn die Gewichtungen von Informationen im Befund explizit dargestellt sind. Wenn keine Gewichtung angegeben wird, so bedeutet dies, dass alle Informationen gleich gewichtet werden. Ein solches Vorgehen kann unter bestimmten Bedingungen wissenschaftlich das angemessenste sein (vgl. hierzu Westhoff 1985, S. 68–71). Der Gutachter stellt bei jeder Kombination von Informationen deren Gewichtung so dar, dass sie jeder Leser nachvollziehen kann.

8. Werden die Aussagen zu den Merkmalen schrittweise und für jeden Leser des Gutachtens nachvollziehbar zu einer Beantwortung der Fragestellung kombiniert?
Der Befund eines Gutachtens ist nur dann nachvollziehbar, wenn die Informationen zu den einzelnen Merkmalen schrittweise und für jeden Leser des Gutachtens nachvollziehbar zu einer Beantwortung der Fragestellung kombiniert werden.

9. Werden notwendige Erläuterungen zum Stand der psychologischen Wissenschaft allgemein verständlich gegeben?
Ein wissenschaftliches Gutachten zeichnet sich u. a. dadurch aus, dass da, wo dies für die Beantwortung der Fragestellung notwendig ist, der jeweilige Stand der Psychologie als Wissenschaft für jeden Gutachtenleser prägnant und allgemein verständlich dargestellt wird.

10. Wird die Fragestellung beantwortet?
Auftraggeber eines psychologischen Gutachtens möchten damit eine Entscheidungshilfe erhalten in einer Situation, in der nach ihrer Einschätzung ihr eigener psychologischer »Sachverstand« nicht ausreicht. Daher muss die Fragestellung des Auftraggebers im Gutachten beantwortet werden. Bei gerichtlichen Aufträgen z. B. ist diese Fragestellung im »Beweisbeschluss« formuliert. Die Beantwortung der Fragestellung kann sachlogischerweise erst dann erfolgen, wenn alle dafür relevanten Informationen dargestellt, gewichtet und kombiniert worden sind.

11. Wird nichts ausgesagt, was über die Beantwortung der Fragestellung hinausgeht?
Über die Fragestellung des Auftraggebers hinausgehende Aussagen über Personen oder die Beziehungen zwischen ihnen überschreiten den Gutachtenauftrag und verletzen die Rechte der betroffenen Personen. Daher äußert sich ein Gutachter in einem Gutachten nicht über Sachverhalte, die über die Beantwortung der Fragestellung hinausgehen.

12. Werden keine unnötig verallgemeinernden Aussagen gemacht?
Je mehr die Formulierung eine gutachterliche Aussage verallgemeinert, um so eher werden sich die so Beschriebenen dagegen wehren. Unnötig verallgemeinernde Aussagen führen so zu Akzeptanzproblemen des Gutachtens, z. B. zur Konfliktverschärfung in gerichtlichen Verfahren. Aus diesem Grunde macht der Gutachter im Befund eines Gutachtens keine unnötig verallgemeinernden Aussagen.

13. Wird die zitierte Literatur angegeben?
Stellt ein Gutachter den gegenwärtigen Stand der Psychologie zu einer bestimmten Frage dar, so werden seine Aussagen erst dann prüfbar, wenn er auch die Literatur zitiert, auf die er sich beruft.

14. Stehen alle Überlegungen, Schlussfolgerungen und Entscheidungen im Befund (a) im Präsens, (b) im Indikativ, und zwar ohne modale Fär-

bung, (c) in möglichst sachlichem Ausdruck? Um die Nachvollziehbarkeit und Nachprüfbarkeit im Befund eines Gutachtens zu gewährleisten, stellt der Gutachter die (unter Umständen zusammengefasste) Datengrundlage hier wie im Ergebnisteil weiterhin im Imperfekt dar, jedoch seine Überlegungen, Schlussfolgerungen und seine diagnostischen Beurteilungen im Befund formuliert er (a) im Präsens, (b) im Indikativ, und zwar ohne modale Färbung (z. B. »offensichtlich«, »meines Erachtens«) und (c) in möglichst sachlichem Ausdruck.

23.10 Empfehlungen und Vorschläge im Gutachten

1. Verlangt die Fragestellung Empfehlungen und Vorschläge?
   Nicht alle gutachterlichen Fragestellungen haben Empfehlungen oder Vorschläge zum Ziel. Häufig verlangt eine solche auch lediglich die Beantwortung einer Frage im Sinn einer fachlich begründeten Feststellung, so z. B. bei rechtspsychologischen Gutachten zur Beurteilung der Glaubhaftigkeit einer Zeugenaussage, zur Beurteilung der Schuldfähigkeit eines Straftäters oder auch bei einer Eignungsbegutachtung für eine Berufsausbildung.
2. Verlangen Erkenntnisse aus dem Prozess der Begutachtung, dem Auftraggeber bestimmte Empfehlungen zu geben oder Vorschläge zu machen?
   In einem psychologischen Gutachten schlägt der Gutachter nur dann bestimmte Maßnahmen vor, wenn in der Fragestellung danach gefragt wird oder er sich aus rechtlichen Gründen aufgrund der Erkenntnisse aus der Begutachtung oder aus deren Verlauf gezwungen sieht, dem Auftraggeber bestimmte Empfehlungen zu geben oder Vorschläge zu machen.
3. Sind in den Empfehlungen und Vorschlägen (a) die sich bietenden Verhaltensmöglichkeiten konkret beschrieben, (b) die Bedingungen für die Verwirklichung der verschiedenen Verhaltensmöglichkeiten dargestellt, (c) die mit den verschiedenen Verhaltensmöglichkeiten zu erreichenden Ziele angegeben und (d) die möglichen Folgen der verschiedenen Verhaltensmöglichkeiten beschrieben?
   Damit die Empfehlungen und Vorschläge für den Auftraggeber und/ oder weitere davon betroffene Personen eine echte Entscheidungshilfe sein können und ihnen eine eigenverantwortliche Entscheidung ermöglichen, (a) beschreibt der Gutachter in den Empfehlungen und Vorschlägen die sich bietenden Verhaltensmöglichkeiten konkret, (b) stellt er die Bedingungen für die Verwirklichung der verschiedenen Verhaltensmöglichkeiten dar, (c) gibt er die mit den verschiedenen Verhaltensmöglichkeiten zu erreichenden Ziele an und (d) beschreibt er die möglichen Folgen der verschiedenen Verhaltensmöglichkeiten.
4. Stehen die Empfehlungen und Vorschläge am Ende des Gutachtens?
   Erst aufgrund der im Befund kombinierten Informationen zu jeder Psychologischen Frage und der Beantwortung des diagnostischen Teils der Fragestellung können Empfehlungen und Vorschläge geäußert werden, daher können die Empfehlungen und Vorschläge nur am Ende des Gutachtens stehen.
5. Sind alle zum Verständnis notwendigen Informationen aufgeführt, bevor die Empfehlungen und Vorschläge dargestellt werden?
   Werden Empfehlungen und Vorschläge nicht unter einem eigenen Gliederungspunkt im Gutachten dargestellt, sondern im Befund, so führt der Gutachter erst alle zum Verständnis notwendigen Informationen auf, bevor er die Empfehlungen und Vorschläge darstellt.

Checklisten für die Erstellung psychologischer Gutachten

24.1 Checkliste Fragestellung – 251

24.2 Checkliste Anforderungsprofil – 251

24.3 Checkliste Wissen – 251

24.4 Checkliste Auswahl von Variablengruppen – 251

24.5 Checkliste Auswahl von Umgebungsvariablen – 251

24.6 Checkliste Auswahl von Organismusvariablen – 252

24.7 Checkliste Auswahl von kognitiven Variablen – 252

24.8 Checkliste Auswahl von emotionalen Variablen – 252

24.9 Checkliste Auswahl von motivationalen Variablen – 252

24.10 Checkliste Auswahl von sozialen Variablen – 253

24.11 Checkliste Kriterien zur Auswahl von Variablen – 253

24.12 Checkliste Formulierung Psychologischer Fragen (= Hypothesen) – 253

24.13 Checkliste Auswahl von Informationsquellen – 253

24.14 Checkliste Feinplanung der Untersuchung – 253

24.15 Checkliste Kosten und Nutzen jeder Informationsquelle – 254

24.16 Checkliste Beurteilung eines Beobachters – 254

24.17 Checkliste Inhalte von Beobachtungen – 254

24.18 Checkliste Merkmale wissenschaftlicher Verhaltensbeobachtungen – 254

24.19 Checkliste Kriterien zur Wahl standardisierter Verfahren – 254

24.20 Checkliste Durchführungs-objektivität psychologisch-diagnostischer Verfahren – 254

24.21 Checkliste Kriterien für die Auswertung psychologisch-diagnostischer Verfahren – 255

24.22 Checkliste Bedingungen für möglichst objektive Interpretation standardisierter psychologisch-diagnostischer Verfahren – 255

24.23 Checkliste Reliabilität standardisierter psychologisch-diagnostischer Verfahren – 255

24.24 Checkliste Validität standardisierter psychologisch-diagnostischer Verfahren – 255

24.25 Checkliste Planung eines entscheidungsorientierten Gesprächs (EOG) – 256

24.26 Checkliste Grobaufbau eines Leitfadens – 256

24.27 Checkliste Feinaufbau eines Leitfadens – 256

24.28 Checkliste Formulierung günstiger Fragen – 256

24.29 Checkliste Suggestivfragen – 257

24.30 Checkliste Voraussetzungen für entscheidungsorientierte Gespräche – 257

24.31 Checkliste Darstellung des Untersuchungsplans im Gutachten – 257

24.32 Checkliste Auswertung und Darstellung von Tests und Fragebögen im Gutachten – 258

24.33 Checkliste Auswertung und Darstellung von Gesprächen und nicht-standardisierten schriftlichen Informationen im Ergebnisteil des Gutachtens – 258

24.34 Checkliste Befund eines Gutachtens – 259

24.35 Checkliste Empfehlungen und Vorschläge im Gutachten – 259

24.36 Checkliste Formulierungen im Befund – 259

24.37 Checkliste Gliederung eines Gutachtens – 260

Die nun folgenden Checklisten enthalten in übersichtlicher, expliziter Form die Regeln der entscheidungsorientierten Diagnostik. Der Psychologe kann mit ihrer Hilfe Schritt für Schritt den diagnostischen Prozess planen und ausführen. Das Gutachten ist dann ein Bericht an den Auftraggeber über diesen Prozess und seine Ergebnisse. Der Diagnostiker kann mit diesen Listen an jeder Stelle prüfen, ob eine bestimmte Regel bei der jeweiligen Fragestellung von Bedeutung ist, da nicht alle Regeln bei jeder Fragestellung eine Rolle spielen. Er kann selbst kontrollieren, ob er jede relevante Regel auch berücksichtigt hat.

24.1 Checkliste Fragestellung

1. Ist die Fragestellung eindeutig formuliert?
2. Ist der Psychologe der zuständige Experte?
3. Liegt prinzipiell genügend Wissen zur Bearbeitung vor?
4. Ist die Bearbeitung der Fragestellung rechtlich erlaubt?
5. Ist die Bearbeitung der Fragestellung ethisch zu verantworten?
6. Schränkt die Fragestellung die Vorgehensweise des Diagnostikers ungerechtfertigt ein?
7. Wird schon eine Intervention vorgeschlagen, die ein bestimmtes Ergebnis der Diagnostik vorwegnimmt?
8. Ist die Fragestellung als erster Gliederungspunkt im Gutachten aufgeführt?
9. Ist die Fragestellung im Gutachten wörtlich vollständig als Zitat wiedergegeben?
10. Ist der Auftraggeber genannt?
11. Ist der Auftragnehmer genannt?

24.2 Checkliste Anforderungsprofil

1. Ist die Liste der entscheidenden Anforderungen vollständig?
2. Ist jede einzelne Anforderung
    - begründet?
    - zzt. feststellbar?
    - verhaltensorientiert formuliert?
    - hinreichend objektiv zu messen?
    - hinreichend zuverlässig zu messen?
    - hinreichend gültig zu messen?
    - stabil?
    - kompensierbar? Wenn ja: Durch welche andere(n) Anforderung(en)?

24.3 Checkliste Wissen

1. Ist das Fachwissen des Gutachters zur Bearbeitung einer Fragestellung auf dem neuesten Stand?
2. Hat der Gutachter hinreichend Berufserfahrung zur Bearbeitung der Fragestellung?
3. Hat der Gutachter hinreichend Alltagserfahrung zur Bearbeitung der Fragestellung?
4. Ist das jeweilige Wissen hinreichend konkret?
5. Ist das jeweilige Wissen nachprüfbar?
6. Besteht das Wissen aus gültigen Informationen?

24.4 Checkliste Auswahl von Variablengruppen

Sind für die Fragestellung von Bedeutung:
1. Umgebungsvariablen?
2. Organismusvariablen?
3. Kognitive Variablen?
4. Emotionale Variablen?
5. Motivationale Variablen?
6. Soziale Variablen?
7. Wechselwirkungen zwischen Variablen?
8. Persönlichkeitsmerkmale?
9. Situationsmerkmale?
10. Lernpsychologische Informationen?

24.5 Checkliste Auswahl von Umgebungsvariablen

1. Finanzielle Situation?
2. Wohnsituation?
3. Verkehrsverbindungen?
4. Kommunikationsbedingungen?
5. Zur Verfügung stehende Zeit?
6. Weitere wichtige äußere Lebensbedingungen?

24.6 Checkliste Auswahl von Organismusvariablen

1. Allgemeine körperliche Belastbarkeit?
2. Ernährungsweise?
3. Alter(sunterschiede)?
4. Beeinträchtigungen?
5. Behinderungen?
6. Krankheiten und Verletzungen, auch defekt abgeheilte?
7. Abhängigkeit von Drogen?
8. Besonderheiten:
   - anatomische?
   - physiologische?
   - des Hormonhaushalts?
   - des Nervensystems?
   - der Sinnesorgane?
   - des Kreislaufs?
   - des Skeletts?
   - der Muskulatur?
   - der Haut?
9. Weitere wichtige körperliche Bedingungen?

24.7 Checkliste Auswahl von kognitiven Variablen

1. Allgemeine Intelligenz?
2. Intelligenzstruktur?
3. Konzentration?
4. Gedächtnis?
5. Kreativität?
6. Künstlerische Begabungen?
7. Arbeitsstil?
8. Leistungen in:
   - Schreiben?
   - Lesen?
   - Grundrechenarten?
9. Kenntnisse in:
   - Sprachen?
   - EDV?
   - Maschineschreiben?
   - Stenografie?
   - weitere wichtige Kenntnisse?
10. Auslösende Bedingungen?
11. Kontingenzen?
12. Positive Verstärkungen?
13. Negative Verstärkungen?
14. Bestrafungen?
15. Weitere Aspekte des Wahrnehmens?
16. Weitere Aspekte des Lernens?
17. Weitere Aspekte des Denkens?

24.8 Checkliste Auswahl von emotionalen Variablen

1. Emotionale Belastbarkeit?
2. Umgang mit Belastungen?
3. Verhalten bei Frustrationen?
4. Umgang mit Gefühlen?
5. Relativ überdauernde Gefühle:
   - der Liebe?
   - der Eifersucht?
   - der Schuld?
   - der Angst?
   - der Minderwertigkeit?
   - weitere?
6. Emotionale Bindungen?
7. Emotionale Probleme?
8. Stimmungen und Stimmungsschwankungen?

24.9 Checkliste Auswahl von motivationalen Variablen

1. Ziele?
2. Wünsche?
3. Werte oder Wertvorstellungen?
4. Interessen?
5. Einstellungen?
6. Überzeugungen zu:
   - Zielen?
   - Normen und Regeln?
   - Selbst?
   - bestimmten Situationen?
7. Erwartungen?
8. Entscheidungsverhalten?
9. Motive wie:
   - Leistungsmotiv?
   - Machtmotiv?
   - weitere Motive?
10. Themen?
11. Aktivität?
12. Weitere motivationale Variablen?

24.10 Checkliste Auswahl von sozialen Variablen

1. Soziale Intelligenz?
2. Soziale Kompetenzen?
3. Einstellungen?
4. Vorurteile und Stereotype?
5. Normen?
6. Pflichten, Verpflichtungen?
7. Einflüsse von bedeutsamen anderen?
8. Weitere soziale Variablen?

24.11 Checkliste Kriterien zur Auswahl von Variablen

1. Ist die Art des Zusammenhangs mit dem zu erklärenden oder vorherzusagenden Verhalten reproduzierbar, d.h. in intern validen Untersuchungen immer in der gleichen Form wiedergefunden worden?
2. Ist die Stärke des Zusammenhangs zwischen der Variablen und dem zu erklärenden oder vorherzusagenden Verhalten praktisch bedeutsam (Anteil der erklärten Varianz)?
3. Ist die Stärke des Zusammenhangs in intern validen Untersuchungen immer in vergleichbarer Höhe wiedergefunden worden?

24.12 Checkliste Formulierung Psychologischer Fragen (= Hypothesen)

1. Ist die Auswahl der Variablen kurz und allgemein verständlich mit einer Gesetzmäßigkeit oder Regelhaftigkeit im Verhalten begründet?
2. Stellt die Begründung einen eindeutigen Bezug zur Fragestellung her?
3. Falls es sich bei der Variablen um ein psychologisches Konstrukt handelt: Ist dieses mit Namen genannt?
4. Greift der zweite Teil der Psychologischen Frage eindeutig auf die in der Begründung genannte Variable zurück?
5. Wenn an einer Variablen die Qualität wichtig ist: Wird nach der qualitativen Ausprägung der Variablen gefragt?
6. Wenn an einer Variablen die Quantität von Bedeutung ist: Wird nach der quantitativen Ausprägung der Variablen gefragt?
7. Werden insgesamt nicht mehr als etwa 20 Psychologische Fragen formuliert?
8. Sind die Psychologischen Fragen in sinnvollen Gruppen (von Variablen) geordnet?
9. Enthält keine Gruppe mehr als etwa fünf Psychologische Fragen?

24.13 Checkliste Auswahl von Informationsquellen

1. Standardisierte Verfahren:
   - Tests?
   - Fragebogen?
   - Arbeitsproben?
   - Verhaltensbeobachtungen?
2. Teilstandardisierte Verfahren:
   - Verhaltensbeobachtungen?
   - Entscheidungsorientierte Gespräche?
3. Nichtstandardisierte Verfahren:
   - Gespräche?
   - Zeugnisse?
   - Akten?
   - Produktionen?
   - Arztberichte?
   - Sonstige?

24.14 Checkliste Feinplanung der Untersuchung

1. Liegen schriftlich ausgearbeitete Pläne vor für:
   - Verhaltensbeobachtungen?
   - entscheidungsorientierte Gespräche (Leitfäden)?
   - den Einsatz standardisierter Verfahren?
   - den Untersuchungsablauf? (Wer wird wann, wo, wie lange und von wem untersucht?)
2. Sind Kosten und Nutzen in allen Plänen angemessen beachtet?

24.15 Checkliste Kosten und Nutzen jeder Informationsquelle

Sind für jede in Betracht gezogene Informationsquelle getrennt materielle und immaterielle Kosten und Nutzen eingeschätzt für:
1. Probanden?
2. Auftraggeber?
3. Psychologen?
4. sonstige direkt betroffene Personen?
5. direkt betroffene Institutionen?
6. direkt betroffene Organisationen?
7. indirekt betroffene Personen?
8. indirekt betroffene Institutionen?
9. indirekt betroffene Organisationen?

24.16 Checkliste Beurteilung eines Beobachters

1. Erfahrung des Beobachters?
2. Ausbildung des Beobachters?
3. Kontrolle des Beobachters?
4. Beobachtungsbedingungen beim Beobachter:
   – äußere?
   – körperliche?
   – kognitive?
   – emotionale?
   – motivationale?
   – soziale?

24.17 Checkliste Inhalte von Beobachtungen

1. Eigenes Verhalten?
2. Verhalten eines anderen?
3. Häufigkeit des Verhaltens?
4. Dauer des Verhaltens?
5. Regelmäßigkeit des Verhaltens?
6. Variabilität des Verhaltens?
7. Vermeidbarkeit des Verhaltens?
8. Öffentlichkeit des Verhaltens:
   – öffentlich?
   – privat?
   – intim?
9. Notwendige Interaktionspartner?
10. Soziale Erwünschtheit?
11. Sonstige wichtige Merkmale?

24.18 Checkliste Merkmale wissenschaftlicher Verhaltensbeobachtungen

1. Gültiger Plan für ihre:
   – Durchführung?
   – Auswertung?
   – Interpretation?
2. Durchführen der Verhaltensbeobachtungen:
   – nach gültigem Plan?
   – durch qualifizierten Beobachter?
   – bei möglichst objektiver, zuverlässiger und gültiger Registrierung?
3. Auswertung nach gültigem Plan?
4. Interpretation nach gültigem Plan?

24.19 Checkliste Kriterien zur Wahl standardisierter Verfahren

1. Theoretische Grundlagen?
2. Empirisch festgestellte
   – Objektivität von Durchführung, Auswertung und Interpretation?
   – Reliabilität?
   – Validität?
   – Normen?
3. Verhältnis von Kosten und Nutzen ihrer Anwendung bei dieser Fragestellung?

24.20 Checkliste Durchführungsobjektivität psychologisch-diagnostischer Verfahren

1. Wird der Proband nach seinen Vorstellungen von der psychologischen Untersuchung gefragt?
2. Werden dem Probanden die Ziele der Untersuchung erklärt?
3. Wird dem Probanden der Ablauf der Untersuchung erklärt?
4. Werden dem Probanden die Rollen erläutert:
   – des Probanden?
   – des Psychologen?
   – sonstiger evtl. an der Untersuchung beteiligter Personen?
5. Werden unzutreffende Erwartungen korrigiert?

6. Wird der Proband auf mögliche Schwierigkeiten hingewiesen?
7. Wird dem Probanden erklärt, wie er mit diesen Schwierigkeiten umgehen kann?
8. Wird dem Probanden zu jedem Verfahren erklärt, wozu es eingesetzt wird?
9. Wird eine Vereinbarung über das gemeinsame Vorgehen getroffen?

24.21 Checkliste Kriterien für die Auswertung psychologisch-diagnostischer Verfahren

1. Wird nach dem neuesten Stand der psychologischen Wissenschaft ausgewertet hinsichtlich:
   – Theorieentwicklung?
   – Methoden?
   – inhaltlichen Forschungsergebnissen?
2. Entsprechen die Auswertungen der Theorie?
3. Sind die Auswertungen psychometrisch sinnvoll?
4. Sind die Auswertungen logisch gerechtfertigt?

24.22 Checkliste Bedingungen für möglichst objektive Interpretation standardisierter psychologisch-diagnostischer Verfahren

1. Sind unter dem Gliederungspunkt »Ergebnisse« vor den Ergebnissen eines Verfahrens die Verhaltensbeobachtungen hierzu im Präteritum dargestellt?
2. Ist die Darstellung der Ergebnisse relativiert auf:
   – den Zeitpunkt der Untersuchung durch das Präteritum?
   – das Verfahren?
   – die Vergleichsstichprobe?
3. Werden Fachausdrücke allgemein verständlich erklärt?
4. Werden stark wertende Wörter durch möglichst wertneutrale ersetzt?

24.23 Checkliste Reliabilität standardisierter psychologisch-diagnostischer Verfahren

1. Welche Reliabilitätsart verlangt die Fragestellung?
2. Welche Reliabilitätsart verlangt die Psychologische Frage?
3. Welche Reliabilitätsart verlangt die Theorie des standardisierten Verfahrens?
4. Stimmen die von Fragestellung, Psychologischer Frage und Theorie des Verfahrens verlangten Reliabilitätsarten überein?
   – Verlangen sie Übereinstimmung zwischen verschiedenen Teilen des Verfahrens?
   – Verlangen sie Übereinstimmung zwischen verschiedenen Zeitpunkten?
5. Ist die Reliabilitätsart zum Verfahren in der Literatur angegeben?
6. Ist das Reliabilitätsmaß in der Literatur angegeben?
7. Ist die Ausprägung des Reliabilitätsmaßes in der Literatur in Zahlen angegeben?
8. Ist die Stichprobengröße für die Reliabilitätsbestimmung in der Literatur in Zahlen angegeben?
9. Ist die Art der Stichprobenziehung für die Reliabilitätsbestimmung in der Literatur angegeben?
10. Ist die Schätzung des Reliabilitätsparameters »praktisch invariant«?
11. Ist die Reliabilitätsbestimmung noch gültig?

24.24 Checkliste Validität standardisierter psychologisch-diagnostischer Verfahren

1. Wie gut ist die Kriteriumsvalidität belegt?
2. Wie gut ist die prädiktive Validität belegt?
3. Wie gut ist die konvergente Validität belegt?
4. Wie gut ist die diskriminante Validität belegt?
5. Welche weiteren empirischen Belege gibt es für die Konstruktvalidität?
6. Wie hoch sind die Validitätskoeffizienten?
7. Wie hoch sind die Validitätskoeffizienten relativ zu denen, die man in diesem Bereich erwarten kann?
8. Wieviel nützt das Verfahren bei dieser Fragestellung im Vergleich zu einer A-priori-Strategie?

24.25 Checkliste Planung eines entscheidungsorientierten Gesprächs (EOG)

1. Wird das EOG nach den Kriterien der psychologischen Wissenschaft:
   - geplant?
   - durchgeführt?
   - ausgewertet?
2. Ist der Leitfaden auf gesicherte Anforderungen gegründet?
3. Ist der Leitfaden ausgerichtet an den Psychologischen Fragen, die von der Fragestellung abgeleitet worden sind?
4. Ist der Leitfaden als Plan für das EOG vollständig und konkret ausformuliert?
5. Ermöglicht der Leitfaden eine möglichst
   - vollständige,
   - objektive,
   - zuverlässige,
   - gültige Erhebung von Informationen, die für die Fragestellung relevant sind?
6. Erleichtert der Leitfaden dem Probanden den Bericht über konkretes Verhalten und Erleben?
7. Ermöglicht es der Leitfaden dem Probanden, von sich aus eigene Beobachtungen einzubringen?
8. Kann der Proband den Leitfaden ggf. als Anleitung zum eigenen Beobachten verwenden?
9. Erleichtert der Leitfaden dem Probanden die eigenverantwortliche Entscheidung zur Zusammenarbeit mit dem Diagnostiker?
10. Ist der Leitfaden am Verhältnis von Kosten und Nutzen ausgerichtet?
11. Ist der Leitfaden praktikabel gestaltet?

24.26 Checkliste Grobaufbau eines Leitfadens

Erinnert der Leitfaden an die folgenden Punkte:
1. Begrüßen und Vorstellen?
2. Erklärung von Fragestellung, Zielen und Vorgehensweise?
3. Einverständnis des Probanden zur Aufnahme mit Tonband oder Video?
4. Wird das Ziel des Vorgehens am Beginn jeden Abschnitts erklärt?
5. Zusammenfassung der wichtigen Informationen am Ende jeden Abschnitts?
6. Ist der Leitfaden nach dem Einleitungsteil entsprechend den kritischen Situationen gegliedert?

24.27 Checkliste Feinaufbau eines Leitfadens

1. Sind alle Fragen in einem einfachen, klaren und genauen Deutsch formuliert?
2. Kommen möglichst wenig Fremdwörter vor?
3. Werden notwendige Fachwörter erklärt?
4. Sind alle notwendigen Erklärungen:
   - kurz?
   - zutreffend?
   - verständlich?
5. Sind notwendige längere Erklärungen als Gespräch und nicht als Vortrag vorgesehen?
6. Sind alle Fragen und Aufforderungen unter einem Gliederungspunkt in der sachnotwendigen Reihenfolge angeordnet?
7. Wird in jeder Frage nach konkretem individuellem Fühlen, Denken oder Handeln gefragt?
8. Werden nur »günstige« Fragen verwendet?
9. Ist jede Frage angemessen offen?
10. Ist jede Frage angemessen direkt?
    - Sind indirekte Fragen eher am Ende des Gesprächs vorgesehen?
    - Ist der Grad der Direktheit einer Frage an den zu äußernden Inhalten ausgerichtet?
    - Berücksichtigt jede Frage die Art der Wissensrepäsentation bei dem Befragten?

24.28 Checkliste Formulierung günstiger Fragen

1. Bezieht sich jede Frage auf konkretes individuelles Verhalten?
2. Steht jede Frage in einem eindeutigen Bezugsrahmen?
3. Wird in jeder Frage nur ein Aspekt angesprochen?

4. Ist jede Frage möglichst kurz und treffend?
5. Ist jede Frage nicht suggestiv, d. h. setzt sie nichts ungerechtfertigt als gegeben voraus?
6. Ist jede Frage möglichst neutral hinsichtlich der Bewertung des erfragten Verhaltens?
7. Besteht jede Frage aus Wörtern und Redewendungen, die möglichst wenig emotional geladen sind?
8. Verwendet jede Frage, bei der dies möglich ist, den Kontext als Gedächtnisstütze?
9. Sind auch die dem Psychologen peinlichen Fragen zutreffend formuliert?
10. Sind alle Fragen mit »Warum...?« »Wieso...?« »Weshalb...?« »Was sind die Gründe...?« ersetzt durch die Fragen: »Wie kam es zu...?« »Was finden Sie an... gut?« »Was finden Sie an... weniger gut?«
11. Ist jede Frage nach Verhalten in hypothetischen Situationen, d.h. vermutetem Verhalten in unbekannten Situationen, ersetzt:
    – durch Fragen nach Fühlen, Denken oder Handeln in erlebten Situationen? oder
    – durch Fragen nach Erwartungen, Überzeugungen oder Plänen für zukünftige gut vorstellbare Situationen?

24.29 Checkliste Suggestivfragen

Fragen in Gesprächen sind suggestiv, wenn aus der Frage erkennbar ist, welche Antwort der Interviewer erwartet. Bei suggestiven Fragen ist mindestens eine der folgenden Bedingungen erfüllt:
1. Vorausgeschickte Informationen verdeutlichen die erwartete Antwort,
2. In der Frage ist bereits eine Bewertung des erfragten Verhaltens enthalten.
3. Es wird etwas als gegeben vorausgesetzt, was nicht vorausgesetzt werden kann, weil es auch anders (gewesen) sein kann.
4. Antwortalternativen werden unvollständig aufgezählt.
5. Bei vollständigen Antwortalternativen oder bei »Ja-Nein«-Antworten ist eine der Antworten für den Interviewten näher liegend.
6. Es sind Hinweis gebende Füllwörter wie »sicher«, »etwa« usw. enthalten.

24.30 Checkliste Voraussetzungen für entscheidungsorientierte Gespräche

1. Habe ich alle Erwartungen an den Gesprächspartner bei meiner Vorbereitung zugelassen?
2. Was finde ich an dem Gesprächspartner gut?
3. Was finde ich an dem Gesprächspartner weniger gut?
4. Habe ich konkrete Pläne, wie ich mit dem Gesprächspartner umgehen will?
5. Wie will ich mit von mir erwarteten Schwierigkeiten umgehen?
6. Dienen meine Pläne der Sache, um die es geht?
7. Bin ich gedanklich und gefühlsmäßig richtig auf das Gespräch eingestellt, d.h. regt mich daran in der Vorstellung nichts mehr auf?
8. Habe ich einen übersichtlichen, vollständig und angemessen ausformulierten Leitfaden?
9. Sind die gewählten Untersuchungstermine für alle Beteiligten möglichst günstig?
10. Habe ich ausreichend Zeit für das Gespräch vorgesehen?
11. Habe ich die Umgebung für das Gespräch günstig gestaltet?
    – Kleiner Tisch?
    – Bequeme Sitzgelegenheiten?
    – Für alle Gesprächsteilnehmer gut ablesbare Uhr?
    – Namensschilder?
    – Erfrischungen?
    – Ist dafür gesorgt, dass nicht das Telefon oder andere Personen das Gespräch stören können?

24.31 Checkliste Darstellung des Untersuchungsplans im Gutachten

1. Ist jede verwendete Informationsquelle einzeln im Untersuchungsplan des Gutachtens dargestellt?
2. Ist der Name der Informationsquelle, bei psychologischen Verfahren in Klammern dahinter auch Autor und Erscheinungsjahr, in der Beschreibung angegeben?

3. Ist das Verfahren in wenigen kurzen Sätzen so beschrieben, dass es der Proband im Gutachten wiedererkennen kann?
4. Kann der Auftraggeber aus der Verfahrensbeschreibung erkennen, welches Merkmal oder welche Merkmale mit dem jeweiligen Verfahren auf welche Art erfasst werden?
5. Sind bei jeder Informationsquelle alle Variablen aufgeführt, zu denen aus ihr Informationen gewonnen wurden?
6. Stimmen die Namen dieser Variablen überein mit denen, die in den Psychologischen Fragen verwendet wurden?

24.32 Checkliste Auswertung und Darstellung von Tests und Fragebögen im Gutachten

1. Ist die Auswertung an der Fragestellung ausgerichtet?
2. Dient die Auswertung der Beantwortung der eingangs formulierten Psychologischen Fragen?
3. Wird bei der Auswertung der Stand der Wissenschaft beachtet:
   – in der Theorieentwicklung?
   – in der Methodenentwicklung?
   – in der zufallskritischen Absicherung von Testauswertungen?
4. Ist bei jedem Testwert der Bereich berechnet, in dem mit 90-prozentiger Wahrscheinlichkeit der wahre Wert des Probanden liegt?
5. Ist jeder Bereich für den wahren Wert richtig klassifiziert?
6. Werden zur Klassifizierung von Bereichen für die wahren Werte nur die folgenden fünf Klassifikationen verwendet:
   – unterdurchschnittlich
   – unterdurchschnittlich bis durchschnittlich
   – durchschnittlich
   – durchschnittlich bis überdurchschnittlich
   – überdurchschnittlich?
7. Ist vor jedem Verfahren das Verhalten beschrieben, das bei seiner Durchführung beobachtet wurde und das für die Fragestellung von Bedeutung ist?

8. Ist die Darstellung jedes Ergebnisses relativiert auf:
   – den Test?
   – den Untersuchungszeitpunkt (Präteritum)?
   – die Vergleichsstichprobe?
9. Sind die Ergebnisse im Ergebnisteil des Gutachtens getrennt nach Informationsquellen dargestellt?
10. Sind im Ergebnisteil des Gutachtens noch keine Beziehungen zwischen verschiedenen Ergebnissen angesprochen?

24.33 Checkliste Auswertung und Darstellung von Gesprächen und nicht-standardisierten schriftlichen Informationen im Ergebnisteil des Gutachtens

1. Ist die gesamte objektiv registrierte Information Schritt für Schritt danach ausgewertet,
   – ob sie in Beziehung zur Fragestellung steht?
   – zu welcher Psychologischen Frage sie etwas aussagt?
2. Ist jede Information bei jeder Psychologischen Frage dargestellt, zu deren Beantwortung sie beiträgt?
3. Ist jede Information richtig dargestellt?
4. Ist bei jeder Information deutlich, woher sie stammt?
5. Ist der Kontext, in dem eine Information ursprünglich stand, angemessen berücksichtigt?
6. Ist das berichtete Verhalten im adverbialen Modus beschrieben?
7. Wird das Verhalten im Präteritum geschildert?
8. Sind nur wenige kurze wörtliche Zitate pro Seite wiedergegeben?
9. Vermittelt ein wörtliches Zitat etwas, das für die Beantwortung der Fragestellung besonders wichtig ist?
10. Ist ein wörtliches Zitat treffend für die beabsichtigte Aussage?
11. Sind nur gebräuchliche Wörter verwendet?
12. Wird Verbalstil verwendet?
13. Wird die Aktivform verwendet?
14. Wird jede Information in der indirekten Rede dargestellt?

15. Wird in der indirekten Rede die richtige sprachliche Form benutzt? (die richtige Konjunktivform oder bei jeder Aussage Indikativ mit Relativierung auf die Datenquelle)
16. Werden alle möglichen Leser des Gutachtens bei der Formulierung berücksichtigt?
17. Wird möglichst wenig wertend formuliert?

24.34 Checkliste Befund eines Gutachtens

1. Wird die Fragestellung beantwortet?
2. Werden die aus der Fragestellung abgeleiteten Psychologischen Fragen beantwortet?
3. Wird nichts ausgesagt, was über die Beantwortung der Fragestellung hinausgeht? (Schweigepflicht beachten!)
4. Werden keine unnötig verallgemeinernden Aussagen gemacht?
5. Ist der Befundteil des Gutachtens nach den Psychologischen Fragen gegliedert?
6. Sind zu jeder Psychologischen Frage alle relevanten Informationen aus allen verwendeten Informationsquellen dargestellt?
7. Ist bei jeder Information für jeden Leser klar, woher sie stammt, ohne dass er die vorhergehenden Gutachtenteile gelesen haben muss?
8. Sind Widersprüche zwischen Informationen erklärt oder diskutiert?
9. Sind Informationen nach ihrer Aussagekraft für die Fragestellung gewichtet?
10. Ist diese Gewichtung so dargestellt, dass sie jeder Leser nachvollziehen kann?
11. Ist bei jeder Variablen berücksichtigt:
    – ihre Stabilität?
    – ihre Änderbarkeit?
    – ihre Kompensierbarkeit?
12. Werden die Aussagen zu den Variablen schrittweise und für jeden Leser des Gutachtens nachvollziehbar zu einer Beantwortung der Fragestellung kombiniert?
13. Werden notwendige Erläuterungen zum Stand der psychologischen Wissenschaft allgemein verständlich gegeben?
14. Sind die Bezüge zur Fachliteratur nachprüfbar dargestellt (Autor, Jahr)?

24.35 Checkliste Empfehlungen und Vorschläge im Gutachten

1. Verlangt die Fragestellung Empfehlungen und Vorschläge?
2. Verlangen Erkenntnisse aus dem Prozess der Begutachtung, dem Auftraggeber bestimmte Empfehlungen zu geben oder Vorschläge zu machen? (Schweigepflicht beachten!)
3. Sind in den Empfehlungen und Vorschlägen
   – die sich bietenden Verhaltensmöglichkeiten konkret beschrieben?
   – die Bedingungen für die Verwirklichung der verschiedenen Verhaltensmöglichkeiten dargestellt?
   – die mit den verschiedenen Verhaltensmöglichkeiten zu erreichenden Ziele angegeben?
   – die möglichen Folgen der verschiedenen Verhaltensmöglichkeiten beschrieben?
4. Stehen die Empfehlungen und Vorschläge am Ende des Gutachtens?
5. Sind alle zum Verständnis notwendigen Informationen aufgeführt, bevor die Empfehlungen und Vorschläge im Befund dargestellt sind?

24.36 Checkliste Formulierungen im Befund

1. Sind alle Informationen aus Tests, Fragebögen, Gesprächen und sonstigen Informationsquellen im Befund in der sprachlichen Form wie im Ergebnisteil dargestellt?
2. Sind bei Gesprächszusammenfassungen die Seiten des Gutachtens angegeben, auf denen die entsprechende ausführliche Darstellung der Gesprächsergebnisse zu finden ist?
3. Stehen alle Überlegungen, Schlussfolgerungen und Entscheidungen im Befund
   – im Präsens?
   – im Indikativ, und zwar ohne modale Färbung?
   – in möglichst wertneutralem Ausdruck?

24.37 Checkliste Gliederung eines Gutachtens

1. Fragestellung (und Auftraggeber)
2. Psychologische Fragen
3. Untersuchungsplan und -ablauf (einschließlich der Nennung der Untersucher, der Untersuchungstermine, -dauer und -orte)
4. Ergebnisse
5. Befund, Beantwortung der Fragestellung des Auftraggebers
6. Empfehlungen oder Vorschläge (wenn in der Fragestellung vereinbart)
7. Literatur
8. Anhang (optional, z.B. zusammengefasste Testergebnisse mit zufallskritischer Testauswertung)
9. Unterschrift (des verantwortlichen Diplom-Psychologen), Datum der Gutachtenfertigstellung

# Checklisten für die Beurteilung psychologischer Gutachten durch Fachfremde

25.1 Gliederung eines Gutachtens – 262

25.2 Transparenz des Gutachtens – 262

25.3 Formulierung des Gutachtens – 262

25.4 Fragestellung – 262

25.5 Formulierung Psychologischer Fragen – 262

25.6 Darstellung des Untersuchungsplans im Gutachten – 262

25.7 Auswertung und Darstellung von Tests und Fragebögen im Ergebnisteil des Gutachtens – 263

25.8 Auswertung und Darstellung von Gesprächen und nichtstandardisierten schriftlichen Informationen im Ergebnisteil des Gutachtens – 263

25.9 Befund eines Gutachtens – 263

25.10 Empfehlungen und Vorschläge im Gutachten – 263

Die folgenden Checklisten sollen Fachfremden helfen, ein psychologisches Gutachten daraufhin zu beurteilen, wieweit es bestimmten Mindestanforderungen an eine wissenschaftliche Begutachtung entspricht. Die erforderlichen Erläuterungen zu diesen Checklisten finden sich in Kapitel 23.

25.1 Gliederung eines Gutachtens

1. Nennung des Auftraggebers und Fragestellung des Auftraggebers
2. Psychologische Fragen
3. Untersuchungsplan und -ablauf
4. Ergebnisse
5. Befund
6. Je nach Fragestellung des Auftraggebers: Beantwortung der Fragestellung des Auftraggebers und/oder Empfehlungen oder Vorschläge
7. Literatur
8. Anhang (Testauswertungen, Explorationstranskripte o. ä.)
9. Unterschrift (des verantwortlichen Diplom-Psychologen)

25.2 Transparenz des Gutachtens

1. Sind alle Aussagen im Gutachten nachvollziehbar?
2. Sind alle Aussagen im Gutachten nachprüfbar?

25.3 Formulierung des Gutachtens

1. Ist jede Formulierung möglichst neutral in der Bewertung des Verhaltens?
2. Ist jede Formulierung in einfachem, klarem und richtigem Deutsch geschrieben?
3. Kommen möglichst wenige Fremdwörter vor?
4. Werden alle benutzten Fachwörter erklärt?

25.4 Fragestellung

1. Ist der Psychologe der zuständige Experte?
2. Ist der Auftraggeber genannt?
3. Ist die Fragestellung im Gutachten wörtlich vollständig als Zitat wiedergegeben?
4. Ist der Auftragnehmer genannt?

25.5 Formulierung Psychologischer Fragen

1. Ist die Auswahl der Merkmale kurz und allgemein verständlich mit einer Gesetzmäßigkeit oder Regelhaftigkeit im Verhalten begründet?
2. Stellt die Begründung einen eindeutigen Bezug zur Fragestellung her?
3. Ist der Name des Merkmals genannt?

25.6 Darstellung des Untersuchungsplans im Gutachten

1. Ist jede verwendete Informationsquelle einzeln im Untersuchungsplan des Gutachtens dargestellt?
2. Ist der Name der Informationsquelle, bei psychologischen Verfahren auch Autor und Erscheinungsjahr, in der Beschreibung angegeben?
3. Ist das Verfahren in wenigen kurzen Sätzen so beschrieben, dass es der Proband im Gutachten wiedererkennen kann?
4. Kann der Auftraggeber aus der Verfahrensbeschreibung erkennen, welches Merkmal oder welche Merkmale mit dem jeweiligen Verfahren auf welche Art erfasst werden?
5. Sind bei jeder Informationsquelle alle Merkmale aufgeführt, die zur Beantwortung der Fragestellung beitragen?
6. Stimmen die Namen dieser Merkmale überein mit denen, die in den Psychologischen Fragen verwendet wurden?
7. Wird dargestellt, wer welche Untersuchungen wann und wo durchgeführt bzw. daran mitgewirkt hat?

25.7 Auswertung und Darstellung von Tests und Fragebögen im Ergebnisteil des Gutachtens

1. Ist die Auswertung an der Fragestellung ausgerichtet?
2. Dient die Auswertung der Beantwortung der eingangs formulierten Psychologischen Fragen?
3. Wird bei der Auswertung der Stand der Wissenschaft beachtet?
4. Ist vor jedem Verfahren das Verhalten beschrieben, das bei seiner Durchführung beobachtet wurde und das für die Fragestellung von Bedeutung ist?
5. Ist die Darstellung jedes Ergebnisses relativiert auf:
   – den Test?
   – den Untersuchungszeitpunkt?
   – die Vergleichsstichprobe?
6. Sind die Ergebnisse im Ergebnisteil des Gutachtens getrennt nach Informationsquellen dargestellt?
7. Sind im Ergebnisteil des Gutachtens noch keine Beziehungen zwischen verschiedenen Ergebnissen angesprochen?

25.8 Auswertung und Darstellung von Gesprächen und nichtstandardisierten schriftlichen Informationen im Ergebnisteil des Gutachtens

1. Sind die gesamten objektiv registrierten Informationen Schritt für Schritt danach ausgewertet,
   a) in welcher Beziehung sie zur Fragestellung stehen und
   b) zu welcher Psychologischen Frage sie etwas aussagen?
2. Ist jede Information bei jeder Psychologischen Frage dargestellt, zu deren Beantwortung sie beiträgt?
3. Ist bei jeder Information deutlich, woher sie stammt?
4. Wird in der indirekten Rede die richtige sprachliche Form benutzt?
5. Werden alle möglichen Leser des Gutachtens bei der Formulierung berücksichtigt?

25.9 Befund eines Gutachtens

1. Ist der Befundteil des Gutachtens nach den Psychologischen Fragen gegliedert?
2. Werden die aus der Fragestellung abgeleiteten Psychologischen Fragen beantwortet?
3. Sind zu jeder Psychologischen Frage alle relevanten Informationen aus allen verwendeten Informationsquellen dargestellt?
4. Ist bei jeder Information für jeden Leser klar, woher sie stammt, ohne dass er die vorhergehenden Gutachtenteile gelesen haben muss?
5. Sind Widersprüche zwischen Informationen erklärt oder diskutiert?
6. Sind Informationen nach ihrer Aussagekraft für die Fragestellung gewichtet?
7. Ist diese Gewichtung so dargestellt, dass sie jeder Leser nachvollziehen kann?
8. Werden die Aussagen zu den Merkmalen schrittweise und für jeden Leser des Gutachtens nachvollziehbar zu einer Beantwortung der Fragestellung kombiniert?
9. Werden notwendige Erläuterungen zum Stand der psychologischen Wissenschaft allgemein verständlich gegeben?
10. Wird die Fragestellung beantwortet?
11. Wird nichts ausgesagt, was über die Beantwortung der Fragestellung hinausgeht?
12. Werden keine unnötig verallgemeinernden Aussagen gemacht?
13. Wird die zitierte Literatur angegeben?
14. Stehen alle Überlegungen, Schlussfolgerungen und Entscheidungen im Befund
    a) im Präsens,
    b) im Indikativ, und zwar ohne modale Färbung,
    c) in möglichst sachlichem Ausdruck?

25.10 Empfehlungen und Vorschläge im Gutachten

1. Verlangt die Fragestellung Empfehlungen und Vorschläge?
2. Verlangen Erkenntnisse aus dem Prozess der Begutachtung, dem Auftraggeber bestimmte Empfehlungen zu geben oder Vorschläge zu machen?

3. Sind in den Empfehlungen und Vorschlägen
   – die sich bietenden Verhaltensmöglichkeiten konkret beschrieben?
   – die Bedingungen für die Verwirklichung der verschiedenen Verhaltensmöglichkeiten dargestellt?
   – die mit den verschiedenen Verhaltensmöglichkeiten zu erreichenden Ziele angegeben?
   – die möglichen Folgen der verschiedenen Verhaltensmöglichkeiten beschrieben?
4. Stehen die Empfehlungen und Vorschläge am Ende des Gutachtens?
5. Sind alle zum Verständnis notwendigen Informationen aufgeführt, bevor die Empfehlungen und Vorschläge dargestellt werden?

Literatur

Ainsworth, M.D.S. (1991). Attachment and other affectional bonds across life cycle. In: C.M. Parkes, J. Stevenson-Hinde & P. Marris P (eds.). *Attachment across the life cycle*, pp 33–51. London: Routledge.

Ainsworth, M.D.S., Blehar, M.C., Waters, E. & Wall, S. (1978). *Patterns of attachment: A psychological study of the Strange Situation.* Hillsdale, NJ: Erlbaum.

Arbeitsgruppe Deutsche Child Behavior Checklist (1998). *Elternfragebogen über das Verhalten von Kindern und Jugendlichen* (2. Aufl. mit dt. Normen); dt. Bearbeitung der Child Behavior Checklist (CBCL/ 4–18); Einführung und Anleitung zur Handauswertung, bearbeitet von Döpfner, M., Plück, J., Bölte, S., Melchers, P. & Heim, K.. Köln: Arbeitsgruppe Kinder-, Jugend- und Familiendiagnostik (KJFD).

Arntzen, F. (1993). *Psychologie der Zeugenaussage* (3. Aufl.). München: Beck.

Balloff, R. (1994). Zur psychologischen Diagnostik und Intervention des psychologischen Sachverständigen in Familiensachen bei den Vormundschafts- und Familiengerichten. Bestandsaufnahme und Perspektiven. *Zentralblatt für Jugendrecht, 81,* 218–224.

Balloff, R. (1998). Methodische Grundlagen der gerichtsgebundenen Sachverständigentätigkeit in Familiensachen. *Familie, Partnerschaft, Recht (FPR), 4,* 207–213.

Balloff, R. (2000). Die außergerichtliche Familienmediation in strittigen Umgangs- und Sorgerechtsfällen nach Inkrafttreten der Kindschaftsrechtsreform am 1.7.1998 in Abgrenzung zur Beratung und Psychotherapie. *Praxis der Rechtspsychologie, 10 (1),* 48–60.

Balloff, R. (2004). *Kinder vor dem Familiengericht.* München: Reinhardt.

Balloff, R. (2007). Der Sachverständige im Umgangsverfahren. *Familie, Partnerschaft, Recht (FPR), 13,* 288–291.

Balloff, R. & Walter, E. (1991). Konzeptionelle Gedanken zur Trennungs- und Scheidungsintervention. *Familie und Recht, 2,* 63–69.

Bartussek, D. (2000). Extraversion – Introversion. In: W. Sarges (Hrsg.). *Management-Diagnostik,* S. 353–365. Göttingen: Hogrefe.

Beelmann, W. & Schmidt-Denter, U. (2001). Neuere Forschungen mit dem Family-Relations-Test (FRT). In: D. Sturzbecher (Hrsg.). *Spielbasierte Befragungstechniken,* S. 74–90. Göttingen: Hogrefe.

Bene, E. & Anthony, J. (1957). *Family Relations Test. An objective technique for explorin emotional attitudes in children* (1. Aufl.). Windsor: NFER-Nelson Publ.

Berka, H.-H. & Westhoff, K. (1981). Lehrererwartungen und Schülerverhalten. *Zeitschrift für Sozialpsychologie, 12,* 1–23.

Berufsverband Deutscher Psychologen e.V. (Hrsg.) (1986). *Berufsordnung für Psychologen.* Bonn: Deutscher Psychologen-Verlag.

BGB Bürgerliches Gesetzbuch (2007). Textausgabe (59. Aufl.). München: Beck-Texte im dtv.

Boetticher, A.N., Nedopil, N. Bosinski, H.A.G. & Saß, H. (2007). Mindestanforderungen für Schuldfähigkeitsgutachten. *Forensische Psychiatrie, Psychologie, Kriminologie, 1,* 3–9.

Borkenau, P. & Ostendorf, F. (2003). *NEO-Fünf-Faktoren Inventar (NEO-FFI) nach Costa und McCrae.* Göttingen: Hogrefe.

Borkenau, P. Egloff, B., Eid, M. Hennig, J., Kersting, M., Neubauer, A.C. & Spinath, F.M. (2005). Persönlichkeitspsychologie: Stand und Perspektiven. *Psychologische Rundschau, 56,* 271–290.

Bowlby, J. (1975). *Bindung.* München: Kindler.

Bowlby, J. (1982). *Attachment and Loss.* Vol. 1: Attachment (2nd ed.). New York: Basic Books.

Brähler, E., Holling, H., Leutner, D. & Petermann, F. (Hrsg.) (2002). *Brickenkamp Handbuch psychologischer und pädagogischer Tests* (3. Aufl. Bde. 1 und 2). Göttingen: Hogrefe.

Bredenkamp, J. (1972). *Der Signifikanztest in der psychologischen Forschung.* Frankfurt/M: Akademische Verlagsgesellschaft.

Brickenkamp, R. (Hrsg.) (1975). *Handbuch psychologischer und pädagogischer Tests.* Göttingen: Hogrefe.

Brickenkamp, R. (Hrsg.) (1983). *Erster Ergänzungsband zum Handbuch psychologischer und pädagogischer Tests.* Göttingen: Hogrefe.

Brickenkamp, R. (1997). *Handbuch psychologischer und pädagogischer Tests.* Göttingen: Hogrefe.

Bruck, M. & Ceci, S.J. (1999). The suggestibility of children's memory. *Annual Review of Psychology, 50,* 419–439.

Bulheller, H. & Häcker, H. (2001). *Rechtschreibtest – Neue Rechtschreibregelung (RST).* Göttingen: Hogrefe.

Bundesgerichtshof (BGH) (1999). *Wissenschaftliche Anforderungen an aussagepsychologische Begutachtungen (Glaubhaftigkeitsgutachten).* BGH, Urt. v. 30.7.1999 – 1 StR 618/98 (LG Ansbach) BGHSt 45, S. 164 ff.

Cannell, C.F. & Kahn, R.L. (1968). Interviewing. In: G. Lindzey & E. Aronson (eds.). *The handbook of social psychology* (vol. II, 2nd ed.). Reading, Mass.: Addison-Wesley.

Christianson, S.-A. (1997). On emotional stress and memory: We need to recognize threatening situations and we need to »forget« unpleasant experiences. In L. Greuel, T. Fabian & M. Stadler (Hrsg.). *Psychologie der Zeugenaussage,* S. 33–46. Weinheim: Psychologie Verlags Union.

Corwin, D.L. (1988). Early diagnosis of child sexual abuse – diminishing the lasting effects. In G.E. Wyatt & G.J. Powell (eds.). *Lasting effects of child sexual abuse,* pp. 251–269. Newbury Park: Sage.

Cronbach, I.J. & Gleser, G.C. (1965). *Psychological tests and personnel decisions* (2nd ed.). University of Illinois Press: Urbana.

Dahle, K.-P. (2005). *Psychologische Kriminalprognose. Wege zu einer integrativen Methodik für die Beurteilung der Rückfallwahrscheinlichkeit von Strafgefangenen.* Herboltzheim: Centaurus.

Dahle, K.-P. (2007). Methodische Grundlagen der Kriminalprognose. *Forensische Psychiatrie, Psychologie, Kriminologie, 1,* 101–110.

Damm, H., Hylla, E. & Schäfer, K. (1965). *Rechtschreibtest (RST8+).* Neubearbeitung: H. Horn. Weinheim: Beltz.

Dettenborn, H. (2001). *Kindeswohl und Kindeswille.* München: Reinhardt.

Dettenborn, H. & Walter, E. (2002). *Familienrechtspsychologie.* München: Reinhardt.

Deutsche Gesellschaft für Psychologie (2007). *Richtlinien zur Manuskriptgestaltung* (3. Aufl.). Göttingen: Hogrefe.

Literatur

Duhm, E. (Hrsg.) & Huss, K. (1979). *Fragebogen zur Erfassung praktischer und sozialer Selbständigkeit 4- bis 6-jähriger Kinder.* Braunschweig: Westermann.

Eckert, H. & Westhoff, K. (2000). Psychologiedidaktik und Evaluation am Beispiel der universitären Ausbildung im Fach »Diagnostik und Intervention«. In: G. Krampen & H. Zayer (Hrsg.). *Psychologiedidaktik und Evaluation II: Neue Medien, Psychologiedidaktik und Evaluation in der psychologischen Haupt- und Nebenfachausbildung,* S. 143–158. Bonn: Deutscher Psychologen-Verlag.

Eckert, H. & Westhoff, K. (2002). Effects of systematic training in psychological assessment on competence in writing reports. *Zeitschrift für Differentielle und Diagnostische Psychologie, 23,* 407–416.

Eggert, D. (1974). *Eysenck-Persönlichkeits-Inventar (EPI).* Göttingen: Hogrefe.

Ehlers, B., Ehlers, T. & Makus, H. (1978). *Die Marburger Verhaltensliste (MVL).* Göttingen: Hogrefe.

Eisenberg, U. (2002). *Beweisrecht der StPO* (4. Aufl.). München: Beck.

Ell, E. (1990). *Psychologische Kriterien bei der Sorgerechtsregelung und die Diagnostik der emotionalen Beziehungen.* Weinheim: Beltz.

Feger, H. & Sorembe, V. (1982). Konflikt und Entscheidung. In: H. Thomae (Hrsg.). *Theorien und Formen der Motivation.* Bd. 1 der Serie Motivation und Emotion der Enzyklopädie der Psychologie. Göttingen: Hogrefe.

Fernandez-Ballesteros, R., De Bruyn, E.E.J., Godoy, A., Hornke, L.F., Ter Laak, J., Vizcarro, C., Westhoff, K., Westmeyer, H. & Zaccagnini, J.L. (2001). Guidelines for the Assessment Process (GAP): A proposal for discussion. *European Journal of Psychological Assessment, 17,* 187–200.

Fiedler, K. & Schmid, J. (1999). Gutachten über Methodik für Psychologische Glaubwürdigkeitsgutachten. (Gutachten für den BGH). *Praxis der Rechtspsychologie, 9,* 5–45.

Figdor, H. (1997). Über die Befindlichkeit von Kindern nach Trennung und Scheidung im Rahmen unterschiedlicher Sorgerechtsmodelle. In C. Brauns-Hermann, B.M. Busch & H. Dinse (Hrsg.). *Ein Kind hat das Recht auf beide Eltern,* S. 174–196. Neuwied: Luchterhand.

Fisseni, H.-J. & Preusser, I. (2007).*Assessment-Center. Eine Einführung in Theorie und Praxis.* Göttingen: Hogrefe.

Flämig, J. & Wörner, U. (1977). Standardisierung einer deutschen Fassung des Family Relations Test (FRT) an Kindern von 6 bis 11 Jahren. *Praxis der Kinderpsychologie und Kinderpsychotherapie, 26,* 5–46.

Flanagan, J.C. (1954). The critical incident technique. *Psychological Bulletin, 51,* 327–358.

Föderation Deutscher Psychologenvereinigungen (Hrsg.) (1994). *Richtlinien für die Erstellung Psychologischer Gutachten* (2. Aufl.). Bonn: Deutscher Psychologen-Verlag.

Fremmer-Bombik, E. (2002). Innere Arbeitsmodelle von Bindung. In: G. Spangler & P. Zimmermann (Hrsg.). *Die Bindungstheorie – Grundlagen, Forschung und Anwendung,* S. 109–119. Stuttgart: Klett-Cotta.

Fthenakis, W.E. (1993). Kindliche Reaktionen auf Trennung und Scheidung. In: O. Kraus (Hrsg.). *Die Scheidungswaisen,* S. 85–115. Göttingen: Vandenhoeck & Ruprecht.

Fthenakis, W.E., Niesel, R. & Kunze, H.-R. (1982). *Ehescheidung: Konsequenzen für Eltern und Kinder.* München: Urban & Schwarzenberg.

Graumann, C.F. (1960). Eigenschaften als Problem der Persönlichkeitsforschung. In: P. Lersch & H. Thomae (Hrsg.). *Persönlichkeitsforschung und Persönlichkeitstheorie.* Handbuch der Psychologie (Bd. 4), S. 87–154. Göttingen: Hogrefe.

Greuel, L., Offe, S., Fabian, A., Wetzels, P., Fabian, T., Offe, H. & Stadler, M. (1998). *Glaubhaftigkeit der Zeugenaussage – Theorie und Praxis der forensisch-psychologischen Begutachtung.* Weinheim: Psychologie Verlags Union.

Greuel, L., Kestermann, C. & Stadler, M.A. (2004). *Forensisch-psychologische Diagnostik.* Kompendium Psychologische Diagnostik. Göttingen: Hogrefe.

Grossmann, K. & Grossmann, K.E. (1998). Eltern-Kind-Bindung als Aspekt des Kindeswohls. *Brühler Schriften zum Familienrecht (12. DFGT),* 76–89. Bielefeld: Gieseking.

Grove, W.M., Zald, D.H., Lebow, B.S., Snitz, B.E., & Nelson, C. (2000). Clinical versus mechanical prediction: A meta-analysis. *Psychological Assessment, 12,* 19-30.

Guthke, J. (1996). *Intelligenz im Test – Wege der psychologischen Intelligenzdiagnostik.* Göttingen: Vandenhoeck & Ruprecht.

Guttman, L. (1981). What is not what in theory construction. Paper presented to the 8th annual meeting of the Israel Sociological Association. In: I. Borg (Hrsg.). *Multidimensional data representations: When and why,* pp. 47–64. Ann Arbor, Michigan: Mathesis Press.

Hageböck, J. (1991). *Psymedia: Programmsystem für die psychometrische Einzelfalldiagnostik.* Göttingen: Hogrefe.

Hagemeister, C. & Westhoff, K. (2002). Teaching and learning psychological assessment: Aspects of the client's question. European *Journal of Psychological Assessment, 18,* 252–258.

Hagemeister, C. & Westhoff, K. (2003). Diagnostische Strategien lehren und lernen: Beurteilung diagnostischer Fragestellungen durch Studierende. *Zeitschrift für Differentielle und Diagnostische Psychologie, 24,* 97–104.

Hörmann, H. (1964). Theoretische Grundlagen der projektiven Tests. In: R. Heiss (Hrsg.). *Psychologische Diagnostik.* Handbuch der Psychologie (Bd. 6), S. 71–112. Göttingen: Hogrefe.

Hörmann, H. (1964a). Aussagemöglichkeiten psychologischer Diagnostik. *Zeitschrift für experimentelle und angewandte Psychologie, 11,* 353–390.

Hossiep, R. (1995). *Berufseignungsdiagnostische Entscheidungen.* Göttingen: Hogrefe.

Hossiep, R., Paschen, M. & Mühlhaus, O. (2000). *Persönlichkeitstests im Personalmanagement.* Göttingen: Verlag für Angewandte Psychologie.

Huber, H.P. (1973). *Psychometrische Einzelfalldiagnostik.* Weinheim: Beltz.

Hülsheger, U.R., Maier, G.W., Stumpp, T. & Muck, P.M. (2006). Vergleich kriteriumsbezogener Validitäten verschiedener Intelligenztests zur Vorhersage von Ausbildungserfolg in Deutschland – Ergebnisse einer Metaanalyse. *Zeitschrift für Personalpsychologie, 5,* 145–162.

Hunter, J.E. & Hunter, R.F. (1984). Validity and utility of alternative predictors of job performance. *Psychological Bulletin, 96,* 72–98.

Jäger, A.O. (1982). Mehrmodale Klassifikation von Intelligenzleistungen: Experimentell kontrollierte Weiterentwicklung eines deskriptiven Intelligenzstrukturmodells. *Diagnostica, 28,* 195–225.

Jäger, A.O. (1984). Intelligenzstrukturforschung, konkurrierende Modelle, neue Entwicklungen, Perspektiven. *Psychologische Rundschau, 35,* 21–35.

Jäger, A.O. & Althoff, K. (1983). *Der Wilde-Intelligenz-Test (WIT).* Göttingen: Hogrefe.

Janis, I.L. & Mann, L. (1977). *Decision making – A psychological analysis of conflict, choice, and commitment.* New York: The Free Press.

Jeserich, W. (1981). *Mitarbeiter auswählen und fördern. Assessment-Center Verfahren. Handbuch der Weiterbildung für die Praxis in Wirtschaft und Verwaltung.* München: Hanser.

Jessnitzer, K. (1992). *Der gerichtliche Sachverständige.* Köln: Heymanns.

Kahneman, D. & Tversky, A. (1973). On the psychology of prediction. *Psychological Review, 80,* 237–251.

Kahneman, D. & Tversky, A. (eds.) (2000). *Choices, values, and frames.* Cambridge: Cambridge University Press.

Kahneman, D., Slovic, P. & Tversky, A. (eds.) (1982). *Judgement under uncertainty: Heuristics and biases.* Cambridge: Cambridge University Press.

Kanning, U.P. (1999). *Die Psychologie der Personenbeurteilung.* Göttingen: Hogrefe.

Kanning, U.P. & Holling, H. (Hrsg.) (2002). *Handbuch personaldiagnostischer Instrumente.* Göttingen: Hogrefe.

Kaminski, G. (1970). *Verhaltenstheorie und Verhaltensmodifikation.* Stuttgart: Klett.

Kaminski, G. (1976). Rahmentheoretische Überlegungen zur Taxonomie psychodiagnostischer Prozesse. In: K. Pawlik (Hrsg.). *Diagnose der Diagnostik,* S. 45–70. Stuttgart: Klett.

Kersting, M. & Althoff, K. (2004). *RT – Rechtschreibungstest* (3. Aufl.). Göttingen: Hogrefe.

Kersting, M., Althoff, K. & Jäger, A.O. (2008). *Der Wilde-Intelligenztest 2 (WIT-2).* Göttingen: Hogrefe (in press).

Kici, G. & Westhoff, K. (2000). Anforderungen an psychologisch-diagnostischen Interviews in der Praxis. *Report Psychologie, 25,* 428–436.

Kici, G., & Westhoff, K. (2004). Evaluation of requirements for the assessment and construction of interview guides in psychological assessment. *European Journal of Psychological Assessment, 20,* 83–98.

Kindler, H. (2002). *Väter und Kinder. Langzeitstudien über väterliche Fürsorge und die sozioemotionale Entwicklung von Kindern.* Weinheim: Juventa.

Kindler, H. & Reinhold, C. (2007). Umgangskontakte: Wohl und Wille des Kindes. *Familie, Partnerschaft, Recht (FPR), 13,* 291–293.

Kiphard, E.J. (1991). *Wie weit ist das Kind entwickelt? Eine Anleitung zur Entwicklungsüberprüfung.* Dortmund: Verlag Modernes Leben.

Klauer, K.J. (Hrsg.) (2001). *Handbuch kognitives Training.* Göttingen: Hogrefe.

Kline, P. (1993). *The handbook of psychological testing.* London: Routledge.

Klüber, A. (1998). *Psychologische Gutachten für das Familiengericht. Eine empirische Untersuchung über Nachvollziehbarkeit und Verständlichkeit* des *diagnostischen Prozesses sowie ausgewählte Aspekte des Kindeswohls.* Lengerich: Pabst.

Kluck, M.-L. (1986). Probleme des psychologischen Diagnostizierens bei Gutachten zur elterlichen Sorge und zum Umgangsrecht. In: A. Schorr (Hrsg.). *Bericht über den 13. Kongreß für Angewandte Psychologie,* Bonn, 1985, Bd. II, S. 317–322. Bonn: Deutscher Psychologen Verlag.

Kluck, M.-L. (1996). Das Psychologische Gutachten im familienrechtlichen Verfahren zur Regelung der elterlichen Sorge. *Familie, Partnerschaft, Recht (FPR), 2,* 155–160.

Kluck, M.-L. (2003). Entscheidungsorientierte Begutachtung im Familienrecht. *Familie, Partnerschaft, Recht (FPR), 10/03,* 535-540.

Kluck, M.-L. & Westhoff, K. (2003). Applied fields in psychological assessment: Forensic. In: R. Fernandez-Ballesteros (ed.). *Encyclopedia of psychological assessment,* pp. 59–62. Thousand Oakes: Sages.

Klußmann, R.W. & Stötzel, B. (1995). *Das Kind im Rechtsstreit der Erwachsenen* (2. Aufl.). München: Reinhardt.

Koch, A. & Westhoff, K. (2005). *Konzeption einer Technologie zur Analyse wechselnder Anforderungen an Menschen.* Vortrag zum 3. Workshop »Neue Technologien – Ausblick auf eine wehrtechnische Zukunft«, Bonn.

Köhnken, G. (1990). *Glaubwürdigkeit.* München: Psychologie Verlags Union.

Kraus, O. (Hrsg.) (1993). *Die Scheidungswaisen.* Göttingen: Vandenhoeck & Ruprecht.

Kreitler, H. & Kreitler, S. (1976). *The theory of cognitive orientation and behavior.* New York: Springer.

Kreitler, H. & Kreitler, S. (1982). The theory of cognitive orientation: Widening the scope of behavior prediction. In: B. Maher & W.B. Maher (eds.). *Progress in experimental personality research* (vol. 11), pp. 101–169. New York: Academic Press.

Kröber, H.-L. & Steller, M. (Hrsg.) (2005). *Psychologische Begutachtung im Strafverfahren* (2. Aufl.). Darmstadt: Steinkopff.

Kühne, A. (1988). *Psychologie im Rechtswesen.* Weinheim: Deutscher Studienverlag.

Lienert, G.A. & Raatz, U. (1994). *Testaufbau und Testanalyse.* Weinheim: Psychologie Verlags Union.

Littmann, E. & Szewczyk, H. (1983). Zu einigen Kriterien und Ergebnissen forensisch-psychologischer Glaubwürdigkeitsbegutachtung von sexuell mißbrauchten Kindern und Jugendlichen. *Forensia, 4,* 55–72.

Lüer, G. & Kluck, M.-L. (1983). Diagnostische Urteilsbildung. In: J. Bredenkamp & H. Feger (Hrsg.). *Messen und Testen,* Bd. 3 der Serie 1: Forschungsmethoden der Psychologie. Enzyklopädie der Psychologie, S. 727–798. Göttingen: Hogrefe.

Magai, C. (2002). Bindung, Emotionen und Persönlichkeitsentwicklung. In: G. Spangler & P. Zimmermann (Hrsg.). *Die Bindungstheorie. Grundlagen, Forschung und Anwendung,* S. 140–148. Stuttgart: Klett-Cotta.

Literatur

Meyer, G.J., Finn, S.E., Eyde, L.D., Kay, G.G., Moreland, K.L., Dies, R.R., Eisman, E.J., Kubiszyn, T.W. & Reed, G.M. (2001). Psychological testing and psychological assessment – a review of evidence and issues. *American Psychologist, 56,* 128–165.

Mischel, W. (1968). *Personality and assessment.* New York: Wiley.

Neubauer, R. (2005). Wege und Irrwege bei der Definition von Anforderungen. In: K. Sünderhauf, S. Stumpf & S. Höft (Hrsg.). *Assessment Center – von der Auftragsklärung bis zur Qualitätssicherung. Ein Handbuch von Praktikern für Praktiker,* S. 89–106. Lengerich: Pabst.

Niehaus, S. (2000). *Zur differentiellen Validität traditioneller und neuer inhaltlicher Glaubhaftigkeitsmerkmale.* Vortrag, gehalten beim 42. Kongress der Deutschen Gesellschaft für Psychologie in Jena, September 2000.

Niehaus, S. (2001). *Zur Anwendbarkeit inhaltlicher Glaubhaftigkeitsmerkmale bei Zeugenaussagen unterschiedlichen Wahrheitsgehaltes.* Frankfurt: Lang.

Ostendorf, F. & Angleitner, A. (2004). *NEO Persönlichkeitsinventar nach Costa und McCrae, revidierte Fassung (NEO-PI-R).* Göttingen: Hogrefe.

Oswald, M. (1993). Hypothesentesten: Suche und Verarbeitung hypothesenkonformer und hypothesenkonträrer Informationen. In: W. Hell, P. Fiedler & G. Gigerenzer (Hrsg.). *Kognitive Täuschungen,* S. 189–211. Heidelberg: Spektrum Akademischer Verlag.

Perrez, M. (2000). Psychologie des Familien- und Paarstresses: Forschungsentwicklungen. In: K. A. Schneewind (Hrsg.). *Familienpsychologie im Aufwind.* Göttingen: Hogrefe.

Petermann, F. (2002) (Hrsg.). *Lehrbuch der Klinischen Kinderpsychologie.* Göttingen: Hogrefe.

Petermann, F. & Warschburger, P. (1998). *Aggression* (3. Aufl.). Göttingen: Hogrefe.

Praxis der Rechtspsychologie (2003). Tagungsbericht: Das Kind bei Trennung und Scheidung. 13, Sonderheft 1, Januar 2003. Bonn: dpv.

Preiser, S. (1979). *Personwahrnehmung und Beurteilung.* Darmstadt: Wissenschaftliche Buchgesellschaft.

Puls, J. (1984). Das Recht zur Neuregelung der elterlichen Sorge in der Rechtsanwendung. In: H. Remschmidt (Hrsg.). *Kinderpsychiatrie und Familienrecht,* S. 18–27. Stuttgart: Enke.

Rennen-Allhoff, B. & Allhoff, P. (1987). *Entwicklungstests für das Säuglings-, Kleinkind- und Vorschulalter.* Berlin: Springer.

Rohmann, J.A. (1998). Zum Spannungsfeld von Diagnostik und Modifikation beim familienpsychologischen Gutachten. *Praxis der Rechtspsychologie, 8,* 218–232.

Rohmann, J.A. (2000). Entwicklungen des psychologischen Sachverstandes als Leitlinie der Sachverständigentätigkeit bei familiengerichtlichen Verfahren (Teil 1). *Kindschaftsrechtliche Praxis, 3,* 71–76.

Rohmann, J.A. (2000). Entwicklungen des psychologischen Sachverstands als Leitlinie der Sachverständigentätigkeit bei familiengerichtlichen Verfahren (Teil 2). *Kindschaftsrechtliche Praxis, 4,* 107–112.

Rost, J. (1996). *Lehrbuch Testtheorie Testkonstruktion.* Bern: Huber.

Sachsse, U. (1995). *Selbstverletzendes Verhalten* (2. Aufl.). Göttingen: Vandenhoeck & Ruprecht.

Salzgeber, J. (1998). Auswirkungen des Kindschaftsrechtsreformgesetzes auf die Tätigkeit des psychologischen Sachverständigen im Familienrechtsverfahren. *Praxis der Rechtspsychologie, 8,* 142–156.

Salzgeber, J. (2001). *Familienpsychologische Begutachtung – rechtliche Vorgaben und sachverständiges Vorgehen* (3. Aufl.). München: Beck.

Sarges, W. & Wottawa, H. (Hrsg.) (2001). *Handbuch wirtschaftspsychologischer Testverfahren.* Lengerich: Pabst.

Schade, B. & Friedrich, S. (1998). Die Rolle des psychologischen Gutachters nach Inkrafttreten des neuen Kindschaftsrechts. *Familie, Partnerschaft, Recht (FPR), 4,* 237–241.

Schmidt-Atzert, L., Deter, B. & Jaeckel, S. (2004). Prädiktion von Ausbildungserfolg: Allgemeine Intelligenz (g) oder spezifische kognitive Fähigkeiten? *Zeitschrift für Personalpsychologie, 3,* 147–158.

Schmidt-Denter, U. & Beelmann, W. (1995). *Familiäre Beziehungen nach Trennung und Scheidung: Veränderungsprozesse bei Müttern, Vätern und Kindern.* Forschungsbericht, 2 Bände. Köln: Universität, Psychologisches Institut.

Schmidt-Denter, U. & Beelmann, W. (1997). Kindliche Symptombelastungen in der Zeit nach einer ehelichen Trennung – eine differentielle und längsschnittliche Betrachtung. *Zeitschrift für Entwicklungspsychologie und Pädagogische Psychologie, 29,* 26–42.

Scholz, O. B. & Schmidt, A. F. (2003). *Schuldfähigkeit bei schwerer anderer seelischer Abartigkeit. Psychopathologie – gutachterliche Entscheidungshilfen.* Stuttgart: Kohlhammer.

Schuler, H. (2002). *Das Einstellungsinterview.* Göttingen: Hogrefe.

Schuler, H. & Stehle, W. (1987). *Assessment-Center als Methode der Personalentwicklung.* Beiträge zur Organisationspsychologie (Bd. 3.). Stuttgart: Verlag für Angewandte Psychologie.

Schuler, H., Funke, U., Moser, K., Donat, M. (1995). *Personalauswahl in Forschung und Entwicklung – Eignung und Leistung von Wissenschaftlern und Ingenieuren.* Göttingen: Hogrefe.

Schulz-Hardt, S. & Köhnken, G. (2000). Wie ein Verdacht sich selbst bestätigen kann: Konfirmatorisches Hypothesentesten als Ursache von Falschbeschuldigungen wegen sexuellen Kindesmissbrauchs. *Praxis der Rechtspsychologie,* Sonderheft 1, 60–88.

Schuschke, W. (1979). *Rechtsfragen in Beratungsdiensten* (2. Aufl.). Freiburg: Lambertus.

Schwab, D. & Wagenitz, T. (1999). *Familienrechtliche Gesetze* (3. Aufl.). Bielefeld: Gieseking.

Schwabe-Höllein, M. & August-Frenzel, P. (1995). Die Bedeutung der Bindung bei der Begutachtung in familienrechtlichen Angelegenheiten. In: G. Spangler & P. Zimmermann (Hrsg.). *Die Bindungstheorie – Grundlagen, Forschung und Anwendung,* S. 351–360. Stuttgart: Klett-Cotta.

Schwabe-Höllein, M., Kindler, H. & August-Frenzel, P. (2001). Relevanz der Bindungen im neuen Kindschaftsrecht. *Praxis der Rechtspsychologie, 11,* 41–63.

Simitis, S., Rosenkötter, L., Vogel, R. (1979). *Kindeswohl. Eine interdisziplinäre Untersuchung über seine Verwirklichung in der vormundschaftsgerichtlichen Praxis.* Frankfurt/Main: Suhrkamp.

Solomon, J. & George, C. (1999). The measurement of attachment security in infancy and childhood. In J. Cassidy & P.R. Shaver (eds.). *Handbook of attachment: Theory, research and clinical applications,* pp. 243–264. New York: Guilford Press.

Spangler, G. & Zimmermann, P. (Hrsg.) 2002. *Die Bindungstheorie – Grundlagen, Forschung und Anwendung.* Stuttgart: Klett-Cotta.

Spangler, G. & Zimmermann, P. (Hrsg.) (2004). *Die Bindungstheorie – Grundlagen, Forschung und Anwendung* (4. Aufl.). Stuttgart: Klett-Cotta.

Spitz, R. (1945). Hospitalism: An inquiry into the genesis of psychiatric conditions in early childhood. *The Psychoanalytic Study of the Child, 1,* 53–74.

Staufenbiel, T. & Borg, I. (1989). Zur Validität von Werte-Inventaren. *Diagnostica, 35,* 109–121.

Steller, M. & Köhnken, G. (1989). Criteria-based statement analysis. Credibility assessment of children's statements in sexual abuse cases. In: D.C. Raskin (ed.). *Psychological methods for investigation and evidence,* pp. 217–245. New York: Springer.

Steller, M. & Volbert, R. (1999). Forensisch-aussagepsychologische Begutachtung (Glaubwürdigkeitsbegutachtung) (Gutachten für den BGH). *Praxis der Rechtspsychologie, 9,* 46–112.

Steller, M., Wellershaus, P. & Wolf, T. (1992). Realkennzeichen in Kinderaussagen. *Zeitschrift für experimentelle und angewandte Psychologie, 39,* 151–170.

Stephan, U. & Westhoff, K. (2002). Kosteneinsparung durch strukturierte Personalauswahlgespräche mit Führungskräften. *Wirtschaftspsychologie, 4,* 3–17.

Strobel, A. (2004). *Das Diagnoseinstrument zur Erfassung der Interviewerkompetenz in der Personalauswahl (DIPA) – Entwicklung, empirische Prüfungen und Akzeptanz in der Praxis.* Online verfügbar unter: @ http://nbn-resolving.de/urn:nbn:de:swb:14-1113897309086-89129

Strobel, A. & Westhoff, K. (2002). *Entwicklung eines Diagnoseinstruments zur Erfassung von Interviewerkompetenz in der Personalauswahl (DIPA): Grundlagen und Konstruktion.* Untersuchungen des Psychologischen Dienstes der Bundeswehr (Bd. 3613), S. 83–132.

Strobel, A. & Westhoff, K. (2004). Diagnose von Interviewerkompetenz in der Personalauswahl: Ein Instrument für die Praxis. In: W. Bungard, B. Koop & C. Liebig (Hrsg.). *Psychologie und Wirtschaft leben. Aktuelle Themen der Wirtschaftspsychologie in Forschung und Praxis,* S. 172–176. München: Hamp.

Strobel, A., Plath, S.C. & Westhoff, K. (2003). Interviewerkompetenz in Personalauswahl und -entwicklung: Ein Materialvergleich zur Erstellung von Ausbildungsunterlagen. *Wirtschaftspsychologie, 5,* 198–201.

Sturzbecher, D. (Hrsg.) (2001). *Spielbasierte Befragungstechniken.* Göttingen: Hogrefe.

Sturzbecher, D. & Freytag, R. (2000). *Familien- und Kindergarten-Interaktions-Test (FIT-KIT).* Göttingen: Hogrefe.

Suess, G., Scheuerer, H. & Schwabe-Höllein, M. (1986). *Die Bindungen des Kindes als sorgerechtsrelevantes Kriterium.* Vortrag bei der Tagung: Neuorientierung der Aufgaben des psychologischen Sachverständigen, 1986, Bad Boll.

Suess, G.J., Scheuerer-Englisch, H., Pfeifer, W.-K.P. (Hrsg.) (2001). *Bindungstheorie und Familiendynamik.* Gießen: Psychosozial-Verlag.

Szewczyk, H. & Littmann, E. (1989). Empirische Ergebnisse forensisch-psychologischer Begutachtung zur Glaubwürdigkeit sexuell mißbrauchter Kinder und Jugendlicher. Glaubhaftigkeitsbegutachtung. *Fortschritte der forensischen Psychologie und Psychiatrie, 1,* 86–139.

Tack, W.H. (1976). Diagnostik als Entscheidungshilfe. In: K. Pawlik (Hrsg.). *Diagnose der Diagnostik,* S. 103–130. Stuttgart: Klett.

Tausch, R. & Tausch, A. (1971). *Erziehungspsychologie.* Göttingen: Hogrefe.

Tausch, R. & Tausch, A. (1998). *Erziehungspsychologie. Begegnung von Person zu Person* (11. Aufl.). Göttingen: Hogrefe.

Taylor, H.C. & Russell, J.F. (1939). The relationship of validity coefficients to the practical effectiveness of tests in selection: Discussion and tables. *Journal of Applied Psychology, 23,* 565–578.

Terlinden-Arzt, P. (1998). *Psychologische Gutachten für das Familiengericht. Eine empirische Untersuchung über diagnostische Strategien sowie ausgewählte Aspekte des Kindeswohls.* Lengerich: Pabst.

Thomae, H. (1988). *Das Individuum und seine Welt* (2. Aufl.). Göttingen: Hogrefe.

Thurstone, L.L. (1938). Primary mental abilities. *Psychometric Monographs, 1.*

Trankell, A. (1971). *Der Realitätsgehalt von Zeugenaussagen. Methodik der Aussagepsychologie.* Göttingen: Vandenhoeck & Ruprecht.

Trope, Y. & Liberman, A. (1996). Social hypothesis testing: Cognitive and motivational mechanisms. In: E.T. Higgins & W.A. Kruglanski (eds.). *Social psychology: Handbook of basic principles,* pp. 239–270. New York: Guilford Press.

Ulrich, J. (2007). *Der gerichtliche Sachverständige* (12. Aufl.). Köln: Heymanns.

Undeutsch, U. (1967). Beurteilung der Glaubhaftigkeit von Aussagen. In: U. Undeutsch (Hrsg.). *Handbuch der Psychologie,* Bd. 11: Forensische Psychologie, S. 26–181. Göttingen: Hogrefe.

Undeutsch, U. (1993). Die aussagepsychologische Realitätsprüfung bei Behauptung sexuellen Mißbrauchs. In: Kraheck-Brägelmann, S. (Hrsg.). *Die Anhörung von Kindern als Opfer sexuellen Mißbrauchs,* S. 69–162. Bonn: Hanseatischer Fachverlag für Wirtschaft.

Volbert, R. (2000). Standards der psychologischen Glaubhaftigkeitsdiagnostik. In: H.L. Kröber & M. Steller. *Psychologische Begutachtung im Strafverfahren,* S. 113–145. Darmstadt: Steinkopff.

Volbert, R. (2004). *Beurteilung von Aussagen über Traumata.* Bern: Huber.

Volbert, R. (2005). Standards der psychologischen Glaubhaftigkeitsdiagnostik. In: H.L. Kröber & M. Steller (Hrsg.).

Psychologische Begutachtung im Strafverfahren (2. Aufl.), 171–203. Darmstadt: Steinkopff.

Volbert R. & Teske, M. (2000). Konstanz in erlebnisbasierten und erfundenen Aussagen von Kindern bei wiederholter Befragung. Vortrag, gehalten beim 42. Kongress der Deutschen Gesellschaft für Psychologie in Jena, September 2000.

Wallerstein, J. & Blakeslee, S. (1989). Gewinner und Verlierer. Frauen, Männer und Kinder nach der Scheidung – eine Langzeitstudie. München: Droemer-Knaur.

Wallerstein, J.S. & Lewis, J. (2001). Langzeitwirkungen der elterlichen Ehescheidung auf Kinder – eine Längsschnittuntersuchung über 25 Jahre. FamRZ, 2, 65–72.

Walper, S. & Gerhard, A.-K. (2003). Entwicklungsrisiken und Entwicklungschancen von Scheidungskindern. Praxis der Rechtspsychologie, 13, Sonderheft 1, 91–113.

Walper, S. & Schwarz, B. (Hrsg.). (2002). Was wird aus den Kindern? Chancen und Risiken für die Entwicklung von Kindern aus Trennungs- und Stieffamilien (2. Aufl.). Weinheim: Juventa.

Werbik, H. (1974). Theorie der Gewalt. München: Fink.

Westcott, H.L., Davies, G.M. & Bull, R.H.C. (2002). Children's testimony – a handbook of psychological research and forensic practice. New York: Wiley.

Westhoff, G. (1993). Handbuch psychosozialer Meßinstrumente. Ein Kompendium für epidemiologische und klinische Forschung zu chronischer Krankheit. Göttingen: Hogrefe.

Westhoff, K. (1985). Erwartungen und Entscheidungen. Berlin: Springer.

Westhoff, K. (1991). Diagnostische Strategie bei Konzentrationsproblemen am Beispiel der Klassen 5 bis 10. In: H. Barchmann, W. Kinze & N. Roth (Hrsg.), Aufmerksamkeit und Konzentration im Kindesalter, S. 136–145. Berlin: Verlag Gesundheit.

Westhoff, K. (1992a). Eine entscheidungsorientierte diagnostische Strategie für LehrerInnen bei Konzentrationsproblemen in den Klassen 5 bis 10. In: K. Westhoff (Hrsg.). Entscheidungsorientierte Diagnostik, S. 45–48. Bonn: Deutscher Psychologen Verlag.

Westhoff, K. (1992b). Eine entscheidungsorientierte diagnostische Strategie für PsychologInnen bei Konzentrationsproblemen in den Klassen 5 bis 10. In: K. Westhoff (Hrsg.): Entscheidungsorientierte Diagnostik, S. 49–56. Bonn: Deutscher Psychologen Verlag.

Westhoff, K. (1993). Diagnostik und Intervention bei Konzentrationsstörungen. Heilpädagogische Forschung, 19, 153–163.

Westhoff, K. (1995). Aufmerksamkeit und Konzentration. In: M. Amelang (Hrsg.). Bereiche/ Dimensionen individueller Differenzen. Bd. 2 des Bereichs Differentielle Psychologie der Enzyklopädie der Psychologie, S. 375–402. Göttingen: Hogrefe.

Westhoff, K. (1998a). Diagnostik und Intervention bei Konzentrationsstörungen. Bayerische Schule, 51, 19–22.

Westhoff, K. (1998b). Entscheidungsorientierte Diagnostik – eine nützliche Technologie. In: K.C. Klauer & H. Westmeyer (Hrsg.). Psychologische Methoden und soziale Prozesse, S. 171–183. Lengerich: Pabst.

Westhoff, K. (1999). Die Begutachtung der Erwerbsunfähigkeit im Familienrecht durch den Psychologen. Familie, Partnerschaft, Recht (FPR), 5, 85–89.

Westhoff, K. (2000). Das psychologisch-diagnostische Interview – Ein Überblick über die Forschung für die Praxis. Report Psychologie, 25, 18–24.

Westhoff, K. (2002). Bedeutende Fortschritte im diagnostischen Entscheidungsprozess. Psychologie in Österreich, 22 (2/3), 9–10.

Westhoff, K. (2003). Work and organizational psychology: Interview. In: R. Fernandez-Ballesteros (ed.). Encyclopedia of psychological assessment, pp. 495–497. Thousand Oakes: Sages.

Westhoff, K. & Hagemeister, C. (2005). Konzentrationsdiagnostik. Lengerich: Pabst.

Westhoff, K. & Halbach-Suarez, C. (1989). Cognitive orientation and the prediction of decisions in a medical examination context. European Journal of Personality, 3, 314–326.

Westhoff, K. & Kluck, M.-L. (1998) Psychologische Gutachten schreiben und beurteilen (3. Aufl.). Berlin: Springer.

Westhoff, K. & Sorembe, V. (1979). Zur Brauchbarkeit des Eysenck-Persönlichkeitsinventars (Form A) als Individualdiagnostikum. Diagnostica, 25, 314–326.

Westhoff, K., Rütten, C. & Borggrefe, C. (1990). Hilfen bei Konzentrationsproblemen in den Klassen 5 bis 10. Broadstairs (UK): Borgmann.

Westhoff, K., Terlinden-Arzt, P., Michalik, B. & John, H. (1995). Effektiver arbeiten – Diagnoseinstrumente zur Optimierung von Arbeitsverhalten, Arbeitsbedingungen und Organisation. Heidelberg: Asanger.

Westhoff, K., Terlinden-Arzt, P. & Klüber, A. (2000). Entscheidungsorientierte psychologische Gutachten für das Familiengericht. Berlin: Springer.

Westhoff, K., Hagemeister, C. & Eckert, H. (2002). On the objectivity of oral examinations in psychology. Zeitschrift für Differentielle und Diagnostische Psychologie, 23, 149–157.

Westhoff, K., Hornke, L.F. & Westmeyer, H. (2003). Richtlinien für den diagnostischen Prozess – Zur Diskussion gestellt. Report Psychologie, 28, 504-517. [Deutsche Adaptation von: Fernandez-Ballesteros, R., De Bruyn, E.E.J., Godoy, A., Hornke, L.F., Ter Laak, J., Vizcarro, C., Westhoff, K., Westmeyer, H., & Zaccagnini, J.L. (2001). Guidelines for the Assessment Process (GAP): A proposal for discussion. European Journal of Psychological Assessment, 17, 187–200.]

Willmes, K. & Guillot, G. (1990). CASE – Ein PC-Programm für die psychometrische Einzelfalldiagnostik. Aachen: Abteilung Neurologie des Klinikums der Rheinisch-Westfälischen Technischen Hochschule Aachen.

Wottawa, H. & Hossiep, R. (1997). Anwendungsfelder psychologischer Diagnostik. Göttingen: Hogrefe.

Wyatt, G.E. & Powell, G.J. (1988). Lasting effects of child sexual abuse. Newbury Park: Sage.

Zimmermann, P. (2002). Bindungsentwicklung von der frühen Kindheit bis zum Jugendalter und ihre Bedeutung für den Umgang mit Freundschaftsbeziehungen. In: G. Spangler & P. Zimmermann (Hrsg.). Die Bindungstheorie – Grundlagen, Forschung und Anwendung, S. 203–231. Stuttgart: Klett-Cotta.

Zimmermann, P., Suess, G.J., Scheuerer-Englisch, H. & Grossmann, K.E. (2000). Der Einfluss der Eltern-Kind-Bindung auf die Entwicklung psychischer Gesundheit. In: F. Petermann, K. Niebank & H. Scheithauer (Hrsg.). *Risiken in der frühkindlichen Entwicklung,* S. 301–327. Göttingen: Hogrefe.

Sachverzeichnis – 273
Namensverzeichnis – 278

Sachverzeichnis

A

Abstraktion 12, 122
Adaptationsniveau 115
Adjektivischer Modus 123
Adverbialer Modus 123
Ähnlichkeit, wahrgenommene 116
Aktenanalyse 9, 10, 43, 58, 134, 163
Alltagssorge 157
Änderbarkeit 230, 231, 259
Anforderung 19
– kompensierbare 19, 140 f., 251, 259
Anforderungsprofil 8, 18-20, 43, 47, 157, 205
– Entscheidungskriterien 8, 13, 119, 122
Anknüpfungstatsache 160, 163, 201, 207
Anzahl der Informationen 113
A-priori-Strategie (s. auch Strategie), 57-60, 68, 78, 163, 255
Arbeitsstil 100 f., 104, 136
Arbeitsweise
– des Probanden 29, 74
– des Gutachters 43, 49

Arbeitszeugnis 103, 104
Assessment Center 54, 126
Attribuierung 115
Auftraggeber 8-10, 16, 42
Aussage 119 f., 203-207
– Entstehungsgeschichte 204, 205, 212, 213
– Kompetenz 204, 206, 207
– Qualität, 204, 205, 217
Aussagenanalyse 205, 214
– kriterienorientierte 205, 207, 214ff., 217

B

Bedeutsame Andere 24, 32
Bedeutsamkeit, praktische 18, 33, 48
Beeinflussung individuellen Verhaltens 10, 20
Befund, 8, 9, 112, 114-117, 129, 139-143, 241, 245 ff., 259
– Aussage 111, 113, 115, 116, 119-123, 129-131, 140
– Beispielfall Eignungsdiagnostik 145 ff.
– Bespielfall Familienrecht 187 ff.
– Beispielfall Glaubhaftigkeitsbegutachtung 211 ff.
Belastbarkeit
– emotionale 24, 29, 80, 120
– körperliche 24, 26, 44, 252
Beobachter 61-66, 126, 127, 254
– Ausbildung 62-66
– Erfahrung des 62, 254
– Kontrolle des 62, 63, 254
Beobachtung (Verhaltens-)10, 12, 13, 19, 25, 61-66, 68 f., 103, 106-108, 138, 254
– Art 65 f., 126
– auswerten 125 ff.
– indirekte 126
– Inhalte 63 f., 254
– in der natürlichen Umgebung 126
– nichtstandardisierte 141
– teilstandardisierte 55, 126
– standardisierte 54
– wissenschaftliche 254
– Zeitpunkt 65, 130, 143
Berufserfahrung 20, 108, 111, 120, 228-230, 232, 251
– kontrollierte 108
Berufsordnung 17

Beurteilung psychologischer
 Gutachten 13, 239, 261, 262, 264
Bilanzbogen 56
Bindung 156, 158, 160, 162
– emotionale 29, 30, 252
– Fähigkeit 156, 158
– des Kindes 47-51, 156-159,
 161-163, 187, 189, 198
Breitbandverfahren 56
Bundesgerichtshof (BGH) 218

D

Darstellungsweise, faire 131
Delphi-Verfahren 94
Diagnostik 111, 114, 116, 155, 160,
 178, 235, 236, 251
– Beziehungen, 11, 158, 167 ff.,
 210 f.
– Eignungs- 42, 94, 236
– entscheidungsorientierte 227,
 235
– hypothesengeleitete 209, 212
– Interventions- 156, 159, 160
– Situations- 236
Diagnostischer Entscheidungs-
 prozess 8
Diagnostische Strategie 233
– Nützlichkeit 113, 124, 227, 235
– Optimierung 28, 57, 59, 60, 227,
 236
Diagnostisches Urteil 105 ff.
– Bildung 88, 109, 110, 112-116,
 119-122, 124, 140
– Eindrucksurteil 106
– Fehler 12, 48, 107, 109-124, 127
– individuelle Unterschiede 105,
 108
– Tendenz, 12, 107, 114-116, 120,
 228
– Verzerrung 12, 88, 106, 107,
 109-116, 119-122, 124, 140
Differenziertheit 112, 216, 230
Diskriminationsfähigkeit 112
Durchführungsobjektivität 67, 71,
 254

E

Eignungsdiagnostik, 42, 94,
 236
Einstellungen
– des Diagnostikers 63, 97,
 109ff.
– als soziale Variablen 19, 32,
 48, 51, 212
– von Eltern 159
– zur Sexualität 208
Einwilligung des Probanden
 64
Einzelfallauswertung, psychometrische 128
Einzelfalldiagnostik 76, 78, 112,
 113, 127
Elterlichkeit 159
Emotion 63, 159, 168, 206, 212,
 230, 231
Emotionale Variable 23, 24, 29,
 48, 251
Entscheidung
– explizite 12
– Forschung 18, 56, 78, 107,
 110, 111, 229
– Heuristik 111, 236
– Kriterien 13, , 55, 56, 127,
Entscheidungsorientierte Diagnostik, Technologie, 235
Entscheidungsorientierte
 Gespräche 54, 86, 87, 89, 125,
 130, 250, 253
– Auswertung , 86, 129f., 234,
 244, 258, 263
Entscheidungsorientierte
 Gesprächsführung (EOG)
 85-87, 227, 234
Entscheidungsorientiertes
 psychologisch-diagnostisches
 Handeln 7-9
Entscheidungsprozess,
 diagnostischer 8, 9, 47
Entscheidungsregel 12, 18, 31,
 59, 106, 107
Entscheidungsverhalten 30, 31, 44,
 100, 104, 135, 146, 252

EOG (s. auch entscheidungsorientierte Gesprächsführung)
 86-98, 234, 250, 256
Ergebnisse, Darstellung 8-10, 36,
 114, 120, 125, 130, 131, 244, 255,
 258, 259, 263
Erklärung individuellen Verhaltens
 10, 11, 23, 32, 111, 228, 229
Erleben 47, 48, 58, 64, 88, 89, 93-96,
 98, 104, 106, 107, 111, 157
Erwartung, 31, 44, 146, 230 f.
– Änderbarkeit 230, 231
– differenzierte 231
– Facetten 230, 231
– generalisierte 231
– globale 231
– Stabilität 230, 231
– zutreffende 231
Erziehungsfähigkeit 159
Erziehungswilligkeit 159
Etiketten 140

F

Fachsprache 143, 242
Familiengericht 49, 50, 233, 236
Familienrechtliche Verfahren,
 Umgangsregelung 155-157
Family RelationsTest (FRT) 160,
 168, 180, 182, 187, 199
Fehlentscheidung 77, 78
Fehler
– Quelle 106, 204, 208
– Analyse 204, 207, 217
– Risiko 70
Fehlurteil 106, 140, 236
Filterfrage 96
Filtervorgang 104
Förderung des Kindes 47, 49
Förderungskompetenz 159,
 162
Formulierung
– extreme 114
– mittlere 114
Frage
– direkte 92, 96

Sachverzeichnis

- geschlossene 95, 96
- günstige 85, 92, 93, 250
- indirekte 91, 96, 256
- offene 92, 95, 96, 142, 209
- psychologische (s. auch Psychologische Fragen) 8-10, 36-38, 44, 51, 110, 140, 240
- ungünstige 85, 92, 94

Fragebogen 62, 68, 243, 258
- Fälschbarkeit von Antworten 73

Fragestellung 8-10, 16-21, 36, 42, 58-60, 75, 106, 110, 127, 140, 233, 236, 242, 251

Fremdbeobachtung 64
FRT (Family Relations-Test) 160, 168, 169

G

Gedächtnis 24, 27, 63, 93, 199, 204, 207
Gespräch(sführung), entscheidungsorientierte(s) 71, 86-98, 134, 86-98, 234, 250, 256
Gesprächsformen 85, 86
Gesprächsinformationen 89, 131
- Darstellung 130, 131
- Gültigkeit 13, 230
Gesprächsvorbereitung 19, 93
Gewichtung 114, 141, 246
Gewissen 218
Gewohnheiten 121
Glaubhaftigkeit 199
- Kennzeichen 206
- Kriterien 200
- einer Zeugenaussage 2
Glaubwürdigkeit 199
Gültigkeit (s. auch Validität) 13, 19, 24, 43, 60, 71
Gutachten
- Empfehlung 142, 235, 239, 247
- familienrechtliches 43
- Gliederung 9, 38, 44, 46, 160, 201, 240, 261

- Nachprüfbarkeit 240, -242, 247
- Nachvollziehbarkeit, 240, 242, 243, 245, 247
- Transparenz 13, 36, 239, 241, 242, 261, 262
- Verständlichkeit 4

Gutachtertraining, systematisches fallspezifisches 117, 120

H

Handeln, entscheidungsorientiertes psychologisch-diagnostisches 7, 227-230, 232
Handlungsleitende Kognition s. Kognition 227, 229
Heuristik 236
Hospitalismus-Syndrom 158
Hypothese, 8, 9, 35-37,46, 49, 50, 58, 68, 111, 162, 163, 200, 209, 232, 241, 242, 249, 253
Hypothesenbildung, entscheidungsorientierte 41, 46
Hypothesengeleitete Diagnostik 209, 212

I

Indirekte Fragen s. Fragen 9, 212
Indirekte Rede 131
Informationsquelle 9, 20, 28, 37, 43, 54-56, 59, 61, 62, 113, 114, 131, 134, 140-146, 241, 243-246
Integriertheit 112
Intelligenz 20, 24, 28, 37, 38, 45, 65, 78, 82, 101, 121
- soziale 31, 253
Interaktionsfehler 116
Interessen 30, 38, 44, 116, 135, 140, 146
Interpretation von Punktwerten 72, 127

K

Kausalannahme, ungerechtfertigte 111
Kindeswohl 47-50, 156, 157, 160
- Kontinuität der Betreuung 47, 158
- Kontinuität der Umgebung 158
- Kriterien 51, 157, 162
Kindschaftsrecht 47, 156, 159
- Reform 156, 159, 161
Kognition 27, 48
- handlungsleitende, 95, 227-230
Kognitive Komplexität 110, 112
Kognitive Variable 23, 24, 27, 48, 251
Kommunizierbarkeit 13, 14, 20
Konservatismus 114
Konstrukt 13, 38, 44
- psychologisches 37, 253
- Qualität 38
- Quantität 38
- Validität 76
Kontrastfehler 116
Konzentration 24, 38, 205
Kosten 56, 81, 113, 236, 253
Kosten- und Nutzenaspekt, ideeller 56
Kosten-Nutzen-Verhältnis 68, 113
Kreativität 20, 252
Kriterienorientierte Aussagenanalyse 205, 214ff.

L

Lebenserfahrung 228
Leitfaden 55, 88, 130, 234, 256
- zum entscheidungsorientierten Gespräch 100
- Feinaufbau 88
- Funktionen 88

- Grobaufbau 90, 256
- Konstruktion 234
- Kurzform 90
- Langform 90
Leitfrage 204
Lernpsychologische Information 32, 251
Logik 122, 212
Lügenskala 73

M

Mediation 156, 159
Mildefehler 114
Modale Färbung 247, 259
Modus
- adjektivischer 123
- adverbialer 123
- substantivischer 123
- verbaler 123
Motivation 95, 104
Motivationale Variable (M) 24, 30, 48, 251

N

NEO-Fünf-Faktoreninventar (NEO-FFI) 82
Norm 24, 64, 95
Nullhypothese 203
Nutzen 13, 28, 50, 78, 209

O

Objektivität, 13, 43, 70, 254
- Auswertung 67
- Durchführung 70, 71
- Interpretation 59, 72, 212
Offenheit 49, 73
Opferzeugen 199
Organismusvariable (O) 37, 251

P

Personbeurteilung 108
Persönlichkeitseigenschaften 123
Persönlichkeitsmerkmal 29, 108 124, 251
Persönlichkeitstheorie, implizite 97
Personwahrnehmung 97, 107
Primacy-Effekt 115
Proband(in) 42
- Arbeitsweise 74
- Einwilligung 64
Profilauswertung 72, 236
Prognose 95, 166, 197
projektive Verfahren 70
Prophezeiung, sich selbst erfüllende 49
Pseudoerinnerungen 200
Psychologische Frage (s. auch Frage, psychologische) 38, 44, 45, 11 121, 146, 162, 253
- Ableitung 48
- Anzahl 38
- Formulierung 242, 253
Psychologisches Diagnostizieren 11, 235
- Grundannahmen 8

R

Realkennzeichen 218
- Analyse 217
Recency-Effekt 115
Rechtschreibtest: RT-Rechtschreibungstest 82 f., 134
Rede, indirekte 89, 131
Reliabilität (Messgenauigkeit, Zuverlässigkeit) 13, 75, 13, 48, 74-76, 81 f., 128, 204, 207, 212, 255
- interne Konsistenz 74, 75
- Paralleltest- 74
- praktisch invariante 76
- Retest- 74, 82

Rekursives Begutachtungsmodell 9, 160
Repräsentativitätsheuristik 111
Rolle 11

S

Schwellenphänomen 114
Selbstbeobachtung 63
Sensitivierung 116
Sexualanamnese 208
Sicherheit, subjektive 113
Sorgerecht, 47, 50, 155
- Fragestellung 46, 49
- gemeinsames 157, 161
- Gutachten 19, 25
- Regelung 8, 65
Soziale Erwünschtheit 64, 254
Soziale Variable (S) 24, 31, 48, 253
Stabilität von Merkmalen 19, 75, 124, 140
Stereotyp 43, 215, 253
- soziales 188
Strategie 56
- A-priori- 57, 78
Strengefehler 114
Substantivischer Modus 123
Suggestivfragen 93, 257
Supervision, kollegiale 94, 117

T

Tendenz zur guten Gestalt 115, 117
Test 9, 56, 72
- Ergebnisse 70, 77
- Konstruktion 70, 234
Testauswertung 72, 127, 258
- Punktwerte 72, 127
- wahrer Testwert, Vertrauensbereich 72, 127
- zufallskritische Einzelfallauswertung 128
Theorie 68
- Definition 10

Sachverzeichnis

- entscheidungsorientierten psychologisch-diagnostischen Handelns 227, 236
Tonband 130, 245

U

Überhangantworten 209
Übertragungsfehler 116
Überzeugung 30, 228
Umgangsregelung 155, 162, 199
Umgebungsvariable 24, 249, 251
Undeutsch-Hypothese 205
Untersuchungsplan, 9, 37, 53-55, 62, 68, 79, 99, 239, 262
- dokumentierter 119
- Fehler 48, 63
- Feinplanung 38, 53-55, 66, 249, 253
- Grobplanung 53, 54
Untersuchungssituation 9, 104, 148, 153
Ursachenzuschreibung 94
Urteil (s. diagnostisches Urteil) 89, 93, 105, 119, 231

V

Validierung 75, 77
Validität 13, 19, 48, 60, 67, 76, 77, 218, 255
- diskriminante 76, 77, 255
- konvergente 76, 77, 255
- Kriteriums- 76, 77, 255
- prädiktive 76, 77, 255
Variablen, Auswahl 23-34, 36, 37, 75, 112, 122
Verbaler Modus 123
Verfahren 67, 79
- Auswahl 48, 54, 79, 81, 99, 103
- nichtstandardisiertes
- projektives
- Reihenfolge 44, 55, 59, 92, 163, 256

- standardisiertes 74, 76, 79
- teilstandardisiertes 103
- theoretische Grundlagen 254
Verfügbarkeitsheuristik 111
Vergleichsstichprobe 73, 74, 128, 244, 263
Verhalten, hypothetisches
Verhaltensbeobachtung 38, 73, 74, 80, 89, 103, 128, 138, 169
- direkte 130, 140
- indirekte 89, 126, 127, 130, 140
- systematische 106, 169
Verhaltensbeschreibung 119, 123
- adverbialer Modus 123
- verbaler Modus 123
Verhaltensgleichung 32, 36, 41, 44, 46
Verhaltensmuster 30, 88
Verhaltensorientiertes Diagnostizieren 12
Verhaltensvorhersage (s. auch Vorhersage individuellen Verhaltens) 11, 15, 20, 23, 31
Verstärker
- nonverbaler 98
- verbaler 98
Verteilungsfehler 114
Video 90, 256
Vorbereitung eines Gesprächs (s. Gesprächsvorbereitung) 93, 97
Vorgehen 77, 89, 107, 139
- sequentielles 56
- standardisiertes 54
Vorhersage individuellen Verhaltens 10, 20, 32
Vorinformation 43, 167, 167
Vorurteil 19, 31, 97, 231

W

Wahrnehmung 106, 107, 207
- Abwehr 116
- Bedingungen 7, 10, 11, 17, 24, 25, 41, 58, 97

Wahrscheinlichkeit, subjektive 60, 65, 72, 112, 127, 191, 230, 250, 252
Wert(vorstellung) 30, 47, 63, 97, 116, 230, 252
Widersprüche 129, 140, 141, 163, 200, 215, 245, 246, 259, 263
Wilde-Intelligenztest 2 (WIT-2) 82 f., 134, 148 f.
Wille des Kindes 47, 48, 51, 158, 162, 192,
Wohl des Kindes (s. Kindeswohl) 46, 47, 48, 156, 157, 159, 161, 162

Z

Zeitachse 50
Zeugenaussage, Glaubhaftigkeit 199, 217, 236, 240, 247
Zeugentüchtigkeit 209
Ziel
- des Buches 2
- der Diagnostikers 3, 38, 235, 242
- der entscheidungsorientierten Diagnostik 11, 78, 235
- des entscheidungsorientierten Gesprächs 87 ff.
- kindeswohlentsprechendes 47, 188
- persönliches des Probanden, 19, 24
Zitate, Verwendung von 131, 245, 258
Zuverlässigkeit (s. Reliabilität)

Namensverzeichnis

A

Ainsworth, MDS 126, 158
Allhoff, P 81
Althoff, K 82, 83
Angleitner, A 82
Anthony, J 168
Arbeitsgruppe Deutsche Child Behavior Checklist 62
Arntzen, F 205, 212, 214, 215, 216, 217
August-Frenzel, P 48, 64, 158

B

Balloff, R 47, 157, 159, 160
Bartussek, D 31
Beelmann, W 47, 168, 169
Bene, E 168
Berka, H-H 229
Berufsverband Deutscher Psychologen e.V. 17
BGB Bürgerliches Gesetzbuch 46, 156, 157, 161
BGH-Nack 204
Blehar, MC 126 ,158
Boetticher, AN 236
Borg, I 30
Borggrefe, C 62, 111, 233
Borkenau, P 29, 82
Bosinski, HAG 236
Bowlby, J 158, 162
Brähler, E 81
Bredenkamp, J 18, 33
Brickenkamp, R 81
Bruck, M 200
Bull, RHC 240
Bundesgerichtshof (BGH) 200, 218

C

Cannell, CF 93
Ceci, SJ 200
Christianson, S-A 212, 218
Corwin, DL 217, 218
Cronbach, IJ 56, 68, 78

D

Dahle, K-P 236
Davies, GM 240
De Bruyn, EEJ 4, 17, 235
Deter, B 28
Dettenborn, H 188, 190, 192, 193, 194, 197, 199
Deutsche Gesellschaft für Psychologie 14, 17, 218
Donat, M 28
Duhm, E 62

E

Eckert, H 233, 234
Egloff, B 266
Ehlers, B 62
Ehlers, T 62
Eid, M 266
Eisenberg, U 142
Ell, E 159

F

Fabian, A 205, 207, 209, 212, 218, 240
Fabian, T 205, 207, 209, 212, 218, 240
Feger, H 18
Fernandez-Ballesteros, R 4, 17, 235
Fiedler, K 240
Figdor, H 195, 199
Fisseni, H-J 126
Flämig, J 168, 199
Föderation Deutscher Psychologenvereinigungen 4, 17
Fremmer-Bombik, E 187, 188, 191, 199
Freytag, R 126
Friedrich, S 156, 157, 159
Fthenakis, WE 47, 48, 157
Funke, U 28

G

George, C 126
Gerhard, A-K 157
Gleser, GC 56, 68, 78
Godoy, A 4, 17, 235
Graumann, CF 123
Greuel, L 205, 207, 209, 212, 218, 236, 240
Grossmann, K 158
Grossmann, KE 158, 199
Guillot, G 127
Guthke, J 28
Guttman, L 68

H

Hageböck, J 127
Hagemeister, C 28, 111, 233, 234
Halbach-Suarez, C 31, 95
Hennig, J 266
Holling, H 81
Hörmann, H 70
Hornke, LF 4, 17, 235

Hossiep, R   65, 81, 126
Huber, HP   72, 76, 127
Hülsheger, UR   28
Hunter, JE   78
Hunter, RF   78
Huss, K   92

I

ISO 9000   240

J

Jaeckel, S   28
Jäger, AO   82
Janis, IL   31, 56
Jessnitzer, K   46

K

Kahn, RL   93
Kahneman, D   111
Kaminski, G   9, 229
Kanning, UP   81, 106, 107
Kersting, M   29, 82, 83
Kestermann, C   236
Kici, G   234
Kindler, H   157, 158, 161, 192, 199
Kiphard EJ   62
Klauer, KJ   124
Kline, P   68
Klüber, A   156, 157, 160, 232, 233, 236, 240
Kluck, M-L   47, 108, 218
Klußmann, RW   47
Köhnken, G   112, 205, 206, 218
Kreitler, H   31, 228, 229
Kreitler, S   31, 228, 229
Kröber, H-L   240
Kunze, H-R   47, 157

L

Leutner, D   81
Lewis, J   157
Liberman, A   112
Lienert, GA   68, 127
Littmann, E   205, 214, 218
Lüer, G   108

M

Magai, C   192, 196, 199
Maier, GW   28
Makus, H   62
Mann, L   31, 56
Mischel, W   77
Moser, K   28
Muck, PM   28
Mühlhaus, O   81

N

Nedophil, N   236
Neubauer, AC   29
Niehaus, S   205, 218
Niesel, R   47, 157

O

Offe, H   205, 207, 209, 212, 218, 240
Offe, S   205, 207, 209, 212, 218, 240
Ostendorf, F   82
Oswald, M   121

P

Paschen, M   81
Petermann, F   81, 195, 199
Pfeifer, W-KP   199

Powell, GJ   217, 218
Praxis der Rechtspsychologie   204, 209, 218
Preiser, S   107, 114, 116
Preusser, I   126
Puls, J   47

R

Raatz, U   68, 127
Reinhold, C   157
Rennen-Allhoff, B   81
Richtlinien zur Manuskriptgestaltung der Deutschen Gesellschaft für Psychologie   14
Rohmann, JA   159, 160
Rosenkötter, L   47
Rost, J   68
Rütten, C   62, 111, 233

S

Sachsse, U   217, 218
Salzgeber, J   47, 48, 142, 157, 159, 240
Sarges, W   81
Saß, H   236
Schade, B   156, 157, 159
Scheuerer-Englisch, H   199
Schmid, J   240
Schmidt, AF   236
Schmidt-Atzert, L   28
Schmidt-Denter, U   47, 168, 169
Scholz, OB   236
Schuler, H   28, 234
Schulz-Hardt, S   112
Schwabe-Höllein, M   48, 64, 68, 158
Simitis, S   47
Solomon, J   126
Sorembe, V   18
Spangler, G   30, 47, 158, 162, 168, 199
Spitz, R   158

Stadler, M 205, 207, 209, 212, 218, 240
Stadler, MA 236
Staufenbiel, T 30
Steller, M 204-207, 209, 218, 236, 240
Stephan, U 234
Stötzel, B 47
Strobel, A 94, 234
Stumpp, T 28
Sturzbecher, D 126, 199
Suess, G 64, 199
Szewczyk, H 205, 214, 218

T

Tausch, A 168, 199
Tausch, R 168, 199
Ter Laak, J 4, 17, 235
Terlinden-Arzt, P 28, 156, 157, 160, 232, 233, 236, 240
Teske, M 212, 218
Thomae, H 30
Thurstone, LL 82
Trankell, A 205, 218
Trope, Y 112
Tversky, A 111

U

Ulrich, J 142
Undeutsch, U 205, 208, 212, 218,

V

Vizcarro, C 4, 17, 235
Vogel, R 47
Volbert, R 200, 204, 207, 209, 212, 218, 236, 240

W

Wallerstein, JS 157
Wall, S 126, 158
Walper, S 157
Walter, E 47, 157, 188, 190, 197, 199
Warschburger, P 195, 199
Waters, E 126, 158
Wellershaus, P 206, 218
Werbik, H 13
Westcott, HL 240
Westhoff, K 4, 17, 28, 31, 62, 81, 95, 111, 120, 156, 157, 160, 218, 229, 233–237, 240, 246
Westmeyer, H 4, 17, 235
Wetzels, P 205, 207, 209, 212, 218, 240
Willmes, K 127
Wolf, T 206, 218
Wörner, U 168, 199
Wottawa, H 81, 126
Wyatt, GE 217, 218

Z

Zaccagnini, JL 4, 17, 235
Zimmermann, P 30, 47, 158, 162, 168, 188, 191, 199

Druck: Krips bv, Meppel, Niederlande
Verarbeitung: Stürtz, Würzburg, Deutschland